인생을 향유하기

[행복 체험의 심리학]

Fred B. Bryant · Joseph Veroff 공저

권석만 · 임영진 · 하승수 · 임선영 · 조현석 공역

학지사

Savoring

by Fred B. Bryant and Joseph Veroff

역자 서문

요즘 우리사회에는 행복에 대한 관심이 드높다. 덜 불행해지는 것을 넘어서 이제는 좀 더 행복하고 충만한 삶을 누리는 것이 현대인의 공통적인 관심사가 되고 있다. 심리학계에서도 최근에 행복을 과학적으로 연구하는 긍정 심리학(positive psychology)이라는 새로운 분야가 태동되어 많은 사람들로부터 각광을 받으며 활발한 연구가 이루어지고 있다. 긍정 심리학의 창시자인 Martin Seligman의 말처럼, 긍정 심리학의 궁극적인 목표는 우리가 누릴 수 있는 범위 내에서 최고의 행복을 누리며 살 수 있는 방법을 탐구하는 것이다.

행복을 증진하는 방법 중 하나는 우리의 삶에서 접하게 되는 긍정적인 경험들을 충분히 음미하고 만끽하며 향유하는 것이다. 똑같은 음식이라도 허겁지겁 먹으며 맛을 느끼지 못하는 사람이 있는 반면, 천천히 맛을 음미하며 행복한 식사시간을 갖는 사람이 있다. 같은 산길을 걷더라도 각양각색의 꽃과 풀들을 유심히 관찰하며 자연의 아름다움을 만끽하는 사람이 있는 반면, 발걸음을 재촉하며 무심히 스쳐 지나가는 사람도 있다. 자신이 이룬 크고 작은 성취에 대해서 스스로를 대견해하고 자축하며 충만한 기쁨을 누리는 사람이 있는 반면, 미흡한 부분에 집착하여 자신을 책망하며 불만감을 느끼는 사람도 있다.

이 책의 주제는 인생의 즐거움과 기쁨을 향유하는 것이다. 인생에서 만나는 긍정적인 경험을 충만하게 향유하는 심리적 과정과 방법을 소개하고 있다. 이 책의 원제는 'Savoring'이다. 'savor'라는 단어는 '충분히 맛을 보다'라는 뜻을 지니고 있으며, 국내의 일부 서적에서는 savoring을 '음미' 또는 '만끽'이라고 번역하기도 했다. 그러나 이 책에서는 좀 더 포괄적이고 적극적인 의미를 담고 있는 '향유' 또는 '향유하기'로 번역하였다. 향유(享有)는 인생의 긍정적 경험, 즉 삶의 기쁨과 즐거움을 충분히 누리며 자신의 행복으로 만들어간다는 뜻을 담고 있기 때문이다.

저자인 Fred Bryant와 Joseph Veroff는 '향유하기'라는 개념을 제안하고 오랫동안 그에 관한 경험적인 연구를 진행하며 이론적인 체계를 구축해온 미국 심리학자들이다. 이 책은 향유하기에 관한 학술적인 연구내용과 더불어 다양한 향유방법을 구체적으로 소개하고 있다. 이 책을 함께 읽게 된 역자들은 소개된 향유방법들을 일상생활에 적용하면서 삶이 한층 풍요롭고 충만해지는 것을 체험할 수 있었으며, 이 책이 많은 사람들이 읽었으면 좋겠다는 뜻을 모으고 번역에 착수하게 되었다. 임상심리전문가이자 서울대학교 심리학과 대학원과정을 이수하고 있는 네 선생이 분담하여 초벌번역을 하였다. 임선영 선생이 1장과 8장을, 조현석 선생이 2장과 4장을, 하승수 선생이 3장과 7장을, 그리고 임영진 선생이 5장과 6장을 번역하였으며, 역자 대표가 처음부터 끝까지 원문과 대조하여 읽어나가면서 용어들을 일관성 있게 통일하고 문장을 읽기 쉽도록 다듬었다. 책을 읽는 과정에서는 새로운 배움과 깨달음의 즐거움을 향유할 수 있었으나, 책을 번역하는 과정에서는 여러 가지 어려움에 대처해야만 했다. 학업과 임상활동으로 바쁜 가운데에서도 번역을 마무리할 수 있도록 노력해 준 네 선생에게 고마운 마음을 전한다. 이 책이 출간될 수 있도록 오랜 기다림 속에서 물심양면으로 지원해 주신 학지사 김진환 사장님과 편집에 최선을 다해 주신 이세희 선생님께 감사드린다. 이 책을 통해서 한국의 독자들이 인생의 향유에 좀 더 깊은 관심을 갖는 계기가 되기를 기대한다.

2010년 3월
역자 대표 권석만

저자 서문

    대부분의 사람들은 삶이 부과하는 것에 대처하는 법과 더불어 삶의 과정에서 만나는 것을 수용하는 법을 배우게 된다. 사람들은 변화하는 세상에서 커가고 생계를 꾸리고 타인과 관계를 맺으며 성인으로 살아가면서 접하게 되는 다양한 도전들을 이겨나가는 방법을 배우게 된다. 그렇게 살아가는 과정에서 사람들은 행복감과 만족감을 느끼기도 한다. 그러나 대다수 사람들에게는 통렬한 물음이 남아 있다. 이렇게 사는 것에 어떤 의미가 있는가? 과연 사람들은 각양각색으로 살아가는 그들의 삶에 어떤 의미를 부여하고 있는가?

    이것은 인간이 당면하고 있는 역경들을 사소한 것으로 만들어버리는 대답하기 어려운 질문이다. 이 질문에 대해 다양한 철학적 입장을 지닌 사상가들은 나름대로 일리가 있는 대답을 제시했다. 철학자나 현인들은 사람들에게 사랑을 하라고, 아름다움을 추구하라고, 진리를 발견하라고, 공동체를 이루라고, 신(神)을 믿으라고, 성(性)적인 자기를 자각하라고, 영적인 자기를 발견하라고 말한다.

이와 비슷하거나 다른 세속적인 처방들이 중구난방으로 제시되고 있다.

이 책에서는 그러한 직접적 대답을 제시하고 있지 않다. 우리는 인생을 향유하는 방법을 배우는 것, 즉 삶에서 만나는 긍정적인 경험에 주의를 기울이고 이를 음미하며 증진하는 능력을 배양하는 것이 중요하다고 제안한다. 이러한 능력을 잘 갖춘다면 사랑, 진리, 아름다움, 공동체, 신(神), 성(性), 영성 그리고 그것이 무엇이든 추구하는 가치와 중요시하는 개인적 목표를 더 잘 즐길 수 있다. 그래서 우리는 향유하기(savoring)가 인생을 긍정적으로 펼쳐가는 데 커다란 도움을 준다고 생각한다. 그러나 이것은 심리학에서 주목받지 못했던 주제다. 우리가 이 책을 통해서 의도하는 주요한 목적은 향유하기가 심리학 분야에서 체계적 연구를 위한 적합한 주제가 될 수 있도록 향유과정에 대한 과학적인 관심을 증대시키는 것이다. 두 번째 목적은 우리가 소개하는 이론적 체계와 연구 결과에 근거하여 사람들이 자신의 삶을 향유하는 능력을 확대할 수 있는 처방전을 제시하는 것이다.

우리가 처음 향유하기라는 주제에 부딪히게 된 것은 인간의 삶에 대한 예리한 심리적 분석 과정에서가 아니라 뜻밖에도 심리적인 웰빙(psychological well-being)의 구조를 논리적이고 통계적으로 분석하면서였다. 처음에 우리는 사람들이 현재의 삶에 대해 느끼는 다양한 방식들을 단순화하려고 시도했다. 우리는 주관적 정신건강에 대한 전국조사에서 많은 사람들이 자신의 삶에 대해 어떻게 느끼는지를 다양하게 응답한 자료를 얻었다. 이 조사에 포함된 질문에는 행복도, 걱정 수준, 만족도, 미래에 대한 기대, 자존감, 통제감 등이 있었다. 이러한 25개의 측정치는 사람들이 자신의 삶의 질을

　　　　　　　　　　　　　　　　　　　저자 서문

어떻게 보고 있는지에 대한 다양한 측면을 나타내고 있었다. 이 측정치들을 좀 더 단순화할 수는 없을까? 이를 위해서 우리는 이러한 25개 측정치들의 상관관계를 탐색하는 통계적 분석을 실시했고, 그 결과 다음과 같은 심리적 웰빙에 대한 6개의 기본적 차원이 주관적인 자기평가의 기반을 이룬다는 것을 발견하게 되었다; 행복감, 만족감, 자신감, 나약감, 신체적 긴장, 불확실감.

그러나 우리는 연구결과를 논리적으로 정리하는 과정에서 긍정적 경험을 조절하는 것과 관련된 심리적 웰빙의 차원 하나가 측정되지 않았음을 깨달았다. 이 차원은 단순히 '행복감'이나 '만족감'이 아니라 개인이 자신의 삶을 즐거움 속에서 능동적으로 영위할 수 있다는 인식을 의미한다. 우리는 자신감이나 나약감 차원과 같이 삶의 어려움에 대처할 수 있다는 인식에 대한 측정치를 이미 가지고 있었다. 그렇다면 이에 대응되는 차원, 즉 삶의 즐거움과 긍정적 감정을 활성화시킬 수 있다는 인식에 관한 차원도 있어야 하지 않겠는가? 이러한 논리적인 추론에서 시작하여 1984년에 이러한 차원에 대한 우리의 생각이 처음 논문으로 발표되었다.

저자의 한 명인 Fred는 이러한 생각에 착안하여 나중에 '향유하기(savoring)'라고 명명된 주제에 대한 체계적인 연구를 시작했다. 그의 경험적 연구는 이 책의 여러 장에서 소개될 주장과 이론의 중요한 기반이 되었다. 그가 수년에 걸쳐 개발한 향유하기에 관한 신념과 사람들이 긍정적 경험을 향유하는 방식들에 대한 척도들이 소개될 것이다. 우리는 Fred가 향유하기를 유발하기 위해 고안한 실험들과 더불어 사람들이 어떻게 다른 방식으로 향유하는지를 보여주는 상관연구들을 소개할 것이다. 이러한 연구의 일부는 이 책에서 처음으로 소개되고 있다.

저자의 다른 한 명인 Joe(Joseph의 애칭-옮긴이)는 은퇴하기까지 14년 동안 향유하기에 관한 연구를 중단했었지만—은퇴를 앞둔 사람들이 대개 그렇듯이—삶의 의미에 대하여 깊이 고민하면서 다시금 향유하기를 개인적인 탐구의 주제로 삼게 되었다. 그는 자신이 경험을 향유했던 때와 더불어 그러한 체험과 관련된 과정들을 기록하기 시작하였다. 또한, 향유과정에 대해서 새롭게 발견한 체험적 관점에 근거하여, 그는 아내는 물론 자녀와 손자들, 그리고 Fred에게도 향유경험을 보고하라고 괴롭혔다. 향유 순간에 대해 가족들이 말하는 것에 매료된 Joe는 Fred에게 향유하기에 관한 질적인 자료를 소개하는 단행본을 함께 저술할 의향이 있는지 물었다. Fred는 Joe의 제안에 동의하였고, 그 결과 이 책이 탄생하게 되었다. 우리는 다양한 연구물과 더불어 인간의 향유경험을 담고 있는 문학작품과 예술작품을 함께 조사했다. 우리는 이 모든 것을 사용하여 향유하기가 무엇인지를 설명하기 위해 제기되는 주제들을 조명하고자 했다.

최근에 심리학계에는 '긍정 심리학(positive psychology)'이라는 새로운 분야가 눈부시게 부상하고 있다. 연구자들은 새롭게 떠오른 연구 분야를 규정하기 위해서 관련된 이론적 개념과 측정도구들을 개발하고 있다. 긍정 정서, 행복, 낙관성, 희망, 삶의 만족, 몰입, 영감, 탄력성, 번영, 덕성과 같은 개념들은 긍정 심리학의 기반을 이루는 개념적 초석으로 제안되었다. 향유하기의 개념도 이러한 영역에 속하는 것이다.

이 책을 통해서 우리는 심리학이나 관련분야의 학생, 연구자, 이론가들에게 인생 경험의 한 과정인 향유하기를 소개하고자 한다. 이 책은 긍정 심리학과 심리적 적응에 관한 과목을 수강하는 학부생과 대학원생들을 위한 교재로 만든 것이지만, 긍정 심리학 분야에 속하는 현상을 연구하고자 하는 사회 · 성격 · 임상 심리학자들에게도 도움이 될 수 있다. 이 책은 긍정 경험의 기저에 있는 중요한 과정인 향유하기를 이해하고 연구하는 데 필요한 이론체계와 연구도구를 제시하고 있다.

사실, 긍정 심리학을 연구하는 심리학자들은 지금껏 긍정 경험의 기저에 있는 과정을 밝히는 일에 상대적으로 소홀했다. 이러한 현상은 긍정 정서가 마치 긍정적인 사건이나 긍정적인 성격유형에 의해서 당연하게 수반되는 결과라고 여기는 것과 같다. 긍정 심리학이라는 신생 학문에 필요한 것은 바로 긍정 경험의 역동에 대한 설득력 있는 설명, 즉 긍정적 사건이나 긍정적 성격유형이 긍정 정서와 연결되는 과정에 대한 설명이다. 이러한 과정에 대한 설명모델이 없다면, 심리학자들은 긍정 감정의 역동을 이해하기 어려울 것이다.

우리는 긍정 심리학 내에서 이러한 역동을 설명할 필요성을 어느 정도 충족시키기 위해서 이 책을 집필하였다. 첫 장에서는 마음챙김, 몰입, 명상과 같이 이러한 역동과 관련하여 심리학에서 이미 다루고 있는 개념들을 살펴볼 것이다. 이러한 것들은 중요한 심리적 과정이긴 하지만, 우리가 관심을 지니는 다양한 과정들을 전반적으로 포괄하지는 못한다. 그 대신, 우리는 사람들이 긍정 경험과 관련하여 능동적으로 즐거움과 풍성함을 이끌어내는 과정을 지칭하기 위해서 '향유하기'라는 용이를 제안한다. 아울러 사람들의 삶속에서 향유가 일어나는 주요한 방식을 제시하고자 한다.

우리는 향유의 심리학을 위한 이론적 기반이 될 수 있는 개념적인 기초공사에서 시작할 것이다. 향유라는 용어에 의해서 우리가 뜻하는 바를 설명하고, 그것이 다른 유사한 개념들, 즉 마음챙김, 명상, 백일몽, 시간 관리, 긍정 정서, 심미적 반응, 내재적 동기, 몰입 등과 어떻게 다른지를 제시했다. 또한 우리는 향유의 개념에 있어서 중요한 개념적 쟁점들, 즉 긍정 경험과 관련된 영역들, 의식적인 알아차림이나 의도성의 정도, 향유가 일어나거나 중단되는 방식, 향유에 대한 사회적 · 문화적 영향 등을 논의하였다.

이어지는 장에서, 우리는 향유하기의 유발과 그로 인한 긍정 정서의 강도나 지속성에 영향을 미치는 요인들과 더불어 향유의 다양한 유형을 소개하였다. 특히 중요한 요인은 인생 전반에 걸쳐 향유하기에 기여하는 기억 및 예상 능력과 관련된 시간의 역할이다. 실제로 우리는 이러한 주제와 관련해서 한 장 전체를 할애했다. 또한 인간의 주요한 관심사를 이해함에 있어 향유하기가 어떤 관련성을 지니는지, 즉 향유하기가 낭만적 사랑, 우정, 정신적 · 육체적 건강, 창의성, 영성 등에 어떻게 영향을 미칠 수 있는지를 살펴보았다. 향유의 개념과 관련된 모든 이론적 · 실제적 주제들을 다루는 것이 우리의 목적은 아니었다. 그와 반대로, 우리는 이 책을 통해서 인간 삶의 중요한 영역들에 대한 이론적 명료화를 자극하고 실증적 연구를 촉진하고자 했다.

이 책은 향유의 심리학을 위한 이론적 발판을 마련할 뿐만 아니라 연구자들이 향유하기를 연구하는 데 사용할 수 있는 일련의 검증된 측정도구들을 제시하고 있다. 부록에는 다음과 같은 측정 도구들의 사본이 제시되어 있다. (1) 부정적 결과를 회피하거나 대처하는 일 그리고 긍정적 결과를 얻거나 향유하는 일에 있어서의 지각된 통제감을 측정하는 도구; (2) 예상하기, 현재를 즐기기, 회상하기를 통해서 긍정 경험을 향유하는 지각된 능력을 측정하는 성인용

도구(향유신념 척도)와 아동용 도구(아동용 향유신념 척도); (3) 긍정
사건에 접하여 사람들이 나타내는 구체적인 생각이나 행동들(예를
들어, 인지적이거나 행동적인 향유방략)을 측정하는 도구(향유방법 체
크리스트). 또한 이러한 측정 도구 각각을 채점하는 상세한 지시사
항과 SPSS 계산 파일들이 제시되어 있다. 이러한 부록을 포함시킨
것은 향유하기에 관한 체계적인 실증적 연구를 촉진하기 위함이다.

우리는 또한 이 책이 인생을 즐기는 역량을 확대하고자 하는 사
람들에게 향유하기와 관련된 생각과 정보를 제공하는 지침서가 되
기를 원한다. 이 책의 마지막 장에서는 향유하기가 사람들의 삶에
미치는 영향을 증대시키기 위해서 우리가 개발한 모델이 시사하는
바를 소개하였다. 이와 더불어 향유하기를 유발하고 증진하기 위한
방법에 관한 기초적 연구도 소개하였다.

이 책이 완성되기까지 많은 분들의 도움이 있었다. 초고에 대한
예리한 평가와 조언을 해 준 Ken Sheldon, Laura A. King, 그리고
Jack Bauer에게 감사의 마음을 전한다. 또한 Martin Seligman은 우
리에게 중요한 시기였던 프로젝트 초반에 큰 힘이 되었으며, 그의
격려, 조언 그리고 지지는 헤아릴 수 없을 만큼 소중한 것이었다.
Fred의 아내인 Linda Perloff와 Joe의 아내인 Jody Veroff는 다년간
이 프로젝트에 대한 지속적인 지적·정서적 지원을 보내주었다. 후
반부에 본문과 참고문헌을 정성껏 편집해 준 Linda에게도 진심으로
고마움을 전한다. Darrin Lehman에게도 감사의 마음을 전한다. 그
는 향유하기가 심리학적 설명개념으로 중요하다는 점에 대해서 예
리한 통찰과 확고한 믿음을 갖고 있으며, 이것은 20년이 넘는 세월
동안 창의력과 영감의 강력한 원천이 되었다. 마찬가지로 Bob
Kerns는 처음부터 엄청난 에너지와 상상력을 불어넣어 줬으며, 그

의 끝이 없는 창의성은 영감을 불어넣어 주었다. 더불어 우리가 이 책에서 제시한 측정 도구들을 개발하는 데 도움을 준 Jackie Allen의 공헌에 대해서도 감사의 뜻을 전한다. 이 프로젝트가 진행되는 내내 예리한 조언과 지도를 해 준 Lawrence Erlbaum Associates의 수석 편집장 Debra Riegert, 수석 도서출판 편집장 Debbie Ruel, 편집 보조 Rebecaa Larsen, 그리고 제작 편집자 Patricia Ferenbach에게도 감사드린다.

그리고 우리가 향유하기에 대한 개념을 정립하는 데에 Maria Arne, Scott Arne, Bob Bjornsen, Kristin Bjornsen, Mary Ann Bjornsen, George Bryant, Denise Davidson, Jerry Delo, Libby Douvan, Frank Fisher, Larry Grimm, Catherine Haden, Riadh Hamdane, Dave Handley, Rick Hanna, Eaaron Henderson-King, Donna Henderson-King, Jim Johnson, Paul Jose, Dave Klingel, Jaime Kurtz, Tracy Lindberg, Andrew MacLeod, Darryl Maybery, Dan McAdams, Bob McWilliams, David Mitchell, Paul Moser, Victor Ottati, Evelyn Perloff, Judy Perloff, Richard Perloff, Robert Perloff, Alfred Pfister, Sydney Reed, Robert Russell, Joe Rychlak, Constantine Sedikides, Mike Smith, Nancy Smith, Harry Upshaw, Paul Yarnold, 그리고 Chuck Yopst가 도움을 주었다. 향유하기에 대한 이들의 토론과 식견을 통해서 이 책이 상당히 풍성해질 수 있었다.

시카고 Loyola 대학교의 많은 대학원생과 학부생이 우리의 향유하기 연구를 위해 수년간 자료 수집과 코딩을 도왔다. 여기서 모두의 이름을 일일이 언급할 수는 없지만, Cathi Barnett, Jen Brockway, Lynda Cafasso, Juliana Carravetta, Lynn Davidson, Rebecca Devlin, Angela Dimanno, Juliana Fruzzetti, Yanghui Han,

Neely Herman, Scott King, Mike Meehan, Ingrid Mejia, Todd Miller, David Morgan, Lynn Morgan, David Njus, Meghanne Reilly, Tim Ritchie, Liz Sanders, Steve Serio, Shaista Shaik, Reena Sharma, Jon Sherwell, Colette Smart, Milena Tatic, Fran Weaver, 그리고 Brian Whang 등이 도움을 주었다. 특히 Adam DeHoek와 Carrie Ericksen 은 연구과정을 관리하고, 이 원고의 초안을 교정하고, 참고문헌을 교차 검토하고, 인용문의 출처를 제시하고, 저작권을 얻는 데 커다란 공헌을 하였다. 우리는 이 프로젝트를 진행하는 내내 이 모든 사람의 도움을 받았다. 이들의 지지와 격려가 없었다면, 우리는 연구를 완수하지 못했을 것이다.

C · O · N · T · E · N · T · S

차 례

CHAPTER 1

향유의 개념:
들어가기

🌿

행복을 향한 노력만큼 소홀하게 여겨지는 의무는 없다.

Robert Louis Stevenson(1881)

인생에서 진정한 행복(well-being)을 경험하는 사람들은 어떤 이들일까? 아마도 당신은 음식, 주거, 성생활, 가족, 일, 건강에 대한 기본적인 욕구를 잘 충족시킨 사람들이라고 대답할지 모른다. 하지만 기본적인 욕구가 잘 충족되었다고 해서 자동적으로 자신의 삶에 만족하는 것은 아니다. 1950년대 이래로 미국인의 '실질 소득'은 두 배 이상 증가했음에도 불구하고, 스스로 '행복하다'고 생각하는 사람의 비율은 변하지 않았다(Easterbrook, 2003). 사람들은 기본적인 욕구가 충족되었음에도 불구하고, 삶의 곳곳에 스트레스나 불행이 도사리고 있다고 느끼며 자신의 삶에 대해 불안해하고 있다. 설령 그들이 불안하게 만드는 위기 상황을 이겨낼 수 있는 능력을 지닌다 하더라도, 그러한 능력이 그들로 하여금 삶의 긍정적인 측면을 인식하고 감사하게 여기는 데 반드시 도움이 되는 것은 아니다.

역경에 대처하는 능력은 인생에서 매우 중요하지만, 이러한 대처 능력이 인생을 즐길 수 있는 능력과 같은 것은 아니다. 다시 말해서, '불행하지 않다'는 것이 '행복하다'는 것을 의미하지는 않는다. 우리가 스트레스, 대처 그리고 고통에만 관심을 기울인다면, 인생 전체에서 긍정적 경험과 개인적 역량을 외면하는 셈이 된다. 이러한 긍정적 측면은 현재 발전하고 있는 긍정 심리학이라는 분야의 핵심적인 주제다. 진정한 행복 만들기(Seligman, 2002a), 기쁨이나 즐거움과 같은 긍정 감정 느끼기(Fredrickson, 2001), 번영하기(Keyes & Haidt, 2003), 미래에 대해서 희망 갖기(Snyder, 2002) 또는 낙관적 태도 갖기(Segerstrom, 2001), 자신이 이룬 성취에 대해 만족감 느끼기(Diener & Diener, 1995)에 대해서 어떻게 생각하는가? 이러한 것들이 바로 사람들의 전반적인 행복을 구성하는 중요한 정서상태가 아닐까? 이 책은 긍정 정서들을 직접 다루고 있지는 않지만 이러한 긍정적 경험들을 만들어내고 깊이 음미하며 강화하는 중요한 과정을 소개하고 있다. 이러한 과정을 우리는 향유하기(savoring)라고 지칭할 것이다.

향유 개념에 대한 초기의 견해

서문에서 지적했듯이, 우리는 주관적 정신건강에 대한 초기 연구(Bryant & Veroff, 1984)를 통해서 심리적 안녕에 대한 문헌에 무언가 중요한 것이 빠져 있다는 결론에 이르게 되었다. 특히, 스트레스에 대처하는 과정에 상응하는 긍정적 대응 개념이 없었다. 사람들이 삶에서 일어나는 부정적 경험에 대처하는 능력을 평가할 수 있다면, 당연히 긍정적 경험을 즐길 수 있는 능력도 평가할 수 있을 것이다. 우리는 향유가 빠져 있는 과정, 즉 대처(coping)에 대한 긍정적인 대응 개념이라고 제안한다.

　이 책을 비롯해서 여기에서 제시하고 있는 개념적 분석 및 경험적 연구들은 이와 같이 기존 연구 문헌에 빠져 있는 부분을 채우기 위한 것이다. 우리는 사람들이 자신의 삶에서 일어나는 긍정적 경험들을 처리하고 음미하며 강화하는 능력을 가지고 있다고 가정한다. 이는 우리가 이 책 전반에서 사용하게 될 향유의 기본적인 개념적 정의다. 이러한 능력을 우리는 '향유능력'이라 부르며, 이러한 능력의 기저에 존재하는 과정을 '향유'라고 부를 것이다.

　대처와 관련된 선행 연구들을 살펴보면(참조: Compas, Connor, Osowiecki, & Welch, 1997; Lazarus & Folkman, 1984), 사람들이 스트레스를 해소하기 위해 다양한 대처방략을 사용하고 있음을 알 수 있다. 예를 들어, 사람들은 자신의 문제를 해결하기 위해서 적극적 문제 해결, 사회적 지지, 기도, 인지적 재평가, 전문적 도움, 소망적 사고, 도피-회피, 부인 혹은 물질 남용을 사용한다. 이러한 대처방식들 중 일부는 삶의 긍정적인 측면에 의도적으로 주의를 기울이는 것, 즉 향유처럼 보이기도 하지만, 그러한 방법은 긍정적 경험 자체를 높여주는 방식이 아니라 대처 관련 문헌에 나오는 '숨 돌리기(breathers)'나 '견디기(sustainers)'와 같이 스트레스를 회피하는 방식이다(Lazarus, Kanner, & Folkman, 1980). 정신건강에 관한 문헌들을 살펴보면, 여러 이론가와 연구자들이 대처과정, 즉 스트레스 상황을 변화시키고 위협을 최소화하기 위한 행동적, 정신적 노력과 그로 인한 결과인 대처결과를 구분하는 데 관심을 기울여 왔음을 알 수 있다. 이러한 중요한 구분으로 인해 스트레스 관리와 조절에 대한 연구들이 방향을 잡을 수 있었으며, 불안, 우울, 역경 그리고 질병에 대처하는 과정에 대한 이해가 높아졌다.

하지만 우리가 행복감, 기쁨, 고양감, 환희에 관해서 생각해 보면, 혹은 만족감, 희열, 의미, 충족감에 관해서나 즐거움, 황홀감, 고마움에 관해서 생각해 보면, 이러한 긍정적 상태가 일어나는 과정에 대해서는 거의 아는 바가 없다는 사실을 깨닫게 된다. 즉, 우리는 사람들이 어떠한 과정을 거쳐 자신의 인생에서 기쁨을 느끼게 되는지에 대해 사실상 아무것도 모른다. 분명 사람들은 어떤 긍정적 경험을 하기 전에, 경험하는 도중에, 그리고 경험한 이후에 적극적으로 생각과 행동을 하게 되며, 이러한 생각과 행동은 그 경험이 느껴지는 강도에 영향을 미친다. 이것은 스트레스에 대한 사람들의 생각과 행동이 그에 따른 고통의 수준에 영향을 미치는 것과 같다. 하지만 사회과학에서는 이러한 긍정적 과정을 직접적으로 설명하는 개념체계가 확립되어 있지 않다.

하지만 대처와 고통에 관한 문헌들에서 그랬듯이 우리는 즐거움을 얻는 과정과 즐거움 자체를 구별하는 데 신중을 기해야 한다. 우리는 대처에 상응하는 긍정적 용어를 만들어내야 했다. 그것은 즐거움의 '결과' 보다는 '과정' 에 초점을 두고 있으면서 긍정 정서의 역동적, 상호적, 교류적 특성을 잘 반영하고 있어야 했다. 여러 후보들이 있었는데, 각각이 내포하고 있는 과정이 조금씩 다른 색깔을 지녔다. 어떤 단어들은 의미가 풍부하지만 범위가 좁았고, 어떤 단어는 특정한 상황에 더 잘 들어맞았다. 예를 들면, 기뻐하기, 한껏 즐기기, 즐거워하기, 자축하기, 심취하기 등이 있다. 긍정적인 과정을 더 잘 반영하는 단어들도 있었는데, 예를 들어 감상하기, 마음속에 품기, 즐기기, 음미하기 그리고 향유하기가 이에 속한다.

우리는 최종적으로 향유하기(savoring)라는 용어를 선택하였다. 그 이유는 즐거움의 적극적인 과정, 즉 개인과 환경이 지속적으로 상호작용하는 과정이 이 단어에 생생하게 반영되어 있다고 여겨졌기 때문이다. 향유라는 말은 너무나 맛있고, 즐겁고, 미각을 자극하는 황홀한 순간을 음미한다는 의미를 은유적으로 전달하기도 한다. 사실 이 단어는 직관적으로 볼 때 맛과 같은 감각적 경험에 더 어울리지만, 우리는 이러한 의미를 확장시켜서 더욱 복잡한 인지적 영역에도 적용하였다. 이렇듯 감각적 영역에서 인지적 영역까지 의미를 확장하는 것은 'savor'의 라틴어 어원인 *sapere*와도 연결되는데, 여기에는 '맛보다' '좋은 취향을 가지고 있다' 혹은 '현명하다'는 뜻이 포함되어 있다. 따라서 우리는 향유의 개념을 즐거운 경험 이상으로 확장시켜서, 개인의 성찰적 분별력(reflective discernment)이나 고차적 자각(higher order awareness)까지를 정의에 포함시킨다.

사람들이 자신의 성취나 사회적 관계로부터 비롯된 행복을 경험하고 있다면, 이것은 향유에 해당한다. 또한 사람들이 자연과 즐거운 교감을 나누거나 행복한 종교적 체험을 하는 것 역시 향유며, 어려운 일을 해내거나 아이들이 성장하는 것을 지켜보면서 기뻤던 순간들을 되돌아보고, 혹은 다른 수많은 긍정적인 느낌들로 인해 쾌감을 경험한다면 이 또한 향유라고 말할 수 있다. 옥스퍼드 영어사전(Simpson & Weiner, 1989)을 보면, 동사 'savor(savour)'의 주요 정의가 다음의 두 가지로 나와 있다. 첫 번째는 음식 맛의 즐거움을 감상하는 것이고, 두 번째는 '어떤 경험이든' 그 경험으로부터 오는 즐거움을 감상하는 것이다. 우리는 두 번째 의미에 초점을 맞추어 향유에 관한 논의를 진행할 것이다.

🌿 향유와 유사한 과정에 대한 선행 연구

우리가 향유와 관련된 개념을 처음으로 논의한 연구자는 아니다. 향유와 비슷한 과정을 최초로 언급한 연구는 경제학 분야에서 비롯되었다. 1789년에 Bentham은 미래의 만족을 기대하며 느끼는 즐거움을 주관적 효용성의 하나로 언급하였다. 사람들이 미래에 경험할 기쁨에 대해 알아차린다는 사실을 초기에 언급한 또 한 명의 연구자는 Marshall(1891)인데, 그는 이것을 '기대에서 오는 쾌락'이라고 표현하였다. 이와 비슷한 맥락에서 Jevons(1905)는 "즐겁거나 고통스러운 느낌이 발생하는 데는 세 가지 과정이 있을 수 있는데, 여기에는 (1) 과거 사건에 대한 기억, (2) 현재 사건에 의한 감각, (3) 미래 사건에 대한 기대가 해당된다."라고 하였다. 마지막 현상은 기대하는 쾌락(anticipal pleasure)이라고 불리는데, 이것은 경제적인 행동을 결정하는 가장 큰 요인이 된다.

Jevons(1905)는 휴가를 계획하면서 느끼는 기대감에 대해 분석하였는데, 그는 기대하는 쾌락의 강도가 일시적으로 변화하는 데 대한 몇 가지 흥미로운 심리학적 가설을 세웠다.

기대의 강도는 휴가 기간이 길수록 더 커질 것이며, 개인이 이를 철저하게 즐기고자 할수록 더 커질 것이다. 즉, 우리가 쾌락 경험에 대해 기대하는 정도가 쾌락의 강도를 결정하는 중요한 요인이 된다. 다시 말해, 휴가를 떠나는 날짜가 다가올수록 기대하는 쾌락도 커진다. 아직 몇 주 남아 있을 때는 그 강도가 천천히 증가하지만, 휴가 날짜가 다가올수록 강도는 점점 더 빠르게 증가한다. 그리고 이는 떠나기 전날 밤에 절정에 달하게 된다. (p. 64)

더 최근의 경제학 연구에서 언급되고 있는 쾌락에 관해 알아보자. Loewenstein(1987)은 *savouring*이라는 단어를 사용해서, '미래 소비에 대한 기대에서 비롯되는 긍정적 효용성'을 정의하고, 소비 지연에 대한 예상과 가치 평가가 어떻게 달라지는가에 대한 수학적 모델을 도출하였다. 우리는 Jevons(1905)와 Loewenstein(1987)의 분석을 확장하여, 세 시점 중 어떤 시점에서든 쾌락을 이끌어내는 과정을 모두 향유(*savoring*)라고 부르겠지만, 향유를 통해 지금−여기에서 일어나고 있는 긍정적인 느낌에 좀 더 초점을 두고자 한다. 여기에는 향유의 역설적인 면이 담겨 있다. 즉, 향유는 지금 이 순간에만 이루어질 수 있지만, 정작 그 초점은 과거나 미래에 둘 수 있는 것이다.

향유모델에서 가정하는 개념체계

🍃 향유와 쾌락의 차이

향유는 쾌락과 밀접하게 관련되어 있는 개념이지만, 향유와 단순한 쾌락은 엄밀히 구별된다. 우리가 향유할 때에는 쾌락을 자각하는 동시에 그때 경험하는 긍정적인 느낌을 음미하게 된다. 하지만 쾌락을 경험한다고 해서 반드시 향유하고 있다고 말할 수는 없다. 주의를 기울이고 음미하는 과정이 포함되어 있지 않다면, 우리는 그것을 향유경험으로 간주할 수 없다. 이 장의 후반부에서 강조하고 있는 것처럼, 어떤 경험을 향유하기 위해서는 그 경험에 대한 마음챙김(mindfulness; Langer, 1989)과 상위자각(meta-awareness;

Schooler, 2001; Schooler, Ariely, & Loewenstein, 2003)이 수반되어야 한다.

Russell(2003)은 "쾌락은 심리학 분야에서 가장 소홀히 여긴 주제며, 그것이 갖고 있는 중요성을 생각했을 때 이는 심각한 문제다."라고 하였다. 어떤 학자들은 쾌락이 단일한 구성개념이라고 생각한다. 예를 들어, 의사결정 시에 주관적으로 경험하는 효용성(Kahneman, Wakker, & Sarin, 1997)이나 생리적으로 느끼는 본능적 만족감(Cabanac, 1992)이 이에 해당된다. 또 어떤 학자들은 다차원적인 관점을 채택하여 다양한 쾌락의 유형을 제안하였다. 예를 들어, Duncker(1941)는 세 가지 기본적인 쾌락을 정의하였는데, 여기에는 신체 감각으로부터 비롯되는 감각적 쾌락(예: 와인의 풍미, 거품 목욕의 느낌), 자연적 혹은 인공적인 현상들을 보고 감각적으로 느껴지는 심미적 쾌락(예: 장대한 풍광, 오케스트라의 연주), 원하는 것을 성취했을 때 느끼는 성취적 쾌락(예: 상을 받는 것, 운동 경기에서 이기는 것)이 있다. 어떤 저자들은 대인관계에서 얻을 수 있는 사회적 쾌락(Dube & Le Bel, 2003; Kubovy, 1999; Tiger, 1992), 신체적 쾌락과 정신적 쾌락의 비교(Kubovy, 1999; Tiger, 1992), 기대에 의한 쾌락(Loewenstein, 1987), 기억에 의한 쾌락(Bentham, 1781/1970)을 포함하여 쾌락의 다양성을 강조해 왔다.

분명한 것은 우리가 모든 쾌락에 깨어 있지는 않다는 것이다. Brown과 Ryan(2003)은 우리가 자극을 느끼더라도 그 자극이 주의의 한가운데에 있지 않을 수도 있다고 하였다. 먹는 행위 또한 즐겁기는 하지만 향유되지 않을 수 있는데, 이는 쾌락을 경험하는 중에 의식적인 주의를 그 경험에 두지 않을 때를 생각해 보면 된다. 향유는 쾌락을 자각하는 것뿐만 아니라 그러한 쾌락 경험에 의식적인 주의를 기울이는 과정이 포함되어야 한다.

따라서 인간이 경험하는 가장 강렬한 즐거움 중 하나인 성적 절정감에 대해서는 향유를 적용시키기 어렵다. 왜냐하면 성적인 반응은 순간적으로 일어나기 때문에 정교한 주의를 기울이기가 상대적으로 어렵다. 시인이나 소설가 같은 사람들은 그렇게 스쳐지나가며 정의하기 어려운 현상에 대해서도 주의를 기울일 수 있지만, 일반인들은 이를 자각하기보다 육체적 발산에 더 집중하게 된다. 이는 분명히 쾌락이지만, 향유의 범주에 포함시키기는 어렵다. 사실 성적 활동에 대한 알아차림은 즐거운 성적 반응에 방해가 될 수도 있다. 많은 남성과 여성들은 자신의 행위와 경험에 주의를 기울일 때 흥분이 가라앉는 경험을 한다. 오히려 대부분의 성적 향유는 성적 발산을 위한 사전단계나 성적 만족에 이른 다음에 일어날 수 있다. 실제로 성적 향유는 자신의 몸이나 이성의 몸을 바라보거나 접촉하면서 느껴지는 감각적 즐거움을 통해 일어난다. 이러한 과정은 향유의 한 유형인 심취하기(luxuriating)로서 이후에 논의될 것이다. 다시 말해서 우리는 일어나고 있는 절정 경험을 성적 향유라고 생각하지 않을 것이다.

우리는 오감을 통해 성적 쾌감 이외에도 많은 쾌락을 경험하게 되며, 쉽게 향유의 기회를 접하게 된다. Ackerman(1990)은 그의 저서 『감각의 발달사(The Natural History of the Senses)』에서 우리가 현재 하고자 하는 일을 진행하였다. 즉, 사람들이 감각의 기쁨에 대해 체계적으로 깨닫고, 감각이 경험에서 어떻게 작용하는지 더욱 잘 알아차릴 수 있게 하는 것이다. 그는 후각을 잃어버린 한 여성의 예를 들었는데, 후각은 보통 우리가 별로 주의를 기울이지 않는 감각이다. 치료를 통해 다시 후각을 되찾게 되자, 그녀는 남편에게서 나는 체취를 비롯해서 이전에는 당연하게 받아들이고 전혀 주의를 기울이지 않았던 주변의 모든 향기에 도취되었다. 이런 식으로 우리가 한 가지 감각을 잃어버렸다고 가정하면, 우리 주변에서 일어나는 즐거운 경험들에 대해서 더욱 깨어 있을 수 있다. 즉, 듣고, 냄새 맡고, 만지고, 맛보는 모든 감각들에 더욱 민감해지는 것이다. 이와 같이 '잃어버린 감각'을 음미해 보는 과정은 우리가 말한 향유하기의 좋은 예가 된다.

🜄 향유의 범주

쾌락을 느끼는 분야가 무한하듯이 향유의 범주 역시 무한히 많다. 다시 말해서 우리가 향유할 때 주의를 기울이는 범주는 거의 한계가 정해져 있지 않다. Lowe(2002)는 사람들에게 어떤 것에서 쾌락을 느끼는지를 물어보았다. 그는 서식스 대학의 집단 관찰 기록법(Mass Observation Archive)을 사용하였는데, 이는 몇천 명의 자발적인 참가자들에게 자신이 인생에서 쾌락을 느끼는 측면에 대해 1년에 몇 차례씩 보고하도록 하는 것이다. 참가자들에게 주어진 질문은, "인생에서 일어난 좋은 일들에 대해 서술하고, 자신에게 기쁨을 준 10가지에 대해 보고하라."였으며, 평범한 사건에서부터 특이한 사건까지 제한 없이 자세하게 보고하도록 하였다. 387명의 답안이 수집되었는데, 주로 중년 혹은 그 이상의 연령대가 참여하였고, 13%만이 40세 이하였다. 그리고 남성보다는 여성이 더 많았다.

표본의 대표성이 다소 떨어짐에도 불구하고, 쾌락의 원천으로 묘사된 사건들은 놀라울 정도로 다양했다. 남성들에게서 가장 많이 보고된 것은 '먹을 것과 마실 것'이었으며, '음악' '독서' 그리고

'가족 및 자녀'도 비슷하게 많이 보고되었다. 여성의 경우, 이에 추가하여 '오락' '가정/정원' 그리고 '자연/풍경'이 있었다. 보고된 답들이 몇 개의 범주로 묶이기는 했지만, 이런 범주로는 그 외의 다양한 반응들을 포괄할 수 없었다. 기타 반응들을 살펴보면, '사랑/성생활' '운동/스포츠' '친구'가 비교적 자주 언급되었으며, '추억' '예술' '정신적/종교적 활동' '향기' '소리' '유머'는 상대적으로 빈도가 낮았다.

사람들이 기술한 내용들을 더 자세히 들여다보면, 사람들이 '쾌락'에 대해 더욱 다양한 그림을 그리고 있음을 알 수 있다. 설령 '먹을 것과 마실 것'의 범주에 동일하게 속하더라도, 어떤 사람은 '오후에 마시는 차'에 대해 이야기하고, 어떤 이는 '신선한 갈색 빵과 체다 치즈'에 대해 이야기하였다. 그리고 초콜릿에 대해 언급한 사람도 매우 많았다. 다음은 한 참가자가 좋은 와인에 대해 언급한 내용이다.

좋은 와인은 나에게 절정감을 느끼게 해 준다. 그 향기와 맛, 그리고 빛깔은 정말 압도적이다. 때로는 와인이 너무 맛있어서 눈물이 날 뻔 한 적도 있다. 한 잔의 와인 속에 담긴 서로 다른 향료, 과일, 꽃, 허브 등을 맛볼 수 있는 능력에 따라 좋은 와인과 안 좋은 와인을 구분할 수 있고, 정말 좋은 와인을 충분히 즐기기 위해서는 시간과 정신적 노력이 필요하다.

우리는 이 반응이 미각적 쾌락에 대한 정교하고 의식적인 자각을 강조하는 가운데 향유과정을 직접적으로 포함하고 있다는 사실에 주목해야 한다.

한편 어떤 반응들은 쉽게 범주화될 수 없었는데, 다음과 같은 경우가 그러하다. 한 참가자가 '휴식 취하기'에서 쾌락을 느낀다고 하였다.

내 친구 중의 한 명은 회계와 관련된 책이나 장부를 볼 필요가 없는 일요일 오후가 되면, 나를 찾아와서 함께 "울타리에 기대러 가자."고 한다. 그리고는 차를 몰고 조용한 산길을 따라가서는 적당한 곳에 차를 대고 문자 그대로 '울타리에 기대어' 있었다. 우리는 들판 너머에 검은 숲들을 배경삼아 양이나 소떼를 바라보는 것으로 대부분의 시간을 보냈으며, 주로 담배를 피우거나 이따금 말을 주고받았다. 내 친구는 이런 단순한 즐거움을 '구김살 펴기(taking the creases out)'라고 불렀다.

이런 반응은 다른 반응들과 함께 범주화시키기 쉽지 않지만, 대략 '스트레스 감소' '자연/풍경' '우정'으로 볼 수 있겠다. 다시 말하면, 사람들이 저마다 즐거워하는 것들이 다르기 때문에 향유의 범주 역시 매우 다양해질 수 있는 것이다.

물론 문화별로도 다양하게 나타난다. Lindberg(2004)는 긍정 경험으로 여겨지는 사건들에 대해 알아보기 위해 사람들에게 질문을 던졌을 때, 동아시아의 일본인들은 북미에 사는 유럽계통의 사람들보다 대인관계 관련 사건을 보고한 비율이 높은 반면, 여가 활동과 관련된 사건을 보고한 비율은 낮았다. 긍정 정서의 경험에 관한 또 다른 비교문화연구에서는 이탈리아인들이 다른 사람과 이야기하고 친밀감을 느끼는 사회적 활동들을 더 많이 보고하였으나, 스코틀랜드인들은 휴식을 취하고 혼자 있을 때 긍정 정서 경험을 더 많이 하는 것으로 나타났다(Duncan & Grazzani-Gavazzi, 2004). 따라서 우리가 모든 문화에 적용되는 향유의 범주를 파악하는 것은 당연히 어려운 일이 될 것이다.

이러한 맥락에서 선행 연구자들은 쾌락을 불러일으키는 다양한 형태의 활동들이 다양한 형태의 쾌락 경험과 관련되며, 이는 다양한 성격적 측면과도 연관성이 있음에 주목하였다. 예를 들어, 사회적인 활동은 다른 활동에 비해 유쾌함을 유발할 가능성이 더 높은데, 이는 외향성과 강한 연관성이 있다. 또한 지적인 활동은 지적 호기심과 관련성이 높으며, 이는 경험에 대한 개방성과 강한 연관성이 있다. 우리는 사람들이 향유하는 다양한 활동들의 목록을 작성하고자 하는 것도 아니고, 이러한 향유과정과 연관되는 성격 특성을 밝히고자 하는 것도 아니다. 하지만 이 책의 후반부에서 특정 조건하에 향유를 더욱 잘할 수 있는 성격 유형에 대해 강조하고 있다.

☙ 지금–여기에서 일어나는 마음챙김 과정

향유경험은 즐거운 체험과 바로 연결될 뿐만 아니라, 마음챙김의 상태로도 규정될 수 있다. 하지만 마음챙김이나 자기조절의 특성을 지닌 다른 활동들과는 달리 향유는 지금–여기, 바로 그 순간에 일어나는 것이다. 물론 향유를 통해 일련의 연상 작용이 일어날 수는 있지만, 반드시 향후 보상이 따라와야 하는 것은 아니다. 만약 사람들이 자신의 사회적 욕구나 아집 때문에 미래에 지나치게 주의를 기울인다면 향유과정에 방해가 될 것이고, 이는 향유가 아닌 다른 목표들을 강화시키는 결과를 가져올 것이다.

하지만 현재를 더 잘 향유하기 위해서 미래에 향유할 것에 대한 생각을 제한해야 하는 것은 아니다. 예를 들어, 현재 친구와 만나는 중에 이후에 가족들에게 이에 대해 이야기해 줄 생각을 하면서 미래에 향유할 일을 기대하는 것은 잘못된 것이 아니다. 이렇게 미래에 일어날 일을 인식하는 것은 현재 일어나고 있는 친구와의 만남을 향유하는 데 도움이 될 수 있다. 혹은 현재 별 생각이 없는 상태였다가 미래에 이를 향유하리라 생각하면 그 순간을 더 잘 즐길 수 있게 될지도 모른다.

이처럼 '미래를 기대하는 향유'를 '현재의 향유'의 일종으로 본다면, 우리는 이것을 '향유의 꿈' 혹은 '즐거운 상상' 정도로 부를 수 있을 것이다. 이런 꿈이 실현될지는 알 수 없지만, 꿈 자체는 현재에 즐길 수 있는 것이다. 이렇듯 긍정적인 상상을 향유하는 좋은 예는 뮤지컬 〈My Fair Lady〉에 등장하는 Eliza Doolittle의 노래 '사랑스럽지 않아요?(*Wouldn't It Be Lovely?*)'에 잘 나타나 있다. 여주인공은 춥고 배고픈 현실 속에서, 이루어졌으면 하는 환상들에 대해 노래한다. 자신만의 방이 있고, 거기에는 넓고 편안한 의자가 있으며, 초콜릿을 실컷 먹으면서 따뜻한 불을 쬐고 있는 상상을 하면서 얼마나 좋을까를 상상하는 것이다.

이런 꿈을 가지기 위해서 반드시 이 여주인공처럼 춥고 가난하고 배고파야 하는 것은 아니다. 왜냐하면 꿈이란 단지 가지고 있는 것만으로도 기분 좋아지는 것이기 때문이다. 우리는 휴가를 계획할 때, 겨울에 봄을 기다릴 때, 사랑하는 사람이 도착하길 기다릴 때, 그리고 이전에 향유했던 즐거운 장소나 경험을 다시 느끼기를 기대하면서, 향유할 수 있는 이미지가 있다는 것이 얼마나 소중한 것인가를 깨닫게 된다. 대부분의 사람들은 그 꿈이 어떤 종류의 것이든 간에, 백일몽이나 미래에 대한 상상을 하면서 이를 즐길 줄 안다. 이것들은 바로 지금-여기에서 향유할 수 있는 것이다.

하지만 때로는 휴가, 약속 그리고 다른 사람을 만나러 가는 일이 상상했던 것만큼 즐겁거나 전율 넘치는 것이 아닐 수도 있다. 사실 과도한 기대는 미래를 지나치게 이상화시켜서, 긍정적 경험이 실제로 일어났을 때 사람들이 쉽게 실망하도록 만들기도 한다. 우리는 6장에서 사람들이 기대했던 즐거움이나 이후에 기억하는 즐거움에 비해서 현재의 즐거움이 덜한 경향이 있음을 언급하고 있다 (Mitchell & Thompson, 1994; Mitchell, Thompson, Peterson, & Cronk, 1997).

사람들은 현재에 향유과정을 경험할 수 없다고 느낄 때 그것을 미래의 삶으로 가져오기로 '선택'할 수 있다. 이런 의미에서 최근에 동료 하나가 아들에게 자발성을 길러야 한다고 가르쳤다고 했는데, 이는 우리의 생각과 맞지 않다. 향유를 계획하는 것은 자발성을 기르도록 계획하는 것과는 다르다. 미래에 향유하기로 계획하는 것은 가능한 일이다. 대개 향유는 즉흥적이고 계획 없이 일어나는 것이 사실이지만, 우리는 미래에 향유하는 데 도움이 되는 상황을 만들기 위해 어떤 인지적, 행동적 과정이 이루어지는지에 대해 자세히 설명하고 있다. 물론 그러한 과정은 사람들이 현재향유할 때 겪게 되는 심리적 현상에 기반을 두고 있다.

미래에 대해 기대하는 것이 현재의 향유에 포함될 수 있듯이, 과거를 다시 떠올리는 것도 현재의 향유에 포함될 수 있으며, 실제로 많은 사람들은 과거에 일어났던 일들을 회상하고 즐기는 데 어느 정도 시간을 보낸다. 우리는 6장에서 '과거 향유'에 관한 두 과정, 즉 회상하기(reminiscence)와 이야기하기(story-telling)를 살펴볼 것인데, 이들은 현재 진행 중인 긍정적 경험을 더 잘 향유할 수 있도록 도와준다.

🔥 사회적 혹은 인정 욕구로부터 자유로워지기

우리는 인생에서 일어나는 경험을 언제 향유하는가? Joe는 은퇴하고 직장에서의 책임감으로부터 자유로워지고 나서야 비로소 향유할 수 있는 시간과 의향이 생기는 것을 발견하였다. 그는 향유와 관련하여 다음과 같은 글을 썼다.

컴퓨터 모니터에서 눈을 돌리자, 미시간의 푸른 초여름 풍경이 잘 보이기 시작했다. 내 왼편의 푸른 풀숲과 정면의 두터운 나무 무늬, 오른편의 도토리나무에 조용히 햇살이 내리쬐고 있다. 푸른 하늘은 잘 보이지 않는다. 고유의 빛깔을 내며 단조로운 하늘을 지나가는 새가 선명하게 보인다. 진홍색의 새가 나무 위에 앉아서 조용하게, 때론 옆의 친구와 떠들면서 자신이 할 일을 하고 있는 게 눈에 띈다. 비둘기 한 마리도 앉아서 잔디밭을 오가다가 5분 넘게 앉아서 자신의 깃털을 고르고 있다. 나는 일상적인 삶에서 벗어나 이 10분 동안을 향유하고 있다. 주변을 둘러보면서 자연이 나에게 내려주는 삶의 축복을 즐기고 있다. 만약 내가 야외에 있었다면 그 소리와 향기까지 음미했을 것이고, 햇살이 내 팔을 어루만지는 짜릿한 느낌을 맛보았을 것이다.

'이게 사는 맛이지.' 하는 생각이 든다. 향유하는 삶. 아낌없이 매일을 즐기는 것. 이것은 은퇴하기 전에 내가 한 번도 해보지 못한 경험이다. 또한 내가 죽기 전에 마침내 해 보는 경험이기도 하다. 나는 이제까지 미시간 대학에서 교수로, 연구자로, 관리자로서 너무나 바빠서 삶을 즐기지 못했다. 어느 누가 20세기 말에 미국에서 전문직 종사자로 바쁘게 일하면서 삶을 제대로 즐길 수 있었겠는가.

우리가 향유하기 위해서는 수행과 타인의 평가에 대한 압박감을 떨쳐버리고, 성취와 사회적 인정에 대한 자신의 기대를 접어두어야 할지도 모른다. 향유할 수 있는 다양한 경험들이 있음에도 불구하고, 앞서 언급한 압박감이나 성취욕에 지나치게 사로잡혀 있어 종종 향유활동에 빠져들지 못하게 된다. 반대로 향유활동에 탐닉하는 것은 현재의 책임감을 잊어버리게 한다고 생각하기도 한다. 아마도 향유활동이 너무도 큰 보상을 주기 때문에 이에 반대되는 금욕적인 생각이 떠오를 수 있을 것이다. 하지만 모든 책임을 다하고 중요한 욕구를 충족시킨 사람만이 향유하는 여유를 즐길 수 있다고 생각하는 것은 잘못이다.

우리는 개인의 사회적 책임감이나 사랑과 인정을 갈구하는 것이 향유경험을 방해한다고 가정한다. 과연 우리가 책임감 있고, 성숙하며, 다른 사람을 사랑할 줄 아는 성인으로서 해야 될 일들이 너무 많다면 스스로 마음껏 향유할 수 있을까?

내가 잘 아는 친구는 가족들의 욕구에 지나치게 민감하기 때문에 스스로 뭔가를 즐기는 일이 거의 없었다. 심지어 아무도 도움을 요청하거나 물어보지 않았는데도, 가족들이 도움을 원한다고 생각하였다. 그녀는 즐길 틈도 없이 다른 사람을 돕기 위한 계획을 세우곤 했다. Fred의 부인인 Linda 역시 아이들이 어렸을 때 생일 파티를 계획하고 준비하면서 이러한 경험을 하였다. 아이들의 생일파티를 준비하면서, 정작 생일파티 때 하는 게임이나 놀이를 향유하기보다는 파티 중에 일어나는 사람들 간의 역동에 지나치게 몰입했던 것이다. 그녀는 다음날 파티장면을 비디오로 돌려볼 때 비로소 외적인 의무감에 시달리지 않고 파티를 향유할 수 있었다.

물론 이렇게 향유하는 데 방해가 되는 지나친 사회적 책임감이나 수행 기준을 갖는 데는 개인차가 있는데, 이를 자세히 알아보기 위해서는 책임감에 대해서 개별적인 심리학적 분석을 해봐야 할 것이다. 다만 우리는 책임을 이행하는 데 신경을 씀으로써 향유하는 데 자주 방해를 받으며, 신경 쓰는 내용이 윤리적이든, 이타적이든, 이성적이든, 비이성적이든 상관없이 마찬가지라는 점을 강조한다.

사회적 책임감 이외에 향유를 방해하는 또 다른 요인이 있을까? 우리는 Maslow(1954)가 제안한 욕구의 위계에 따라 향유과정을 설명할 수 있다. 즉, 사회적 책임감 외에 욕구의 위계에 등장하는 다른 욕구들이 충족되지 못했을 경우(예를 들어, 배고프거나, 실패하거나, 좌절하거나, 억압 받거나, 사랑받지 못할 때)에도 향유가 일어나지 못한다는 것을 알 수 있다. 물론 이러한 이유 외에도 향유를 방해하는 경우는 많이 있다. 예를 들어, 만성적인 고통에 시달리는 환자는 즐거운 순간을 향유하는 것이 쉽지 않을 것이다. 하지만 그런 사람도 사려 깊은 선물을 받았을 때의 기쁨이나 순진한 어린아이의 농담을 향유할 수 있을 것이다. 배가 고픈 사람이라면 한 조각의 빵조차 향유할 수 있으며 또 다른 삶의 영역에서 향유를 경험할 수 있다. 또한 사랑받지 못하는 사람이라면, 너무 빠져들지만 않는다면 슬픈 음악을 통해 자신이 거절당했던 경험을 향유할 수 있다. 예를 들어, 블루스 음악은 사랑 받지 못하는 사람들이 진정으로 이해하고 향유할 수 있는 음악이다. 사랑하는 이가 죽었을 경우, 우리는 대부분 그 사람과의 즐거웠던 추억을 향유한다. 물론 거절당했거나 애도하고 있는 이들은 그 고통에서 향유로 전환하는 것이 쉽지 않지만, 그런 순간에도 향유하는 것이 불가능한 것은 아니다.

욕구가 만족스럽게 충족되는 경험을 향유하기 위해서는 그것이 스쳐지나가는 순간에 의식적으로 주의를 기울여야 한다. 상 받을 때의 성취감, 친구들과 만났을 때의 친밀감, 지적인 토론에서 이 겼을 때의 기쁨, 성적인 발산과 같은 긍정적 경험들은 우리가 그 순간에 잠시만 주의를 기울인다면 향유할 수 있다. 이러한 경험은 대리적으로도 일어날 수도 있는데, 예를 들면 자녀나 부모, 혹은 사랑하는 이가 대단히 훌륭한 성취를 이루었을 때 우리가 대신 기쁨을 느끼고 이를 향유할 수 있다.

유대어에 향유를 대리 경험하는 것과 관련된 말이 있다: kvell이라는 단어인데, 사랑하는 사람의 성취에서 자신 또한 쾌감을 느끼고 의식 속에 담을 수 있다는 의미가 포함된다. 물론 자신의 스승이나 동료의 성취로부터 비슷한 경험을 할 수 있다. 하지만 동료의 성취는 종종 자신의 성취와 비교되어 금방 걱정으로 이어질 수도 있는데, 이렇게 되면 동료의 성취를 진심으로 향유할 수 없게 된다. 비슷한 맥락에서 형제간의 경쟁심 때문에 형제자매의 성취를 진정으로 향유할 수 없게 되기도 한다. Schadenfreude(영어단어 malicious-joy와 비슷한 뜻을 지님-옮긴이)는 다른 사람의 불행에서 기쁨을 느낀다는 독일어로, 향유과정의 복잡성을 다시금 되새기게 만든다 (R. H. Smith, 2000).

Joe는 앞서 은퇴 이후의 향유경험에 대한 글을 썼을 뿐 아니라, 자신이 움직일 수 있는 한 최대한 많은 경험들을 향유하고 싶다고 말하기도 하였다. 하지만 지금 Joe는 그런 향유에 대한 생각이 근시안적이었음을 깨달았고, 자신이 돌아다닐 기력이 없다 해도 향유할 수 있는 능력이 없어지지 않는다는 것을 알았다. 그저 향유할 수 있는 범위가 달라질 뿐이다. 나이든 사람들은 신체적 기능을 상실하더라도 다른 다양한 긍정 경험을 향유할 수 있다. 예를 들어, '아직 태어나지 않은 손자나 증손자들에게 어떤 미래가 펼쳐질까' 혹은

'아직 읽지 않은 책과 듣지 않은 음악은 어떨까' 하는 생각을 해 볼 수 있다.

엄밀히 말해서 우리가 장애인에 대한 고정관념만 갖고 있지 않다면 향유할 수 있는 능력은 한정지을 수 없다. 장애인들은 분명히 신체적인 한계를 지니고 있지만, 이런 장애가 삶의 모든 측면에 해당되는 것은 아니다. 즉, 만약 장애를 갖게 되었다면, 신체적이고 실제적인 한계를 극복하는 것 못지않게 인생을 즐길 수 있는 새로운 방법들을 끊임없이 찾아내는 것이 중요하다. 귀머거리에 장님이었던 헬렌 켈러는 다음과 같은 글을 남겼다(Schoeneck, 1987, p. 2).

우리가 한번 즐겼던 경험은
절대로 잃어버릴 수 없다.
우리가 깊게 사랑하는 모든 것들은
우리의 일부분이 된다.

우리는 6장과 7장에서 노년의 향유에 대해 다시 논의할 것이다.

🌱 향유 대상의 주의초점

우리는 3장부터 6장까지 나오는 향유모델을 통해 사람들이 무언가를 향유할 때 주관적인 경험에 '주의를 집중'한다는 점을 제안할 것이다. 향유할 때 주의를 집중하여 알아차리게 되면 자신의 경험이 충동적인 느낌이나 감각 이상의 것임을 알게 된다. 사실 때로는 향유과정이 임의적으로 일어나기 때문에 사람들은 주의가 집중되는 과정을 마치 외부에서 조종하고 있는 것처럼 느끼기도 한다.

또한 향유경험이 우리의 바깥에서 일어나는 것처럼 느끼기도 하는데, 우리는 이를 세계초점적 향유라고 부른다. 예를 들어, 갑자기 무지개가 뜨면 사람들은 경탄하면서 그것을 쳐다보게 된다. 이는 향유를 위해서 외부 대상에 집중해야 한다는 것을 의미하지는 않는다. 이와 반대로, 주의가 내부로 향해서 내적인 느낌, 감각, 사고를 향유할 수도 있는데, 이것을 자기초점적 향유라고 할 수 있다. 향유과정에서 사람들은 종종 긍정적인 경험 자체와 그것에 임하고 있는 자신을 분리해서 생각하며, 자신이 이 분리된 경험과 직접적으로 상호작용하고 있다고 느낀다. Lambie와 Marcel(2002)은 현상적인 경험을 하는 1차적 의식(*first-order consciousness*)과 이를 자각하는 2차적 의식(*second-order consciousness*)을 구분하였으며, 2차적 의식을 "자신의 정서를 내성하여 알아차리거나 인식하는 것"(p. 220)이라 하였다. 따라서 있는 그대로 알아차리는 자각 상태(mindful meta-awareness)에서 향유하는 것은 2차적 의식 경험에 해당된다.

우리는 향유하기 위해서 즉시성이 필요하다고 했지만, 이런 즉시적인 경험이 완전히 자기지향적일 필요는 없다. 물론 아무도 제대로 이해할 수 없는 자신만의 경험이 있을 수 있지만, 그래도 다른 사람이 그것을 본능적인 감각경험 이상의 제한된 경험으로 '볼 수 있는' 정도의 것이다. 백일몽이나 환상을 향유하는 것은 다소 현실성이 있는 내적 심상을 향유하는 과정과 크게 다르지 않지만, 이런 환상이 한 개인이 향유하는 지배적인 영역이 된다면, 이는 다른 사람과 상호작용하는 능력에 지장을 줄 수 있다. 그러나 이런 환상을 가끔 향유하는 것은 지극히 인간적인 과정으로 우리가 인정해 주고 너그럽게 봐줘야 한다.

향유경험에 얼마나 명료하게 주의를 집중하고 있는가 하는 것은 우리가 고려해야 할 중요한 측면이다. 이는 다음 장에서 중요하게 다루고 있는 부분이기도 한데, 향유과정은 개인적이고 내적인 느낌을 마치 외적인 대상인 것처럼 다루는 것이다. 어떤 사람이 그냥 별 생각 없이 와인 한 잔을 마실 수도 있지만, 맛에 집중하고 복잡한 미각에 주의를 기울이며, 좋은 맛을 음미하면서, 경험을 향유할 수도 있다. 맛을 보는 과정은 비록 주관적인 경험에 대한 반응이지만, 더 명료하게 주의를 집중할 수 있는 영역이다. 따라서 우리는 가장 명료하게 주의를 기울인 향유과정일수록 가장 쉽게 지속되며 이후에도 가장 쉽게 다시 일어난다고 가정한다. 물론 명료하게 집중하지 않았다면, 짧게 지나가거나 다른 맥락에서는 일어나지 않을 것이다.

주의를 집중한다는 것은 마음챙김을 하고 있다는 의미이며, 이는 경험을 새로운 방식으로 받아들이고 범주화하는 것이다. 향유과정에서 보자면, 이는 즐거움, 기쁨, 환희, 만족감 그리고 경외심과 같은 긍정적 경험에 명료하게 깨어 있는 것을 의미한다. 사람들은 때때로 긍정적 경험에 더 잘 집중하기 위해 의식적으로 노력하기도 하지만, 대부분의 경우에는 이런 노력 없이도 성공적으로 집중할 수 있다. 결론적으로 볼 때, 향유는 깨어 있는 상태에서 즐기고 인식하는 것 외에도, (1) 지금-여기에서 일어나는 일의 즉시성에 대한 감각, (2) 주요한 동기 및 관심이 사회적, 개인적 욕구에 맞춰져 있지 않은 자유로움, (3) 단순히 자아만 만족시키거나 쾌락주의에 빠지는 것이 아니라, 경험에 집중하고 알아차리는 것을 포함한다. 그리고 이는 향유과정의 세 가지 핵심 요소라고 할 수 있다.

향유와 관련되는 핵심 개념들의 정의

우리는 향유의 본질을 밝히기 위해서 세 가지의 상호 연관되는 개념을 사용할 것인데, 그 세 가지는 향유경험, 향유과정, 향유반응 및 방략이다. 이중 향유경험은 가장 넓은 개념으로 볼 수 있는데, 개인의 감각, 지각, 사고, 행동 그리고 정서를 포괄하며 우리가 긍정적인 자극, 결과, 사건 등을 알아차리고 깨닫고 인식할 뿐 아니라 주변의 환경까지 파악하고 있는 것을 말한다. 향유경험에 대한 간단한 예를 들면, 여행자가 낙타 위에 앉아서 이집트의 피라미드 바라보기, 미식가가 맛있는 식당에서 음식 먹기, 산악인이 긴 여행을 마치고 사우나에 누워서 밤하늘의 별 바라보기 등이 있다.

향유과정은 중간 개념으로 이해할 수 있는데, 시간이 지남에 따라 긍정적인 자극, 결과 그리고 사건 등을 정신적, 신체적 과정을 통해 처리하고, 이후에 알아차리게 될 긍정적인 정서를 도출해 가는 과정을 말한다. 향유과정은 뭔가 긍정적인 것을 알아차리고 주의를 기울이며, 이를 해석하고, 인지적, 행동적으로 반응하는 것을 가리킨다(이때 향유반응 혹은 향유방략을 사용한다.). 결과적으로 긍정적 정서 반응을 경험하고, 이를 즐기며, 종종 이 과정을 되풀이해서 처리하는 과정을 반복한다. 이와 같은 맥락에서 Lazarus와 Folkman(1985)은 대처과정(사람들이 환경과 상호작용하면서 시간에 따라 변화하는 것)과 대처반응 혹은 방략(대처과정에 영향을 미치는 특정한 인지 및 행동)을 구분한 바 있다.

서로 다른 향유과정에 따라 다양한 긍정 정서가 도출된다. 예를 들어, 경탄하기는 경외심을 불러일으키고, 감사하기는 고마움을 느끼게 하며, 자축하기는 자긍심을 불러일으키고, 심취하기는 신체적 쾌감을 가져온다. 긍정 심리학에서 이야기하는 이런 향유과정은 부정 심리학(negative psychology)에서 역으로 나타난다. 예를 들어, 애도하는 대처과정은 슬픔의 결과로 나타나고, 심리사회적 적응은 장애를 초래하는 부상이나 사고의 결과에서 비롯된다.

마지막으로 향유반응 및 방략은 미시적인 수준에 해당되는데, 개인이 긍정적인 자극, 결과 그리고 사건에 반응할 때 사용하는 구체적이고 특정적인 사고 및 행동이다. 이러한 인지적, 행동적 반응은 긍정적 사건이 긍정 정서에 미치는 영향을 중재한다. 즉, 강도를 강화시키거나 약화시킬 수 있고, 지속 기간을 늘리거나 줄일 수 있다. 향유반응은 향유과정을 조작하는 구성요소가 된다. 예를 들어, 향유과정인 자축하기(basking)에는 인지적 향유반응으로서의 자축하기(self-congratulation)가 포함되는데, 이는 다른 사람들이 자신의 성취에 얼마나 감탄하는지 생각하고, 이를 위해 자신이 얼마나 노력했는지 되돌아보는 과정이다. 향유반응과 마찬가지로, 앞서 언급했던 대처반응 중에는 다른 사람에게 자신의 감정 털어놓기, 문제에 대해 생각하지 않기, 계획 세우기와 같은 여러 가지 방략들이 있다.

이런 세 가지 핵심 개념들을 연결시켜서 생각해 보면, 서로 다른 향유경험에 의해 다양한 향유과정이 촉발되며, 이 과정에서 다양한 긍정 정서를 불러일으키는 다양한 향유방략들이 사용된다고 가정할 수 있다. 우리는 4장에서 다양한 향유반응 및 방략들에 대해 살펴보고, 5장에서 기본적인 향유과정에 대해 설명하고 이를 이론적으로 체계화하는 작업을 진행할 것이다.

향유과정과 다른 유사 현상들 간의 비교

　우리는 앞서 향유에 세 가지 중요한 전제조건이 필요하다고 언급하였다. 즉, 지금 여기에서의 즉시성, 사회적/개인적 욕구 및 동기로부터 자유로움, 긍정적 경험에 대한 주의 집중 및 알아차리기가 그것이었다. 이 세 가지 전제 조건들은 우리가 다음 장에서 더 자세히 설명할 향유모델의 기본 원칙이 된다. 그런데 이에 대한 논의를 시작하기에 앞서, 우리는 비슷한 개념적 배경에서 비롯된 긍정 심리학의 다른 개념들과 향유를 어떻게 구별할 것인가 하는 문제를 다루어야 한다. 향유를 정의하는 과정에서 우리는 긍정 심리학에 등장하는 개념들 가운데 최소한 9가지 현상, 즉 마음챙김, 명상, 백일몽, 정서 지능, 시간 관리, 긍정 정서, 심미적 반응, 내재적 동기 그리고 몰입과 향유가 유사한 개념적 배경을 가지고 있다고 생각하였다. 따라서 이런 관련 개념들과 향유의 공통점 및 차이점을 간단하게 알아보기로 하자.

🌿 향유와 마음챙김

　Langer(1989)는 자신의 저서 『마음챙김(*Mindfulness*)』에서 이전까지 간과되어 왔던 의식의 또 다른 측면을 강조하였는데, 그것은 변화하는 환경적 맥락에 깨어 있기 위해 사람들이 스스로를 조절하는 방법에 관한 것이다. Langer에 따르면, 사람들은 마음챙김을 하는 동안에 이전까지의 습관적이고 일상적인 방식에서 벗어나 세상을 새롭게 바라보는 방식을 만들어낸다. Thera(1972)는 마음챙김을

"연속적으로 지각하는 순간들 속에서 우리에게 일어난 일과 우리 안에 어떤 일이 일어나고 있는가를 한결같이 명확하게 알아차리는 것"이라고 하였다. 또 다른 이론가들은 마음챙김을 "현재의 경험이나 현실에 대한 주의 및 자각의 증가"라고 했으며(Brown & Ryan, 2003), 주로 '열려 있고' 반응적인 의식 상태를 가리키는 말로 사용하였다(Deikman, 1982; Martin, 1997).

사람들은 향유할 때 자신의 경험을 알아차리기는 하지만, 주의가 내면의 자극이나 들어오는 자극 전부에 대해 깨어 있지는 않다. 향유할 때는 긍정 정서와 관련되는 내적, 외적 자극에 제한된 주의만을 기울인다. 따라서 향유는 마음챙김보다는 좁은 개념이다.

마음챙김이 증가하면 긍정 정서와 행복감이 높아진다(Brown & Ryan, 2003). 또한 주의집중과 향유 사이의 관련성도 경험적으로 증명되었다. 예를 들어, 초콜릿을 먹는 동안 신체적 감각에 집중하라고 지시하면 쾌감이 증가하며, 주의전환 과제를 하면서 초콜릿을 먹을 때와 비교했을 때에도 더 높은 쾌감을 보였다(Le Bel & Dube, 2001). 사실 향유의 핵심에는 쾌감에 대한 자각이 증가하는 현상이 수반된다.

🔥 향유와 명상

향유와 또 다른 의식적 과정인 '명상' 사이에는 유사점이 있는데, 그것은 두 가지 모두 주의를 집중하는 방식과 관련된 과정이라는 것이다. 하지만 둘 사이에는 큰 차이점이 있다. 향유에서는 느낌에 대한 의식에 집중하거나 느낌을 일으키는 생각들에 주의를 집중시키는 반면, 명상에서는 분석적이지 않은 방식으로 집중하거나 집중명상에서처럼 한 가지 대상에만 주의를 집중한다. 마음챙김 명상은 가능한 모든 내적, 외적 자극을 바라보는 것으로 이루어지며, 어떤 종류의 명상에서든 사람들은 자기 자신으로부터 초월하여 의식의 흐름에 들어가 있기를 바란다. Shapiro와 동료들(Shapiro, Schwartz, & Santerre, 2002)은 또 다른 종류의 명상으로 관조명상(contemplative meditation)을 제안했는데, 여기에는 더욱 '거대한 자기(larger self)'를 향해 스스로를 개방하는 과정이 포함된다. 마음챙김과 마찬가지로 명상에서는 특정 감정에 초점을 맞추지 않는다. 향유와 달리 명상에서는 늘 감정이 관여되는 것은 아니며, 명상을 하고 나서 기분이 좋을 수는 있지만 그것은 명상의 핵심적인 요소가 아니다. 하지만 향유에서는 의도적으로 긍정 정서에 집중하며, 그로 인해 기분이 좋아진다.

예를 들어, 초월명상(transcendental meditation: TM)에서는 내부로 주의를 집중하여 편안하고 즐거운 상태에 머물게 하며, 알아차림의 수준도 증가시킨다(Bloomfield, Cain, & Jaffe, 1975). 초월명상을 수행하는 사람들은 생각과 감정이 떠오르더라도, 그에 휘말리지 않고 순수한 알아차림에 이르도록 배운다. 즉, 떠오르는 생각들을 분석하느라 명상의 과정을 방해받지 않도록 교육하는 것이다(Bloomfield et al., 1975).

하지만 향유에서는 자신의 내적 경험을 정교하게 들여다봐야 하며, 긍정적 사고나 감정을 놓아버리기보다는 마치 입 안에 있는 좋은 와인을 음미하듯이 경험을 의도적으로 곱씹어보고 마음속에서 다시 경험해야 한다. 이 과정에서 관련된 생각과 감정들이 떠오르는데, 이는 긍정적 경험을 더욱 증폭시킨다.

🍃 향유와 백일몽

앞서 우리는 사람들이 백일몽이나 환상을 향유할 때, 어느 정도 '객관적' 실재에 바탕을 둔 내적인 심상을 즐기고 있음에 주목하였다. 그렇다고 해서 반드시 백일몽을 향유의 한 유형으로 볼 수 있는 것은 아니다. 백일몽을 꿀 때는 일련의 사고의 흐름에 따라 주의가 내부로 향하기 때문에, 더 이상 지금의 환경이나 현재의 과제와 관련성이 없어진다(Singer, 1981). 더구나 백일몽은 미리 계획되었거나, 목적이나 목표가 있는 것이 아니다. 이에 반해 향유는 명백하고 정교한 목표가 정해져 있으며, 이러한 목표에 의해 긍정적인 정서 경험이 증대된다.

그렇다면 '긍정적 백일몽'(Langens & Schmalt, 2002)이라는 특별한 경우에 대해 생각해 보자. 여기서 사람들은 '개인적 목표를 성취하는 성공 경험'에 대한 인지적 심상을 만들어낼 것이다. 연구에 따르면, 개인이 가지고 있는 '실패에 대한 두려움의 강도'에 따라 이런 긍정적 백일몽에 대한 정서적 결과가 달라진다. 실패에 대한 두려움이 많은 사람들은 이런 상상을 할 경우, 미래에 성공하지 못할 것이라는 생각을 더 많이 하기 때문에 오히려 부정적인 기분에 젖게 되고, 기분을 호전시키기 위해 목표에 전념하지 않는 우를 범하게 된다(Langens & Schmalt, 2002). 하지만 실패에 대한 두려움이 적은 사람에게는 이런 백일몽이 건설적인 동기로 작용하여 목표에 더욱 전념하도록 만든다(Langens & Schmalt, 2002).

분명 사람들은 실패에 대한 자신의 기대에 따라 긍정적 백일몽을 향유할 수도 있고 안 할 수도 있다. 실제로 미래의 긍정적인 결과를 기대하지만 이를 이루지 못할 것이라 생각하게 되면 오히려 우울해지고 동기를 잃게 될 것이다. 백일몽을 꾼다는 것이 실제로 그 경험을 향유하고 있음을 의미하지 않기 때문에, 우리가 긍정적 백일몽을 즐기기 위해서는 자신의 자긍심, 즐거움 그리고 충족감을 있는 그대로 알아차리고 지속적으로 좋은 감정들을 떠올려야 한다.

🌿 향유와 정서 지능

향유는 긍정 정서를 조절하는 데 기여하는 과정이라는 점에서 정서 지능과 어느 정도 관련성이 있다. 정서 지능은 "자신의 정서와 타인의 정서를 파악하고, 구별하며, 이러한 정보를 자신의 생각과 행동을 조절하는 데 활용하는 능력"을 의미한다(Mayer & Salovey, 1993, p. 433). 정서 지능이 높을수록 긍정 정서 및 심리적 안녕이 증가하는 것으로 나타났다(Goleman, 1995; Salovey, Mayer, Goldman, Turvey, & Palfai, 1995; Schutte, Malouff, Simunek, McKenley, & Hollander, 2002). 정서 지능과 마찬가지로, 향유에는 사고 및 행동을 조절하는 데 정서적 단서들을 활용하는 것뿐 아니라 정서를 자각하고 조절하는 과정이 포함된다.

아울러 향유는 기분주의(mood attention; Salovey et al., 1995)와 기분자각(mood awareness; Swinkels & Giuliano, 1995)이라는 보다 좁은 개념과도 공통점을 지닌다. 여기에는 기분을 관찰하고 명명하는 과정이 포함된다. 향유에서 긍정적 감정을 파악하는 것은 중요하지만, 이를 명명하는 과정이 반드시 포함되는 것은 아니다. 사실 자신이 느끼고 있는 감정이 무엇인지 파악할 수 있는 것만으로도 부적 정서를 조절하는 것이 수월해진다(Barrett, Gross, Christensen, & Benvenuto, 2001). 우리는 다양한 긍정 정서(예를 들어, 기쁨, 경외

심, 자긍심, 평온함, 고마움)를 구별할 수 있는 능력에 의해 향유능력
도 향상될 것으로 보고 있다.

　선행 연구자들은 부적 정서 조절에 관한 연구를 진행했지만, 긍
정 정서를 조절하는 것과 관련해서는 별로 연구한 바가 없다(Gross,
1999). 다만 보편적으로 가정하는 것은 사람들이 불쾌한 감정은 피
하고, 방지하고, 줄이려고 노력하는 반면, 유쾌한 감정은 경험하고,
만들어내고, 지속시키려는 동기를 갖고 있다는 점이다(Klinger,
1982; Kokkonen & Pulkkinen, 1999; Zillmann, 1988). 이는 "즐거운 마
음 상태를 만들기 위한 일방향적인 노력"으로 정의된다(Erber,
Wegner, & Therriault, 1996, p. 757). 연구에 따르면, 행복한 사람들
은 자신의 마음을 어지럽힐 만한 일들은 피하는 것으로 나타났다
(Freedman, 1978; Isen, 2000; Wegener & Petty, 1994).

　정서 지능은 자신과 타인의 정서를 적응적으로 활용하는 것과
관련된다(Mayer & Salovey, 1989-90; Schutte, Malouff, Hall, et al.,
1998). 마찬가지로 향유도 경우에 따라서 적응적일 수도 있고, 부적
응적일 수도 있다. 예를 들어, 차 간 거리가 매우 좁은 상태로 운전
을 하면서 경치를 향유하는 것은 부적응적일 수 있다. 따라서 사람
들은 정서적으로 잘 향유하기도 하지만 그렇지 않기도 하며, 삶을
향유할 수 있는 더 건강한 방식을 배울 수 있다. 긍정 정서를 관찰하
고, 파악하고, 조절하는 능력에 손상이 있는 사람은 치료적인 개입
이 필요하다. 이와 관련해서 8장에서는 향유를 증진시키는 방법에
대해 논의할 것이다.

🍃 향유와 시간 관리

시간 관리(time work)는 향유와 밀접하게 관련된 비교적 새로운 개념인데, 이는 경험의 일시성을 관리하는 것이다. 시간 관리는 목표지향적이고 주체적인 자기-결정성(self-determination)의 특징을 지니며, 특정한 경험의 일시성을 창조하거나 조절하려는 개인의 노력 혹은 대인간 노력을 의미한다(Flaherty, 1999, 2003; Garfinkel, 1967). Flaherty(2003)는 일시적인 경험의 지속 기간, 빈도, 순서, 시기, 배치를 통제하고 조절하려는 사람들의 노력을 5가지의 시간 관리 유형으로 정의하였다. 시간을 관리함으로써 지각(perception)을 통제하려는 노력은 향유함으로써 긍정 경험을 알아차리려는 노력과 비슷하다.

지속 기간이라는 시간적 변수는 좋은 예가 된다. Flaherty(2003)는 "어떤 사람들은 즐거운 상황을 경험하면서 그 경험의 지속 기간을 더욱 늘리고 싶어 한다."고 언급하였다. 이는 향유의 한 유형, 즉 긍정 경험을 의식적으로 붙잡아 두어 오래 지속되도록 만드는 것을 말한다. 예를 들어, Flaherty(2003)는 주말을 향유하고자 하는 여성의 예를 다음과 같이 소개하였다.

나는 즐겁고 여유로운 시간이 더 길게 지속될 수 있도록, 늘 해야 하는 일들 사이의 간격을 약간 벌려 놓는다. 그리고 늘 다음에 할 일이 있음으로 해서, 뭔가 기대를 가지고 임할 수 있게 한다. 그리고 하루가 더 길게 느껴지도록 어느 순간 하던 것을 멈춘다. 그리고 지금 하고 있는 일과 앞으로 할 일에 대해 가만히 생각해 본다. 그러면 어느 정도까지는 마치 시간이 멈춘 것처럼 느껴진다. (p. 22)

54세의 한 여성은 자신의 휴가기간을 더 늘리기 위해 다음과 같은 방략을 사용하였다. "나는 더 느리게 숨쉬고, 주위 풍경을 둘러보고, 현재 존재하는 것들을 알아차리며, 평화롭고 안정된 시간에 감사하고, 내 주변이나 내가 하는 활동을 즐기려고 애썼다."(Flaherty, 2003, pp. 22~23) Flaherty(2003)는 "시간을 빨리 보내고자 하는 사람이 다른 일들을 생각하듯이, 현재를 더욱 늘리고 즐기고자 하는 사람은 지금 여기에 집중한다."(p. 23)는 점을 관찰하였다. 이렇듯 행복한 순간을 향유하고 이에 집중하는 것은 긍정적 경험의 지속 기간을 증대시키는 효과가 있다. 그러나 향유가 그 지속 기간과는 별개로 긍정적 경험을 강화시키는 방향으로 생각과 감정을 불러일으키기도 한다. 따라서 향유에 시간 관리가 포함될 수도 있지만, 필수적인 것은 아니다.

🍃 향유와 긍정 정서

우리는 앞서 향유를 명상 및 마음챙김과 구별하면서, 향유가 긍정 정서를 다룬다는 점을 언급하였다. 그렇다면 우리는 향유를 긍정적 느낌 혹은 정서 자체와 어떻게 구별할 수 있을까? 앞서 향유와 쾌락을 구별할 때 언급했듯이, 향유는 유쾌한 정서에 집중하여 있는 그대로 알아차리는 과정이지, 쾌락 그 자체는 아니다. Fredrickson(2001)은 세상에 대한 관심과 호기심을 포함하여, 인간의 전반적인 사고 및 행동패턴과 관련된 긍정 정서에 대한 명쾌한 이론을 제안하였다. 비록 그가 제안한 긍정 정서에 관한 개념은 감정의 생성, 강도 그리고 결과에만 초점을 두었지만, 긍정 정서에 의해 우리가 주의를 집중하는 범위가 넓어진다는 점을 언급하기도 하였다. 어떤 면에서 보면, 이러한 주의의 확장은 긍정 정서를 증폭시키는 향유과정에 포함된다고 할 수 있다.

만약 긍정적 정서 경험에 의해 향유가 촉발된다면, 향유는 개인이 긍정 정서를 경험할 때 인지적 레퍼토리가 확장되도록 중재하는 기제가 될 수 있다. 게다가 보통 사람들이 향유하기 시작하면, 감정의 범위가 확장될 뿐만 아니라 감정을 느끼는 상황 역시 확장된다. 이렇듯 향유와 긍정 정서는 매우 밀접하게 관련되어 있지만, 우리는 신중하게 이 두 현상을 구별할 수 있어야 한다.

🔥 향유와 심미적 반응

자연적인 혹은 인공적인 아름다움 앞에서 사람들이 경험하는 긍정 정서나 심미적 쾌락에 대해 생각해 보자. 철학자들은 이를 심미적 반작용(aesthetic reactions)이라고 부르고, 미학자들은 심미적 반응(aesthetic response)이라 부르며 다양한 방식으로 정의내리고 있다. 우리가 선호하는 정의는 '시각적, 청각적, 기타 감각적 형식을 통해, 그리고 문어 혹은 구어 형태의 단어나 생각을 통해 느낌을 전달하는 것'이다. 어떤 그림, 노래 그리고 시와 같은 예술 작품을 보고 감동을 받는 것은 상당히 인간적인 것이며, 그것들을 창조한 사람은 자신의 느낌을 표현하고 나누게 된다. 이런 소통이 반드시 일대일 대응으로 일어날 필요는 없으며, 중요한 것은 소통 과정에서 감정 혹은 느낌이 오고 가는 것이다.

만약 이러한 심미적 반응이 일어난다면, 이런 반응을 한 사람은 향유를 하고 있다고 말할 수 있는가? 만약 그 사람이 단순히 정서적 반응만을 일으킨 것이 아니라 자신의 경험을 있는 그대로 알아차리고 있다면, "그렇다"고 할 수 있다. 사람들은 바흐의 합창곡을 들으면서 커다란 경외심을 느낄 수 있는데, 이는 소리가 만들어내는 다양한 음색을 느끼지 않고도 가능하다. 하지만 섬세한 음색까지 알아차리고 이를 느낀다면, 이는 바흐의 합창곡을 향유하는 것이다. 심미적 반응은 대부분 이런 식으로 향유되지만, 동시에 그렇지 못한 경우도 많다. 사람들은 종종 예술 작품에 깊이 감동하고 초월적인 경외감을 느끼지만, 향유에 필요한 마음챙김 과정이 결여된 경우도 많다.

이 시대에 가장 뛰어난 물리학자 중 한 명인 Richard Feynman이 쓴 다음의 글을 살펴보자. 이 글에서는 예술가와 과학자가 꽃의 아름다움에 관해 대화를 나누고 있다.

내게는 예술을 하는 친구가 있는데, 나는 이 친구의 관점에 잘 동의하지 못할 때가 있다. 그가 꽃을 들고서 "얼마나 아름다운지 보게."라고 하면, 나도 동의할 것 같다. 그는 "나는 예술가로서 이게 얼마나 아름다운지 볼 수 있지만, 자넨 과학자로서 이걸 다 분석하고 헤집어놔서 아무것도 아닌 것으로 만들지."라고 얘기한다. 난 그가 바보라고 생각한다. 우선 나는 그만큼 미학적으로 다듬어지진 않았지만 그 꽃의 아름다움을 동일하게 느끼고 있다고 생각한다. 그리고 나는 그가 보지 못하는 훨씬 많은 것들도 보고 있다. 나는 그 안의 세포들을 상상할 수 있고, 그 안에서 일어나는 복잡하면서도 아름다운 과정에 대해서도 잘 알고 있다. 그리고 꽃의 아름다운 색깔이 수분을 하기 위해 곤충들을 유혹할 목적으로 생성되었다는 것도 알고 있다. 그건 곤충들이 색깔을 볼 수 있다는 것을 의미한다. 그렇다면 또 다른 질문이 떠오른다. 이런 심미적 감각이 하등한 개체들에게도 존재할까? 이것은 왜 심미적일까? 이런 흥미로운 질문들은 과학적 지식이 꽃에 대한 신비와 흥미, 경외심을 더욱 증폭시킨다는 것을 잘 보여 준다. (Robbins, 1999, p. 2)

Feynman의 관찰은 꽃의 아름다움에 관한 '순수한 심미적 반응'과 '아름다움을 정교하게 향유하는 과정'의 차이를 잘 보여 준다.

하지만 거꾸로 이런 질문을 던져보면 어떨까? 만약 사람들이 향유하고 있다면, 자동적으로 이들이 심미적 경험을 하고 있다고 말할 수 있는가? 그렇지 않다. 향유를 한다는 것은 반드시 그 사람이 자극의 배치를 알아차리고 있음을 의미하지는 않는다. 심미적 반응과 달리 향유에서는 연상의 형태가 중요한 것이 아니다. 사람들이 풍경을 무작위로 훑어보면서 음미한다면 이는 향유과정은 될 수 있지만 심미적 반응은 아니다. 어떤 경우에 사람들은 풍경을 매우 심미적인 방식으로 감상해서, 장난스럽게 이를 '예술을 모방한 자연'이라고 표현하기도 한다. Ansel Adams의 사진 작품에서는 자연의 특정한 측면을 작가가 향유한 관점에서 담아낸다. 어떤 평론가에 의하면 Adams는 의도적으로 특정 상황과 특정 시간의 풍경을 담아내서 자신이 이 풍경에서 무엇을 향유하였는지 전달하고자 한다. 따라서 감상하는 이들은 작가가 향유했던 똑같은 풍경을 보면서 그가 즐겼던 것을 함께 감상할 수 있게 된다.

만약 연극이나 소설 속 등장인물이 긍정 정서를 느낀다면, 그들에 대해 공감하거나 동일시하는 과정이 향유로 이어질 수도 있다. 문학, 무대 그리고 영화 속에서 등장인물이 고통을 이겨내고 승리의 순간을 맛볼 때, 우리도 대리 기쁨(vicarious joy)을 느낄 수 있다. 실제로 많은 사람들이 그런 순간에 목이 멘다고 말하는데, 느낌을 전달하는 표현이 압도적일수록 특히 그렇게 말한다. 이것을 우리는

'맛깔 나는 표현(delicious schmaltz)'이라 부르기도 한다. 예를 들어, '목구멍이 턱 막힌 느낌(lump in the throat: 의학용어로 '히스테리구' 라 부름)'과 같은 친숙한 표현이 앞서 말한 대리 반응을 반영하고 있다. 문학작품 속에 나오는 유머도 향유의 대상이 되며, 단순히 등장 인물을 완전하게 알아가는 즐거움 또한 우리는 향유할 수 있다. 많은 사람들은 슬픈 이야기를 읽는 것조차 매우 즐기면서 향유하는데, 이는 일상적인 생활에서 잠시나마 우리를 구원해 주기 때문일 것이다. 독서에 '중독된' 이들이 좋은 책을 다 읽고 나서 매우 슬퍼 하는 일도 자주 있다. 따라서 향유와 심미적 반응은 상당 부분 중복되는 경험임에 틀림없다.

하지만 모든 심미적 경험이 향유와 관련된 것은 아니다. 비극을 보면서 긴장감이 높아지거나 해소되는 과정에서 향유과정이 포함될 수도 있지만, 그리 가능성이 높지는 않다. 아리스토텔레스는 좋은 비극이라면 감정을 쏟아내고 토해내는 과정이 포함된다고 했는데, 이는 이제까지 논의한 향유과정과 일치하지 않는 것으로 보인다. 하지만 비극을 통한 감정의 표출이 즐거운 경험인 동시에 이를 진정으로 알아차릴 수 있다면 그와 같은 긍정적 상태를 향유할 수도 있을 것이다.

🌿 향유와 내재적 동기

인간은 다른 명백한 외부 보상 없이도 자신의 행동을 통해 스스로 유능감을 느끼고자 하는 내재적 동기(intrinsic motivation)에 의해 행동하거나 내부귀인을 하는 경향이 있음을 많은 동기심리학 문헌들에서 제안해 왔다(Deci, 1975; White, 1959). 이제까지 향유에 대해 설명한 내용을 읽다 보면, 향유과정에 마치 외적인 동기요인은 없고 내적인 동기만 부여된 것처럼 이해할 수도 있을 것이다. 과연 사람들은 왜 향유를 하는 것일까? 아마도 향유를 하면 유능감을 느끼고, 외적인 보상과 상관없이 자신이 경험하고 있는 것을 내적으로 알아차리고 느낄 수 있기 때문일지도 모른다.

하지만 이런 대답으로는 향유경험의 핵심적인 특성을 모두 포괄할 수 없다. 유능감뿐만 아니라 다른 여러 인간적인 욕구들도 그 이유에 포함시킬 수 있다. 앞서 언급했듯이 개인은 사교성뿐 아니라 우월감도 향유할 수 있으며, 외부 자극에 대한 심미적 반응과 더불어 내적으로 생성된 경험도 향유할 수 있다. 더욱이 유능감이 행동의 주된 근간이 된다면, 다른 자아 혹은 존중의 욕구가 지배적일 때와 마찬가지로 유능감에 대한 염려 때문에 향유를 하는 데 방해받게 될 것이다.

더불어 내재적 동기에 대해 우리가 주목해야 할 점은 개인이 특정한 활동을 외부로 귀인하지 않고, 자기 자신에게 귀인 한다는 점이다. 우리가 알기로 사람들은 긍정 경험의 원인을 처음부터 향유과정의 존재 여부와 상관없이 귀인하는 경향이 있다. 예를 들어, 어떤 사람이 아름다운 산 정상에서 구름을 헤치고 떠오르는 해를 보는 긍정 경험에 대해 아무런 책임을 느끼지 않으면서도 그것을 향유할 수 있다. 비록 우리가 내재적 동기에 의해 행동할 때 향유를 더 오래 지속시킬 수 있는 것은 사실이지만, 여하튼 향유는 내재적 동기와는 독립되어 있는 현상이다.

🔥 향유와 몰입

마지막으로 우리는 Csikszentmihalyi(1975, 1990, 2002)의 몰입경험(flow experience)과 향유 사이에 중복되는 개념에 대해 살펴볼 것이다. Csikszentmihalyi(2002)는 인간이 활동하면서 진정한 만족감을 느끼는 상태에 대해 탁월한 분석을 하였는데, 그는 사람들이 자신의 효능감에 지속적이지만 압도적이지 않은 도전을 받을 때 최적의 '몰입' 경험을 한다고 주장하였다. 그러한 활동을 하면서 사람들은 자신과 시간에 대한 감각을 잃어버리고, 지금 하고 있는 활동에 완전히 주의를 집중하게 된다. 취미 생활에 열중하는 사람, 예술가 혹은 작가들은 무언가를 창조할 때 몰두하여 이런 상태에 들어가며, 매일 일상적인 일을 하는 도중에도 적절한 도전을 받는 동시에 효능감을 느끼게 되면 이러한 몰입 경험을 할 수 있다.

사람들이 이런 활동을 하면서 자기 자신을 잃어버리는 상태가 되면, 우리는 그들이 활동을 향유하고 있다고 쉽게 이야기할 수 있다. 하지만 이런 몰입경험을 '향유' 라고 얘기하기가 조금 망설여지기도 한다. 왜냐하면 몰입경험은 향유경험에 비해서 활동에 대한 의식적 주의집중을 훨씬 덜 요구하기 때문이다. 몰입경험은 마치 성적 경험과도 같이 그 자체로 자생적인 동기를 가지고 있기 때문에 의식적으로 알아차리는 과정이 필요하지 않다. 마음챙김은 몰입경험에서 반드시 필요한 요소가 아닐뿐더러, Nakamura와 Csikszentmihaly(2002)는 강렬한 자각이 오히려 몰입과정을 방해한다고 하였다.

더욱 중요한 것은, Csikszentmihalyi(1975, 1990, 2002)가 말하는 몰입과정에는 효능감과 도전이라는 주제가 매우 핵심적이며, 이로 인해 개인이 경험에 몰입할 수 있게 된다는 것이다. 몰입경험은 현재 개인이 가지고 있는 능력과 과제가 요구하는 능력이 일치할 때 최고로 잘 일어나며, 과제가 요구하는 능력이 더 크다면 불안으로 귀결된다. 물론 개인의 능력이 더 뛰어나다면 결과적으로 지루함을 느낄 것이다. 따라서 과제를 해결하거나 문제를 푸는 것은 몰입경험의 중요한 과정이다. 만약 수행에 대한 불안이 개인을 지배하게 된다면 몰입에 방해가 되는 것과 마찬가지로, 유능감이나 우월감과 같은 자아의 욕구에 너무 집중해도 향유하는 데 방해가 된다. 따라서 몰입과 향유를 지속하는 과정에는 어느 정도 유사점이 존재한다.

만약 개인이 어떤 일이 일어나고 있거나 막 일어난 직후에 경험에 주의를 집중할 수 있다면, 그는 몰입경험을 향유할 수 있을 것이다. 하지만 여기서 주의할 것은 만약 몰입과정에서 발생하는 긍정적 정서 경험에 주의를 집중하기 시작하면, 이 때문에 몰입과정은 방해 받게 될 것이라는 사실이다. 연구에 따르면, 몰입경험을 하는 사람들은 그 당시에는 즐거움에 대해 잘 자각하지 못한다. Csikszentmihalyi(1999)는 몰입경험에서 비롯되는 즐거움은 오직 그 경험이 지나가고 난 후에만 느낄 수 있다고 언급하였다.

엄밀히 말하면, 몰입경험이 일어나는 도중에 사람들은 그리 행복하지 않다. 왜냐하면 주어진 과제에 너무도 몰입해 있기 때문에 자신의 주관적인 상태를 돌아볼 여유를 갖지 못한다……. 하지만 몰입경험이 지나간 후에 사람들은 자신이 경험할 수 있는 최고의 긍정적 상태에 있었다고 보고한다. (p. 825)

향유와 몰입의 관련성을 좀 더 살펴보면, 기질적 몰입성향(trait absorption)이 높은 사람, 즉 '현상적인 자기와 세계를 뚜렷하게 재구성할 수 있는 심리 상태에 쉽게 들어가는 기질(Tellegen, 1992, p. 1)'을 가진 사람은 그렇지 않은 사람보다 더 강한 심미적 반응을 보이는 것으로 나타났다(Wild, Kuiken, & Schopflocher, 1995). Wild 등(1995)은 같은 맥락에서 몰입성향이 높은 사람들이 다른 대상들보다 정서에 더 많이 전념하는 경향이 있으며, 이 때문에 향유과정이 더욱 촉진될 수 있다고 하였다. 따라서 한 가지에 몰입하는 경험을 잘하는 사람은 향유에 능숙해질 가능성도 높다. 우리는 4장에서 향유방략 중 하나로 몰입하기(absorption)에 대해 논의하면서, 긍정적 상태로서의 몰입(flow)에 대한 탐색을 계속할 것이다.

다음 장 미리 보기

이번 장에서 우리는 일반적인 향유의 개념을 명료화하였고, 향유와 관련된 다른 여러 개념들에 대해서도 살펴보았다. 향유가 다른 개념들과 어떤 점이 비슷하고 어떤 점이 다른지에 주목하였다. 다음 네 장에 걸쳐서, 우리는 향유 심리학의 핵심으로 들어갈 것이다. 2장에서는 향유의 모델이 직면해 있는 중요한 쟁점들을 제시하고, 이러한 쟁점들을 보여 주는 향유경험에 대한 몇 가지 연구 결과들을 조명할 것이다. 그런 다음 우리는 3장에서 모델의 핵심 가정에 대해 논의하고, 4장에서는 긍정적 사건에 대한 인지적, 행동적 방략의 유형들에 대한 연구 결과를 보고할 것이다. 그리고 5장에서는 사람들이 살면서 접하게 되는 네 가지 주요한 향유 형태(경탄하기, 감사하기, 자축하기, 심취하기)를 포함한 여러 다른 종류의 향유과정을 이해할 수 있는 통합적 개념체계를 제시할 것이다. 6장에서 우리는 향유와 관련된 시간의 역할에 대해 생각해 보고, 7장에서는 사랑, 결혼, 우정, 정신적 혹은 육체적 건강, 창의성, 의미, 그리고 영성을 포함하여, 인간의 다양한 관심사들과 향유가 어떻게 관련되는지 논의할 것이다. 마지막으로, 8장에서는 실제로 인생에서 향유를 증진시키는 데 도움이 되는 모델이 지닌 함의에 대해 논의하고자 한다.

향유 심리학을 위한
중요한 문제들

🌿

가장 두드러진 기쁨은 우리가 마음속에서 그것을 변형시켰을 때만
비로소 그 실체를 드러낸다.
Rainier Rilke(1923/2005)

　　과연 향유 심리학(psychology of savoring)은 어떤 것으로 이루어
져야 할 것인가? 대부분의 사람들은 한두 번쯤 향유하는 경험을 해
보았을 것이다. 그렇다면 향유경험은 언제 일어나는가? 개인은 향
유경험을 하게 되는 시기와 방법을 스스로 조절할 수 있는가? 사람
들은 과거나 미래에 대해서도 향유할 수 있는가? 향유경험에는 다
양한 유형이 있는가? 향유하는 동안에는 어떤 과정들이 일어나는
가? 향유경험의 강도에 영향을 미치는 것은 무엇인가? 매우 사적인
것으로 여겨지는 향유경험에 다른 사람이 영향을 줄 수 있는가? 과
연 향유과정에 문화적인 차이가 존재하는가? 이러한 물음은 향유
심리학을 위한 학문적 토대를 마련하기 위해서 다루어야 할 이론적
인 물음의 일부다. 이러한 관심사를 넘어서, 사회과학자인 우리에
게는 중요한 실제적인 주제가 하나 있다. 체계적인 연구를 하기 위

해서 향유과정의 속성을 측정해야 하는 문제를 어떻게 해결할 것인가? 이 장에서 우리는 먼저 향유 심리학과 관련된 중요한 개념적 주제들을 논의한 후 마지막에서 측정도구 개발의 필요성에 대해 언급할 것이다.

개념적 문제

여기 도입부에서는 여섯 가지의 주요한 개념적 문제들에 초점을 맞추어 살펴볼 것이다. 이러한 문제들에 대해서는 다음의 네 장을 통해 발전시켜 나갈 향유의 설명모델에서 좀 더 자세하게 다루어질 것이다. 물론 이러한 문제들은 우리가 고려해야 할 문제의 전부는 아니지만, 우리가 다루는 주제의 일반적인 특성을 소개할 때 가장 먼저 고려해야 하는 문제들이라고 생각한다.

일반적으로 제기되는 물음의 처음 두 가지는 향유과정에 밀접하게 영향을 미치는 지각(perception)에 관한 것이다. 첫 번째로 우리는 다음과 같은 의문을 가져볼 수 있다. 향유는 'savoring'이란 말의 일반적 의미처럼 미각과 같은 감각적 사건만 관련되는 것인가, 아니면 좀 더 복잡한 인지적 사건과 관련되는 것인가? 두 번째는 향유가 의식적인 자각을 포함하고 있는가 하는 문제다. 세 번째로 우리는 향유과정이 일반적으로 어떻게 시작되고 종료되는가에 대하여 다루고 있다. 네 번째로 우리는 세 번째 문제의 중대한 측면에 대해 논의할 것이다. 향유과정의 시작과 종료에서 의도는 어떤 역할을 하고 있는가? 다섯 번째로 우리는 시간의 차원과 더불어 사람들이 과거나 미래에 대하여 향유할 수 있는지 여부를 살펴볼 것이다.

마지막으로 여섯 번째 문제는 향유의 사회문화적 속성들에 관한 것이다. 이러한 문제들을 소개함에 있어서 우리는 다소 추상적인 문제를 보다 구체적으로 논의하기 위해 향유경험에 관한 몇 가지 질적 보고들에 근거하여 설명하고자 한다. 자, 이제 여섯 가지의 주요한 개념적 문제들을 살펴보자.

🜂 문제 1: 향유경험은 단순한 감각적 사건에만 한정되는가, 아니면 복잡한 사고의 자각도 향유할 수 있는가?

당신은 아마도 향유하기가 먹음직스러운 디저트를 맛보는 일이나 좋아하는 음악가의 최신 음반을 감상하는 일처럼 한 번에 한 가지 감각 경험으로만 가능한 것으로 생각하기 쉬울 것이다. 그러나 처음 우리가 제시한 향유의 정의에 따르면, 한 번에 오직 단 하나의 감각 경험만을 향유할 수 있다거나 혹은 향유가 감각적인 경험들에만 한정된다는 내용은 없다. 시각적 자극과 청각적 자극을 동시에 경험하는 것이 각각을 따로 감상하는 것보다 분명 더 나은 경우가 있다. 예를 들어, 편안한 집에 앉아 호수 위로 거친 폭풍우가 이는 모습을 바라보는 것이 장관을 이룰 수 있다. 여기에 지붕 위로 떨어지는 빗방울과 바람 소리까지 더한다면, 아주 특별한 향유를 가능하게 해 줄 것이다. 소리에 시각적인 이미지가 더해지는 경우 역시 마찬가지다. 수많은 사람들이 이중 감각 양식을 활용하는 데 탁월한 디즈니사의 영화 〈Fantasia〉나 〈sons et lumieres〉[sounds and lights]와 같은 매혹적인 공연을 향유해 왔다. 사실상 훌륭한 뮤지컬 음악들은 관객으로 하여금 한 장면의 세밀한 부분들까지도 향유할 수 있게 해 준다.

우리는 감각적인 사건들만 향유할 수 있는가? 이러한 질문에 대부분의 사람들은 아니라고 답할 것이다. 개인은 특정한 감각과 별다른 관련이 없는 심리적 상태를 향유할 수도 있다. Nichols가 『깨어지기 쉬운 아름다움(A Fragile Beauty)』(1987)에서 차가운 눈이 내린 뒤 뉴멕시코의 타오스에 있는 목장 뒤편의 메사(mesa, 스페인어로 table이라는 뜻으로, 꼭대기가 평평하고 주위가 벼랑인 지형, 미국 남서부와 멕시코의 건조 지대에 많이 분포함-옮긴이)를 산책한 경험을 묘사한 단락을 살펴보자.

나는 다음에는 무엇이 있을까 하는 궁금함과 함께 구슬프게 홀로 서 있는 흑갈색의 소떼를 지나쳤다. 소들의 콧구멍에서는 김이 뿜어져 나오고 있었다. 산은 정상에서 바닥에 이르기까지 새하얀 빛을 띠었고, 그 하얀 빛은 눈 내리는 메사와 한데 어우러져 있었다. 온통 눈으로 뒤덮인 산은 짙푸른 하늘 속으로 사라져갈 때까지 서쪽으로 이어지고 있었다. …… 이제 이 싸늘한 기분은 오직 나만의 것이다. 산 전체가 나의 것이 되고, 하늘은 내 어깨 위로 좀 더 다가왔다. 고독은 내 안에 환희를 만들어 내고 있었다. 저벅, 저벅, 나의 부츠가 나아간다. 마지막으로, 나는 멈추어 선 채로 원을 그리며 주변을 가만히 바라보았다. 난 그것을 잃고 싶지 않아서, 상실감을 애써 억누르고 있었다. 아마도 나는 이 순간의 만족을 결코 다시 자아낼 수 없을 것이고, 살면서 다시는 이러한 경외감을 느낄 수 없으리라. 하지만 그런 것은 중요하지 않다. 가장 고귀한 선물은 종종 승리의 순간, 이내 나의 손가락 끝에서 사라지곤 한다. …… 우리는 마법의 지팡이를 잡았던 것이다. 단 하루라는 아주 짧은 순간 동안에도 삶은 완벽하고, 우리는 온전히 행복함을 느끼며 이 세상과 조화를 이룬다. 그 느낌은 너무도 빠르게 지나가버린다. 그러나 그 기억

은—또한 새로운 놀라움에 대한 기대는—이 전투 속에서도 영원한 삶을 가능케 한다. (pp. 74-76)

Nichols는 메사라는 세계를 면밀히 살피며 자신이 보고 있는 것들에 대해 남다른 주의를 기울이는 가운데 독자들에게 현재의 순간에 일어나고 있는 내면의 과정들을 보여 주고 있다. '싸늘한 기분', 고독이 주는 '환희' '삶에 대한 경외' '세계와의 조화' 그리고 '새로운 놀라움에 대한 기대'. 그의 향유경험은 사실 복합적인 것으로, 감각적이면서도 관념적이다. 따라서 사람들이 감각적인 현상을 경험할 때 그와 동시에 수많은 인지적인 연합이 존재할 수 있다. 아름다운 그림을 향유할 수 있는 것도 단지 그림의 시각적 심상이 불러일으키는 느낌뿐만 아니라, 그 그림에서 떠오르는 많은 다른 연합들 때문에 가능한 일이기도 할 것이다.

예를 들어, 세잔의 유화인 〈카드놀이 하는 사람들(The Card Players)〉을 보면서 사람들은 세 명이 입고 있는 옷의 여러 가지 색상이 지닌 질감과도 같이 매끄럽고 미묘한 세부사항들에 주의를 기울여 볼 수도 있고, 캔버스 전체 구조에서 다섯 사람이 우아하게 어우러진 모습을 감상할 수도 있다. 뿐만 아니라 눈길을 사로잡는 것이 있다면 무엇이든 향유를 일으킬 수 있다. 하지만 그것만이 전부는 아니다. 사람들은 카드게임을 보고 있는 두 사람의 의미에 주의를 기울일 수도 있고 그 장면에서 상상되는 어떤 이야기 속에서 무엇인가를 찾아 향유할 수도 있다. 시각적인 예술성에 더하여 작품을 감상하는 사람이 부여한 의미, 그 의미에 대한 반응 모두가 향유에 기여하고 있는 것이다.

사실상 개인은 감각 단서가 전혀 없더라도 향유할 수 있다. 사람들은 수학적 증명이 지니는 경이로운 우아함이나 흥미진진한 멜로드라마를 읽는 재미, 혹은 가족모임에서 경험하는 여러 가지 즐거움에 대해서도 주의를 기울일 수 있으며, 이러한 경험들은 주의를 필요로 하는 복잡한 대상이다. 분명한 것은 사람들이 주어진 순간 얼마나 많은 다른 차원에 주의를 기울이고 향유할 수 있는가 하는 정도에는 다소 인지적인 한계가 존재할 수 있다는 점이다. 그럼에도 불구하고, 현재를 자각하고 있는 사람은 동시에 긍정적인 경험의 다양한 측면들에 인지적으로 몰입할 수 있다.

이쯤에서 다양한 측면들을 지닌 보다 복잡한 경험에 비하여 단순한 감각적 경험을 향유할 때 향유경험이 좀 더 강력해지는가라는 의문을 가져볼 수 있다. 예를 들어, 예술 작품을 감상할 때, 작품뿐만 아니라 화가나 그 작품이 그려진 과정에 대한 정보와 같은 작품의 맥락을 지적으로 평가하는 사람이 보다 온전하고 강력하게 향유하는 것인가? 1장에서 파인만이 예술가들의 순수한 미적 감상을 넘어 지적인 감상을 통해서 아름다운 꽃을 보다 더 잘 향유할 수 있었던 것을 생각해 보자. 이를 일반화해 본다면, 당신이 향유하는 대상에 대해 보다 많이 알수록, 향유경험의 강도가 더욱 강력해질까? 실내악 연주에서는 대개 연주자와 더불어 연주되는 작품들에 대해서도 상세히 설명해 주는 해설문이 있다. Joe는 자신이 어떤 때는 연주에 앞서 이것을 자세히 읽기도 하고 때로는 읽지 않기도 한다는 것을 알게 되었다. 연주가 시작되기 전에 미리 해설문을 읽는 것이 그가 음악을 향유하는 데 영향을 미칠까? 이에 우리는 '그렇다'고 답할 것이다. 물론 그것은 때에 따라 좋게도 혹은 나쁘게도 영향을 미칠 수 있다. 지적인 정보는 청중에게 그들이 음악에 심취해 있는 동안 사용할 다양한 틀을 제공하여 음악을 감상하는 경험을 훨씬 더 풍부하게 해 줄 수 있다. 다른 한편, 해설문에 언급된 구체적인 사항들을 일일이 찾아보는 일이 음악을 전체적으로 경험하는 것을 방해할 수 있고, 인지적인 탐색에 지나치게 몰두하는 이러한 행위가 향유를 경감시킬 수도 있다.

이와 같은 우리의 개념적 분석은 즐거움을 위해 독서하는 경우에도 적용해 볼 수 있다. 작가가 의도한 암시를 알고 있다면 책 속에서 오가는 정보들을 더욱 폭넓게 이해할 수 있게 된다. 작가의 정신세계로 들어가 단어에 담긴 재치를 이해하고, 소설의 구성을 파악하여 전개시켜 본다거나 문학의 한 구절이 어떤 역할을 하고 있는지 알아차리는 일 등이 독서의 즐거움을 위해 반드시 필요한 것은 아니지만, 이러한 활동은 전반적인 향유경험에 도움이 될 수 있다. 그러나 독자가 이러한 것에 지나치게 치우칠 경우 오히려 정서적인 측면에서 아름다움 그 자체에 대해 느껴보는 향유반응을 방해할 수 있다. 대학시절 조이스의 『율리시스(Ulysses)』를 아주 조심스럽게 퍼즐을 맞춰가듯 읽어본 사람이라면, 독서할 때 지적인 측면을 강조하는 방법이 책이 주는 감동을 얼마나 해치는가를 잘 알 수 있을 것이다. 우리는 순진하게도 별로 중요하지도 않은 모든 언쟁들이 결국 그 책 하나에 대한 것이었음에 감탄했었다. 『율리시스』가 아무리 재미있다고 하더라도 도스토예프스키의 소설만큼 우리의 마음을 사로잡지는 못했으며, 도스토예프스키의 책에서 우리는 그가 전하는 이야기를 향유하면서 지적인 주제들에 대해서도 생각해 볼 수 있었다.

마찬가지로 어떤 경험을 향유하는 데 도움이 되는 지식의 양과, 뒤따르는 향유의 정도와의 관계에 대해서도 일반적으로 이와 같이 설명해 볼 수 있을 것이다. 추가적인 정보는 그것이 향유에서 일어나는 기본적인 지각에 주의를 기울이는 것을 더 예민하게 하는가 아니면 둔감하게 하는가에 따라서 때로는 향유를 증진시키고, 때로는 경감시킬 수도 있다. 따라서 우리는 향유의 설명모델에서 새로운 정보에 마음을 기울이는 것이 향유를 감소시키기보다는 극대화해 주는 조건을 확립해 보고자 한다.

◈ 문제 2: 향유경험은 반드시 의식적인 자각을 필요로 하는가?

향유가 긍정적인 느낌들에 주의를 기울이는 과정이라는 것을 밝히는 일은 달리 말해 우리가 향유가 의식적인 자각을 포함하고 있다고 주장하는 것처럼 보일 수도 있다. 그러나 Styles(1997)의 『주의 심리학(*The Psychology of Attention*)』과 같은 주의(attention)에 대한 최근의 저술을 살펴본다면, 주의라는 개념의 다양한 의미와 더불어 타당한 근거를 지닌 여러 가지 형태의 주의들이 있지만 그중 몇몇 만이 의식적인 처리 과정을 함축한다는 것을 곧 알게 될 것이다. 예를 들어, 감각 단서들에 대한 어떤 자동적 처리 과정이 존재하며, 이들은 쉽게 인출되지만 처리 과정에서 의식적으로 주의를 기울이지는 않는다. 이러한 자동적 과정 역시 주의 과정으로 여겨진다. 따라서 우리는 선례에 따라 향유경험의 과정에서 무의식적인 처리 과정이 발생할 수 있다는 점을 인정하지만, 향유와 관련된 과정이라고 명명하기 위해서는 반드시 전체 과정에 대한 어떤 의식적인 자각이 존재해야만 한다고 생각한다.

그렇다면 이 "어떤 전체적인 과정에 대한 의식적인 자각"이란 무엇인가? 우리는 이것을 어떻게 정의해야 하는가? 이것은 쉽게 답할 수 없지만 끊임없이 반복되는 물음이다. Styles(1997)는 과학자들이 의식을 정의하기 위해 애쓴 많은 다른 방법들을 열거하고 이런 다양한 양식의 '의식'들이 다른 양식의 '주의'와 연관되어 있을 것이라고 제안하고 있다. 이 관점을 통합하여 우리는 향유란 항상 특정한 종류의 의식을 포함하며, 이것은 향유하는 긍정적인 경험을 하나하나 나열하는 개인의 능력에 의해 확인될 수 있다고 주장한다. 자신이 무엇인가 향유했다고 이야기하는 사람이 없이는 향유를 독립적으로 측정하는 도구란 존재할 수 없다. 향유의 일례로 개박하 화단에서 뒹굴거리는 고양이를 이야기하고자 할 때 그렇듯, 우리는 의사소통이라는 어떤 마술적인 언어가 없이는 향유할 수 없다. 고양이가 그르렁거리는 소리가 비록 향유경험과 유사하다고 하더라도, 고양이가 그것을 향유한다고 볼 수 없는 것과 마찬가지다.

따라서 향유란 자신의 긍정적인 느낌에 주의를 기울이는 경험에 대한 것이며, 긍정적인 경험을 하는 동안이나 그 이후에 일기나 혹은 자기 보고를 통해서 자신이나 타인에게 말할 수 있을 때에만 가능하므로 오직 사람만이 할 수 있는 행위로 볼 수 있다. 같은 이유에서 우리는 향유에 대하여 무엇이 궁금하든 경험에 대한 언어적이고 질적인 보고가 가장 중요하다고 생각한다. 우리는 향유과정을 이해하는 데 필요한 정보로 이 같은 보고를 중요하게 다룰 것이다. 아울러 비록 경험에 대한 자기보고식 질문에 응답한 내용을 체계적으로 이용하려는 것에 불과하긴 하지만, 양적인 자료들도 함께 다루고 있다. 다시 말해, 우리의 체계적인 경험적 연구는 사람들이 특정한 긍정적 사건이나 경험을 향유할 때 의식하고 있는 것들에 대한 언어적인 응답에도 근거하고 있다는 것이다. 그럼에도 불구하고, 상당수의 메타인지(metacognition)에 관한 새로운 연구들은 인지적인 자각을 사람과 동물 모두에게서 행동적으로 연구하는 일의 흥미로운 가능성을 제시해 주고 있다(Smith & Washburn, 2005).

🍃 문제 3: 무엇이 향유경험을 시작하게 하고 멈추게 하는가?

설명하기 난해하지만 이것은 가장 기본적인 문제로, 향유의 구조를 이해하고자 한다면 향유모델에서 반드시 짚고 넘어가야 할 일이다. 이 문제는 맨 처음 향유과정을 작동하게 하고, 일단 시작되면 종국에 그 경험을 멈추도록 해 주는 조건들과 관련된다. 고전적인 기계론적 철학 용어를 빌리자면, 이 문제는 첫째로 향유과정의 '원동력'과 관련되며, 둘째로 향유경험이 어떻게 충족되는가에 관한 것이다. 우리의 개념적 틀로 본다면 이 쟁점은 향유경험이 어떻게 개인의 의식 안에 들어왔다가 사라지는가와 관련된다. 분명히 이러한 경험은 우리가 의식하기에 충분할 만큼 생생한 일련의 감각이나 인지적 단서들을 필요로 하며, 한편으로 긍정적인 경험으로 여겨질 만큼 충분히 즐거워야 한다. 그러한 생생함과 즐거움이 사라진다면 싫증을 느끼게 될 것이다.

그러나 이와 같은 과정은 어떻게 시작되는가? 이러한 핵심적인 질문에 대해 우리의 모델은 아직 완벽한 해답을 갖고 있지 않다. 사실 우리는 두 가지 수준의 답을 생각하고 있는데, 하나는 생체역학적 모델이고, 다른 하나는 기대-가치 이론에 근거한 모델이다.

첫째, 생체역학적 접근을 살펴보자. 우리는 모델에서 신기함이 주는 즐거움(Arkes & Garske, 1982, pp. 172-195를 보라)과 호기심에 관한 이론들로부터 차용한 몇 가지 가정들이 향유하는 동안 감각적이고 인지적인 단서들이 의식에 나타났다 사라지는 패턴을 이해하

70   CHAPTER **2**
향유 심리학을 위한 중요한 문제들

는 데 유용함을 시사한 바 있다. 이런 가정들은 최적-수준 이론 (optimal-level thoery)에서 도출되었는데, 이것은 사람들이 본질적으로 자신에게 적절한 자극 수준을 선호하며 이를 획득하기 위해 주변 환경을 조작한다는 것을 말해 주고 있다. 이러한 생각에 대해서는 3장에서 보다 자세히 다루게 될 것이며, 이제 우리는 맨 처음 우리가 위와 같은 생각을 하게 해 준 특정한 향유의 현상을 설명하려고 한다.

Joe의 아내 Jody가 자신의 삶에서 가장 강렬하게 향유했던 순간이라고 말했던 일에 대해서 살펴보자. 어느 따사로운 여름날 그녀는 집 앞에 있는 호수의 시원한 물을 가르며 수영을 하고 있었다. 그녀는 살갗의 감촉과 함께 편안한 몸놀림, 호수의 부드러운 느낌과 달콤한 내음을 자각하면서 고요한 풍경 속에 세상과 하나가 되는 기쁨을 경험했다고 말한다. 수영을 하는 동안 자극은 수많은 형태로 변화될 수 있기 때문에 그만큼 많은 것을 향유할 수 있게 된다. 과학 저술가인 Dobb은 『The New York Times Magazine』(August 30, 1998)에서 향유와 유사한 경험에 대해 언급한 바 있다. 그는 자신의 경험을 다음과 같이 묘사했다.

우연히 물을 만날 때면 나는 언제나 풍덩 뛰어들고 싶은 욕망에 사로잡힌다. 물속에 완전히 잠긴 채 피부 전체로 동시에 느껴지는, 그 강렬한 포옹에 비견될 만한 것은 없다. 그뿐만이 아니다. 충분히 오래 잠겨 있다 보면 마음은 물의 형태를 띠게 된다. 점차로 넓어지고, 유연해지며, 또한 수많은 즐거움의 원천이 된다. (p. 64)

Jody나 Edwin Dobb이 왜 그렇게 수영을 계속해서 하는지 의아해하는 사람도 있을 수 있다. 사실, Dobb은 자신에게 적절한 정도를 넘어 지나치게 오래 쾌감을 느끼고자 할 가능성을 제기하면서 멸종 동물들이 지니고 있었던 어떤 경향이 스스로의 멸종을 재촉했을 것이라고 주장한 바 있다. 산악인들도 '고도의 황홀' 이라고 알려진 비슷한 현상을 묘사하는데, 이 상태에서 등반가는 고지대의 경치에서 맛보는 쾌감을 떠날 수가 없거나 떠나려 하지 않고, 어둠이나 혹독한 날씨에 갇힐 수 있는 지점에서 꼼짝하지 않고 남게 된다고 한다(Macfarlane, 2003). 우리는 사람들이 수영을 하면서 피곤해지는 것 이외에도 향유하는 패턴에 습관화되거나 적응하게 되며, 바로 그 순간 이미 적응된 패턴이 더 이상 그들의 호기심이나 쾌감을 강하게 일으키지 못하게 될 것이라고 생각한다. 그러면 사람들은 주의 초점을 다른 곳으로 돌리게 될 것이고, 향유를 멈추게 된다. 따라서 최적수준 이론에서 설명하는 자극의 변화에 대한 이론은 무엇이 향유경험을 시작하고 멈추게 하는가에 대한 물음에 어느 정도 답을 해 줄 수 있는 것으로 보인다.

그러나 최적-수준 이론의 관점에 따르면, 향유과정에서 다양한 선택이 가져올 기쁨들을 암묵적으로나 명시적으로 선택하는 행위자로서 인간의 역할이 간과될 우려가 있다. Carver(2003)는 쾌감이 종종 목표 달성의 신호로 기능하며, 다시금 사람들에게 목표 안에 머물거나 혹은 다른 과업을 추구하는 방향으로 나아가라는 단서를 제공한다고 주장한 바 있다. 이러한 주장은 우리를 기대-가치 이론(expectancy-value position)에 근거하여 향유과정의 개념적 방향을 잡도록 인도했다. 이에 따르면, 특정한 사건이나 경험을 향유한다는 것은 항상 느낌과 생각을 수반하는 보다 복잡한 인지적 활동을 말한다.

따라서 혹자는 향유를 설명하는 이론은 그 순간의 느낌과 생각 모두를 면밀히 살펴보아야 한다고 주장할 수 있다. 지난 20세기 후반부를 장악했던 기대-가치 이론들이 바로 그렇다. 이런 이론적 모형들은 복잡한 인간의 행동을 설명하기 위해서 사람들이 인간의 경향성에서 두 가지의 주요한 측면을 인식해야 한다고 가정하고 있다. (1) 사람들이 놓인 상황에 대한 상황적이고 기질적인 기대, (2) 그 상황 안에서 사람들이 갖는 상황적이고 기질적인 가치. 이것에 대해서는 3장에서 조금 더 깊게 다룰 것이다.

● 문제 4: 향유과정에서 의도성(Intentionality)의 역할은 무엇인가?

향유하기 위해서 사람들은 마음속에 향유를 목표로 가지고 있어야 하는가? 그들은 자신들이 주의를 기울이고 있는 것을 즐기고자 의도해야만 하는가? 아니면 그와 반대로 향유하려고 의도하는 것이 향유과정을 방해하는가? 의도에 대한 이 세 가지 질문 각각에 대한 우리의 대답은 '꼭 그렇진 않다.' 이다.

우리는 분명 향유하기 위해 의식적인 자각이 필요하다고 가정했음에도 불구하고, 의도가 반드시 필요한 것은 아니라고 여기는 모델을 제시한 바 있다. 그러나 사람들은 종종 보다 긴 시간을 향유하거나 더 강력한 향유경험을 위해 향유방략을 구사하며, 이런 방략들은 대개 의도적이라고 할 수 있다. 예를 들어, 먹는 기쁨에 대한 반구조화된 면접을 통한 연구에 따르면, '먹는 행동을 즐기는 사람들은 즐기고자 하는 분명한 의도를 지녔고, 천천히 먹으며, 음식과 환경의 두드러지는 특징들에 초점을 맞추고, 식사 전이나 식사하는 동안 그리고 식사 후 종종 사회적인 활동에 참여한다.'고 한다 (Macht, Meininger, & Roth, 2005, p. 137). 따라서 사람들은 자신의 쾌락적인 이득을 최대화하는 방식으로 긍정적인 경험들을 섬세하게 조직하여 반응하는 듯하다.

다섯 번째 문제에서 소개되는 Fred가 콜로라도 주 로키 산맥의 Snowmass Mountain 정상에 도달했던 경험을 회고한 향유의 예에서 그가 순식간에 지나가는 순간들을 포착하고 그 경험을 기억하기 위해 취했던 다양한 단계들이 자세하게 묘사된 것을 볼 수 있다. 여기에는 분명 향유하기 위한 Fred의 의도가 존재한다. 그러나 인간의 삶에 존재하는 모든 향유의 순간들이 Fred의 예처럼 의도적인 것은 아니다. 경우에 따라서 향유과정은 우리의 의도와 무관하게 저절로 발생하기도 한다.

그렇다면 향유할 때 이처럼 의도하는 것이 역효과를 낼 수도 있는가? 우리는 그렇다고 생각한다. 향유에는 인지적인 주의와 긍정적인 느낌의 지속적인 상호작용이 포함된다. 우리는 향유가 일어나려면 사람들이 경험하는 동안 생각과 느낌이 어떤 미묘한 균형을 이루어야 한다고 가정한다. 향유를 위한 의도적인 방략에서 인지적 과정이 지나치게 강조되는 경우, 우리가 향유에서 경험하고자 하는 긍정적인 느낌이 사라질 수 있다. 우리는 1장에서 성적인 쾌감을 유지하는 과정에 대해 너무 많이 생각하다 보면 성적 각성이 경감될 수 있다는 점을 설명하면서 이미 이런 현상에 대해 언급한 바 있다.

한편, 긍정적인 느낌에 지나칠 정도로 초점을 두는 것도 즐거움을 방해할 수 있다는 몇몇 경험적인 연구들이 있다. Schooler와 동료들(2003)은 참가자들에게 음악을 들을 때 즐거움의 수준에 대해 지속적으로 평가하라고 지시를 주는 것이 전반적인 즐거움을 감소시킬 수 있음을 발견했다. Nathaniel Hawthorne(『주홍글씨』 등의 소설을 쓴 미국의 소설가(1804~1864)-옮긴이)은 "행복은 좇으면 좇을수록 언제나 손에서 멀어져 버리지만 조용히 앉아 있을 때 비로소 당신 위에 내려앉는 나비와 같다."고 말했다(Cook, 1997). 그러나 우리는 누구나 그것을 올바로만 한다면 행복이라는 나비가 자신에게 내려앉기를 수동적으로 기다릴 필요 없이, 오히려 그 순간의 기쁨을 능동적으로 찾아낼 수 있다고 생각한다. 우리는 3장에서 현재의 사건을 향유하고자 할 때 정서적인 경험을 축소시키지 않는 방식으로 긍정적인 느낌들에 주의를 기울이는 일이 중요하다는 점에 대해 논의하면서 이 부분을 다시 다룰 것이다.

의도적으로 향유하는 것이 역효과를 낼 수 있고, 향유과정에 대해 지나치게 많이 생각하는 것이 오히려 향유를 해칠 수도 있다. 그렇다면 우리는 향유를 증진시키기 위해서 무엇을 해야 하는가? 이러한 점에서 볼 때, 어떤 향유과정이든 기대와 느낌 사이의 복잡한 상호작용을 통합할 필요가 있다는 것을 알 수 있다. 마지막 장(8장)에서 우리는 향유하는 동안 지나친 주지화를 피하는 것만큼이나 중요한, 주의를 기울여 즐거움의 장을 열기 위한 방략들에 대해서 살펴볼 것이다.

🌱 문제 5: 과거나 미래의 시간에 대한 관점은 향유경험에 어떤 영향을 미치는가?

우리는 향유가 지금 여기에서의 경험이라고 언급한 바 있다. 그렇다면 향유하는 동안 사람들은 과거나 미래에 대해서는 주의를 두지 않는 것인가? 시간에 대해 이처럼 협소하게 바라보는 태도에는 석연치 못한 부분이 있다. 왜냐하면 우리 모두는 과거의 사건이나 환경에 대한 기억과 연상들에 더하여 미래에 대한 잠재적인 생각을 지니고 있기 때문이다. 이러한 기억(과거)과 기대(미래)는 현재에 초점을 둔 향유경험의 일부분이 될 수도 있을 것 같다. 그렇다면 어떻게 그럴 수 있는가? 이 쉽지 않은 물음에 대해서는 다음 장에서 좀 더 자세하게 살펴볼 것이다.

과거와 미래가 어떻게 향유경험을 풍부하게 해 줄 수 있는지 설명하기 위해 우리는 Joe가 Fred에게 그의 삶에서 결정적인 향유의 순간에 대해 이야기해달라고 청했을 때 Fred가 기록한 바를 아래에 상세하게 제시하였다. 그의 이야기는 콜로라도 주 로키 산맥 엘크 구역의 Snowmass Mountain 정상에 도달했던 순간을 향유한 것이다. 그는 정상에서 베이스캠프로 돌아온 후 일기장에 이 특별한 글을 남겼다. Fred의 이야기는 자신이 주의를 기울였던 다양한 기쁨들에 대해 말해 주고 있는데, 그중 하나는 앞서 의도라는 문제를 다루면서 논의한 바 있으며, 다른 것들은 이후 향유에 대해 설명해가면서 다시 살펴보려고 한다. 이제 독자들은 다음의 향유에 관한 이야기에서 과거와 미래의 심상들을 주의 깊게 보기 바란다.

눈 덮인 봉우리들이 시선이 이르는 모든 곳마다 광대하게 펼쳐져 있었다. 얼어붙은 바다 위의 하얀 파도처럼, 은빛 정상을 이룬 산마루들이 굽이치며 멀리 초록으로 뒤덮인 골짜기들과 하나가 되고 있었다. 친구와 나는 우리 앞에 펼쳐진 광대한 작품에 경탄했고, 그 웅장한 전경을 맛보면서, 경외감에 잠긴 채 고요히 서 있었다. 우리는 캠프에서부터 이 바위로 뒤덮인 지점 아래에 이르기까지 온종일 산을 올랐다. 이곳에 도달하기 위해 우리는 갈라진 바위틈과 얼어붙은 눈을 넘어가며 수천 피트에 달하는 가파른 경사를 올라왔다. 우리는 여기서 마주하게 될 고난에 대비하여 스스로를 단련시키며 수천 번의 팔굽혀펴기와 윗몸일으키기를 했고, 몇 주에 걸쳐 수백 마일을 걷고 달리면서 고군분투할 것에 대비해 몸과 마음을 준비시키고자 몇 달 동안이나 미리 훈련에 훈련을 거듭해왔다. 우리는 몇 년 동안 이 순간을 계획하고, 상상하며, 기대해왔다. 일전에 두 번이나 등반을 시도했지만 실패하고 말았는데, 마침내 우리는 여기에 있다! 그리고 이 모든 노력들은 이제 외떨어진 산꼭대기에서 몇 분에 불과한 소중한 시간 동안 고요히 극에 달하였다. 나는 친구들과 포옹을 나누며 내가 얼마나 행복한지 그리고 이러한 기쁨을 그들과 나누는 것이 내게 얼마나 많은 것을 의미하는지를 이야기했다. 우리는 서로에게 우리가 이 순간을 얼마나 기다렸는지, 이 모두가 얼마나 특별한지를 상기시켰다. 우리는 다 함께 웃으며 기쁨에 겨워 소리쳤다. 그리고는 각자 잠시 동안 서로 떨어진 채 구름 속에 홀로 있었다.

나는 과거를 돌아보며 얼마나 오랫동안 이 순간을 갈망해 왔었는지를 떠올려보았다. 지금 여기에 있다는 것에 대해 깨닫게 되자 기쁨은 더욱 강렬해졌다. 나는 전에 등의 상처로 인해 장애를 입고 다시 산에 오를 수 있을까 걱정했던 때를 기억한다. 이후 다시 산에 오르기를 얼마나 바랐는지도 기억한다. 내가 이 정상에 결코 오를 수 없었다면 어땠을지 상상해 본다. 그것과 대비되어 지금 여기에 있는 것, 모든 난관에도 불구하고 꿈에 그리던 정상에 서 있는 순간은 무엇에도 비할 수 없이 달콤해졌다.

나는 시간이 흘러 육체적으로 내가 더 이상 산에 오를 수 없어지는 때가 오리라는 것을 떠올려 보았다. 더 이상 정상을 향유할 수 없게 되어서 한때의 경험을 간절히 그리고 감사하며 되돌아보는 기분이 어떨까 상상해 보기도 했다. 진정, 이것이 산에서 내가 경험하는 마지막 정상이라면 어떨까? 이와 대비되어 지금 이 자리에 존재하고, 산에 오를 수 있다는 사실이 더없이 영광스럽고 찬란하게 느껴졌다.

　나는 지금 만끽하고 있는 이 축복에 대해 고요히 기도드리는 가운데 하나님께 감사드린다. 내게 삶을 주시고, 이 순간을 향유할 수 있게 해 주셨으며, 아름다운 지구와 장엄한 산을 창조하시고, 이러한 경험을 함께 나눌 벗을 선사해 주신 조물주님께 감사드린다. 문득 이러한 선물이 얼마나 특별한지, 얼마만큼이나 감사드려야 할지를 깨닫자 기쁨의 눈물이 솟았다.

　이 순간의 일시성을 강렬히 느낀 나는 이를 놓치지 않기 위해 애를 썼다. 나는 남은 생애 동안 이 순간을 기억하길 원한다. 그리하여 난 세세한 부분들 하나까지 이 순간을 기억하고자 힘썼다. 천천히 한 바퀴 둘러보면서 눈길을 잡아끄는 것들을 찾았다. 발 아래로 펼쳐진 놀랍도록 드넓은 공간에서 작은 것들 하나까지 눈에 담았다. 에메랄드 빛깔의 주름진 이불과 올리브색 천들은 미루나무와 전나무 숲이었고, 어둠의 장막 사이로 가느다랗고 구불구불한 은빛 리본은 강이었다. 바닥에 무질서하게 흩뿌려진 은빛 동전 한 움큼은 우리의 캠프 가까이에 있는 호수들이었다. 나는 이 모든 것에 더해 내 주위를 둘러싼 것들을 잘 살피면서 머릿속으로 한 편의 영화를 만들어 보았다.

　천천히 심호흡을 하면서 차가운 공기가 드나드는 것을 느껴보았다. 순간 어디선가 톡 쏘는 향기를 느낀 나는 주위를 둘러보다가 발아래 돌 틈에서 스카이 파일럿이란 라벤더 하나가 홀로 피어 있는 것을 보았다. 이제 눈을 감고 바람소리를 들어보았다. 바람은 저 계곡 아래에서부터 힘차게 불어오고 있었다. 나는 가장 우뚝 솟은 돌 틈에 자리를 잡고 앉아 따스한 햇살 아래 가만히 누운 채로 황홀함을 즐겼다. 이 순간을 기념할 만한 것을 가져가고자 나는 성냥갑만한 돌 하나를 집어 들었다. 울퉁불퉁하고 거친 질감이 마치 사포와도 같았다. 이상하게도 난 냄새를 맡아보고 싶은 충동을 느꼈다. 코를 가까이 하자 곰팡이 냄새가 짙게 나면서 태고의 모습을 한껏 느끼게 해 주었다. 영겁의 세월이 흐르기까지 얼마나 오랫동안 이 자리를 지켜왔는지 알 수 있었다. 더욱 더 나는 이 영광된 순간이 얼마나 소중한지 그리고 내가 얼마나 이 순간을 오래도록 기억하고 싶은지 깨닫게 되었다.

집에 남겨두고 온 내가 사랑하는 사람들을 생각해 보았다. 나의 아내, 아이들, 부모님, 형제, 친구들을 떠올리자 기쁨이 파도처럼 밀려왔다. 그들이 이곳 정상에서 지금 나와 함께한다면 얼마나 좋았을까! 나는 그들이 이곳에서 무엇을 보고 느끼길 바라는가? 내가 그들과 함께 나누고 싶은 이것이 과연 무엇인가? 나는 나에게 기쁨을 준 그 순간의 모든 것들을 돌이키며 다시금 한껏 느껴보았다.

나는 내가 보고 있는 것들을 그들이 보길 원했다. 나는 몸을 일으켜 카메라를 들고는 이 순간을 기억해두기 위해 렌즈를 통해 바라보았다. 천천히 360도를 돌면서 나는 연속해서 조금씩 겹치도록 사진을 찍었다. 나는 집으로 돌아가 사랑하는 사람들과 사진에 담긴 이 모습들을 함께 보면서 얼마나 재미있을지 상상해 보았다. 그들과 이 순간에 대해 이야기 나눌 것을 생각하니 가슴이 뛰었다.

나는 돌아가신 조부와 아버지 Jack을 생각했다. 그들의 도전정신은 내 안에 살아 있다. 있는 그대로의 거친 아름다움으로 가득한 야생의 성역, 이곳을 그분은 얼마나 좋아하셨을까! 그와 함께였다면 어떤 기쁨을 나눌 수 있었을까! 지금의 나를 얼마나 자랑스럽게 여기실까!

이내 날씨가 돌변하여 바람이 거세게 불기 시작했다. 무엇이 오는지 알리기라도 하는 듯 서쪽 하늘에서 큰 소리로 우르릉거리며 천둥소리가 들려왔다. 우리는 다시 이곳에 올 수 없음을 너무나 잘 알기에 서둘러 채비를 하면서 각자 마지막으로 주위를 둘러보았다.

Fred의 극적인 향유경험 안에는 정상에 도달하는 순간을 끊임없이 준비했던 과정, 그가 정상에 오르기를, 그리고 등의 상처로 인한 장애를 극복하기를 얼마나 갈망했는가에 대한 회상, 친구와 가족들, 특히 처음으로 등반을 시작하도록 동기를 불어넣어준 조부에 대해 생각하는 일과 같이 향유하는 전체 경험의 일부인 것처럼 보이는 과거 기억의 조각들이 쇄도하고 있다. 이것들은 과연 이 향유경험이 풍성해지는 데 얼마나 기여하고 있는가? 물론 말할 수 없이 클 것이다.

Mitchell과 동료 연구자들(1997)의 흥미로운 경험적 연구는 즐거운 기억에 대한 정서적 평가가 그러한 사건이 실제로 발생할 때보다 더욱 긍정적일 수 있다는 점을 입증하고 있다. Michell과 Thompson (1994)은 이러한 현상을 '장밋빛 회상'이라고 불렀다. 긍정적인 경험의 종류에 따라서는 장밋빛 회상을 통해 과거를 향유하는 것이 현재의 순간을 향유하는 것보다 더욱 강렬한 정서반응을 일으킬 수도 있다.

한편, 일반적으로 긍정적인 기억의 회상을 촉진하기 위해 향수를 윤색(Sedikides, Wildschut, & Baden, 2004)하거나 기억할 만한 사건이나 인지적 심상을 사용(Bryant, Smart, & King, 2005)하면 현재의 행복 수준을 높일 수 있다는 증거도 있다. 달리 말해 과거의 좋은 시절을 되돌아보는 것이 현재를 더욱 달콤하게 할 수도 있다는 것이다. 물론 우리가 향유는 지금 여기에서의 현상이라고 언급하긴 했지만, 향유모델에 이런 기억들도 포함되어야 한다고 생각한다.

이와 마찬가지로 Snowmass Mountain 정상에서 Fred의 경험은 그의 향유의 일부라고도 볼 수 있는 다양한 유형의 미래에 대한 기대를 포함하고 있다. 그와 동료 등반가들은 몇 년 동안 산 정상에 오를 순간을 학수고대해왔다. 비록 Fred가 이를 직접 언급하지는 않았지만, 여행 전에 그와 동료들이 산 정상에서 함께 하는 것을 기대하는 과정에서 커다란 흥취를 맛보았으리라고 상상하는 것은 어렵지 않은 일이다. 혹자는 사람들이 어떤 경험을 그렇게 강렬하고도 오래도록 기대하면, 마침내 그 일이 일어났을 때 향유수준이 실제로 높아질 수 있는지 궁금해할 수 있다. 또한, 향유하는 바로 그 순간에 Fred는 그 경험을 다른 사람들과 공유하고, 장래에 그 경험을 회상할 일을 기대하는 등 미래에 대한 생각도 하고 있었다. 사실, Fred는 정상에서 느꼈던 희열을 놓치지 않고 영원히 간직하고자 실제로 그 일을 경험하는 동안 자신의 기억을 정교하게 만들고자 노력했다. 그러기 위해서 그는 기억해둘 만한 세부사항을 찾아내고자 주변을 세밀하게 살펴보기 시작했다. 이런 능동적인 기억 형성의 과정들 덕분에 Fred는 자칫 흘려보낼 수 있었던 즐거운 일들을 자각하고, 면밀하게 살피는 가운데 마음속에서 그 사건들을 '일깨워', 진정한 즐거움을 경험할 수 있었던 것이다.

Fred는 Snowmass Mountain 정상에서 이처럼 능동적으로 형성한 기억이 지금까지도 생생하게 남아 있으며, 언제라도 회상할 수 있다고 말한다. 그는 산 정상에서 가져온 울퉁불퉁한 바위조각이 여전히 책상 위에 놓여 있으며, 이 기념품을 쥐고 냄새를 맡을 때면 자신이 정상에서 경험한 생생한 기억과 처음에 느꼈던 강렬한 느낌이 그대로 몰려온다고 말하고 있다. 향유의 개념적 모델은 회상이나 기대를 통한 향유가 현재의 순간에 일어나는 향유보다도 긍정적일 수 있다는 점과 더불어 기대의 과정 또한 고려해야 하는데, Mitchell과 Thompson(1994)은 이런 현상을 '장밋빛 기대'라고 불렀다. 6장에서 우리는 향유와 관련하여 '장밋빛 기대'와 '장밋빛 회상' 모두를 논의하고, 이런 시간에 따른 효과들이 긍정적 경험의 정서적 특성에 대해 지니는 함의를 상세하게 다루고자 한다.

산 정상에 오르는 과정에 대하여 Fred가 묘사한 향유경험에는 자신의 아내, 아이들, 부모, 형제, 조부모, 고향 친구 그리고 동료 등 반가 등 그의 삶 속에 함께하는 사람들에 대한 내용이 담겨 있다. 그는 또한 향유에서 신의 중요성을 언급하기도 했다. 우리는 대개 향유를 매우 사적인 경험이라고 생각한다. 그렇다면 타인은 향유의 역동 안에서 어떤 역할을 하고 있는가? 이러한 물음은 우리가 다음으로 논의해야 할 중대하고 핵심적인 문제다.

🌿 문제 6: 타인과의 관계는 어떤 방식으로 향유경험에 개입되는가?

우리가 경험을 향유하는 과정에서 타인은 다양한 역할을 할 수 있다. 사람은 누군가에 대한 느낌 자체를 너무나 향유한 나머지 기꺼이 그 사람에게만 관심을 쏟게 될 수 있다. Rubin(1973)은 이러한 독점이 연애중인 파트너를 사랑하는 일과 그저 좋아하는 것 사이에서 나타나는 가장 중요한 행동상의 차이점들 중 하나라고 오래전에 밝힌 바 있다. 누군가를 사랑할 때 사람들은 사랑하는 대상에서 눈을 돌릴 수가 없고, 큰 즐거움을 느끼는 가운데 오랜 시간 동안 상대를 응시한다. 포스트모던하게 각색한 영화 〈로미오와 줄리엣〉(1996년, 바즈 루흐만 감독)은 불행한 연인이 첫눈에 사랑에 빠지는 순간을 커다란 수조를 통해 보이는 서로의 얼굴을 시각적으로 확대하여 따라가며 훌륭하게 묘사하고 있다. 이렇게 서로를 응시하는 장면을 보면서 관객들은 누구나 이 한 쌍의 남녀가 깊이 사랑에 빠졌다는 느낌을 받게 된다. 이처럼 어떤 사람이 향유의 중심이 되는 경우, 이는 우리가 '첫 번째 문제'에서 가정했던 내용, 즉 모든 대상과 감각 경험, 모든 인지적 관념이나 연상이 향유의 대상이 될 수 있다는 점에 다시금 주목하게 한다. 이와 같이 향유를 개념화할 때 어떤 한 사람이나 집단 또는 신에 대한 생각을 배제할 이유는 없다고 본다.

관계를 향유하는 일은 당사자나 그 관계를 구성하는 사람들과 상호작용하는 결과를 초래할 수 있다. 일단 누군가 향유를 시작한다면, 그것은 대인관계에 영향을 미치는 강력한 원동력이 될 수 있다. 누군가의 사랑을 흠뻑 받는 일, 성적인 접촉을 탐닉하거나 친구와 달콤한 대화를 나누는 데 빠져들고, 부모로서의 임무를 충실히 다함에 대해 생각하는 일 등은 모두가 대인관계 향유의 사례다. 이런 향유는 종종 서로 간에 교환되며, 이것이 추가적인 향유를 자극할 수 있다. 이러한 상호적인 향유현상은 Joe가 보고한 특별한 향유경험 사례에서 핵심이라 할 수 있으며, 그는 이 경험을 전염성이 있는 '반향 웃음(reverberating laughter)'이라 부르고 있다.

상호작용적 향유의 한 예를 들자면, 나의 경우 특히 맨 처음에 어떤 웃기는 일과 같이 우리를 자극하는 상황이나 농담에 대해서 누군가와 함께 웃으면서 시작하게 되는데, 그러다 보면 웃음이 계속되고 전염되면서 우리는 서로 반향의 순환고리에 빠져들게 된다. 이런 통제할 수 없이 어지러운 상태는 예상치 못한 순간 갑자기 찾아온다. 이렇게 타인과 함께 임의적으로 무엇인가 재밌는 것을 향유하는 일은 몇 분 동안 지속될 수 있다. 이것은 즐겁게 공유되는 인간의 경험이다. 그 누구도 아닌 우리 둘만의 사이에서 터져 나오는 웃음에 압도당한 이후에 함께 웃은 사람과 나는

개념적 문제

강한 유대감을 느낄 수 있게 된다. 사실 이것은 제3자에게는 짜증스러운 일이 될 수 있는데, 나의 파트너와 내가 타인을 배제하는 무언가를 공유하고 있기 때문이다. 이러한 짜증을 알아차리는 순간 우리는 휘몰아치는 재미로부터 빠져나오게 된다. 향유가 방해를 받는 것이다. 분명한 것은 웃음에 대한 우리의 회상을 통한 향유가 서로를 계속해서 웃도록 고취한다는 점이다.

사람들은 타인과 연결되어 있다는 느낌을 향유경험의 일부로 여길 때 보다 복잡하고 조금은 더 진지한 향유경험을 하게 된다. Fred가 자신의 동료 등반가들과 연결되어 있고 신과도 연결되어 있다고 느꼈을 때, 전반적인 향유의 순간은 길고 강렬해질 수 있었다. Joe는 자신이 좋아하는 향유경험에 대해 말한 또 다른 사례를 통해 자신과 아내가 아이들로부터 받았던 편지를 향유했던 일과 그 특별한 향유 가능성에 대해 언급하고 있으며, 아래는 Joe가 기억하는 내용이다.

나와 내 아이들은 우리가 '편지 이어쓰기'라고 부르는 것을 오랫동안 계속해왔다. 내가 아이들 중 하나에게 편지를 쓰면, 그 아이는 제 편지와 함께 내가 보낸 편지를 동봉해서 다른 형제에게 보내고, 그것을 받은 아이는 그 전에 받은 두 편지에 자기 편지를 추가해 세 번째 형제에게 보내는 식이다. 편지가 나에게 다시 돌아올 때에는 내가 쓴 원래 편지 외에도 다섯 장의 편지를 받는 셈이 된다. 그 다음 주기는 내가 처음에 썼던 편지를 보관하고, Veroff의 아이들 다섯 명에게 받은 모든 편지와 함께 새로운 것을 포함해서 반복된다. 이 일은 10년간 계속되었고 1년에 2~3번 정도 돌아왔다. 그 편지들을 함께 읽는 것은 내게는 커다란 기쁨이다. 물론 새로운 소식들 중에는 이미 지나간 것들도 있지만, 나를 포함해서 우리는 우리 가족이 갖고 있는 삶에 대한 생각을 알게 되는 기회를 얻었다.

나는 아이들이 오면 그 편지들을 읽는 즐거움을 맛보곤 했다. 나는 편지를 바로 읽지는 않았다. 내가 아이들과 즐거운 시간을 보낼 때, 조용한 순간을 찾아, 차례대로 그것들을 읽고는 마치 오래도록 부드럽고 따뜻한 샤워를 할 때처럼 편지글이 나를 타고 아주 천천히 굴러가도록 한다. 나는 하나하나씩 천천히 읽는다. 때때로 아이들은 매우 감상적이 되기도 했고, 그럴 때면 나는 눈물을 참을 수 없었다. 아이들은 자신들에게 일어났던 일과 자신들을 둘러싼 세계에 대해 깊은 통찰력을 보일 때도 있었고, 이에 나는 놀라워했다. 편지를 읽고 있으면 방에서 함께하고 있는 아이들을 거의 느낄 수 있는 듯 했다.

나는 Jody에게 편지를 보여 주곤 했다. 비록 그녀는 우리의 이어쓰기에 편지를 보태지는 않았지만, 똑같은 정서적 이끌림을 경험했다. 그녀 역시 그러한 경험을 향유했던 것이다. 우리 둘이 같은 일을 향유하고 서로에게 향유한 것을 이야기하는 일은 우리가 느끼는 기쁨을 더욱 강렬하게 해 주었다. 이런 좋은 느낌들은 편지에서 표현되었던 생각과 함께 우리가 가졌던 복합적인 연상에서 비롯되었으며 이는 우리 아이들의 삶이 선하다는 증거이기 때문에, 우리는 커다란 감사와 더불어 말없는 자부심을 동시에 느꼈다. 결국, 그것들은 우리 유산이었고, 그것들은 그 편지 자체로 우리에게 유산이 풍성해지고 있음을 말해 주고 있었다. 우리는 아주 풍성함을 느끼곤 했고, 이는 복잡한 감정들을 빠짐없이 마음속으로 헤아리는 일이었다. 대개의 경우, 우리는 서로 매우 연결되어 있음을 느낀다.

편지 이어쓰기를 통한 이러한 향유의 순간은 자부심, 아이들의 삶을 통한 대리적 즐거움, 유산이 풍성해져가는 느낌, 멀리 있는 가족이 바로 여기에 함께 존재하고 있다는 느낌을 통한 연결감과도 같은 복잡한 사회적 느낌들을 동반하게 된다. 이와 같이 다양한 생각들은 어떻게든 시간을 내서 자신이 사랑하는 누군가와 그 사람이 주는 즐거움에 대해 생각하는 데 익숙한 사람들에게는 그리 낯선 일은 아닐 것이다. 이러한 향유과정을 위해서는 의도적으로 경험의 흐름을 늦추어야 할 때가 많다. Joe가 편지를 급하게 읽거나 대충 아무렇게나 읽어야만 하는 상황에서 읽기를 원하지 않았다는 점에 주목해 보자. 그렇다면 향유하는 동안 사람들이 마음속의 카메라를 슬로 모션으로 돌리는 일이 많은 경우에 일어나는가? 일시적인 시간의 관리에 대해 Flaherty(2003)가 지적한 바에 따르면, "자신의 경험을 연장하기를 원하는 사람들은 현재 상황의 '지금 여기'에 집중한다(p. 23)." 다음 장에서는 우리가 향유모델을 확장하였을 때, 우리는 그와 같이 사회적으로 연결된 느낌을 향유의 사례로 활용할 수 있고, 그 가운데 우리는 향유과정에서 자신이 느끼거나 경험하는 내용에 신중하게 초점을 두는 일이 매우 중요함을 재차 강조하고자 한다.

우리는 사회적 유대가 어떻게 향유경험을 고취할 수 있는가에 대하여 살펴보았다. 하지만 사회적 유대가 오히려 향유를 방해할 수도 있다는 점에도 주의해야 할 것이다. 특히 문화는 긍정적인 경험에 대한 특정한 사고 및 행위뿐만 아니라 그러한 경험에 대한 우리의 전반적인 태도에 심대한 영향을 미칠 수 있다. 문화 간 향유의 유사점과 차이점에 대한 논문에서 Lindberg(2004)는 향유경험에 관한 질문에 대하여 북미 학생들과 일본 학생들의 반응을 비교해 보았다. 선험적 가설들을 확인해 본 결과, 북미 학생들과 일본 학생들은 긍정적인 사건을 향유하는 능력에 대한 신념에 기저하는 요인

구조가 상당히 유사하다는 것을 보여 주었다. 이는 향유의 개념이 이 두 가지 문화에서 동일한 의미를 지니고 있다는 것을 시사해 준다. Lindberg(2004)는 또한 이 두 문화에서 향유가 성격 및 주관적 적응과도 상당히 관련된다는 점도 발견했는데, 이는 서구 표본에 대한 연구에서 발전된 향유의 구성개념이 동아시아 표본에 일반화되었음을 시사한다.

그러나 Lindberg(2004)는 향유에 있어서 문화 간 차이점들도 발견했다. 선험적인 가설들을 확인한 결과, 동아시아인 응답자들은 북미 응답자들에 비해 미래기대, 현재향유, 과거회상을 통해 즐거움을 이끌어내는 능력이 더 낮은 것으로 보고되었다. 뿐만 아니라, 북미인들은 즐거움을 확장하거나 연장하는 인지행동적 향유반응(예: 자축하기, 행동으로 표현하기, 세밀하게 감각 느끼기)을 더 많이 보여 주었으며, 동아시아인들은 즐거움을 경감시키거나 축소하는 향유반응(예: 즐거움을 냉각시키는 생각하기)을 더 많이 보고하였다. 동아시아인들은 북미 표본에서는 볼 수 없는 여러 새로운 향유방략을 보고하기도 했는데, 여기에는 더 많이 노력하기, 활동 늘리기, 지식을 늘리기, 그리고 타인과 지속적으로 연락하기 등이 포함되었다. Lindberg(2004)의 연구는 긍정적 정서 경험의 보편성과 문화적 차이의 요소 모두를 발견해낸 여타의 연구들과 일반적으로 일치하는 결과를 보이고 있다(Kitayama, Markus, & Kurokawa, 2000; Oishi, Diener, Napa Scollon, & Biswas-Diener, 2004).

분명히 문화는 향유경험의 특성에 중대한 영향을 미친다. Lindberg(2004)의 연구는 일본 학생들은 향유경험을 강렬하게 해 주는 일을 의도적으로 피할 것이며, 심지어 적극적으로 즐거움의 강도와 지속 시간을 경감시키고자 할 것이라고 시사하고 있다. 북미 응답자들과 비교해 볼 때, 동아시아 응답자들은 순간의 쾌락에 가치를 더 작게 둘 뿐만 아니라, 좋은 일은 필연적으로 미래의 부정적인 일을 통해 균형 잡히게 마련이라는 생각을 더 강하게 믿고 있다(Ji, Nisbett, & Su, 2001). "지나친 행복은 비극을 낳는다."는 고대 중국의 속담은 이러한 염려를 반영하고 있다.

다른 연구들도 향유에 있어서 동서양의 문화적 차이를 지지해 주고 있다. 예컨대 행복에 관한 비교 문화적 문헌을 검토한 결과, Uchida, Norasakkunkit와 Kitayama(2004)는 북미인들은 행복을 개인적 성취의 견지에서 규정하고 긍정적 감정을 최대화하려는 경향이 있는 반면, 동아시아인들은 행복을 인간관계 결속의 차원에서 규정하고, 긍정적 감정과 부정적 감정의 균형을 유지하려는 경향이 있다고 결론 내렸다. 이에 따라 행복은 북미의 문화적 맥락에서는 자존감을 통해 가장 잘 예측되는 반면, 동아시아의 문화적 맥락에서는 "자신이 사회적 관계 속의 일원이라는 생각"(Uchida et al., 2004, p. 223)을 통해 가장 잘 예측되었다.

우리는 향유를 증진시키기 위해서는 신체적, 사회적, 그리고 자존감의 욕구가 최소화되어야 한다고 주장한 바 있다. 확실히 과도한 향유를 삼가도록 하는 문화적 기준이 영향을 미칠 수도 있다. 그러나 자존감 유지에 대한 다른 욕구들은 어느 문화에서나 발생할 수 있다. 예를 들어, Joe와 그의 아내는 최근에 자신의 집에 방문한 친구들을 위해 멋진 점심을 어떻게 준비했는지 회상하는데, 아삭아삭한 껍질의 이탈리아 빵 위에 살짝 튀긴 살구 버섯, 팽이 비시수아즈, 카레 치킨 샐러드, 아루굴라와 나륵풀로 된 녹색 샐러드, 그리고 휘핑크림을 얹은 오렌지 아몬드 토르테 등 맛있는 음식을 모두 마련했음에도 불구하고, 그것들을 제대로 향유할 수 없었다. 친구들은 맛있다고들 했지만, 이들은 친구들의 이야기에 귀를 기울이고 그들을 편안하게 해 주려고 하면서, 자신들이 준비한 메뉴를 저녁 손님들이 좋아하지 않을지도 모른다고 걱정하고 있었다. 이처럼 실패에 대한 두려움과 사람들을 즐겁게 해 줄 수 있을까 하는 염려는 이들의 관심을 온통 빼앗아버렸고, 음식을 향유하는 데 주의를 쏟을 여지가 거의 없게 되었다. 이러한 결론은 1장에서 인용되었던 증거, 즉 실패에 대한 두려움이 큰 사람들은 일반적으로 부정적인 감정을 경험하고, 이러한 기분을 회복하려는 데 빠져들게 되며, 긍정적인 목표 성취에 대해 생각할 때 기대가 주는 기쁨을 거의 또는 전혀 얻지 못한다는 사실과 일치하고 있다(Langens & Schmalt, 2002). Joe와 그의 아내는 친구들과의 점심 식사를 통해 많은 사회적 즐거움을 느꼈지만, 식사하는 동안 펼쳐지는 우정이나 먹는 즐거움과 관련해서는 향유하는 태도가 아니었던 것이다.

향유에 대한 우리의 개념화가 타인과의 결속감을 향유하는 경험과 사회적 욕구의 만족을 향유하는 직접적인 경험을 구분하고 있다는 점을 이해하는 것이 중요하다. 다른 즐거움들과 마찬가지로 사회적 즐거움을 경험하는 것과 사회적 연결을 통해 우리가 이끌어 낸 즐거움을 향유하는 것은 전혀 다른 문제다. 만일 우리가 향유의 방향을 사회적인 즐거움에 집중한다면, 향유가 일어나지 못할 이유가 없다. 그러나 사회적 즐거움에서는 성적인 쾌락과 마찬가지로, 사람들이 종종 긍정적인 경험에 지나치게 몰입하여 향유가 일어나지 않는 경우도 있다. 다시 말하건대 우리는 긍정적인 경험이 향유되기 위해서는 '지각하는 주체'로서의 자기에 대한 인식(혹은 어느 정도의 메타의식)이 반드시 존재해야 한다고 가정하기 때문이다. Joe와 그의 아내는 그 다음날 점심 식사에서 남은 것들을 먹었는데, 이 때에는 시간을 내서 식사를 했고, 자신들이 만든 여러 맛있는 음식들을 진정으로 향유할 수 있었다고 보고했다. 분명 사람들은 주의가 다른 곳에 분산되지 않을 때 보다 용이하게 온전한 즐거움을 경험하게 된다.

🜂 개념적 문제의 요약

이 장에서 우리는 향유와 관련하여 여섯 가지의 주요한 문제들에 대해 소개하였고, 이것은 다음의 세 장에서 좀 더 자세히 살펴보게 될 것이다. 물론 이 문제들이 우리의 이론적 모델이 제시하는 유일한 문제들은 아니지만, 우리는 이 사안들이 가장 중요하다고 생각한다. 이들 개념적 문제들은 (1) 감각 과정을 비롯해 복잡한 인지적 사건이 향유되는 방식, (2) 인간의 의식 안에서 향유경험이 발생하고 충족되는 방식, (3) 향유가 의식적인 자각을 반영하는 방식, (4) 향유과정에 개인의 의도가 반영되는 방식, (5) 과거의 기억과 미래에 대한 기대가 향유과정 동안 작용하는 방식, (6) 타인과의 관계 및 문화가 향유경험에 영향을 미치는 방식 등과 관련된 것이었다.

이러한 복잡한 문제들을 단어나 구절 몇 가지만으로 간단히 설명한다는 것은 어려운 일이다. 대신 우리는 다음 장에서 이들 물음에 대한 보다 완전한 답변을 우리 향유모델의 개념적 구조 내에서 신중하게 만들어가고자 한다.

측정의 문제

　물론 우리는 향유경험에 대해서 매우 상세하게 구두로 표현되는 자기 보고야말로 향유를 평가하는 타당한 방식이라고 믿고 있기는 하지만, 또한 우리는 과학자로서 체계적인 양적 평가자료를 수집하도록 훈련을 받은 사람들이기도 하다. 이 책에서 우리는 우리가 지금까지 제시한 질적 자료들뿐만 아니라, 양적 측정치에도 의존하고 있다. 이러한 양적 평가는 긍정적인 경험을 향유하는 능력에 대한 사람들의 신념과 긍정적 사건을 향유하는 특정한 방략들에 대한 개인의 보고 모두를 포함하고 있다. Fred는 향유에 대해 연구하고자 신뢰롭고 타당한 양적 측정도구를 개발하는 일에 오랜 세월 동안 헌신해 왔다.

⚜ 향유신념

　이러한 양적 측정도구들은 향유와 필수적으로 연관되어 있는 두 개의 서로 다른 개념에 초점을 두고 있다. 이들 핵심 개념의 첫 번째는 사람들이 긍정적인 경험을 향유하는 자신의 능력을 스스로 평가한다는 것이다. 우리는 긍정적인 경험을 즐기는 능력에 대한 사람들의 주관적인 지각을 향유능력에 대한 신념 또는 향유신념이라고 일컫는다. 우리는 자신의 향유능력에 대한 사람들의 신념이 긍정적인 경험을 향유하는 실질적인 능력과 관련이 있다고 가정하고 있다. 우리는 향유신념을 측정하기 위해 두 가지 측정도구를 소개하고 있는데, 그중 하나는 5개 항목, 단일 차원의 지각된 긍정결과 향유능력 척도(Perceived Ability to Savor Positive Outcomes: PASPO; Byant, 1989)이며, 다른 하나는 24개 항목, 3요인의 향유신념 척도(Savoring Beliefs Inventory: SBI; Bryant, 2003)이다.

지각된 긍정결과 향유능력 척도(PASPO)와 향유신념 척도(SBI)는 모두 향유능력에 대한 전반적인 신념을 요약해 주는 전체 총점을 제공하고 있다. 그러나 향유신념 척도(SBI)는 기대를 통한 향유, 현재 순간에 대한 향유, 회상을 통한 향유를 측정하는 각 8항목으로 이루어진 세 가지의 시간에 따른 하위 척도를 함께 제공한다. 이들 각각의 하위 척도는 긍정적인 사건을 미래에 대한 기대를 통해서, 현재 순간에 대해, 과거에 대한 회상을 통해서 향유하는 능력에 대한 사람들의 자기 평가를 반영하고 있다.

🔥 향유반응

Fred가 개발한 다차원적 개념 모델과 향유 측정도구를 위한 두 번째 핵심 개념은 사람들은 긍정적인 경험을 하는 가운데에서도 다양한 생각과 행동을 하고 있다는 것이다. 우리는 현재 진행되는 긍정적 경험에 대한 이러한 인지적이고 행동적인 반응을 향유반응 또는 향유방략이라 규정하고 있다. 이 '향유방식'은 긍정적인 사건에 대한 서로 다른 반응 양상을 반영하는데, 이렇게 각기 다른 반응 양상은 이러한 사건에 대한 개인의 실질적인 즐거움의 강도나 지속 시간에 영향을 줄 수도 있고, 그렇지 않을 수도 있다.

향유방식 체크리스트(The Ways of Savoring Checklist: WOSC)는 긍정적 경험에 대한 향유반응을 측정하기 위한 60개 항목의 다차원적인 측정도구다. 이 도구는 10개의 하위 척도 또는 향유차원으로 구성되어 있는데, 타인과 공유하기, 기억을 잘 해두기, 자축하기, 비교하기, 세밀하게 감각 느끼기, 몰입하기, 행동으로 표현하기, 일시성 인식하기, 축복으로 여기기, 즐거움을 냉각시키는 생각하기가 그것이다. 이 10가지 향유방식은 예비 연구에서 개방형 질문에 대한 사람들의 응답을 통해 발견된 것으로 즐거움을 조절하는 방략들 가운데 공통되는 점들을 바탕으로 구성되었다. 또한 이와 동일한 향유차원은 수많은 표본에서 일관되게 나타났다.

비록 향유방식 체크리스트(WOSC)의 10개 차원이 다양한 사고와 행동을 포괄하고는 있지만, 우리는 이 같은 특정한 향유차원이 모든 향유반응을 빠짐없이 다루고 있다고 생각하지는 않는다. 오히려 긍정적인 경험을 향유하는 방식은 10개보다는 분명히 더 많다고 할 수 있다. 사실, 몇몇 향유방식들은 Lindberg(2004)가 일본 학생들 사이에서 발견한 바와 같이 특정한 문화에 고유한 것들이 분명하며, 이러한 추가적인 향유방식들은 60항목의 향유방식 체크리스트(WOSC)에 포함되어 있지 않다. 아직 다루어지지 않고 있지만 향유를 증진시키는 다른 방법들 중에는 유치해지기, 유머러스해지기, 또는 함께 참여한 사람들의 기쁨을 인식하기 등이 포함되며, 그 밖에 측정되지 않은 향유를 억제하는 방법에는 상향식 비교, 긍정적 감정을 부인하거나 무시하기 등이 포함된다. 그럼에도 불구하고, 향유방식 체크리스트(WOSC)의 10개 하위 척도는 긍정적 사건에 대한 젊은이들의 인지적이고 행동적인 향유반응의 특성을 광범위하면서도 포괄적으로 보여 주고 있다. 이 때문에 향유방식 체크리스트(WOSC)는 향유반응 연구에 관심이 있는 연구자들에게 잠재적으로 유용한 도구가 될 수 있다.

그렇다면 향유신념은 향유반응과 어떤 관계가 있는가? 일반적으로 자신의 향유능력에 대한 사람들의 신념은 현재의 긍정적 경험에 대한 생각이나 행동과 어떻게 관련되어 있는가? 우선, 우리는 자신이 그 순간을 향유할 수 있다고 믿는 사람들이(이들의 향유신념 척도 점수를 바탕으로) 향유하는 능력이 부족하다고 보고한 사람들에 비해, 다양한 종류의 사고나 행동을 하게 되고, 또는 다양한 향유반응 양상(향유방식 체크리스트에서)을 보일 것이라고 예상한다. 더 나아가 우리는 이렇게 서로 다른 향유반응 양상이 사람들의 실제적인 즐거움의 수준이나 지속 시간의 차이를 만들어낼 것이라고 가정하고 있다.

이에 더하여, 우리는 사람들이 삶의 긍정적인 경험을 얼마나 잘 향유할 수 있는가에 대해 자신이 알고 있고, 이러한 자각 그 자체가 향유에 대한 자신의 개인적 능력(예: 향유신념)에 대한 신념의 형태로 드러난다고 가정하고 있다. 주관적 안녕(Andrews & Withey, 1976; Campbell, Converse, & Rodgers, 1976; Diener, 1984, 1994)에 대한 문헌에서 주장한 바와 같이, 사람들은 내면의 주관적인 경험을 평가하는 데 있어서 스스로 가장 잘 판단할 수 있을 것이다. 이 논리를 확장해 볼 때, 사람들의 향유신념은 그들이 긍정적인 사건을 실제로 얼마나 잘 향유하는지에 대한 유용한 지표임이 분명하다.

그러나 자신이 긍정적인 경험을 얼마나 잘 향유할 수 있다고 믿는지 여부가 사람들이 긍정적인 경험을 '실제로' 얼마나 잘 향유할 수 있는지, 또는 삶에서 현재 얼마나 많은 즐거움을 누릴 수 있는지 하는 문제와 반드시 일치되는 것은 아니다. 어떤 사람들은 스스로는 향유할 능력이 완벽하다고 느낄 수 있다. 그러나 대개 실제로는 그렇게 하지 못한다. 반면 자신의 삶을 즐길 수 없다고 여기지만 이러한 능력에서 자신의 부족함을 잘 알고 있는 사람들도 있다. 개인의 지각된 향유능력과 현재의 즐거움 수준이 반드시 동일하지는 않다는 것이다.

물론 연구자들은 보고된 긍정적인 감정의 수준을 활용해 향유능력을 평가하려는 유혹을 느낄 수도 있지만, 이런 접근법은 여러 가지 이유에서 부적절하다. 첫째, 온전한 향유능력이 있는 사람들 중에 일부는 더 낮은 기저 수준 혹은 '행복의 기준점(hedonic set-points)' (Diener & Diener, 1996; Headey & Wearing, 1992; Lykken, 1999)으로 인해 덜 긍정적인 정서를 보고할 수도 있다. 게다가, 사람들이 자신의 긍정적인 감정을 표현하는 정도에도 개인차가 존재한다 (Bryant, Yarnold, & Grimm, 1996; Larsen & Diener, 1987; Weinfurt, Bryant, & Yarnold, 1994).

뿐만 아니라, 보고된 긍정적인 정서를 향유능력과 동일하게 여길 경우, 자신은 아무리 최선을 다해 보아도 긍정적인 사건을 향유할 수 없다고 믿는 사람들과, 긍정적인 사건을 향유할 수 있다고 믿지만 다른 일을 위해 그러한 즐거움을 일시적으로 포기하는 사람들을 구분할 수 없게 된다. 만일 연구자가 향유능력을 측정하는 데 긍정적인 정서의 수준을 활용한다면, 이 두 가지 유형의 사람들은 모두 똑같이 향유능력이 낮다고 분류될 것이다. 그러나 전자의 사람들은 긍정적으로 기능하는 데 필요한 기본적인 기술이 다소 부족한 것만은 분명한 데 반해 후자의 사람들은 그렇지 않다(Bryant, 2003).

이와 마찬가지로 회상은 실제 경험과 반드시 동일한 것은 아니다. 최근의 긍정적인 사건과 관련하여 사람들이 회상한 것은 당연히 그들이 실제로 무엇을 생각하고 행동했는가 또는 실제로 얼마나 그 사건을 즐겼는가와는 다를 수 있다(예: Mitchell & Thompson, 1994).

궁극적으로 우리는 자신이 즐길 수 있다고 믿는 것보다는 실제로 긍정적인 경험을 향유할 능력이 있는지 여부가 무엇보다도 중요하다고 생각한다. 이는 사람들이 부정적인 경험에 대처할 능력을 실제로 지녔는지 여부가 스스로 대처할 수 있다고 믿는 것보다 더욱 중요한 것과 마찬가지다. 그러나 우리는 실질적인 향유능력을 간접적으로 평가하는 수단으로서 긍정적인 결과를 향유하는 자신의 능력에 대한 사람들의 신념을 측정하는 일의 유용성도 함께 인지하고 있다. 이제 우리는 향유를 연구하는 데 활용된 세 가지 측정도구를 각각 간략하게 소개하고자 한다. 이는 향유모델에 대한 우리의 차후 논의에서 그 각각을 살펴보기 위함이다.

🌿 긍정적인 결과를 향유하는 능력

1989년, Fred는 향유과정을 평가하는 한 가지 방법에 대한 연구논문을 발표했다(Bryant, 1989). 이 연구에서 그는 네 가지의 서로 다른 지각된 통제 유형을 측정하기 위한 일련의 자기 보고식 척도를 개발했는데, (1) 부정적 경험에 대한 지각된 회피 능력, (2) 부정적 결과에 대한 지각된 대처 능력, (3) 긍정적 결과에 대한 지각된 획득 능력, (4) 긍정적 결과에 대한 지각된 향유능력이 그것이다. 이들 네 가지의 항목은 대학생 524명의 응답에 대한 '확인적 요인분석(confirmatory factor analyses)'을 실시한 결과 4개의 개별적인 요인으로 이루어져 있음이 밝혀졌다. 이 연구에서 사용된 지각된 통제 질문지(the Perceived Control Questionnaire: PCQ)는 부록 A에 있으며, [그림 2-1]은 확인적 요인분석에서 도출된 4요인 모델을 보여 주고 있다(Bryant, 1989를 참조).

이들 4요인은 본래 가정했던 네 가지 서로 다른 과정을 반영하고 있는데, 그중 두 가지는 외부 사건에 대한 지각된 통제(회피와 획득)와 관련된 것이며, 다른 두 가지는 내부 감정에 대한 지각된 통제(대처와 향유)와 관련된 것이다. 나아가서 이들 네 가지 척도를 활용하여 주관적 정신건강을 예측하기 위한 다중 회귀분석 결과 이 척도의 변별 타당도가 지지되었다. 감정에 대한 통제를 평가하는 두 가지 요인들(부정적인 감정의 경우에는 대처, 긍정적인 감정의 경우에는 향유)은 서로 미약한 상관을 보인 반면, 다른 지표들과는 차별적인 상관을 나타냈다.

또한 향유는 획득과 마찬가지로, 주관적 스트레스의 지표들보다는 주관적 안녕감 지표들과 더 강력하게 연관되어 있다는 점도 분명했다. 그러나 향유가 전반적인 행복과 유의미한 상관을 보인 반면, 획득은 그렇지 않았다. 이 후자의 결과는 긍정적인 감정에 대한 지각된 통제가 긍정적인 사건에 대한 지각된 통제보다 더 중요하다는 것을 시사해 준다. 이는 염두에 두어야 할 중요한 향유의 측면이며, 우리가 향유를 증진시키기 위한 방식들을 고려하는 경우 특히 그러하다.

분명 긍정적인 사건은 사람들이 향유를 경험하는 토대를 마련해 줄 수는 있지만, 긍정적인 사건만으로는 행복을 느끼기에 충분치 않다는 것이다. 사람들은 긍정적인 사건으로부터 발생하는 긍정적인 느낌들에 주의를 기울이고, 이를 파악할 수 있어야 한다. 프랑스 소설가 라로슈푸코(1694)가 적절히 언급한 바와 같이, 진정으로 "행복은 어떤 일 그 자체에 있는 것이 아니라 그것을 즐기는 데 있다."

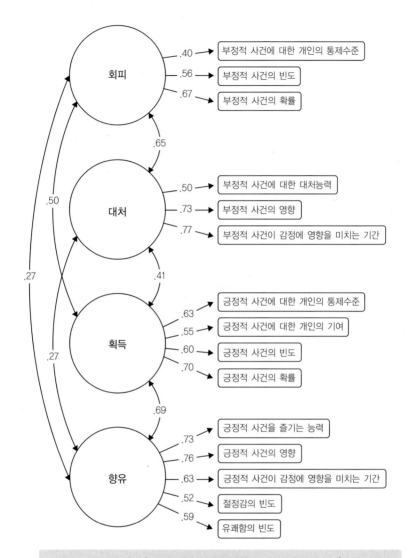

회피
.40 → 부정적 사건에 대한 개인의 통제수준
.56 → 부정적 사건의 빈도
.67 → 부정적 사건의 확률

.65

대처
.50 → 부정적 사건에 대한 대처능력
.73 → 부정적 사건의 영향
.77 → 부정적 사건이 감정에 영향을 미치는 기간

.41

획득
.63 → 긍정적 사건에 대한 개인의 통제수준
.55 → 긍정적 사건에 대한 개인의 기여
.60 → 긍정적 사건의 빈도
.70 → 긍정적 사건의 확률

.69

향유
.73 → 긍정적 사건을 즐기는 능력
.76 → 긍정적 사건의 영향
.63 → 긍정적 사건이 감정에 영향을 미치는 기간
.52 → 절정감의 빈도
.59 → 유쾌함의 빈도

.50 .27 .27

[그림 2-1] 지각된 통제의 4요인 모델

확인적 요인분석을 통해 위와 같은 결과가 도출되었다, x^2(84, N=524)=434.82. 지각된 통제 15문항은 사각형 안에, 4요인은 원 안에 제시되고 있다. 양방향 화살표 곡선은 요인들 간 상관을, 일방향 화살표 직선은 요인부하량을 보여 주고 있다. 지각된 통제 요인들 각각의 Cronbach's α는 회피 .60, 대처 .70, 획득 .71, 향유 .78로 나타났다. 본 내용은 Blackwell 출판사의 허가를 얻어 Bryant(1989, p.787)의 연구에서 발췌하였으며, 위 분석에서 사용된 실제 문항의 사본은 부록 A를 참고하라.

🌿 향유신념 척도

Fred가 향유과정을 평가하기 위해 새로운 척도를 개발하는 과정에는 향유에 대한 훨씬 복잡한 관점이 포함되어 있었다(Bryant, 2003). 현재 순간을 향유하는 것뿐만 아니라, 미래에 대한 기대를 향유하고, 과거에 대한 회상을 향유하는 과정도 있다는 것을 깨달은 Fred는 과거, 현재와 미래에 초점을 둔 향유방식을 다루기 위해 개별적인 8항목 척도를 구성하였다. 각각의 시점에 따라, 자기 보고식 항목들 가운데 4개는 긍정적으로 기술되었고(예: "나는 행복한 시간을 최대한 즐길 수 있다."), 다른 4개는 부정적으로 기술되었다(예: "나는 좋은 기분을 오래도록 유지하기가 어렵다."). 〈표 2-1〉은 시간적 관점에 따라 군집으로 묶인 향유신념 척도의 24개 문항들을 보여 주고 있다. 실제 척도는 부록 B에 제시하였으며, 향유신념 척도 채점을 위한 상세한 지침은 부록 C에 있다.

415명의 대학생 표본을 이용한 확인적 요인분석을 통해, 향유신념 척도에 가장 잘 맞는 모형은 긍정적으로 진술된 항목과 부정적으로 진술된 항목을 반영하는 2개의 '측정방법 요인'과 더불어, 시점에 따른 향유 형태를 반영하는 3개의 요인을 포함하고 있음을 알 수 있었다. 이어서 다섯 가지 후속 연구에서 다른 척도들과 관련하여 향유신념 척도의 수렴 및 변별 타당도가 평가되었으며, 여기에는 (1) Eysenck와 Eysenck(1975)의 외향성 및 신경증 척도와 같은 성격척도, (2) Rotter(1966)의 내외 강화 통제 척도와 같은 통제 신념, (3) Bryant와 Veroff(1984)의 감사 및 우울 척도와 같은 주관적 적응 수준 등이 포함되었다. Fred는 각 시점에서 하위척도 점수뿐만 아니라 총점을 검토함으로써 향유신념 척도의 구성 타당도에 대한 다

표 2-1   향유신념 척도의 문항구성

기대를 통한 향유 ($\alpha = .77$)

긍정적으로 진술된 항목:

1. 기분 좋은 일이 있을 것으로 예상될 때, 나는 즐거운 마음으로 그 일을 기다린다.
7. 좋은 일이 곧 일어날 것으로 예상될 때, 나는 그 일을 기대하면서 즐거움을 느낀다.
13. 유쾌한 사건이 실제로 일어나기 전에도, 나는 마음속으로 그 일을 즐길 수 있다.
19. 나는 곧 일어날 좋은 일에 대해 상상하면 기분이 좋아지곤 한다.

부정적으로 진술된 항목:

4. 나는 좋은 일이 있을 것으로 예상되더라도, 실제로 그 일이 일어나기 전까지는 너무 기대하지 않는다.
10. 내 생각에, 어떤 즐거운 일들이 생길지 예상하는 것은 시간 낭비일뿐이다.
16. 재미있는 일이더라도, 나는 그 일이 실제로 일어나기 전에는 즐거움을 잘 느끼지 못한다.
22. 즐거운 일들이 일어나기 전에 미리 그에 대한 생각을 하면, 나는 종종 마음이 불편하거나 불안해지곤 한다.

현재향유 ($\alpha = .78$)

긍정적으로 진술된 항목:

5. 나는 행복한 시간을 최대한 즐길 수 있다.
11. 좋은 일이 생겼을 경우, 나는 어떤 생각이나 행동을 함으로써 그 즐거움을 좀 더 오래도록 유지할 수 있다.
17. 나는 내가 경험하는 즐거운 일들을 충분히 즐길 수 있다.
23. 내가 원할 때 시간을 즐겁게 보내는 일은 나에게 쉬운 일이다.

부정적으로 진술된 항목:

2. 나는 좋은 기분을 오래도록 유지하기가 어렵다.
8. 나는 즐거움을 느낄 수 있는 경우에도 좀처럼 즐거움을 느끼지 못한다.
14. 행복한 순간에도 나는 그 기쁨을 잘 느끼지 못하는 것 같다.
20. 나는 어떤 일에서 남들이 그렇듯 당연히 느껴야 하는 즐거움을 충분히 느끼지 못한다.

회상을 통한 향유 ($\alpha = .80$)

긍정적으로 진술된 항목:

3. 나는 과거의 행복했던 기억들을 떠올리면서 즐긴다.
9. 나는 과거의 즐거웠던 일들을 회상하면서 내 기분을 즐겁게 만들 수 있다.
15. 재미있는 경험을 하게 되면, 나는 나중에 다시 떠올릴 수 있도록 잘 기억해두곤 한다.
21. 즐거웠던 기억을 통해서 나는 그 때의 즐거움을 쉽게 다시 느낄 수 있다.

부정적으로 진술된 항목:

6. 좋은 일이 있었더라도, 나는 그런 일들을 되돌아보는 것을 좋아하지 않는다.

12. 즐거운 일들에 대해 회상하게 되면, 나는 종종 슬퍼지거나 낙담하게 되곤 한다.

18. 나는 과거에 일어났던 즐거운 일들을 떠올리는 것은 시간 낭비일 뿐이라고 생각한다.

24. 일단 즐거운 일들이 지나가고 나면, 다시는 그 일에 대해 생각하지 않는 게 최선이다.

 위 문항들은 향유신념 척도의 문항번호순으로 나열되었다. 향유신념 척도는 1점(전혀 그렇지 않다)에서 7점(매우 그렇다)에 이르기까지 7점 척도로 구성되어 있다. 위 표는 향유신념 척도의 하위척도별로 내적합치도 계수인 Cronbach's α를 보여 주고 있다. 향유신념 척도 전체점수의 α=.90으로 나타났다. 향유신념 척도의 사본은 부록 B에 제시하였으며, 채점을 위한 상세한 지침은 부록 C를 참고하라. Savoring Beliefs Inventory(SBI): A Scale for Measuring Beliefs About Savouring by F. B. Bryant (2003), *Journal of Mental Health, 12,* 175-196을 보라.

양한 증거를 발견했다. 〈표 2-2〉는 이들의 타당도 계수를 보여 준다.

여기서 〈표 2-2〉의 결과를 모두 다루는 것은 무리지만 구성 타당도의 양상은 인상적이었다. 하위척도의 변별 타당도의 한 예로 Fred는 향유신념 척도의 미래기대(anticipacing) 하위척도가 시간에 따른 두 개의 다른 하위척도보다 Scheier와 Carver(1985)의 낙관성 척도와 강한 상관을 보임을 발견했다. 다음에 소개될 장에서 우리가 개발한 몇 가지 개념적인 제안의 증거를 논의하면서 이 타당화를 위한 자료들에 대해 다시 살펴볼 것이다.

추가적인 종단 연구(Bryant, 2003, 연구 5)의 결과는 향유신념 척도의 변별 타당도를 더욱 입증해 주고 있다. 이러한 가정이 타당한지 여부에 대한 결정적인 증거를 제공하기 위해, Bryant(2003, 연구 5)는 크리스마스 휴가 이전, 도중 그리고 직후에 보고된 경험을 예언하기 위해 이전의 향유신념 척도 점수를 활용했다. 각각의 세 가지 시간적 관점 안에서, 관련된 향유신념 척도 하위척도는 일반적으로, 다른 두 가지 시점과 관련된 하위척도들보다 행동과 감정을 더욱 강력하게 예측했다. 이는 향유신념이 과거, 현재, 미래와 관련하여 보고된 향유경험을 예언해 줄 수 있다는 좋은 증거라고 할 수 있다.

표 2-2 다섯 가지 연구에서 밝혀진 향유신념 척도의 구성 타당도

준거척도	연구	향유신념 척도의 요인점수			
		미래기대	현재향유	과거회상	전체
I. 개인차:					
정서강도	2	.21*	.21*	.17*	.27*
	3	.49**	.31*	.49**	.48**
외향성	4	.34*	.44**	.33*	.42**
낙관성	4	.56**	.41**	.42**	.50**
무망감	4	-.48**	-.33*	-.37**	-.41**
신경증	1	-.22*	-.30*	-.23*	-.26*
	2	-.18*	-.48**	-.30*	-.38**
죄책감	3	-.19*	-.34*	-.13	-.26*
수치심	3	-.12	-.19*	.04	-.09
신체적 무쾌감증	4	-.52**	-.52**	-.50**	-.56**
사회적 무쾌감증	4	-.50**	-.58**	-.48**	-.57**
사회적 바람직성	3	.07	-.01	-.04	-.01
II. 통제 신념:					
내적 통제소재	4	.25*	.32*	.31*	.31*
자기통제	3	.19*	.23*	.23*	.24*
획득	1	.29*	.41**	.34*	.41**
	2	.23*	.37**	.44**	.44**
향유	1	.35**	.51**	.39**	.49**
	2	.40**	.67**	.53**	.63**

준거척도	연구	향유신념 척도의 요인점수			
		미래기대	현재향유	과거회상	전체
회피	1	-.04	.15	-.09	.02
	2	.05	.20*	.17	.18
대처	1	.04	.40**	.12	.23*
	2	-.06	.35**	.29*	.21*
III. 주관적 적응:					
현재의 행복	1	.08	.37**	.20*	.25*
	2	-.03	.28*	.21*	.20*
만족감	1	.29*	.39**	.28*	.39**
	2	.21*	.45**	.39**	.37**
자존감	1	.30*	.39**	.23*	.39**
	2	.10	.42**	.28*	.30*
부담감	1	-.02	-.19*	-.03	-.09
	2	-.16	-.46**	-.33**	-.33**
지각된 취약성	1	.00	-.16	-.02	-.06
	2	-.06	-.23*	-.27*	-.20*
우울	1	-.12	-.34**	-.11	-.25*
	2	-.11	-.40**	-.28*	-.31*
행복의 강도	3	.24*	.59**	.26*	.45**
	6	.48*	.60**	.46*	.56**
행복의 시간	3	.38**	.58**	.39**	.55**
	6	.47*	.60**	.46*	.61**

 위 표는 향유신념 척도 점수와 준거척도 점수들 간의 피어슨 적률상관계수를 나타낸 것이다. 표본크기는 일부 응답자의 불충분한 자료로 인해 연구 1~4 간에 다소 차이를 보이고 있으며, 구체적으로는 다음과 같다: 연구 1 (N=82–90); 연구 2 (N=104–112); 연구 3 (N=58–82); 연구 4 (N=69–84); 연구 6 (N=36). 위 내용은 Taylor & Francis, Ltd. [http://www.tandf.co.uk]의 허가를 얻어 Bryant, F. B. (2003). Savoring Beliefs Inventory(SBI): A Scale for Measuring Beliefs About Savouring, Journal of Mental Health, 12, 175–196의 표 4에서 발췌하였다.

*p<.05, 조정되지 않은 일방검증 **p<.05, 본훼로니 조정된 일방검증 (예: 조정되지 않은 일방검증 p<.0004)

측정의 문제

🔥 향유방식 체크리스트

지각된 향유능력을 측정하는 도구를 개발한 후, 그 다음 목표는 긍정적인 사건에 대한 사람들의 향유반응을 알아보는 것이었다. 향유를 측정하는 심리측정적 도구를 개발함에 있어서 이 세 번째 단계는 (1) 기대 또는 회상을 통하거나 현재 순간을 향유할 수 있는 능력에 대한 전반적인 자기 평가에서 (2) 현재의 긍정적인 경험에 대한 즐거움의 정도를 조절하기 위해 개인이 활용하는 특정한 인지행동적 전략들에 대한 자기 보고로 이동하는 과정을 포함하고 있다.

Fred는 이러한 목표를 염두에 두고 향유방식 체크리스트를 개발했고, 이 체크리스트를 통해 응답자들은 특정한 긍정적인 사건과 관련된 60가지의 사고나 행동에 대해 자신들이 취하는 정도를 표시한다. 60항목의 향유방식 체크리스트는 또한 해당되는 긍정적 경험에 대한 인지적 평가를 측정하는 12개의 초기 질문에 더하여 향유의 수준과 지속 시간을 측정하는 2개의 최종 질문을 포함하고 있다.

〈표 2-3〉은 하위척도로 묶인 향유방식 체크리스트 항목을 나타내고 있으며, 전체 척도는 부록 D에 있고, 향유방식 체크리스트 채점을 위한 상세한 지침은 부록 E에 소개하였다. 〈표 2-3〉은 또한 각각의 향유방식 체크리스트 하위척도에 대한 내적 합치도(Cronbach's α) 지수를 보여 주고 있다. 대체적으로, 향유방식 체크리스트 하위척도는 큰 대학생 표본($N=1,136$)에서 합당한 수준의 신뢰도를 나타냈다.

향유방식 체크리스트는 그 형식과 절차에서 대처방식 체크리스트(the Ways of Coping Checklist: WCC; Folkman & Lazarus, 1980)와 유사한데, 이 체크리스트를 통해 응답자들은 스트레스가 되는 사건에 초점을 두고, 그 사건에 대한 반응으로 자신이 취하는 66가지의 사고와 행동의 정도를 표시한다. 비평가들이 대처방식 체크리스트 (WCC)에 대해 문제를 제기했음에도 불구하고(예: Stone, Greenberg, Kennedy-Moore, & Newsman, 1991), 이를 통해 얻어진 결과는 임상 및 건강 심리학에서 특히 중요한 것으로 간주되어 왔다. 예를 들어, 스트레스로부터 초래되는 감정에 초점을 둔 대처 전략(예: 정서초점 적 대처)보다는 스트레스의 원천에 초점을 둔 대처 전략(예: 문제초점 적 대처)을 활용하는 사람들이 보다 나은 심리적 적응을 보이는 경우가 많으며, 스트레스 문제를 부인하거나 회피하는 사람들보다 문제에 바로 직면하여 해결하는 사람들이 더 적응을 잘하는 경우가 많은데, 특히 그러한 문제가 통제 가능한 경우에 더 그러하다는 것을 알 수 있었다(Lazarus & Folkman, 1984).

향유방식 체크리스트를 많은 표본들에 적용하면서, Fred는 60개 항목들이 서로 다른 조합으로 구성된 신뢰로운 향유방략의 차원들을 발견했다(〈표 2-3〉 참조). 우리는 이러한 향유차원들을 향유방략의 유형을 다루는 4장에서 좀 더 자세하게 살펴볼 것이며, 이 장은 향유방식 체크리스트에서 얻어진 결과들을 심도 있게 다루고 있다. 거기에서, 우리는 또한 향유신념과 향유반응이 서로 어떻게 관련되어 있는지 보다 직접적으로 다루고자 한다.

🔥 측정방법에서의 문제 요약

향유과정을 체계적으로 연구하는 데 있어서 어려운 과제는 우리가 개념적으로 가정한 현상들을 평가하는 타당한 방법을 명확히 해두는 일이다. 우리는 향유과정은 사람들이 긍정적인 경험에 자신이 주의를 기울이고 있다는 사실을 자각하고 이를 구두로 보고하는 내용을 반영해야 한다고 주장해왔다.

표 2-3 │ 향유방식 체크리스트 10개 하위척도의 문항구성

타인과 공유하기 (6문항; $\alpha = .86$)

1. 나는 이 경험을 나중에 다른 사람들과 함께 나누어야겠다고 생각했다.
11. 나는 이 즐거움을 함께 나눌 만한 사람들을 찾았다.
21. 나는 남들에게 그 순간(또한 함께할 수 있는 그들이 있다는 것)이 얼마나 소중한지 말해 주었다.
31. 나는 즐길 줄 아는 사람들과 함께 어울려 신나게 놀았다.
40. 나는 다른 사람들에게 온몸으로 내 감정을 표현했다(안아주기, 신체적 접촉 등)
47. 나는 다른 사람들에게 내가 얼마나 즐거운지 말해 주었다.

기억을 잘 해두기 (7문항; $\alpha = .89$)

2. 나는 이 사건에서 경험한 감각들(모습, 소리, 냄새 등) 하나하나를 잘 새겨두고자 했다.
12. 나는 이 경험을 나중에 내가 어떻게 기억하게 될까 생각해 보았다.
22. 나는 의식적으로 그 상황을 떠올리며, 미세한 부분까지 하나씩 잘 살피고, 기억하려 했다.
32. 나는 그 상황의 아주 세세한 것들까지 선명하게 새겨두었다. 내가 즐기고 있는 것들이 무엇인지 파악하고 기억하려고 했다.
41. 나는 마음속으로 사진을 찍어두었다.
48. 나는 그 상황의 모든 것들을 기억해두려고 했다.
53. 나는 그 경험을 기억하기 위해 사진을 찍었다.

자축하기 (7문항; $\alpha = .84$)

3. 나는 내가 얼마나 오랫동안 이 일을 기다려왔는지 되새겨보았다.
13. 나는 모든 것에서 벗어나 홀가분하다고 생각했다.
23. 나는 스스로 얼마나 내 자신이 자랑스러운지 생각해 보았다.
33. 내가 함께한 사람들에게 매우 깊은 인상을 주었다고 생각했다.
42. 나는 그 일이 정말 대성공이라고 생각했다.
49. 나는 내가 충분히 이렇게 즐길 자격이 있다고 생각했다.
54. 나는 내가 정말 즐거운 시간을 보내고 있다고 생각했다.

CHAPTER **2**
향유 심리학을 위한 중요한 문제들

비교하기 (7문항; $\alpha = .78$)

6. 나는 그 일이 생기기 전의 일들이나 그저 바라기만 했던 때를 돌이켜보았다.

16. 나는 이 상황이 나빠졌을 경우에 대해서 생각해 보았다.

26. 나는 이 즐거운 일이 끝나버리고 난 후를 생각했다.

36. 나는 함께 즐기고 있는 사람들도 나와 같을 것이라고 생각했다.

45. 나는 내가 다른 사람들만큼 충분히 즐기고 있는지 비교해 보았다.

51. 나는 예전의 다른 즐거웠던 추억을 떠올리면서 함께 생각해 보았다.

55. 나는 다시는 이렇게 좋은 일이 없을 것이라고 생각했다.

세밀하게 감각 느끼기 (4문항; $\alpha = .73$)

7. 나는 (다른 감각들을 차단하고) 특정한 감각 요소에 집중해 보려고 노력했다.

17. 나는 눈을 크게 뜨고 심호흡을 하면서 좀 더 생생하게 이 순간을 느껴보려고 했다.

27. 나는 이 즐거운 시간이 천천히 지나가도록 좀 더 느리게 움직이려 했다.

39. 나는 그 일이 내가 바라던 것만 못하다고 생각했다.

몰입하기 (4문항; $\alpha = .74$)

8. 나는 오직 현재에 대해서만 생각했고, 그 순간에 몰입했다.

18. 나는 눈을 감고 편안한 마음으로 이 순간에 몰입하려 했다.

28. 나는 긴장을 풀어서 그 즐거운 일에 더욱 몰입할 수 있었다.

38. 나는 앞을 생각하지 않고 오직 그 순간만을 경험했다.

행동으로 표현하기 (6문항; $\alpha = .82$)

5. 나는 너무 기분이 좋아서 펄쩍 뛰거나, 돌아다니고 마구 뛰어다니면서 기쁨을 신체적으로 표현했다.

15. 나는 깔깔대며 큰 소리로 웃었다.

25. 나는 신이 나서 더욱 활발하게 움직였다.

35. 나는 그 순간을 향유하기 위해서 감탄조(예를 들어, 음, 아, 휘파람, 콧바람 소리 등)로 말했다.

44. 나는 흥분을 감추지 못해 소리치고 떠들었다.

50. 나는 손뼉을 치고 배를 만져 주는 등 스스로를 도닥여주었다.

일시성 인식하기 (5문항; $\alpha = .82$)

4. 나는 이런 순간이 얼마나 빨리 스쳐 지나가는 것인지를 떠올렸다.

14. 나는 이 순간이 계속되길 정말로 바라고 있었고, 곧 지나가버리기 때문에 그 순간을 즐겨야 한다고 생각했다.

24. 나는 그 일들이 내가 미처 의식하기도 전에 끝나버릴 것이라고 생각했다.

34. 나는 어떤 일도 영원히 계속될 수 없으므로, 지금 이 순간을 즐겨야 한다고 생각했다.

43. 나는 시간이 너무 빨리 흘러간다고 생각했다.

측정의 문제

축복으로 여기기 (3문항; = .72)

9. 나는 이런 행복한 일을 경험할 수 있다는 것이 정말 큰 행운이라고 생각했다.

19. 이렇게 좋은 일들이 많이 생기다니 나는 정말로 운이 좋은 사람이라고 생각했다.

· 29. 나는 이러한 행복에 대해서 감사의 기도를 드렸다.

즐거움을 냉각시키는 생각하기 (7문항; = .80)

10. 나는 어째서 전에는 이런 행복을 누리지 못했는지 자문했다.

20. 나는 이 상황이 좀 더 괜찮을 수도 있었다고 생각했다.

30. 나는 내 감정을 억제했고, 뻣뻣하게 굳어버렸다.

39. 나는 그 일이 내가 바라던 것만 못하다고 생각했다.

46. 나는 다른 일을 하거나 다른 곳에 있어야 했다고 생각했다.

52. 나는 아직 해결하지 못한 다른 문제들을 생각하며 걱정했다.

56. 나는 죄책감이 드는 일들에 대해 생각하였다.

위 문항들은 향유방식 체크리스트의 문항번호순으로 나열되었다. 이들 10가지 향유 차원은 1,136명의 대학생 표본을 대상으로 주축 요인분석(사각회전 방식)을 실시한 결과를 보여 준다. 응답자 전원은 먼저 최근의 긍정적인 사건에 대하여 생각한 뒤 그러한 경험을 기술하도록 지시를 받았다. 그리고 나서 '사람들이 긍정적인 사건을 경험하면서 할 것 같은 생각이나 행동'을 나타내는 60개 항목을 읽으면서 7점 척도 (1점=전혀 그렇지 않다; 4점=보통 그렇다; 7점=매우 그렇다)를 활용하여 자신이 기록한 긍정적 사건을 경험하는 동안 생각하거나 했던 일들에 대하여 답하였다(실제 척도의 사본은 부록 D에 제시하였으며, 구체적인 채점 절차는 부록 E를 참고하라.). 위 표는 향유방식 체크리스트의 하위척도별로 내적합치도 계수인 Cronbach's α를 보여 주고 있다. 57~60번의 세 문항은 채점하지 않으며, 하위척도에도 포함되지 않는다. 마지막 61번의 빈 칸은 응답자들이 체크리스트에 추가하기를 원하는 새로운 향유반응을 자유롭게 적고 채점해 보도록 하였다.

이러한 이유에서 자신의 전반적인 경험에 대한 사람들의 이야기는 그것이 향유경험에 대한 질문에 응답한 것이든 자서전적인 저술 형태에서 나타난 자발적인 자기 보고이든지 우리의 연구에서 특별한 관심의 대상이 된다. 이러한 진술은 우리 자신의 경험에 대한 있는 그대로의 보고를 포함하며, 이와 같은 질적 자료들(우리는 주저 없이 이러한 자기 보고를 자료로 취급한다.)은 우리가 이 책에서 다루고 있는 개념적인 문제들을 뒷받침해 주는 증거로써 중요하다.

그럼에도 불구하고 향유와 관련된 차원과 향유과정에 대한 정교한 분석은 양적 자료를 사용할 때 더 잘 다룰 수 있다. 이 목표를 위해 우리는 표준화된 통계 분석 방법을 따르는 다수의 양적 평가를 통해 도출된 결과를 사용하고 있다. 본 장의 두 번째 부분에서는 Fred가 개발한 측정도구 세 가지를 간략히 소개했는데, 5항목의 지각된 긍정결과 향유능력 척도(PASPO; Bryant, 1989), 24항목의 항유신념 척도(SBI; Bryant, 2003), 60항목의 향유방식 체크리스트(WOSC)가 그것이다. 이들 세 가지 평가 도구를 통해 도출된 양적 지표는 추가적인 질적 자료들과 함께 향유과정에 대한 우리의 많은 주장들의 기초가 되는 경험적 증거를 제공해 주고 있다.

이제 우리는 이들 다양한 측정도구를 하나의 통일된 가설 체계 안에 개념적으로 통합하면서 이 장을 마무리하고자 한다. 처음의 두 가지 도구, 즉 지각된 긍정결과 향유능력 척도와 향유신념 척도는 모두 긍정적 경험에 대한 지각된 향유능력이란 동일한 특성을 반영해 준다. 〈표 2-2〉의 영역 II에 따르면 지각된 긍정결과 향유능력 척도의 점수는 전반적으로 현재를 향유하는 능력에 대한 신념과 가장 밀접하게 관련이 있으며, 기대와 회상을 통한 향유와도 정적인 상관을 지닌다는 것을 보여 주고 있다. 이에 지각된 긍정결과 향유능력 척도는 지각된 향유능력 전반에 대해 간략하고 신뢰할 만한 지표를 제공해 준다고 볼 수 있다(Bryant, 1989; Wood, Heimpel, & Michela, 2003). 한편 향유신념 척도는 전체 총점뿐만 아니라 세 가지 시점에 따른 지각된 향유능력에 대해서도 신뢰로운 측정치를 제공하고 있다(Bryant, 2003).

이들 세 가지 측정도구 모두는 아래와 같은 네 가지 가정에 기초하고 있다.

- 사람들은 독특한 방식(향유방식 체크리스트에 반영된 바와 같이)으로 긍정적인 경험을 향유한다.
- 사람들의 독특한 향유방식은 긍정적인 사건에서 느끼는 긍정 정서의 수준에 영향을 미친다(보고된 즐거움에서 보여지는 바와 같다.).
- 사람들은 자신이 긍정적인 경험을 실제로 얼마나 잘 향유할 수 있는지 알고 있다.
- 사람들은 자신의 개인적인 향유능력을 평가할 수 있다(지각된 긍정결과 향유능력 척도 및 향유신념 척도에서 반영된 바와 같다.).

향유신념을 측정하는 척도와는 대조적으로 향유방식 체크리스트는 긍정적인 사건에 대한 반응으로 나타나는 특정한 사고와 행동을 평가한다. 이러한 반응들이 즐거움에 영향을 줄 수 있기 때문에 사람들의 향유신념뿐만 아니라 실제 향유능력과도 관련될 것으로 여겨지며 4장에서 우리는 이 가설을 경험적으로 검증하고자 한다. 향유방식 체크리스트는 기대나 회상을 통한 것이 아닌 현재 순간을 향유하는 것에만 초점을 두고 있다는 사실에 주의하자. 기대하고 회상하는 방식들을 평가하는 체크리스트를 개발할 수도 있겠지만 우리는 현재를 즐기는 것이 향유의 본질이기 때문에 현재 순간을 향유하는 것에 주로 초점을 맞춰왔다. 그럼에도 불구하고 우리는 긍정적인 회상의 내용, 선행사건, 결과 및 방식을 평가하기 위한 구체적인 도구 역시 개발해왔으며(Bryant et al., 2005; Bryant, Yarnold, & Morgan, 1991), 기대방식 체크리스트(Ways of Anticipating Checklist:

WAC)에 대한 예비 연구도 완료하였다. 우리는 지각된 긍정결과 향유능력 척도(PASPO), 향유신념 척도(SBI), 향유방식 체크리스트(WOSC)가 긍정적인 경험을 향유하는 방식에 관한 연구에 관심을 지닌 연구자들에게 유용하기를 바란다.

CHAPTER *3*

향유의 설명모델을
향하여

🌱

스스로 행복하다고 생각하지 않는 행복한 사람은 없다.
Publilius Syrus(42 B.C./1856)

향유과정에 영향을 미치는 중요한 요인들은 어떤 것일까? 이 물음에 대한 대답은 향유 심리학의 핵심을 구성하게 된다. 우리가 이 장에서 논의할 내용은 대체로 이전에 다루지 않은 것들로서 향유 심리학을 구축하는 기초가 될 수 있지만 향유에 대한 통합적인 설명모델이라고 할 수는 없다. 우리는 현재 우리가 수행한 연구를 비롯하여 앞으로 소개될 다른 사람들의 연구를 포함해서 매우 제한된 실증적 자료만을 가지고 있기 때문에, 우리가 여기에서 주장하는 것은 초기단계의 설명으로 여겨져야 할 것이다. 그렇지만 이 장에서 제시될 내용은 우리가 향유에 관한 시도적인 실증적 연구와 더불어 동기 및 주관적 정신건강에 대한 연구에 근거하여 수년에 걸쳐 축적한 이해를 보여 준다. 앞으로 심리학자들은 향유과정에 관한 많은 것들을 밝혀내고, 대처 과정의 경우처럼, 통합적인 설명방식을 모색하기 위한 많은 연구를 수행해야 할 것이다. 우리가 소개하는 초기단계의 설명이 그러한 연구를 촉진하는 데 도움이 되기를 바란다.

우리는 향유 심리학에서 핵심적인 세 가지의 주요한 요인들에 대한 개념적 설명을 소개할 것이다. 그 세 가지는 (1) 향유를 촉발하는 조건들, (2) 긍정적 감정의 질과 강도에 영향을 미치는 요인들, (3) 긍정적 감정에 주의를 기울이는 것에 영향을 미치는 요인들이다. 이러한 세 가지 요인들이 완전히 독립적이지는 않으나, 이해를 돕기 위해서 한 번에 하나의 요인만을 소개하고 난 후에 이들이 서로 어떻게 연관되는지를 제시할 것이다. 여기에서 제시되는 내용이 추상적일 수 있기 때문에, 우리는 향유경험의 여러 가지 예와 더불어 앞 장에서 제시했던 향유경험에 관한 설명들을 구체적으로 소개할 것이다.

향유를 촉발하는 조건들

앞 장에서 언급했듯이 사람들이 향유하는 상황은 매우 다양하다. 대부분의 상황은 먹고 마시기, 사랑과 성생활, 자연 속에 머물기, 스포츠와 운동, 일과 여가생활, 예술문화생활, 독서와 같은 일반적인 범주들로 분류가 되지만, 하나의 범주로 분류해 넣기 어렵거나 매우 특이한 상황들도 적지 않다. 향유의 어떤 경험들은 자동적으로 발생하는 것으로 보이고, 반면 휴가나 외식과 같은 경험은 계획적인 것으로 여겨진다. 이처럼 다양하기 때문에, 향유를 촉발하는 조건을 규명하는 작업은 매우 어렵다. 이것은 마치 살면서 대처해야 하는 수많은 상황들을 몇몇 범주로 분류하려는 시도와 같다고 말할 수 있다.

그럼에도 불구하고, 즐거움에 주의를 기울이고 음미하며, 이로 인해 향유를 촉발하는 보편적 심리학적 기제가 존재한다는 사실에는 의심의 여지가 없다. 우리가 이미 1장에서 소개했듯이, 사회적 욕구와 존경 욕구, 특히 사회적 책임감을 일으키는 요구가 압도적이지 않을 때에라야 향유과정이 촉발된다고 설명한 바 있다. 그렇다면 사회적 욕구와 존경 욕구가 비교적 약하게 활성화되는 것이 향유의 필요조건이라 말하는 것은 논리적으로 타당할 것이다.

열띤 분위기의 직장 내 회의 장면을 상상해 보자. 그곳에서 한 사람(Archibald라 부르기로 하자.)이 새로운 사업정책과 관련해서 자신의 의견을 열심히 주장하고 있다. 이런 열띤 분위기의 회의석상에서, Archibald가 회의에 참석한 다른 누군가와 긍정적 경험을 향유하기에는 어려움이 있을 것이다. 반면 회의에 참석하고 있는 또 다른 사람은(Alice라 부르기로 하자.) 사업정책 논의에 깊이 관여되어 있지 않아서, 편안히 앉아 회의에 참석한 누군가와의 우정을 향유할 수 있을 것이다. 또한, Alice는 회의가 진행되는 방식의 전문성이나 자신의 연애 생활에 대한 공상을 향유할 수도 있다.

향유의 정의를 소개하면서, 우리는 향유가 지금-여기에 머물며 긍정적인 감정에 주의를 집중하는 과정이라는 점을 강조했었다. 이러한 개념적 요소를 고려해 보면, 향유의 촉발을 위해서는 그 대상에 대한 즉시성이 필요하며, 향유를 자동적으로 촉발할 만큼 강렬한 지각적-인지적 훑어보기가 요구됨을 의미한다. 갑작스레 시야에 들어온 아름다운 석양이나, 매혹적인 아리아의 아름다운 울림, 혹은 군침 돌게 하는 갓 구운 빵 냄새와 같은 직접적인 자극들은 필연적으로 어느 정도의 향유를 유발한다. 물론 자기 생각에 너무 몰입해서 이런 자극들을 눈치채지 못하는 경우도 있기는 하다. 이와 관련하여 Wordsworth는 1806년에 다음과 같은 글을 남겼다 (Goodman, 1990, p. 119).

우리는 너무나 세속에 찌들어 산다. 꼭두새벽부터 밤늦도록 벌고 쓰는 일에 있는 힘을 헛되이 탕진한다. 우리에게 주어진 자연도 보지 못하고, 심금마저 버렸으니 좋기도 하겠다.

앞서 언급했던 직장 내 회의 장면에서, 자신의 주장을 펼치던 Archibald를 다시 떠올려 보자. Alice가 Archibald의 발표 중에 끼어들어 매우 우스운 농담을 건넸다면 어땠을까? 사회적 욕구나 존경 욕구가 여전히 영향을 미치고 있는 상황이지만, 적어도 잠깐 동안은 Archibald도 그 농담에 주의를 기울여 Alice의 유머를 향유했으리라 상상해 볼 수 있을 것이다. Archibald는 회의와 관련해서 자신의 목표를 가지고 있었지만, Alice의 농담이 짧은 시간 동안 Archibald의 의식에 침투해 들어와 향유를 '요구' 했을 수 있는 것이다. 그와는 반대로, Archibald가 회의에 너무 열중하고 있어서, 유머가 끼어들 틈을 조금도 주지 못했을 상황도 고려해 볼 수 있다.

생생하고 즉각적인 감각경험이나 우스운 농담이 향유를 유발할 수 있음을 아는 것뿐만 아니라, 내적 혹은 외적 조건들로부터 언제 향유가 '촉발' 되는지 좀 더 살펴보아야만 한다. 그러나 우리는 이러한 조건들을 추상적인 용어로 표현할 수밖에 없는 상황이다. 향유를 방해하는 것이 없는 상태가 향유의 필요조건임은 분명하지만, 충분조건은 아니다. 그렇다면 향유를 방해할 다른 욕구가 없을 때, 그 무엇이 향유를 촉발하는 걸까?

현재의 경험을 향유하면서 타인 또한 그 경험에 대해 주의를 기울이도록 유도해 준 사람들을 모방하는 것이 향유를 촉발하는 강력한 힘이 될 수 있다. 무언가를 향유하면서도 그 즐거움을 공유할 수 있도록 타인을 이끌어 주었던 사람들을 우리는 쉽게 떠올릴 수 있다. 과거 우리가 알고 지냈던 훌륭한 선생님을 떠올려보자. 이처럼 재능 있는 교육자들은 열정을 전염시켜준다. 그 선생님들이 어떤 주제를 향유할 때 그 열정이 드러나고, 선생님의 직접적인 격려나 압력이 없이도 학생들이 매우 즐겁게 그 논제를 좀 더 이어갈 수 있도록 도와준다. 그러나 모방이 모든 형태의 향유 촉발에 개입할 필요는 없다. 좀 더 일반적인 어떤 요인이 관여될 것임에 틀림없다.

향유의 역동에 대한 배경적 이론의 이해

향유의 이론적 기초로서 우리가 제시한 내용들은 대체로 향유과정에 대한 구체적인 개념들을 포함하고 있다. 좀 더 이해를 돕기 위해 향유과정의 배경이론으로서 몇 가지 이론적 조망을 추가로 제안하고자 한다. '현재 진행되고 있는 향유'의 역동적 과정을 이해하기 위해 최적-수준 이론을, '아직은 아니지만, 곧 진행될 향유'의 역동적 과정을 이해하기 위해 기대-가치 이론을 소개하려 한다. 먼저, 최적-수준 이론부터 살펴보도록 하자.

🍃 현재 진행 중인 향유과정을 이해하기 위한 최적-수준 이론

향유가 진행 중인 과정에서의 역동에 대한 개념적 이해를 돕기 위해, 우리는 자극 선호 이론을 앞 장에서 소개한 바 있다. 이는 기본적으로 각성과 관련된 개념이다. Berlyne(1960)에 따르면, 영아들은 보고 있던 자극과 지나치게 큰 차이가 나지 않는 새로운 시각 자극에 자동적으로 주의를 돌린다는 사실을 보여 주었다. 제시된 자극이 기존의 자극과 전혀 차이가 없으면 흥미를 느끼지 못하고, 지나치게 큰 차이가 나면 주의 기울이기를 꺼리게 된다. 달리 말하자면, 인간은 적정한 수준의 자극에 주의를 기울이려는 선천적인 선호와 동기를 갖고 있는 셈이다(Berlyne, 1966).

향유와 관련된 우리의 관심사와 연결해서 이야기하자면, 음미와 향유를 위해서는 적정한 수준 차이를 보이는 자극이 좀 더 적합하다고 말할 수 있다. 최적-수준 이론에 빗대어 보면, 우리는 적정하게 격차를 보이는 긍정적 자극에 주의를 기울이도록 동기화되며, 적정 수준차가 감지되면 그 자극에 계속 주의를 기울이고, 그 격차를 유지하는 한 그 자극을 향유하게 될 것이라고 가정하는 것이다.

우리는 긍정적 자극의 패턴에 익숙하게 되면, 그 자극에 대한 흥미를 잃고 다른 곳으로 주의를 돌리게 된다. 이는 향유의 감정적 경험이 쉽게 쇠약해질 수 있고, 시간이 흐름에 따라 어느 정도 물리게 된다는 설명이기도 하다. 처음에는 자극적이고, 맛있고, 묵상하기 좋았던 것이 결국 매력을 잃기 시작한다. 외부로부터의 방해 때문이 아니라 단순히 시간이 흐른 탓이다. 결국 우리 모두는 쾌감의 특별한 경험에 익숙해져서, 그 역동성이나 매력을 더 이상 경험하지 못하게 된다. 맛있는 후식의 첫 맛에는 무척이나 감격해하겠지만, 계속 먹다 보면 즐거움이 감소한다. 어떤 경우에는 후식의 맛이 지나쳐서 오히려 부담스럽게 느껴질지도 모른다.

수십 년 전, Helson(1964)에 의해 감각 반응에 대한 '적응 수준'이 소개되었다. 어떤 학자들(Brickman & Campbell, 1971; Brickman, Coates, & Janoff-Bulman, 1978)은 이 개념을 정서 반응에도 적용했다. 처음에는 귀에 거슬렸던 소리에 점차로 익숙해지는 것과 마찬가지로, 향유하던 자극에도 익숙해질 수 있다. 그렇게 되면, 처음에는 매우 즐거웠던 것도 단지 시간의 흐름에 따라 덜 즐겁게 느껴지게 된다.

우리는 즐거움을 주는 자극에 대한 적응 속도를, 관여한 감각 차원의 질과 수효와 연관된 다양한 요인들의 함수로 볼 수 있다. 향유되고 있는 경험이 비교적 단순한 미각경험이라면 향유는 그리 오래 가지 못할 것이다. 하지만 Fred가 산 정상에서 경험한 것처럼, 그 경험이 다수의 감각 및 인지 차원을 포함하여 복잡하다면, 적응이 일어나버리거나 향유가 쇠약해지기 전에 또 다른 차원들에게로 주의가 자동적으로 옮겨질 것이다.

만일 이 추론이 옳다면, 향유하고 있는 것을 유지하고 강화시키는 도구로서 다양한 인지적 또는 행동적 전략들이 사용될 수 있을 것이다.

하지만 자극(특히 복잡한 자극)에 대한 적응 수준을 평가하기 위해 필요한 특정 변수를 찾아내는 것은 결코 쉬운 일이 아니다. 또한 최적-수준 이론을 예측에 사용하기 위해 신중하게 판단하자면, 적정 수준차를 정의내리기조차 어렵다. 최적-수준 이론 체계가 직관적으로는 꽤 매력적이지만, 실증적인 후속 연구들을 거의 이끌어

내지 못했다. 따라서 우리는 이 이론을 발견법적인 도구로만 사용하려 한다. 왜냐하면 이 이론은, 긍정적 경험에 주의를 기울이도록 각성된 한 개인이 그 경험을 향유하기 시작하고 이를 지속시키는 이유와 방식에 대해 납득할 만한 설명을 해 줄 수 있기 때문이다. 우리는 좀 더 주목할 만한 개념적 틀이 나타날 때까지 최적-수준 이론을 이론적 기초로서 살펴보기로 한다.

🌱 기대-가치 이론과 향유의 선택

향유의 촉진과 억제에 대한 이론적 모델로서 최적-수준 이론을 사용하는 것이 다소 기계적이라는 느낌을 전해 주었을지도 모른다. 처음에 우리는, 자동적인 향유의 촉발과 소멸의 조건들을 기술하려고 했다. 따라서 우리의 생각은 기계론적인 오류를 담고 있었다. 사실 사람들은 의도적으로 향유하거나, 향유경험을 일으키는 의식적인 측면에 스스로 주의를 집중할 수 있다. 아쉽게도 우리는 이 과정을 이해하는 데 도움을 줄 만한, 의도나 의지와 관련된 적절한 심리학 이론을 모른다. Seligman(2002a)은 인간 '덕성'의 핵심적인 요소로서 의지라는 개념을 부활시켰다. 덕성은 포괄적인 긍정 심리학을 확립하기 위해 꼭 연구되어야 하는 주요한 변인이기도 한데, 특히 Seligman은 '덕성'이라는 이름을 가진 것이라면 무엇이든지 의도적으로 행해져야 한다고 지적했다.

우리는 또한 향유 활동의 기저에 존재하는 구성개념으로서 의지를 사용하려고 한다. 이어지는 절에서, 우리는 사람들이 향유경험을 조절하기 위해 내적 세계를 어떤 방식으로 조작하는지를 살펴보면서 의도나 의지 개념을 종종 사용할 것이다.

CHAPTER 3
향유의 설명모델을 향하여

우리는 2장에서 짧게 기술했던 기대-가치 이론으로부터, 선택 행동(향유를 포함하든 그렇지 않든)의 주요 요인들을 파악하는 데 도움이 될 내용들을 발견할 수 있었다. 기대-가치 이론은 동기에 대한 인지적 접근에 뿌리를 두며, 여러 개의 선택 사항들 중 하나를 선택하는 데 중요한 개인 내부의 심리적 힘에 관해 설명하고 있다. 이 이론은 이용할 수 있는 선택 사항들 가운데 실현 가능한 각 활동의 기대와 가치에 주로 초점을 맞춘다. 여기서 가치란 주어진 상황에서 특정한 활동을 수행할 때 갖는 목표를 의미한다. 이러한 목표는 유인가와 같은 상황적 용어나, 동기와 같은 기질적 용어로도 이해될 수 있다(참조: Veroff & Veroff, 1980). 기대는 주어진 상황에서 목표를 달성할 수 있다는 지각된 확률을 의미한다. 기대 역시 순수하게 상황적일 수도 있고, 성향적 수준에서의 낙관주의나 비관주의(Scheier & Carver, 1985, 1992), 혹은 특질적 희망(Snyder, 1994, 2002)과 같은 일반적인 기질적 특성에 기반할 수도 있다. 어떤 행동을 선택할 몇몇 경향성을 추려낼 수 있다면, 각 경향성의 강도는 동기, 유인가, 기대에 의해 결정된다. 개인이 처한 상황에서 가장 강한 경향성을 선택하거나 수행할 것이라는 점은 쉽게 추측가능하다. 이 선택은 경향성 위계의 최상위에 다른 경향성이 출현하기 전까지 지속된다.

　일상의 삶 속에서 선택할 수 있는 반응 경향성의 잠재적인 요소를 가늠하는 것은 매우 어려운 일이다. 결과적으로 말하자면, 이 기초적인 수준의 개념 모델은 연구 장면 내에서만 수행되었고, 열망이나 집착의 수준에 관한 연구 등의 단순한 연구실 실험에 주로 사용되어 왔다(Weiner, 1992).

　누군가 즐거움에 주의를 기울이기로(혹은 향유하기로) 결정하게 하는 것이 무엇 때문인지 이해하기 위해서는 다음 세 가지 정보를 알아야 한다. 첫째는 주의를 기울임으로써 얻는 유인가의 본질과 강도이고, 두 번째는 즐거움에 주의를 기울이려는 동기, 마지막 세 번째는 주의를 기울였을 때 성공적으로 향유경험을 얻게 될 것에 대한 기대다. 가능한 경향성이 발현될 강도를 결정하기 위해서는 이러한 요소들이 개입될 것이다. 어느 상황에서건 경향성 가운데 가장 강력한 것이 선택되고 발현될 것이다.

여러 가지 행동 경향성들은 향유에 대한 유인가와 동기 그리고 그 활동을 수행했을 때 성공적으로 향유경험을 얻게 될 것에 대한 기대에 의해 조절되며, 만일 그 순간에 어떤 경향성이 가장 강력하다면 선택될 가능성도 높아질 것이다. 이 관점은 개념적으로 상당히 복잡하기 때문에, 향유를 선택하는 과정의 이해를 돕는 배경 이론으로만 제안한다.

이제부터는 이러한 개념적인 배경 이론들 대신에, 향유의 심리학적 모델을 마련하는 데 도움이 되는, 좀 더 다루기 쉬운 이론적 구성 개념에 대해 살펴보려고 한다. 첫 번째는 향유과정 중에 경험되는 즐거움의 강도에 영향을 미치는 요인들이고, 두 번째는 경험되는 즐거움에 대한 주의 집중에 영향을 미치는 요인들이다.

경험된 즐거움의 강도에 영향을 미치는 요인들

향유할 때 경험되는 즐거움의 강도에 영향을 미치는 요인으로 다음 6가지를 살펴보기로 한다. 경험의 지속 기간, 스트레스 감소량, 경험의 복잡성, 주의 집중의 정도, 자기-감찰 균형의 정도, 경험이 사회적으로 연결되는 방식 등이 포함된다.

🔥 경험의 지속 기간

긍정적 경험이 오래 지속될수록 향유할 기회가 많아진다고 주장하기엔 다소 꺼려지는 부분이 있다. 하지만 향유에 관한 중요한 명제를 함축하고 있기에 이 견해를 다루어 보려 한다. 사람들은 향유할 때 자신이 시간의 흐름을 늦추고 있다고 느끼곤 한다. 달리 말해 경험을 연장시키고 있다고 느끼는 것이다. 사실 사람들은 긍정적인 경험을 좀 더 오래 지속시키려 애쓰며 거기에 머물러 있거나, 속도를 늦출 때 그 시간을 가장 잘 보내고 있다고 느낀다.

앞 장에서 Joe는 아이들과 릴레이 형식으로 이어 쓴 편지를 좀 더 충분히 음미할 수 있도록 천천히 읽으려 했음을 이야기했다. 그는 다른 일을 하느라 바쁘지 않을 때, 즉 편지 읽는 것을 즐기려고 따로 떼어둔 조용한 시간에 그 편지를 읽도록 노력했다. 향유는 이처럼 시간이 좀 더 천천히 흐르는 경험과 관련이 있는 것 같다. 몹시 서두를 때에도 긍정적 경험을 즐기는 것이 가능하긴 하지만, 이는 잠깐 동안일 뿐이다. 이런 경우 향유는 잘 일어나지 않는다. 스스로 알아차리며 향유하는 상태일 때, 어떻게 지각된 세계가 평소보다 천천히 흘러가는 느낌을 갖게 되는지에 대해서는 이미 언급했다. 이 상태로 들어가면 평소의 부주의하고 무관심한 태도로 세상을 지각할 때 보다 경험하고 있는 것에 더 깊이 빠져들어 세부사항에 민감해지고 좀 더 주의를 기울이게 된다.

따라서 속도를 늦추면 스스로에게 향유할 시간을 보다 많이 할애하게 된다. Simon과 Garfunkel은 1966년 히트송인 'Feel Groovy'에서, 아침을 더 오래 지속시키려면 속도를 늦추어 조금 느긋하게 움직이라고 권유했다. 이들은 삶의 속도를 늦추어서 즐거움을 느끼는 것과 동시에, 느린 듯하지만 강약과 리듬이 한데 어우러진 그런 느낌을 찾으라고 강조하기도 했다. 속도를 늦추는 삶이 감상하는 태도를 잘 키워나갈 수도 있다.

현대판 영화나 TV 프로그램에서 주로 사용하는 멋있고 빠른 화면은 흥미롭긴 하지만 너무 빨라서 향유하기에는 시간이 부족한 경향이 있다. 영화의 화면 속도가 늦춰지게 될 때마다, 이미지들이 좀 더 친근하고 사랑스럽게 느껴지기도 한다. 물론 주어진 처리 속도에 익숙해지면, 마치 적정하게 격차를 보이던 자극이 적응 수준에 다다른 듯 지루함을 느낄 수도 있긴 하다.

가장 잘 향유하게 되는 처리 속도에 큰 개인차가 있음은 의심의 여지가 없다. 대표적인 예로 독서를 들어보자. 사람들은 모두 각자가 가장 편안하게 느끼는 속도로 책을 읽는다. 작가가 전달하는 바를 좀 더 깊이 즐기려고 문구나 문장을 다시 보기도 하고, 새로운 통찰을 얻고 보다 깊이 음미하려는 목적으로 특정한 단락을 다른 단락과 비교하기도 한다.

속도를 늦추는 것과 관련된 또 다른 예로 등산을 들 수 있다. 등산에서 얻는 기쁨의 상당 부분은 주변 환경과 자기 내부의 세세한 부분들을 의식할 수 있을 만큼 천천히 산에 오르면서 얻게 된다. 고지의 가파른 지형과 희박한 공기로 인해 등산객들은 평소보다 천천히 움직일 수밖에 없게 된다. 이렇게 느릿한 속도로 움직이게 되면 다른 때에는 놓치기 쉬운 사소한 주변 환경 요소들을 발견하게 된다. 희미하게 반짝이는 눈송이들이나, 작은 벌레들이 윙윙거리는 소리, 까마귀 우는 소리, 다람쥐가 찍찍거리는 소리, 고산성 야생화의 섬세한 향기, 멀리서 들려오는 바람 소리가 바로 그것들이다. 이런 기대치 않은 작은 요소들은 일상에서 벗어난 아름다움을 지니고

CHAPTER 3
향유의 설명모델을 향하여

있기 때문에 충분히 주의를 기울이면 강렬한 기쁨을 가져다준다. 더 높은 곳으로 천천히 기어오르다 보면 사고와 감정을 좀 더 분명하게 따져 보게 되기도 한다(Shulman, 1992).

그러나 향유하고자 속도를 늦추는 것이 그리 쉽지만은 않다. 기존의 삶의 속도에서 벗어나지 못해서, 의도적으로 즐기려 계획했던 순간조차도 잠깐 살펴보고 마는 경우가 많다. 예컨대, 여행객들은 다른 나라의 명지를 처음 여행할 때 짧은 기간 동안 가능한 많은 곳을 가보려 애쓰곤 한다. 여행객이라면 으레 그 장소에서 해야 하는 일을 하기 위해 이들은 한 곳도 충분히 음미하지 못한 채로 여행 책자에 있는 명소들을 찾아 이리저리 바쁘게 옮겨 다닌다. 이런 상황에서는 향유가 감소한다고 볼 수 있다. 만약 박물관이나 고성에서 일부러 좀 더 길게 머물거나, 시내가 바라보이는 곳에 좀 더 오래 앉아 있기로 한다면 그런 장소들을 향유할 가능성이 좀 더 높아질 것이다.

향유를 할 때, 비디오를 느린 속도로 재생해 보는 것처럼 의도적으로 활동 속도를 늦추면 세세한 요소들을 잘 발견할 수 있다. 향유의 기간이 좀 더 길어지고, 향유 시 주의 집중력이 높아질수록 향유가 보다 강력하게 경험되는 때가 종종 있다.

어떤 경험의 경우에는 본래 금세 사라지는 특성이 있어서 속도를 늦추려는 시도가 쓸모없을 때도 있다. 유성은 밤하늘을 가르고는 1초도 안 돼서 사라진다. 낯선 사람의 예상 못한 칭찬은 미처 눈치채기도 전에 끝나 버릴 수 있다. 라일락 언덕을 지나갈 때 만개한 라일락에서 흘러나오는 달콤한 향기에 익숙해짐에 따라 그 향기는 곧 의식에서 사라져 간다. 향을 유발했던 자극은 여전히 남아 있지만 처음처럼 강한 냄새로 지각되지는 않는 것이다. 어쩌면 강도가 높은 향유는 1분을 넘지 못할 것이다. 라일락 더미에 접근하는 도보객이 자극에 익숙해져서 향기에 대해 더 이상 흥미를 갖지 않게 된다는 것을 제안하기 위해, 최적-수준 이론의 원리를 다시 언급하려 한다. 냄새가 좋건 나쁘건 후각 작용의 많은 예의 경우, 지각하는 사람들은 그 냄새에 문자 그대로 익숙해지고 만다.

이에 비해 다른 감각 경험들은 그리 빠르게 끝나거나 사라지지 않기 때문에 좀 더 오래 지속될수록 많은 연상과 감정을 활성화시킬 수 있게 되고 경험의 새로운 측면을 더 많이 발견할 수 있게 된다. Snowmass Mountain의 정상에 다다랐을 때의 향유경험에 대해 Fred가 묘사한 내용을 다시 떠올려보자. Fred는 얼마나 산에 오르길 기대했는지를 기억하며(기대했던 것을 회상함), 현재 경험의 새롭거나 색다른 요소들에 주의를 기울이며, 또한 지금의 경험에 대해 다른 사람들에게 이야기하면서 얻을 기쁨에 관해 생각하면서(회상할 것에 대한 기대) 향유의 순간에 머물러 있었다.

다음으로는 향유된 경험의 지속 기간과 밀접한 관계를 맺는 복잡성 차원에 대해 논의해 보겠다. 경험이 복잡해지면 지속 기간이 더 길어질 수 있다. 그 결과 향유의 질에 영향을 미치게 되고, 어쩌면 향유의 강도에 영향을 미칠 수 있을지 모른다. 최적-수준 이론을 적용해보면 자극이 다양하고 복잡할수록 적정 수준차의 쇠퇴, 즉 그 경험에 대해 더 이상 주의를 기울이지 않게 되는 수준에 다다르기까지 보다 오랜 시간이 걸린다고 이해할 수 있다. 따라서 복잡성이 증가할수록 긍정적 경험의 지속 기간도 길어진다고 추측해 볼 수 있겠다.

그러나 한 번에 서로 다른 긍정적 경험들이 뒤섞여 있는 상황에선 충분히 향유하는 것이 부담이 될 수도 있다. 연구 결과에 따르면,

사람들은 두 가지 긍정적 사건을 섞는 것과 분리하는 것 중 하나를 선택해야 하는 상황에서 후자를 더 선호하는 경향이 있는데, 이것을 '향유-증진 효과'라고 부른다(Linville & Fischer, 1991). 서로 다른 두 개의 원고에 대한 합격 통보를 받는 것과 같이 두 개의 긍정적 사건이 동시에 일어나는 상황을 가정해 보자. 두 편지를 한 날에 받게 되면 뛸 듯이 기쁜 최고의 감격을 얻게 될 것이다. 반대로 두 편지가 서로 다른 날에 도착한다면, 각 편지로 인한 즐거움을 충분히 향유하고 한 번의 긍정적인 경험이 아닌 두 번으로 나뉜 긍정적 경험을 하게 되는 추가적인 이득을 얻게 된다(Linville & Fischer, 1991, p. 5). Linville과 Fischer(1991)는 다음 내용을 덧붙였다.

…… 사람들에겐 향유경험을 증진하는 제한된 능력이 있다. 이 능력은 동시다발적으로 일어나는 긍정적 사건들을 경험하는 과정에서 소모되며, 일정 시간이 지나면 자연스럽게 재생된다. 향유 증진 능력의 구성요소들로는 시간, 인지적 자원, 물리적인 에너지, 먹고 마시기 능력 등이 포함된다. 예컨대, 긍정 사건을 향유하기 위해서는 긍정 사건 자체만이 아니라 그 사건이 자신의 목표와 자기 평가에 대해 지니는 함의를 인지적으로 정교화하고, 사건을 머릿속에서 반복해서 재경험하며, 다른 이들의 반응에 대해 상상하고, 사건과 관련된 정서적 극치감을 향유하는 것과 같은 인지적 처리 과정들이 함께 고려되어야 한다. (pp. 9-10)

따라서 향유를 위해서는 주의 자원이 필요하다. 또한 향유할 때 사용할 수 있는 주의 자원은 한정되어 있기 때문에 어떤 방식이 보다 나은 결과를 가져다주는지를 따져 사건을 분리하거나 섞을지의 여부를 결정할 필요가 있다(Linville & Fischer, 1991). 경험의 지속 기간과 연결 지어 생각해 보면, 사람들은 향유할 때 주의 자원을 최대로 활용하려고 속도를 늦추거나 그 상황에 머물러 애쓴다고 볼 수 있을 것이다.

속도 늦추기를 달리 이해하기 위해서는 향유를 방해할 새로운 사건들을 경험하지 않으려고 의도적으로 노력할 수도 있음을 고려해야만 한다. 함께 식사를 하면서 대화를 즐기고 있는 두 부부는 의도적으로 전화를 받지 않을 것이다. 앞서 제안한 대로 향유는 상당 부분 인지적으로 통제할 수 있다. 향유경험에 주의를 집중하려고 다른 경험들에 대해서는 주의를 기울이지 않을 수 있는 것이다. 그렇게 되면 외부로부터 무언가가 의식에 침투해 들어오기 전까지 일정기간 동안 향유경험을 연장할 수 있게 된다. '독서삼매경'에 빠지게 되면 사람들은 평소에는 잘 알아차리던 자극을 감지하지 못할 정도로 독서와 독서로 인한 즐거움에 주의를 집중한다. 따라서 우리는 향유의 지속 기간이 사건에 의도적으로 부여하는 주의력의 함수라고 볼 수 있다.

말이 나온 김에 몰입(Csikszentmihalyi, 1975, 1990, 2002)과 향유의 차이점을 다시 한 번 살펴보자. Csikszentmihalyi에 따르면 몰입 상태에서는 시간이 매우 빠르게 흘러 놀라곤 한다. 즉, 자신의 역량을 확인하는 적정한 수준의 도전 과제를 수행하는 데 몰두하기 때문이다. 열심히 일에 몰두하는 정원사나 취미활동 전문가들의 모습에서 이 현상을 확인할 수 있다. 하지만 이 현상은 향유할 때 시간의 흐름이 느려지는 것을 의식하는 것과는 상당한 차이가 있다.

시간 경험에 있어서 이러한 차이 때문에 몰입과 향유는 공존하지 못하는 걸까? 어떤 면에서는 그렇다. 앞서 언급한 대로 몰입경험을 향유하기 시작하면 적어도 일시적으로는 몰입경험에 방해받게 될 가능성이 크다. 몰입은 향유에 비해 의식적이고 의도적인 통제의 영향을 덜 받긴 하지만 이 두 경험을 잘 연결 짓지 못할 이유는 없다. "재밌는 일을 하면 시간이 빨리 지나간다."고 말들 하지만, 재미를 느끼고 있음을 자각하게 되면, 즉 향유를 하게 되면, 시간이 빨리 지나간다는 느낌을 덜 받게 될 수 있다.

🍃 스트레스 감소

스트레스 받던 기간을 벗어나 스트레스가 최소화되거나, 사라지거나, 기억에서 잊히는 시점에 다다르면, 스트레스 감소로 발생한 긍정적인 경험을 향유하기에 매우 적절한 상태가 된다. 특히 스트레스를 받은 직후에 향유가 시작되면, 스트레스가 해소된 만큼 추가로 즐거움을 얻게 된다. 스트레스 후의 긍정적 경험이 특별히 큰 즐거움을 주는 것은 바로 이 때문이다. 간단한 예를 들어보면, 우리가 따뜻한 물로 샤워하면서 좀 더 음미하게 되는 상황은, 편안하게 시간을 보낸 후보다는 스트레스를 받고 난 직후다. 이 현상에는 생리학적인 기반의 설명이 가능하다. 일정 기간 동안의 스트레스로 인해 긴장된 근육 조직은 샤워하는 물의 따뜻한 기운이 피부에 스며들 때 강한 쾌감과 함께 이완되는 것이다. 별 무리 없이 하루 일을 마쳤을 때보다는 일하면서 스트레스 받고 기분 나쁜 일이 많았을 때, 이어지는 식사나 음주 상황에서 보다 잘 향유하게 될 것이다. 덧붙여 남성은 근심에 쌓여 있거나 두려움을 느끼는 상황에서 여성에게 더 큰 매력을 느끼게 된다고 한다(Dutton & Aron, 1974). 물론 항상 그런 것은 아닌데, 스트레스가 너무 지나쳐서 이를 자꾸 떠올리게 되면 아무리 긍정적인 자극이 주어진다 해도 쉽게 향유할 수 없는 경우도 있다.

스트레스가 없으면 향유가 일어나지 않는다고 제안하는 것은 아니다. 샤워하기, 식사 혹은 술을 마시는 것, 다른 사람들과 함께 어울리는 것은 그 자체로 쾌감을 줄 수 있으며, 이런 쾌감에 주의를 기울인다면 각각의 경험들을 향유할 수 있다. 우리가 말하고자 하는 바는, 향유가 스트레스 감소와 함께 발생한다면 그 정도가 더욱 강렬해질 수 있다는 점이다.

많은 경우, 남녀가 심한 말다툼 후에 나누는 성행위에서 높은 쾌감을 경험한다. 어떤 남녀는 다툼으로 인한 긴장감이 많이 남아 있어서 성적 반응이 공허하다고 느낄 수도 있다. 하지만 다툼으로 인한 긴장감을 잘 해소한 남녀의 경우, 성적 반응이 매우 만족스러울 것이다. 물론 성적 반응은 사랑을 주고받는 의미까지 포함하기에, 다툼이 끝난 후 상대방이 자신을 사랑한다는 사실을 재확인하는 데 더할 나위 없이 좋을 수 있다. 따라서 스트레스 해소와 더불어 쾌감을 주는 성행위를 갖는다면 특별한 쾌감과 함께 이를 향유할 수 있으리라 예상할 수 있다.

향유를 일으키는 기본 조건에 대해 정의하면서, 우리는 다른 사람으로부터 관심을 끌거나 인정을 받으려는 욕구로부터 자유로워져야 한다고 이야기했다. 이런 욕구들은 향유할 때 주의를 분산시키기 때문이다. 이것은 스트레스가 감소된 상태에서 향유하기가 더수월하다는 사실을 의미하기도 한다. Joe가 손님접대를 위해 준비한 맛있는 음식을 향유했던 예를 상기해 보자. Joe는 그 음식들을 손님에게 대접했을 때가 아니라, 다음 날 아내와 함께 남은 음식을 먹을 때 비로소 향유할 수 있었다. 손님들과의 점심 식사 동안에는 지나치게 사회적 긴장감을 느껴서 향유가 어려웠던 반면, 다음 날 그 긴장감이 사라지자 보다 쉽게 향유하게 된 것이다.

그렇다면 다른 조건들이 동일하게 유지되는 경우, 향유가 스트레스 감소 정도에 따른 함수라고 생각할 수 있을까? 분명 어느 정도의 스트레스 감소가 있었다면 대답은 '그렇다'이다. 하지만 스트레스가 완전하게 해소되지 않은 경우, 잔류 스트레스 사고들로 인해 주의가 분산될 수도 있다. 이런 사고들은 향유할 때 주의 집중을 방해한다. 이런 경우 '부분적인 향유'가 일어난다고 보아도 무방하다. 심한 스트레스의 해소가 미약한 스트레스의 해소보다 좀 더 향유를 증폭시키는지의 여부는 단정하기 어렵다. 우리가 아는 바로는, 이 질문을 다룬 경험적 연구가 없다.

몹시 해로운 상황과 그보다는 덜 해로운 상황에서 벗어났을 때, 가장 좋아하는 음식을 먹으면서 얻는 즐거움을 각각 비교하는 무선 할당 실험을 수행한다면 잠정적으로 유용한 정보를 얻게 될 것이다. 경험표집법(Larson & Csikszentmihalyi, 1983; 피조사자들에게 무선 호출기를 차고 다니게 한 뒤 호출기가 울릴 때마다 느낌이나 생각을 적도록 하는 방법-옮긴이)을 사용하거나, 구조화된 일기에 식사나 식사 직전에 한 일, 그리고 식사 전/중간/후의 스트레스 정도, 얼마나 음식을 향유했는지에 대해 기록하게 하면 더욱 흥미로울 것 같다. 이 실험 결과를 통해 스트레스 감소 정도와 향유와의 관계에 대한 우리의 가설을 검증할 수 있을 것이다.

스트레스를 받고 난 후나 고생을 한 후에 일어나는 긍정적 경험이 왜 향유에 도움이 되는지를 설명하는 데 유용한 또 다른 이론적 기제가 있다. 최적-수준 이론의 관점과는 다소 차이가 있는 이 이론은 쾌락 대조 이론(Brickman & Campbell, 1971)으로서, 개인의 쾌락 기저선으로부터 멀리 떨어진 자극일수록 더 강하게 경험된다는 내용을 담고 있다. 스트레스 기간이 길어지면 쾌락 기저선은 하강하고, 유쾌한 경험은 그만큼 더 유쾌하게 느껴지는 것이다. 힘든 고비를 넘긴 후에 경험하는 사소한 즐거움은 특별한 향유를 유발하게 된다. 아름다운 정원을 홀로 거니는 것, 편안한 의자에 앉아 커피를 마시는 것, 꽃잎에 앉아 볕을 쬐는 나비를 바라보는 것과 같은 소소한 즐거움들은 힘든 시기에는 잘 발견되지도 않는다. 하지만 스트레스가 사라지고 난 후, 우리는 이런 소소한 즐거움들이 상당한 긍정 정서를 가져다준다는 것을 알게 되어 향유할 수 있을 것이다. 따라서 쾌락 대조는 향유를 통해 얻는 즐거움을 증폭시킨다고 볼 수 있다. New England의 시인인 Anne Bradstreet가 1664년에 기록한 것(McElrath & Robb, 1981에서 인용)을 보면 다음과 같다. "겨울이 없었다면 봄이 그렇게 즐겁지는 않았을 것이다. 마찬가지로 우리가 인생의 쓴 맛을 보지 않았다면 인생의 순탄함이 그렇게 반갑지는 않았을 것이다."

즐거움의 강도에 대한 쾌락 기저선의 영향을 고려해 보면, 우리가 긍정적 경험을 최적화하기 위해 쾌락 기저선을 능동적으로 조절하는 법을 배우는 것이 유익하다고 말할 수 있다. 향유에 대한 이런 적극적인 접근법에 따르면, 긍정적 사건을 경험하기 전에 일을 매우 열심히 하거나, 금욕적인 생활을 하거나, 즐거움을 절제하여 쾌락 기저선을 의도적으로 낮추는 것을 권장한다(Brickman, 1978). 이러한 의도적인 쾌락 박탈은 이후의 긍정적 감정을 강화하며 긍정적 경험이 향유경험으로 자연스럽게 이어지게 한다.

CHAPTER 3
향유의 설명모델을 향하여

🌰 경험의 복잡성

복잡한 자극 상황일수록 보다 다양한 유인가들을 포함하기 쉽다. Snowmass Mountain 정상에서 Fred가 향유한 경험을 살펴보면, 다음과 같은 다양한 측면을 포함하는 매우 복잡한 경험이었음을 알 수 있다. 광대한 고산의 아름다운 정경을 바라보는 것, 작고 아름다운 야생화를 발견하여 향기를 맡는 것, 향유하는 순간을 포착하기 위해 사진을 찍는 것, 과거와 미래를 연결하는 것, 그 즐거운 순간이 곧 사라질 것에 대한 씁쓸함을 지각하는 것, 오랫동안 고대해 온 목표를 마침내 달성했음을 깨닫는 것, 경험과 감정을 다른 동료들과 나누는 것, 그 자리에 없는 사랑하는 사람들과 자신보다 거대한 존재와의 관계를 지각하는 것, 현재 누리고 있는 귀한 축복에 대해 감사 기도 드리는 것 등이 포함되어 있다. 이러한 향유의 다양한 측면들은 각각 나름대로의 긍정적 가치와 연결되어 있다.

좀 더 단순한 향유경험인 치즈 먹기를 대조해 보자. 예컨대, 눈을 감고 치즈의 맛으로 인해 느껴지는 긴장감이나 질감에 주의를 기울이는 상황을 생각해 보자. 이처럼 비교적 덜 복잡한 향유도 과거 관련된 경험이나 장소와 연결하거나, 가까운 친구들과 느낀 바를 나누거나, 치즈 종류나 원재료, 제조법 등을 맞춰보려 애쓰거나, 치즈가 만들어져 포장되고 배달되는 과정을 상상하며 놀라워하거나, 맛볼 수 있게 된 것에 대해 감사를 표현함으로써 새로운 측면들을 덧붙일 수 있다. 분명한 사실은 향유경험의 다양한 측면들을 발견하고 처리하는 경향성이나 능력에 개인차가 존재한다는 사실이다.

향유로 인해 생겨난 감정 강도가 향유에 관여된 차원의 수효나 복잡성과 직접적인 관련이 있다고 제안하고 싶지만, 그런 법칙이 실재하는지는 확실치 않다. 향유된 경험의 복잡성을 신뢰롭게 측정했다 해도 마찬가지다. 사람마다 경험에 대한 중요도를 서로 다르게 평정한다는 사실이 그 핵심적인 이유다. 초콜릿을 먹으면서 느끼는 단순한 즐거움은 어떤 사람에게는 하찮게 여겨질지 모르지만, 또 다른 누군가의 삶에서는 매우 중요할 수 있다. 초콜릿의 맛이 그 사람에게 특별한 쾌감을 주기 때문이거나, 초콜릿을 먹는 것과 연결된 유쾌한 맥락정보들이 많기 때문일 것이며, 혹은 둘 다 때문일 수도 있다. 그 사람은 쾌락과 관련된 많은 종류의 다른 자극들도 지각할 수 있지만, 이 사람에게 있어 초콜릿의 맛만큼 강하게 자신을 흥분시키는 자극은 없는 경우라고도 볼 수 있다.

만일 어떤 사람이 자신에게 즐거움을 주는 요소들 중 특별히 중요한 것을 하나 골라 두었다면, 적어도 그 사람의 쾌락 위계 내에서 향유경험의 복잡성과 강도 사이에 단순 상관관계를 살펴볼 수 있을 것이다. 예를 들어, 초콜릿을 무척 좋아하는 여성에게 다음 두 상황을 비교해 보길 요청했다고 가정해 보자. 첫 번째는 벽난로 불이 기분 좋게 타오르는 방안의 편안한 의자에 앉아 마음에 드는 음악을 들으며 초콜릿을 먹는 상황이다. 두 번째는 음악이나, 편안한 의자, 벽난로 불 없이 초콜릿을 먹는 상황이다. 이 두 상황을 비교해 보고 어떤 경우 좀 더 강하게 향유할 것 같은지를 묻는 것이다. 물론 이런 비교는 너무 단순해서 경험의 복잡성이 어떻게 향유의 강도와 관계 맺는지에 대한 일반적인 답을 내리는 데 유의미한 통찰을 주지 못할 수도 있다.

'향유경험의 복잡성'은 세 가지 다른 의미를 갖는다. 그 첫 번째는 가장 직접적인 의미로, '동시에 향유되는 서로 다른 지각 요소들의 수효'를 말한다. 방금 전 제시했던 예에서 살펴보면, 별다른 지각 요소 없이 초콜릿만 먹는 상황과 불이 피워진 상태에서 편안한 의자에 앉아 음악을 들으며 초콜릿을 먹는 상황을 비교했을 때, 향유되는 지각 요소의 수효 측면에서 볼 때 두 상황은 서로 대조를 이룬다. 실제 향유경험에서는, 동시에 이런 요소들에 주의를 기울이거나, 전체 경험이 하나의 전체로 지각되는 한도 내에서 순차적으로 주의를 기울일 수 있다. 하지만 많은 수의 긍정적 자극들을 모두 한 번에 향유하려고 주의 자원을 지나치게 나누어 사용하면 어느 하나도 적정하게 향유하지 못할 수도 있게 된다(Linville & Fischer, 1991). 더군다나 향유할 시간에 제한이 있어서 주의를 기울일 것과 무시할 것을 선택해야 한다면, 복잡한 상황 속에서 다수의 긍정적 요소들을 가진 것이 도리어 후회를 증가시키고 향유를 감소시킬 수 있다. 특히 작은 쾌락 경험에 만족하기보다 이를 최대화하려는 사람들에겐 더욱 그러하다(Schwartz, 2000; Schwartz, Ward, Monerosso, Lyubomirsky, White, et al., 2002).

복합감각의 향유, 혹은 상승작용의 향유라 일컫는 다소 복잡한 향유 개념은, 하나의 긍정적 경험 속에 포함된 둘 이상의 감각이 서로의 즐거움을 증폭시킬 때 발생한다. 발레나 뮤지컬을 향유할 때와 같이 음악을 듣는 동시에 춤도 구경하는 예를 살펴보자. 음악으로 인한 청각적 즐거움과 춤으로 인한 시각적 즐거움을 동시에 경험하면, 듣기만 하거나 보기만 할 때의 즐거움을 단순히 합한 것 이상으로 즐거움을 얻는다. 마찬가지로 어떤 외부대상은 자연의 보충물로서 함께 혼용되어 향유하게 되면 그 즐거움을 높일 수 있다. 예를 들어, 한 잔의 와인이 훌륭한 식사에 더해져서 그 즐거움을 배가시킨다(Linville & Fischer, 1991, p. 10). 아름다운 정원을 함께 거닐면

친한 친구와 보내는 시간이 더 즐거워질 수 있고, 친목을 위한 모임에서 좋은 음악을 연주하게 되면 파티가 더 즐거워질 수 있다.

'향유경험의 복잡성'이 갖는 두 번째 의미는, 향유하고 있는 즐거운 경험의 맥락 속에서 개인이 지니는 연상의 망이다. 기억, 기대, 타인과의 유대, 향유경험에 의해 자극받은 유쾌한 생각들이 모두 처음 자극을 넘어서서 경험의 속성을 확장시킬 수 있다. 이런 연상들은 빈약하고 단순할 수도 있지만 또한 풍성하고 복잡할 수도 있다. 때로는 극히 개인적일 수도 있고 문화에 의해 강화받기도 한다.

명절행사처럼 동일한 문화행사에 참여한 집단 전체에서 매우 감상적인 연상이 나타날 수 있다. 예를 들면, 추수감사절 저녁만찬에 모인 미국인들은 서로 공유하는 연상들을 보이게 되는데, 공통적인 의식이라든지, 세대와 세대를 연결하는 공통된 이미지, 또는 최초 이주자나 첫 추수감사절과 관련된 이야기를 즐기곤 한다. 추수감사절 파티에서 감사 기도를 드리는 것과 같은 향유과정 속에서, 참여한 사람들 대다수가 공통된 반응을 경험한다는 사실에는 의심의 여지가 없다. 따라서 긍정적 경험에 대한 반응으로 나타나는 특정한 연상은 문화적으로, 그리고 개인적으로 결정된다고 볼 수 있겠다.

'향유경험의 복잡성'이 갖는 세 번째 의미는, 관련된 서로 다른 향유과정의 수효와 그 유형을 가리킨다. 예컨대, 우리는 추수감사절 식탁에 앉아 맛있는 음식과 사랑하는 사람들과의 우정을 단순하고 직접적인 방식으로 즐길 수도 있지만, 식사를 준비한 것이나 모임에 관해 칭찬을 들어 생겨난 성취감에 뿌듯해할 수도 있을 것이며, 삶의 경이로움에 감탄할 수도 있고, 사랑하는 이들과 시간을 보낼 수 있음에 감사 기도를 드릴 수도 있고, 식사 후의 포만감으로 인한 신체적 쾌감에 심취할 수도 있을 것이다. 추수감사절 동안의 향유의 질은 얼마나 많은 서로 다른 향유과정들이 동시에 일어나는지에 달려 있는 셈이다. 마찬가지로 우리는 이미 Fred가 산 정상에서 향유할 때 자긍심을 갖는 과정과 감탄하는 과정, 감사하는 과정, 그리고 신체적 쾌감을 즐기는 과정이 모두 함께 일어나는 방식을 언급한 바 있다. 그러므로 산 정상에서 Fred가 향유한 과정은 단순한 미각의 향유과정에 비해 상대적으로 복잡한 것으로 여겨질 수 있다.

🍃 주의 집중의 정도

우리는 2장에서 향유의 본질에 관해 논의하면서, 단순한 즐거움과는 달리 사건이 일어나는 동안 감정적으로 반응하는 것에 그치지 않고, 인지적으로 주의를 기울일 수 있어야만 향유가 이루어진다고 설명했다. 실제로 우리가 자동적이고 충동적인 정서 반응에 주의를 기울이려면, 마치 그 감정이 나와 별개의 대상인 것처럼 여기고 주의를 기울여야 한다. 이번 절에서 우리는 긍정적 경험에 온전히 주의를 기울일수록 감정이 더욱 생생해져서 보다 쉽게 충분히 향유하고, 기억하고, 후에 처음의 느낌을 재경험할 수 있음을 제안하려고 한다. 왜 그럴까?

우선 두 개의 향유 장면을 비교해 보기로 하자. 첫 번째 사례는, 자각하며 주의를 집중하지 않아 향유가 거의 일어나지 않는 경우이다. 심한 눈보라가 치는 낯선 도시의 꽉 막힌 도로 위를 렌터카로 운전하면서 라디오를 켰다고 상상해 보자. 당신은 곧 무명가수의 신곡이 시작되는 것을 듣는다. 하지만 이내 교통신호가 복잡해지고 미끄러운 고속도로의 각 노선이 서로 다른 방향으로의 출구로 이어지게 되자, 당신은 익숙하지 않은 이 렌터카 운전에 주의를 집중하게 된다. 이렇듯 운전에 모든 주의를 기울이자, 당신은 라디오에서 흘러나오는 목소리와 노랫소리를 거의 인식하지 못하게 된다. 하지만 이따금씩은 듣기 좋은 노랫가락이나, 흡인력 있는 리듬, 목소리의 음색을 인식하고, 짧은 순간 동안 노래에 주의를 기울여 음미한다. 이렇게 노래를 듣는 동안 당신은 순간적으로 향유했다고 말할 수도 있을 것이다. 그것이 아니라면, 당신은 자각하는 향유를 하지 못하고 단순하게 귀에 울리는 듣기 좋은 소리를 흘려들은 것일 뿐이다.

운전에 고도로 집중하는 동안에는 향유하기가 쉽지 않기 때문에, 노래를 들으며 느낀 즐거움에 잠깐 동안 자각하며 주의를 기울였다고 하더라도 그 향유는 오래 가지 않는다. 당신이 느끼는 감정을 잘 집중해서 자각하고 있지 못함을 알 수 있다. 왜냐하면 운전하는 데 주의 자원이 대부분 필요해서 다른 곳으로 주의가 분산되는 것을 막기 때문이다. 그럼에도 불구하고 간헐적으로는 그 새로운 노래로 인한 즐거움에 주의를 기울였다고 볼 수 있지만, 운전하면서 노래를 향유하는 것은 주의 집중 수준이 매우 낮기 때문에 즉각적인 감각 경험과 거의 다르지 않다.

조금 다른 음악 감상 경험을 첫 번째 사례와 비교해 보자. PBS 방송에서 나오는 Leonard Bernstein에 대한 영상물을 보고 있는 장면을 상상해 보라. 방송의 끝 무렵 베를린 장벽이 무너지려 하던 곳에서 베토벤의 9번 교향곡 마지막 부분을 지휘하는 Bernstein에게 카메라의 초점이 모아져 있다. 열정적으로 팔을 휘두르며 지휘하는 Bernstein을 향하던 카메라가 가수들에게로 움직였다가 다시 오케스트라에게로 움직인다. 그다음에는 벽 양쪽에 있던 청중들을 비추고 다시 오케스트라와 합창단과 함께 있는 Bernstein에게로 향한다. 그 공연은 당신의 주의를 사로잡아 운전하면서 잠깐씩 향유했던 불연속적인 감각자극의 조각들에 비해 좀 더 분명하게 집중하여 향유하게 된다. 위험한 도로 상황에서 낯선 도시를 익숙하지 않은 차로 운전하고 있지도 않고, 그저 음악을 향유하는 것에만 주의 자원을 전적으로 쓸 수 있기 때문이다.

이 두 번째 예시는 상당히 복잡한 경험인데다가 쉽게 주의를 유지할 수 있는 경험이어서 좀 더 길게 향유하는 데 도움이 된다. 실제로 친구와 함께 식사를 하면서 Bernstein에 관한 PBS 방송을 보고 와인도 한잔 같이 하면서 시청 소감을 나누려는 목적으로 몇 시간을 따로 떼어둘 수도 있다. 어떤 경우에서든 비교된 두 음악 감상 경험에서 나타난 향유는 서로 큰 차이를 보인다.

두 가지 음악 감상 경험에서 모두 향유가 이루어졌다고 할지라도, 자동차의 라디오에서 나오는 음악의 경우 운전하느라 주의의 대부분이 다른 곳으로 분산되었기 때문에 PBS 영상물과 비교해 향유하기에는 덜 적합했으리라 여겨진다. 우리가 기술한 상황대로라면 대부분의 사람들은 PBS 영상물보다 자동차 라디오 음악에 주의를 기울이는 것이 더 어렵다고 여겼을 것이다. 향유할 때의 주의 집중 정도가 다르기 때문에 이러한 차이가 나타난다고 제안할 수 있다.

향유는 긍정적인 외부 자극(예를 들어, 아름다운 자연환경), 또는 내적 사고나 감정(예를 들어, 자신의 건강을 축복으로 인식하는 것)에 의해서 촉발될 수 있다. 우리는 5장에서 통합적 개념의 틀을 제안할 때, 주의를 외부로 돌리게 하는 힘은 '세계초점적' 향유를 유도하고, 주의를 내부로 돌리게 하는 힘은 '자기초점적' 향유를 유도한다고 주장할 것이다. 우리는 이 두 가지 서로 다른 주의의 초점(외부대 내부)이 질적으로 다른 향유경험을 유발한다고 제안한다. 세계초점, 혹은 자기초점 중 어느 하나가 주가 되는 향유가 가능하기는 하지만, 외부 자극이 주의를 완전히 사로잡게 되면 몰입 경험과 마찬가지로 향유경험 도중 긍정적인 감정을 인식하기 어려워질 것이며, 우리가 정의한 향유는 일어나지 못할 수도 있다. 긍정적인 자극과 그 자극으로 인한 긍정적 감정 사이를 오가며 주의를 전환하여 긍정적 경험을 향유하는 것이 보다 일반적이다. 어떤 경우에서든 주의의 대상에 상관없이 대상에 보다 분명하게 주의를 집중할수록 향유할 가능성은 더 높아질 것이다.

향유에서의 주의 집중을 개념화하는 방식에 초점을 맞추어, 앞서 언급한 명제를 살펴보고자 한다. 즉, 주의를 집중하면 긍정적 자극이 더 큰 정서적 힘을 갖게 되고, 이런 자극이 유발한 감정에 대한 접근성이 높아지고, 회상이 용이해지며, 신뢰할 만한 회상 경로를 수립하여 후에 긍정적 경험을 재경험하기 쉽게 해 준다. 우리는 주의를 집중하면 긍정적 경험을 보다 분명하게 구별하고, 생생하게 경험하며, 보다 수월하게 충분히 향유할 수 있음을 제안한다. 또한 집중된 주의력은 긍정적 경험을 향유할 때 가용한 주의 자원을 효율적으로 사용할 수 있게 도와준다(Linville & Fischer, 1991).

이에 덧붙여, 우리가 사랑이나 경외감과 같은 긍정적인 추상적 감정들을 구체적인 용어로 객관화하면 보다 쉽게 주의를 집중할 수 있다는 점을 지적하고 싶다. 좀 더 쉽게 주의를 집중할 수 있는 구체적이고 객관적인 판단기준이 있다면, 대상을 좀 더 잘 시각화하고, 듣고, 맛볼 수 있게 된다.

CHAPTER **3**
향유의 설명모델을 향하여

이 명제를 잘 활용하는 사람이 바로 시인이다. 시인은 감정 상태에 대한 내적 관념보다는 은유라는 구체적인 외부 이미지를 활용해서 사적 경험에 대한 감동적인 시를 쓰곤 한다. 기쁨이나 향유와 관련된 감정을 표현하는 데 사용할 만한 어휘들은 슬픔이나 대처와 관련된 감정을 표현하는 어휘들과 비교했을 때 생동감도 떨어지고 그 숫자도 적었다. 대상을 표현하는 심상과 단어, 그리고 세상이 움직이고 변화하는 방식을 활용해서 시인은 긍정적인 감정을 보다 세분화하고 명료화할 수 있다. Cummings가 지은 다음 시를 함께 보자(Firmage, 1979, p. 367에서 인용).

어딘가 내가 한 번도 가보지 못한,그러나 내 경험을 기꺼이
넘어서 갈 곳 어딘가,그대 눈은 그곳의 침묵을 담고 있습니다
그대 가장 섬세한 몸짓 안에 날 감싸 안는 것들,
혹은 너무 가까워 내가 만질 수 없는 것들이 있습니다

그대 가장 사소한 눈길도 언제나 날 쉽게 엽니다
내가 내 자신을 손가락처럼 닫아걸어도,
그대는 언제나(솜씨 있게,신비하게 날 만져)
제 꽃잎 하나하나를 엽니다. 마치 봄이 첫 장미 봉오리를 열듯

행여나 당신이 절 닫고자 한다면,나와
제 삶은 아주 아름답게,불현듯 닫힐 것입니다
이 꽃의 심장이
모든 곳에 사뿐히 내려앉는 하얀 눈을 상상하듯

이 세상에서 우리가 느끼게 될 어느 무엇도

그대의 강렬한 연약함의 힘만 같지 못합니다:그 결은

그 나라들의 빛으로 나를 몰아넣고

하나하나의 숨결에 죽음과 영원을 그려냅니다

(그대의 무엇이 닫히고 열리게 하는지

저는 알지 못합니다,내 안의 무엇인가가

그대 눈의 목소리가 모든 장미보다도 깊다는 것을 알 뿐입니다)

아무도,비조차도 그렇게 작은 손을 가지고 있지 않습니다

　　한 여인에 대한 사랑을 향유하는 과정 속에서, 꽃잎을 열었다 닫았다 하는 장미의 미묘한 은유와, 여인의 몸매에 대한 흠모를 표현하는 ‘비’와 같은 상징적인 은유로 담아내는 것을 보라. 작가가 시적 마법으로 엮어 놓은 외부의 지시물들을 통해서 간접적으로 감정이 살아 있음을 볼 수 있다. 우리가 시 속의 단어들을 읽는 것은 감정뿐만 아니라 사물에 대해서도 주의를 기울이게 하기 때문에, 그 경험에 좀 더 분명히 집중하게 해서 향유를 촉진한다.

　　또한 Cummings가 일인칭 대명사를 일반적인 방식인 대문자로 표기하지 않은 것과, 쉼표나(,), 콜론(:), 세미콜론(;), 괄호( ) 다음에 칸 띄우기를 생략한 것에 주목하라. 이것은 독자의 주의를 사로잡고 독자로 하여금 속도를 늦추어 시를 읽게 하려는 목적과, 평소 보다 좀 더 오래 단어나 문구를 숙고하게 하려는 목적을 갖는다. 이 재치 있는 문법적 장치가 주의 집중의 정도를 높여 시에 대한 향유를 강화한다. 앞서 언급한 것처럼, 이런 새로움은 마음챙김을 유발하고(Langer, 1989), 종국에는 향유를 촉진하게 된다.

🌿 균형적인 자기감찰

이제까지 우리는 긍정적 감정에 주의를 집중하는 것이 어떻게 향유를 강화하게 되는지에 대해 논의했다. 이제부터는 우리가 감정에 대해 지나치게 인지적으로 주의를 집중하게 되면 때때로 향유를 방해받을 수 있다는 점을 지적하려고 한다. 실제로 지나치게 내면으로 향하는 내향적 주의는 긍정적 경험의 주관적 질을 떨어뜨린다는 증거가 있다.

Stravinsky의 '봄의 성찬식'이라는 곡을 듣는 서로 다른 세 가지 상황을 상상해 보자. 첫 번째 상황은 단순히 그냥 듣기만 하는 것이고, 두 번째는 음악을 들으면서 가능한 행복감을 느끼도록 애쓰는 것이다. 마지막 세 번째는 음악을 들으면서 측정 도구를 이용해서 매 순간의 행복 수준을 평정하는 것이다. 어떤 상황에서 음악을 가장 잘 즐기겠는가?

Schooler 등(2003)의 실험 연구에 따르면, 정답은 첫 번째 상황이다. 이들은 즐거움에 대한 사후 측정 결과를 분석하면서 행복감을 느끼려 애쓰도록 지시한 참가자들이나, 행복 수준을 실시간으로 측정하도록 지시한 참가자들보다 단순히 음악만 들은 참가자들이 음악을 더 즐겼다는 사실을 발견했다. 마찬가지로 우스운 만화를 보는 동안 자신이 웃는 것에 신중하게 주의를 기울이도록 요청받은 참가자들은 만화가 덜 재미있었다고 보고했다(Cupchick & Leventhal, 1974). 단순히 긍정적 감정을 경험하는 것과는 반대로 감정을 평가하는 데 지나치게 주의를 기울이는 것은 감정적 경험을 중단시켜서 향유를 멈추게 할 수도 있는 것이다.

긍정적인 경험을 할 때 나타나는 반응이나 정서를 지나치게 감찰하는 것은 그 순간의 즐거움을 약화시키는 것이 분명하다. John Stuart Mill은 1873년에 이렇게 말했다. "행복한지 그렇지 않은지를 스스로에게 물어보라. 그 순간 행복은 멈추게 된다." 하지만 즐거움을 인식할 필요는 있다. 그렇지 않다면, 우리가 정의 내린 향유는 존재할 수 없기 때문이다. Samuel Johnson(1752/1999)이 1750년에 주장한 것처럼, "자신이 행복을 즐기고 있다고 생각하지 않으면서 행복을 즐길 수 있는 사람은 없다."

　　Wilson과 Lindsey, Schooler(2000)의 추가적인 연구에 따르면, 매우 **빠르게**(예를 들면, 3초 정도) 쾌락 수준을 판단하도록 했을 때, 내적 감정에 접근하는 능력을 유지하면서도 전반적인 즐거움을 약화시키지 않는다는 사실을 보여 주고 있다. 게다가 Schooler 등(2003)은 긍정적 경험을 하고 있는 동안 참가자들 자신의 얼굴을 거울에 비춰 보게 하면, 자신의 본능적인 쾌락 반응을 관찰하고 경험하는 기회를 얻어 더 즐거워한다는 사실을 발견했다. 긍정적 경험에 대한 과도한 감찰을 피하도록 할 때, 스스로 충분하게 즐기고 있는지를 걱정하거나 지속적으로 평가하지 않으며, 현재 경험에 대한 마음챙김과 함께 주의 집중을 할 수 있음은 분명한 사실이다. 실제로 일관되게 행복감을 경험하는 사람들은 자신이 왜 그런 식으로 행동하고 느끼는지에 대해서 내성하는 경향이 적다(Lyubomirsky, Lepper, 1999; Veenhoven, 1988). 심지어는 행복한 기분이 자기초점적 주의를 감소시킨다는 연구 결과(Green, Sedikides, Saltzberg, Wood & Forzano, 2003)도 있다.

　　하지만 인지적 성찰이 즐거움을 강화해 줄 때가 있음 또한 의심의 여지가 없다. 앞서 언급했던 Richard Feynman의 예를 돌이켜 보자. 그는 자신의 향유경험을 풍부하게 하고 고무시키는 복잡한 지적 연상을 통해 꽃의 아름다움을 숙고했었다. 이상을 종합해 보면, 즐거움을 감소시키거나 중단하지 않으면서 긍정적 감정에 주의를 집중하고 인지적 판단을 내리는 방법이 분명히 있을 것이라 예상해 볼 수 있겠다(예를 들자면, 지속적인 자기감찰이 아닌 짧고 간헐적인 자기감찰의 사용을 들 수 있다.). 즉, 향유경험의 범위와 복잡성을 확장함으로써 경험을 증폭시키고 지속시키는 방안(참조: Fredrickson, 1998, 2001)이 있으리라 생각된다. 우리는 4장에서 향유과정의 다양한 유형에 대해 논의하면서 이 문제를 다시 다룰 것이다. 그리고 8장에서 향유경험을 강화하기 위해 사용할 수 있는 인지적, 행동적 전략들을 제안할 때 한 번 더 논의할 것이다.

🔥 사회적 연결: 상호작용적 결과들

우리는 2장에서 사회적 기반을 포함한 향유경험에 관한 여러 가지 쟁점들을 살펴보았다. Joe가 아이들과 함께 릴레이 형식으로 이어 쓴 편지에 대한 자신의 감정을 아내와 나누는 것이나, Fred가 가족들에 대해 회상한 것, 그리고 함께 산에 오른 동료들과 크게 기뻐하는 것과 같이 자신에게 중요한 사람들과 상호작용하는 것은 향유의 감정적 결과를 강화한다. 그런데 왜 그렇게 되는 것일까? 왜 다른 사람들의 반응이 향유경험의 일부가 될 때 더 강렬하게 향유할 수 있는 것일까?

'사회적 이해관계는 인간 생존에 매우 중요하다.'는 일반적 사실만으로는 설명이 부족해 보인다. 상호작용을 통해서 얻는 기쁨처럼, 인간의 상호 의존성을 강화하는 모든 것들이 본질적으로 생생한 즐거움을 가져다준다고 주장할 수 있을지도 모르겠다. 하지만 우리가 제안하려 하는 것은, 다른 사람들과 함께 있는 상황에서 어떤 경험을 향유하면 경험 속에 포함된 유대를 통해 특별히 그들과의 관계를 강화한다는 사실이다. 이것은 극치 경험은 물론이고 일상 경험을 향유할 때에도 적용될 것이다. 이 제안이 사실이라면, 향유할 때 사회적 유대가 있으면 없을 때에 비해 향후 안녕감에 더 긍정적인 영향을 미친다고 볼 수 있다. 미처 의식하지 못할 수도 있겠지만, 이러한 결과는 사회적 향유가 특별히 의미 있게 여겨지고 강조되는 근본적인 이유가 된다. 어떤 이는 이렇게 말할지도 모른다. "함께 향유하는 사회적 관계는 더 오래 유지된다."

이처럼 집단 정체성의 중요한 부분인 전통을 향유하는 것이 개인에게 특별한 의미를 가질 수 있다. 예배 장소에서 다른 사람들과 성찬을 나누는 기쁨을 향유하는 것이나, 같은 생각을 가진 팬들과 스포츠 행사에 참여하는 즐거움을 향유하는 것, 가까운 친척들이나 먼 친척들과의 재회를 향유하는 것 등은 각 사건 자체가 개인에게 정체감을 부여하는 특성이 있어 더 큰 즐거움을 전해 주게 된다. 지역 퍼레이드를 구경하면서 얻는 즐거움 속에는 단지 그곳에 있음으로 인해 얻게 되는 시민으로서의 자긍심이 추가되기 마련이다.

누군가 낯선 사람이 향유하는 것과 같은 방식으로 내가 어떤 대상을 향유하고 있음을 발견하게 되면, 사람 사이의 유대감을 깊이 있게 만들어 주기도 한다. 이런 낯선 사람과의 유대를 보여 주는 한 예를, Frances Mayes가 토스카나에서의 향유하는 삶을 쓴 찬가 속에서 찾아볼 수 있다. 그녀가 토스카나에 있는 새로 수리한 집으로 운전해 가던 중, 지역 교회의 둥근 지붕에 뜬 무지개를 우연히 마주친 경험에 대해 『Under The Tuscan Sun』(1996)에서 다음과 같이 묘사하고 있다.

CHAPTER **3**
향유의 설명모델을 향하여

안개가 교회 주위를 가득 메우고 있으며, 교회의 둥근 지붕은 구름 위에 떠 있다. 서로 교차하는 다섯 개의 무지개가 지붕 주변에 아치를 이루며 구름 속으로 떨어진다. 난 거의 찻길을 벗어날 뻔 한다. 모든 사람이 나와 함께하길 바라면서 한 귀퉁이에 차를 세우고 밖으로 나온다. 장관이다. 지금이 중세였다면 난 이것을 기적이라 주장했을 게다. 다른 차가 서고, 근사한 사냥복을 차려입은 한 남자가 차에서 튀어나왔다. 아마도 그는 태양새를 사냥하는 포획자 중 하나였나 보다. 그 또한 놀란 듯이 보였다. 우린 둘 다 단지 바라보기만 했다. 구름이 변하면서 무지개도 하나씩 사라졌다. 이제 막 사라지기 위한 준비를 마친 지붕은 여전히 구름 위에 떠 있다. 난 그 사냥꾼에게 손을 흔들었다. 'Auguri' ['행운이 함께하길' 의미를 지닌 이탈리아어]라고 그가 응답했다. (pp. 218-219)

작가는 '자신이 사랑하는 모든 사람'과 함께 있기를 바랐을 뿐만 아니라, 단지 향유하는 순간을 함께했다는 이유만으로 한 낯선 사람과도 유대감을 경험했다. John Ray가 『English Proverb』(1970)에서 언급한 한 오래된 속담이 있다. "비극은 함께 나눌 사람들을 반긴다." 여기에 이런 문구를 추가할 수 있겠다. "기쁨도 마찬가지다." 기쁨을 홀로 누리고 있을 때의 향유과정 속에는, 그 순간을 다른 사람들과 함께 나누고픈 생각까지 포함될 수 있다. 프랑스 화가인 Samivel의 한 수채화에 대한 설명이 이 생각의 본질을 구체적으로 보여 준다. 그 그림 속에 그려진 한 고독한 남자는 산 노을을 응시하며 이렇게 생각한다. "누군가와 이 광경을 함께 봤다면 얼마나 아름다웠을까?"(Waterman, 2002, p. 23)

향유하는 순간을 함께 공유하는 것은 종종 강렬한 경험이 되곤한다. 함께 향유하게 될 때, 향유하는 것에 대한 서로의 주의를 유지할 수 있도록 도와주기 때문이다. 상호성을 통해 향유를 오래 지속시킨다고 볼 수 있다. 상대방이 즐거움을 계속 상기시킨 탓에 웃음을 멈추지 못한 경험을 모두 해 보았을 것이다. 이것은 일종의 상호작용을 의미하며 일종의 모방이라고 볼 수도 있다. 사실 우리는 모방이 어떻게 한 개인을 향유의 첫 과정으로 이끌어 가는지 살펴보았다. 훌륭하다고 존경받는 선생님들이 그런 실례를 보여 준다. 그런 모방의 과정을 통해 학생으로 하여금 자각과 함께 향유를 유지하도록 지속적으로 도와줄 수 있는 이유이기도 하다.

친한 사람들과 긍정적인 경험을 나눌 때와 달리, 우리가 낯선 사람들 가운데 홀로 있는 경우에는 다른 반응을 보일 수 있다. 이 경우, 동양 문화권에서 그렇듯이 사회적 규범에 따라 조용히 억누르면서 표정이나 행동표현을 자제할 수도 있다(Lindberg, 2004; Matsumoto, Kudoh, Scherer, & Wallbott, 1988; Mesquita & Karasawa, 2002). 반면에 친구들이나 사랑하는 이들과 함께 있을 때에는 그 감정을 그들과 나누면서 표정이나 행동으로 표현하기 쉬울 것이다. 이는 다른 이들과 좋은 시간을 함께 나누는 것이 향유경험의 질을 높일 수 있음을 시사한다. 이와 일관된 결과가 한 상관분석 데이터로부터 도출되었다. 방학 동안 다른 사람들과 함께 자신의 감정을 나눈 이들이 더 큰 즐거움을 경험했다고 보고했으며, 시험이나 보고서에서 좋은 점수를 받았을 때에도 그 감정을 함께 나눈 이들이 더 큰 즐거움을 경험했음을 보고했다(Bryant, 2003, 2004). 종단 연구에서도 살펴보면, 긍정적 감정을 다른 사람과 나누는 것이 긍정 정서의 효과를 높여 그 경험을 잘 이용하도록 돕는다고 보고하기도 했다(Gable, Reis, Impett, & Asher, 2004; Langston, 1994).

따라서 대규모 관찰 연구(Lowe, 2000)에서 자신의 삶을 구성하는 즐거움에 대해 보고한 응답자들이, 가족과 함께 누리는 즐거움이나 사랑, 그리고 성행위를 언급했던 결과가 놀랄 만한 일이 아니다. 이러한 친밀한 순간들은 사람들의 현재의 삶뿐만 아니라 사회적 세계로의 연결을 지속하는 데 매우 중요한 역할을 한다. 정체감을 부여하는 향유의 순간과 인간관계의 즐거움을 직접적으로 함께 보고하는 경우는 적었지만, 이러한 인간관계 속에서의 즐거움은 자주 언급되는 다른 기쁨들(남자의 경우 운동경기, 여자의 경우 교회활동)과 종종 간접적인 연관을 보여 주기도 했다.

경험된 즐거움에 대한 주의 집중에 영향을 미치는 요인들

🍃 다른 반응 행동의 경향성과 비교한 상대적인 강도

자극에 대한 반응 행동의 경향성 가운데 하나로서 향유를 설명하기 위해 기대-가치 이론을 살펴본 바 있다. 본 절에서는 이 관점을 조금 더 정교화하려고 한다. 우선 인간이 어떻게 결정을 내리는지에 대한 일반적 사례를 살펴보는 것으로부터 시작하려 한다. Atkinson과 Birch(1970)가 『행동의 역동』이란 책에서, 그리고 Veroff와 Veroff(1980)가 『사회적 유인가』라는 책에서 그랬던 것처럼, 우리도 다양한 반응 행동의 경향성을 가진 상태에서 선택의 기로에 놓인 한 사람을 살펴보기로 하자. 잠재된 반응 경향성들은 서로 발현되기 위해 경쟁하고 있으며, 그 사람은 그중 가장 강한 반응 경향성을 발현시키기로 선택할 것이다.

그 사람을 Fred라고 가정해 보자. 지금 이 순간에 그의 가장 강렬한 반응 경향성은 읽던 책을 읽고 향유하는 것이다. 남아 있는 다른 반응 경향성들은 그의 선택권 가운데 잠재되어 있으면서 독서를 향유하려는 경향성과 경쟁하게 된다. 이러한 경쟁 상황을 잘 생각해 보면, 경향성들 간의 경쟁의 정도가 선택된 경향성에 대해 기울일 수 있는 주의의 정도에 영향을 미칠 것이라 쉽게 예상해 볼 수 있다. 이때 선택된 경향성 가운데에는 향유가 포함되어 있을 수도 있고 그렇지 않을 수도 있다. 현재 Fred가 책을 읽고 향유하는 것을 반응 행동으로 선택한 상황인 경우, 그에게 있는 다른 반응 경향성들이 시간이 흐름에 따라 더 강렬해지거나, 아니면 독서의 경향성이 약화되거나, 혹은 두 가지가 모두 일어날 때 그의 향유경험은 방해받게 될 것이다.

그렇다면 어떤 다른 반응 경향성들이 강렬해질 수 있겠는가? 독서를 향유하는 동안 시간이 흐름에 따라 무언가를 먹거나, 이메일을 확인하거나, 잠을 자거나, 어떤 정해진 시간 내에 해야 할 다른 어떤 일을 하려는 경쟁 반응 경향성들이 강해질 수 있다. 게다가 또다른 새로운 반응 경향성들도 생겨날 수 있다. 예를 들어, 집에 혼자 있을 때 전화벨이 울린다면 전화를 받는 것이 새로운 반응 경향성이 될 수 있고, 천둥소리를 듣고 번개가 치는 것을 본다면 창문을 닫는 행동이 새로운 반응 경향성이 될 수 있다. 또한, 읽은 무언가가 부인을 떠올리게 했다면, 부인에게 말을 거는 것이 새로운 반응 경향성이 될 수 있는 것이다. 이에 더해 읽던 책이 지루해지면 책을 계속 읽으려는 반응 경향성은 점차로 약화될 것이다. 반면에 향유반응 경향성을 더욱 강하게 해 주는 새로운 무언가를 만나게 될 수도 있다. 이러한 모든 요인들이 Fred가 얼마나 쉽게, 그리고 깊이 있게 책에 주의를 집중하고 향유할 수 있는지에 영향을 미친다.

이러한 분석이 논리적으로 결함이 없는 것처럼 보이긴 하지만, 몇 개의 질문들이 남아 있다. 반응 경향성은 시간이 흐름에 따라 어떻게 강해지거나 약해지는 것인가? 새로운 반응 경향성이 생겨나는 것을 통제할 수도 있는가? 만일 통제가 가능하다면 언제 어떻게 통제하면 되는가? 다른 반응 경향성의 단서를 회피하게 될 수 있을 만큼 향유가 강해질 수도 있는가? 만일 그렇다면 어떤 조건 하에서 그런 일이 일어날 수 있는가? 우리는 이 모든 질문들에 대한 답을 가지고 있지는 않지만 몇 가지를 함께 살펴보고자 한다.

우리는 행동 경향성의 강도에 영향을 미치는 기대와 유인가가 시간의 흐름에 따라 그 자체로 강해지거나 약해질 수 있다고 말했다. 새로운 CD를 듣는 기쁨에 주의를 기울이다 보면 CD가 재생됨에 따라 좀 더 세세한 부분까지 듣게 되어 더 큰 기쁨을 얻게 될 수 있다. 이런 경우 CD를 들으며 향유하는 것의 유인가는 더욱 강해진다. 혹은 친구들과 모였을 때 그 교제로 인한 즐거움에 주의를 기울이면 그 친구들과의 교제 관계가 앞으로도 계속될 것이라는 확신을 갖게 될 수도 있다. 이런 경우 교제의 즐거움을 향유하는 것에 대한 기대가 증가하게 될 것이다. 이처럼 유인가나 기대가 증가하면 그것들이 영향을 미치는 경향성의 강도 또한 강해지게 된다. 마찬가지로 향유경험이 다른 경향성을 지지하는 유인가나 기대를 감소시켜서 결과적으로 그 강도를 약화시킬 수도 있다.

그렇다면 새로운 반응 경향성의 발생을 통제하고, 향유하고 있던 것에 대한 주의를 유지할 수도 있는가? 이것은 향유와 경쟁하는 다른 경향성들을 다가오지 못하도록 막거나, 향유하는 것에 새로운 요소들을 추가하려는 자발적인 의도와 관련한 문제라고 볼 수 있다. 같은 대상을 향유하고 있는 다른 사람들과 관계 맺는 것처럼 추가적인 향유과정들을 유발하여 현재의 향유를 좀 더 복잡하게 만들 수 있다. 우리는 이러한 기법들과 향유 전략들에 대해 4장에서 좀 더 논의할 것이다. 달리 말해, 사람들은 향유의 강도를 높이는 다양한 활동들에 개입할 수 있다는 것이다. 이 과정은 상당 부분 자발적일 수 있지만, 사람들이 특정한 향유방략을 자발적으로 채택한다는 사실을 항상 인식하고 있지도 않다. 사람들이 그러한 방략들을 인식하고만 있다면 그러한 방략들을 사용 못할 이유도 없다. 향유를 강화하는 방략들에 대해 다루는 마지막 8장에서, 우리는 향유의 질, 강도, 지속 시간을 높이기 위한 인지적, 행동적 방략들을 제안하고 그러한 방략들의 효과를 지지하는 연구 결과들을 제시할 것이다.

다른 반응 경향성들의 단서를 무시할 수 있을 만큼 현재의 향유가 강렬해질 수도 있는가? 이 질문은 끊임없이 책임을 회피하는 타락한 쾌락주의자의 이미지를 떠올리게 한다. 이것도 물론 가능하긴 하지만, 우리는 이런 분별없는 쾌락을 옹호하려는 것이 아니다. 이런 쾌락이 자신이나 혹은 다른 사람의 건강이나 안녕감을 해치는 것이라면 더욱 그러하다. 우리는 단지 향유의 지속 시간을 길게 유지하는 역동을 분석하고 있으며, 이 상태에서는 향유의 경향성이 상당히 강렬해서 다른 반응 경향성들을 활성화시키는 단서들이 유휴 상태에 머물게 된다.

예를 들자면 어떤 상황을 들 수 있겠는가? 우리는 이미 한 가지 상황에 대해 언급했다. 어떤 사람이 다른 사람과 하나의 사건을 함께 향유할 때에는, 혼자일 때와 다르게 그것으로 인한 즐거움이 강화되는 경향이 있다. 각 사람이 표현한 감정과 사고가 서로의 감정과 사고를 강화하는 자극이 될 수 있기 때문이다. 다른 사람과 함께 향유하게 되면 주의를 그것에만 집중하게 되어 필요한 것이나 하고 싶던 일을 쉽게 잊곤 한다. '시간 가는 줄 모르게 되는' 현상은 상호 작용적 향유에 가장 잘 들어맞을 것 같다.

🍃 마음챙김

Ellen Langer(1989)는 자신의 책 『마음챙김』에서 덜 의식적이고 좀 더 자동적인 인지적 특성으로서의 마음챙김과, 능동적인 사고와 새로운 조망에 대한 개방성을 특징으로 하는 마음챙김을 서로 대조한 바 있다. 우리는 긍정적인 경험이 향유되기 위해서는 어느 정도의 마음챙김이 반드시 포함되어야 한다고 가정했다. 그렇다면 어떤 상황이 능동적인 사고와 주의를 일관되게 이끌어 내는가? Langer는 경험적 연구 결과들을 통해서 마음챙김을 이끌어 내는 공통적인 상황 몇 가지를 제시하고 있다. 첫 번째는 자동적 사고가 감소하는 새로운 상황이고, 두 번째는 무언가를 해내기 위해 주의를 집중해야만 하는 고도의 노력이 요구되는 상황이다. 마지막 세 번째는 매우 불확실한 상황이다. 각각을 좀 더 자세하게 살펴보자.

새로운 상황들 Joe는 일부러 사진을 흑백으로 찍게 될 때 독특한 향유를 경험한다고 말한다. 사람들은 보통 눈을 통해 세상을 유채색으로 보기 때문에 흑백 렌즈로 세상을 보는 것은 시각장을 사로잡는 새로운 지각 경험이 될 수 있다. 이 새로운 지각 방식은 사람으로 하여금 평소에는 주의를 기울이지 않던 빛 패턴의 분포에 주의를 기울이게 한다. Joe는 세상을 이런 방식으로 볼 때 독특하게 몰입도가 높은 향유를 하게 된다고 말했다. 그것은 사진으로 담아 낼 때뿐만 아니라, 사진을 찍지 않을 때에도 자신을 둘러싼 세상을 경험함에 많은 향유의 순간을 제공해 주었다. 이 현상을 일반화해서 살펴보면, 즐거움을 경험하면서 미묘한 차이를 추구할 때, 경험을 구성하는 요소들의 새로운 측면, 혹은 새로운 감각 현상이나 연상들이 마음챙김의 상태를 일으킨다고 주장할 수 있을 것이다. 마음챙김 상태에서는 우리가 향유의 기저에 깔려 있다고 말한 역동을 인식할 수 있는 최적 자극의 상태가 될 수 있다. 어떤 면에서 이 전제는 우리가 앞서 언급한 내용, 즉 단순한 현상보다는 복잡한 현상에 주의를 기울일 때 향유에 도움이 될 수 있다는 주장에 대한 이론적 근거를 제공한다.

그러나 호기심 유발의 규칙에 따르면, 지나치게 새로운 연상이나 사고는 즐거움을 주기보다는 오히려 불안이나 고통을 일으킬 수 있으므로 유의해야 한다. 책이나 영화를 보다 보면 기괴한 무언가를 발견해 몹시 거슬리는 순간이 있게 마련인데 이런 요소들이 향유를 멈추게 할 수 있다. 또한, 동일한 효과를 갖는 독특한 연상을 자기 스스로 만들어 낼 수도 있다. 책 속에 작가가 담아 놓은 뜻밖의 내용이나, 영화 속에 감독이 담아 놓은 낯선 장면을 통제하는 것은 불가능하지만, 사건에 대한 기괴한 연상은 스스로 어느 정도 통제가 가능하다. 따라서 주의를 집중하거나 사고를 조절하는 데 어려움이 있는 사람들은 향유를 훼손하는 인지적 연상들을 자의적으로 회피함에 있어 상대적으로 불리하다. 실제로 부정적인 자동적 인지의 빈도는 낮은 수준의 행복과 높은 상관을 보인다(Bryant & Baxter, 1997).

노력이 요구되는 상황들 향유가 지금-여기에서의 즉각적인 경험임을 받아들인다면, 향유를 유지하기 위해 노력을 배가하는 것은 도움이 안 된다고 말할 수도 있다. 그러나 마음챙김하며 향유하기에서는 의식적인 노력이 유용한 경우가 있을 것이다. 사람들은 최대한의 노력을 발휘할 때 고도의 집중상태로 들어간다. 또한, 주의를 끌려 하는 다른 요구들을 거부하거나 억누름으로써 향유에 대한 훼방을 의도적으로 막아낼 수도 있다. 우리는 앞서 향유에 대한 주의를 유지하는 한 방법으로 탐구적인 사고방식을 언급했었다. Langer(1989)가 제안한 '노력이 요구되는' 상황에서 사람들이 채택하고자 하는 사고방식은 바로 그런 사고방식이다.

긍정적 순간을 향유하려고 노력하는 것의 결과는 그 노력을 기울이는 방식에 달려 있다. 앞서 언급한 것처럼, 즐거움의 수준을 지속적으로 평가하거나 가능한 한 행복감을 느끼려 애쓰는 과정이 실제로는 즐거움을 감소시킨다는 경험적 증거들이 있다(Schooler et al., 2003). 반면에 짧고 간헐적인 내성은 즐거움을 증폭시킬 수 있다. 특히 감정이 분명하고 강할 때 외부 자극에 주의를 집중하는 것이 강력한 주의집중 전략이 될 수 있다. 이 방법은 감정 경험의 흐름을 방해하는 인지적 간섭을 막아 주어 향유를 지속시키고 강화한다. 이보다 더 중요한 것은, 향유의 질을 높이려면 긍정적인 경험을 하는 동안 좀 더 마음챙김하며 알아차리기 위해 노력을 기울이는 것이 좋다는 사실이다.

이러한 관점은 불교나 유대교와 같이 오랜 역사를 가진 종교적 전통이 지닌 견해와 맥을 같이한다. 이러한 종교들은 현재에 머무는 것의 가치에 대해 나름의 방식으로 가르치고 있다. 불교 철학은 매 순간에 존재하는 무한한 가능성과 깊은 내적 평안과 지극한 행복감을 강조한다. 이 내적 평안과 행복감이란 경험을 충분히 인식하고, 가지지 못한 것에 대한 미련을 버림으로써 얻을 수 있으며(Levine, 2000), 지금 여기에 머묾으로써(Dass, 1971), 그리고 현재의 힘을 통제하여 사용함으로써 얻을 수 있다(Tolle, 1999). 유대교 전통 또한 이렇게 강조하고 있다. "사람이 먹고 마시며 수고하는 것보다 그의 마음을 더 기쁘게 하는 것은 없나니"(전도서 2:24, 개역 개정판). 한 곳으로 수렴하는 이런 관점들에서 볼 때, 현재의 경험을 마음챙김하며 주의를 유지할 때 깨달음을 얻게 된다는 사실을 알 수 있다.

반대로 좀 더 소유하려고 애쓰면서 행복을 추구하는 것은 역효과를 낼 수 있다. 실제로 물질적인 것을 좀 더 많이 소유하여 행복을 얻으려고만 하는 것은 자기 파괴적이라는 증거들이 많이 있다(Csikszentmihalyi, 1999; Easterbrook, 2003; Schooler et al., 2003). "사람들은 일정 수준의 부유함이 자신을 행복하게 해 줄 거라고 생각하면서 이에 도달하려 애쓴다. 하지만 그 수준에 도달하고 나면 이내 익숙해져서 좀 더 높은 수준의 수입이나, 재산, 건강 등을 열망하기 시작한다. …… 어떤 목표점에 도달하게 되면 곧바로 더 높은 수준의 새로운 목표점이 설정된다는 사실은 이미 여러 연구에서 확인되었다(Csikszentmihalyi, 1999, p. 823)." 실제로 사람들은 긍정적 경험이 지속될 때 그것이 주는 쾌감에 순응하게 되는 경향을 일관되게 과소평가한다(Gilbert, Pinel, Wilson, Blumberg, & Wheatley, 1998).

그렇지만 사람들이 행복한 감정을 경험할 때, 비록 의식하지는 않지만 그 기분을 유지하는 활동을 자동적으로 선택한다는 증거들도 있다. 예를 들어, 쾌락 수반 모형(HCM; Wegener & Petty, 1994)에서는 사람들이 행복한 기분을 느낄 때 그 기분을 유지하거나 고양

CHAPTER 3
향유의 설명모델을 향하여

시키기 위해 긍정적인 활동을 찾는 법을 학습한다고 가정한다. 하지만 상황적 맥락에 따라 기분이 좋을 당시 하던 일을 계속할 것인지 아니면 그만둘 것인지에 영향을 받게 된다(Martin, 2001). 예컨대, 긍정적인 기분을 경험하던 사람이 '성취 규칙'을 불러일으킨다면 긍정적인 정서를 과제 완수의 의미로서 받아들이고 이내 과제를 그만두게 될 것이다. 반대로 '유희 규칙'을 활성화한다면 긍정적 기분이 과제 자체로 인한 즐거움을 반영한다는 생각에 좀 더 오래 그 과제를 수행하게 될 것이다(Handley, Lassiter, Nickell, & Herchenroeder, 2004; Martin, Ward, Achee, & Wyer, 1993). Handley 등(2004)은 쾌락 수반 모형을 좀 더 확장하여 다음과 같은 제안을 했다. 이 내용은 대체로 자신의 삶 속에서 행복해하며 살아가는 사람들을 위한 것들이다.

성취에 대한 요구가 없는 상황에서 긍정 정서의 경험은 자동적으로 유희의 법칙을 활성화시킨다. 일반적으로 행복한 사람은 자동적으로 활성화된 유희의 법칙으로 인해 기분을 지속시키는 과제에 자동적으로 착수하고 기분을 저해하는 과제는 멈추게 된다. (p. 112)

어쩌면 삶을 향유하는 방법을 잘 아는 사람들은 자연스레 활성화된 유희의 법칙에 따라 자신의 본능을 믿는 방법을 단순히 학습했는지도 모른다.

불확실한 상황들　불확실성에 대한 인식은 '인간의 가장 정교한 인지능력 중 하나'로 불려 왔다(Smith & Washburn, 2005, p. 19). Langer가 잠재적으로 불안을 유발하는 상황과 관련이 있는 마음챙김의 기초로서 불확실성의 개념을 소개하기는 했지만, 우리는 불확실성이 향유와 관련된 마음챙김도 강화한다고 믿는다. Wilson과 Centerbar, Kermer, Gilbert(2005)도 불확실성이 긍정적 경험을 좀 더 잘 알아차리게 해 주어 긍정적인 기분을 지속시킨다고 주장했다. 반면 우리가 불확실성을 제거하여 긍정적 사건임을 확인하려는 요량으로 인지적 처리를 하게 되면 즐거움이 감소할 수 있다. Wilson 등(2005)은 이를 가리켜 쾌락의 역설이라 불렀으며 다음과 같이 제안했다. "사람들은 긍정적 사건을 예측하여 쉽게 재경험하려는 목적으로 그 원인을 이해하려 하겠지만, 그것이 오히려 즐거움을 저해할 수 있다." (p. 5)

실제로 이 결과를 지지하는 실험 연구 결과들이 있다. Wilson 등(2005)이 수행한 두 개의 실험(Wilson et al., 2005, 실험 1B와 1C) 결과에 따르면, 누가 무슨 이유로 공짜 1달러를 준 것인지 몰랐을 때 더 오래 긍정적인 기분이 지속되었다. 세 번째 실험(Wilson et al., 2005, 실험 3)은 대학생들을 대상으로 한 온라인 인상 형성 과제에 관한 것이다. 이 실험에서 대학생들은 자신을 다른 사람들에게 소개하고, 다른 대학에 다니는 세 명의 낯선 이성 학생이 자신의 자기소개를 보고 '가장 사귀어 보고 싶은 친구'로 선택했다는 정보를 얻게 된다. 불확실성 수준에 상관없이 처음의 기분은 동일했지만, 자신을 선택한 낯선 이성 학생들이 누구인지 몰랐을 때 긍정적인 기분이 더 오래 지속되었다. 따라서 긍정적인 사건의 일부 사항에 대한 불확실성이 즐거움을 지속시킨다고 볼 수 있다.

그렇다면 긍정적인 사건을 충분히 이해하게 될 때 그 사건이 덜 즐거워지는 이유는 무엇인가? 이러한 효과가 향유에 대해 갖는 함의는 무엇인가? 이 문제와 관련하여 Wilson 등(2005)이 다음과 같이 언급했다.

사건에 대해 충분히 이해하게 되면 주의를 요했던 특별한 사건이 더 이상 사고의 중심에 놓이지 않게 되고, 강력한 반응을 일으키지도 않는 평범한 사건으로 바뀌어 정서적 강도가 감소된다. 순응이 일어나는 과정에는 적어도 두 가지의 기제가 있다. …… 첫 번째로, 미처 예상하지 못하여 주의를 사로잡던 사건이 이해할 법하고 예측 가능한 사건으로 바뀌게 되면 그 정서적 사건에 대한 인지적 접근성이 떨어지게 된다. 두 번째로, 만일 접근성이 일정하다면 예상 못했고 설명할 수도 없는 사건이 이미 기대하고 있었고 설명이 가능한 사건에 비해 더 강한 정서적 반응을 유발한다…… (p. 6)

따라서 긍정적인 사건에 대한 불확실성을 유지하는 것이 그 사건을 더욱 두드러지게 하고, 쉽게 주의를 사로잡아 마음챙김을 강화하고 향유를 촉진하게 될 것이라 추측해 볼 수 있다.

하지만 Wilson 등(2005)은 문제가 되는 사건을 긍정적인 사건으로 믿을 때에만 불확실성이 긍정적 기분을 지속시킨다고 강조한다. 달리 말해, 결과물 자체에 대한 불확실성 때문에 인지적 즐거움이 증가되지는 않는다는 말이다. 사실 불확실성이 결국 감소되리라는 사실을 알 때에만 즐거움을 준다(Loewenstein, 1994; Wilson et al., 2005).

Lowenstein(1994)은 호기심에 대한 문헌을 검토한 후, 사실 호기심은 혐오스러운 상태라고 결론내리기도 했다. 실제로 즐거움을 주는 것은 호기심이 아니라 호기심을 만족시키는 행동이라는 것이다. 이러한 추론에 따르면, 어떤 긍정적인 사건이 아직 설명되거나 완벽하게 이해되지 않아 불확실성을 내포할 경우, 이러한 불확실성이 결국에는 제거되리라는 믿음과 함께 할 때 가장 큰 즐거움을 주게 된다. Wilson 등(2005)은 다음과 같이 언급했다.

불확실성이 감소할 확률이 너무 낮으면 사람들은 호기심을 품지 않으려 할 것이다. 예컨대, 책의 마지막 장이 찢겨나간 소설을 읽으려는 미스터리 애호가는 거의 없다. 집사가 살인을 저지른 것인지, 아니면 배다른 형제가 저지른 것인지에 대한 호기심을 절대 만족시킬 수 없기 때문이다. (p. 19)

어떤 사건의 경험이 분명히 긍정적이고 결국에는 다 이해될 것이라 믿을 때 그 사건의 원인이나 의미 중 잘 모르는 부분이 향유를 강화할 가능성이 크다. 따라서 어떤 경우에는 놀라움의 기쁨을 인내하는 것이 긍정적인 사건에 대한 향유를 지속시키는 역할을 할 수 있다.

사람들이 향유할 때 흔히 고려하는 또 다른 불확실성은 그 사건을 다시 경험할 수 있을지에 대한 것이다. 다시 돌아올 수 없는 먼 장소를 방문하는 것과 같이 좀처럼 일어나지 않는 경험임을 인식하게 되면 그곳에 있게 된 영예로움에 주의를 기울이게 된다. 임종을 맞게 된 사랑하는 이를 방문하면, 그 사람에 대해 가장 감사한 것을 향유하게 된다. 매우 드문 재회나 좀처럼 보기 어려운 콘서트, 혹은 행성들의 천문학적 배치는 어렵지 않게 향유 기제를 유발하곤 한다. 앞으로 그런 사건들을 다시 경험하게 될지가 불확실하기 때문이다. 이러한 불확실성을 상기시킴으로써 그 사건을 향유할 때의 마음챙김을 강화할 수 있다. 따라서 즐겁고도 고통스러운 순간은 특히 향유에 적절하다고 볼 수도 있다. 우리는 이 견해를 곧 다시 다룰 것이다.

사진 촬영이 같은 방식으로 향유를 강화할 수도 있는가? 아름다운 경치나 사람들을 다시 만나지 못할 것이라 생각하기 때문에 사람들은 사진을 찍곤 한다. 혹은 기억할 만하거나 재미있는 행동을 하고 있는 아이들을 보는 그 경험을 잊지 않고자 사진을 찍기도 한다. 그들이 나중에 향유할 사진을 갖게 될 것은 분명하다. 하지만 사진 촬영이 특정한 긍정적 사건이 일어나고 있을 때의 향유를 강화하는가는 의문이다. 우리는 두 가지 견해를 가지고 있다. 사진을 찍는 행위는 향유하는 것에 좀 더 가깝게 주의를 기울이게 해 줄 수도 있지만, 그 순간에 동참하지 못하게 할 수도 있다. 어떤 면에서 그 사건은 처음과 달리 사진 속의 배경이 되어 버리고 만다. Joe는 결혼식과 같은 가족 행사의 사진사 역할을 요청받게 되면 그 행사에 가는 즐거움을 잃는다고 설명한다.

우리는 새로움, 노력, 불확실성이라는 마음챙김의 세 요인을 향유 강화에 활용할 수 있는가? 경험 속에서 새로움을 찾고, 경험을 일으키기 위해 들이는 노력에 주의를 기울이고, 긍정적 사건을 단번에 이해하고 싶은 욕구에 저항하거나 그 사건을 다시 경험할 수 있을지에 대한 불확실성을 상기시킨다면, 십중팔구 대답은 '그렇다'이다. 이러한 조건을 만족시키면 향유하고 있는 것에 대해 지속적으로 주의를 집중할 수 있게 되고, 향유에 대해 좀 더 마음챙김할 수 있게 된다. 우리는 이 방략을 8장에서 다시 다루게 된다.

🔥 성격 차이

적어도 두 개의 서로 다른 성격 특질이 향유에 대한 함의를 갖는다. 기질적인 마음챙김과 개인적인 시점 지향성이 그것이다.

마음챙김　우리는 상황적인 마음챙김과 더불어 마음챙김의 개인차에 대한 중요성 또한 고려해야만 한다. 어떤 사람은 향유할 것이든 꺼려해야 할 것이든 상관없이, 경험하는 것은 무엇이든 일관되게 주의를 기울인다(Bonder & Langer, 2001). 이들은 쉽게 내성하고 상황에 대한 심리적 분석을 쉽게 한다. 아마도 이따금씩 잘못 분석하기도 할 것이다. 이런 기질을 만들어 내는 것이 무엇이든 간에, 이러한 기질은 기쁨을 주는 경험을 만났을 때 마음챙김하며 지각할 수 있게 도와준다. 하지만 이런 성향은 삶의 책임이나 문제들과 같은 간섭 자극 또한 잘 알아차리게 한다. 따라서 성격적으로 마음챙김을 잘한다고 해서 반드시 뛰어난 향유능력을 보이게 되는 것은 아니다.

우리가 성격으로서의 마음챙김에 대해 이해하기 위한 또 하나의 접근법은, 마음챙김을 일으키는 상황에 처하길 특별히 좋아하거나, 아니면 적어도 회피하지 않는 사람들을 살펴보는 방법이다(Langer, 1989). 달리 말해, 다음과 같은 상황들을 선호하거나, 혹은 회피하는 일이 없는 사람들은 마음챙김을 유도하는 상황에 놓일 가능성이 커지는 것이다. 우선 첫 번째는 새로움을 포함하는 상황이며, 이런 상황을 선호하는 부류로는 감각추구 성향이 강한 사람들을 들 수 있다(Zuckerman, 1979). 두 번째 상황은 노력을 요하는 상황으로, 이런 상황을 선호하는 부류로 성취동기가 강한 사람들을 들

CHAPTER **3**
향유의 설명모델을 향하여

수 있다(McClelland, 1961). 마지막 세 번째 상황은 분명하지 않고 불확실한 상황이며, 이런 상황을 선호하는 부류로는 모호함을 잘 받아들이는 사람들을 예로 들 수 있겠다(Budner, 1962). 이러한 성격 특질들은 살면서 보다 많은 향유경험을 하도록 유도할 수 있다.

시점 지향성   진행 중인 긍정적인 경험에 주의를 기울이는 정도에 분명히 영향을 미치는 또 다른 성격적 특징은 그들의 일반적인 시점 지향성이다. Zimbardo와 Boyd(1999)는 시점 지향의 개인차에 대해 논의하면서, 그 개인차가 감정, 인지, 행동의 변화와 관련되어 있음을 보고했다. 어떤 사람들은 일반적으로 삶에 대해 '지금–여기'를 중시하는 태도를 갖는다. 이러한 시점 지향성은 그 순간에 향유할 것들에 대해 주의를 돌리게 하는 경향이 있다. 반면, 어떤 사람들은 늘 자신이 하는 일의 향후 결과에 대해 계획하고 생각하느라 지금–여기에 주의를 기울이지 못해 충분하게 향유하지 못한다. 이들은 경험하고 있는 것에 대해 짧게만 주의를 기울이고 다른 해야 할 일들이나 앞으로 일어날 일들에 대해 걱정하는 사람들이다. 이런 종류의 미래지향적 태도는 사업가나 사회계획 수립 담당자들에게나 필요한 것으로서 향유를 방해할 수도 있다. 단, 기대감을 가지고 계획하면서 미래의 꿈을 향유하는 것은 제외된다. 마지막으로 또 다른 부류의 사람들은 과거를 지향한다. 이들은 회상 과정에서 향유할 수도 있지만 현재 일어나고 있는 일에 주의를 기울일 기회를 자주 놓치곤 한다.

    시점 지향성에 영향을 미치는 개인차 요인으로 타입 A 행동패턴을 들 수 있다(Friedman & Rosenman, 1974; Friedman & Ulmer, 1985). 이처럼 서두르는 경향성과 강하게 몰아붙이는 경쟁심 때문에, 타입

A 행동패턴을 보이는 사람들은 '멈춰 서서 장미의 향기를 맡고' 일 상을 향유할 시간조차 갖기 어렵게 된다(Friedman & Ulmer, 1985). 청 년기에는 타입 A 행동패턴이 긍정적인 심리적 결과물들과 연관이 있지만(Bryant & Yarnold, 1990), 노년기에는 불만족스러움과 우울함 을 느끼기 쉽게 한다는 연구 결과(Strube, Berry, Goza, & Fenimore, 1985)가 있다. 따라서 타입 A 행동패턴을 보이는 사람들은 개인적 성취를 추구하며 마치 달리듯 삶을 사느라 결국에는 만족감을 얻는 데 실패할 수 있다. 실제로 Myers(1992)는 행복에 관한 문헌들을 살 펴본 후, "행복의 본질은 지금 이 순간에 주어진 선물을 향유하려고 멈춰 서는 것(p. 203)"이라고 결론지었다. 하지만 타입 A 행동패턴 을 보이는 사람들은 스트레스 받을 것에 대비해 느긋한 쉼을 미리 미리 찾는다는 연구 결과도 있다(Friedman & Ulmer, 1985). 무엇보다 분명한 것은, 긍정적인 순간이 전개되는 동안 시간을 들여 주의를 집중하지 않거나 혹은 집중할 수 없다면 향유가 어렵다는 사실이 다. 장미의 향을 맡으려면 멈춰 서야만 하는 셈이다.

개인이 처한 상황에 따라 시점 지향성이 달라질 수도 있다. 주 중에 일할 때보다는 휴가 중에 '지금-여기'의 사고방식을 쉽게 취 할 수 있다. 마찬가지로서 우리는 주말 동안에 향유하기가 좀 더 수 월하다. 실제로 일상의 기분에 관한 연구 문헌에 나타나는 공통적 인 발견에 따르면, 사람들의 기분이 주말 동안 신뢰할 만한 상승 곡 선을 보여 준다는 점이다(Watson, 2000). 주말에는 대부분의 사람들 이 즐거움에 주의를 기울일 여유를 스스로에게 허락하는 것으로 보 인다. 현재의 활동에 좀 더 생각을 집중하고 다가올 미래의 일들에 대해서는 조금 덜 집중함으로써 좀 더 배타적으로 현재를 지향하게 되는 셈이다.

164

CHAPTER 3
향유의 설명모델을 향하여

🍃 달곰씁쓸한 경험

향유를 유발하는 매우 강력한 경험의 한 유형은, 사람들이 일반적으로 '달곰씁쓸한 것'이라고 부르는 경험이다. 달곰씁쓸한 경험이란 본질상 즐거움을 주는 사건이지만, 그 사건을 경험할 때의 긍정적 결과가 이내 곧 사라지게 된다는 사실을 아는 경우를 말한다. 이러한 경험에는 다음 세 가지 유형이 있을 수 있다. 우선 첫 번째는 오랜 기간 동안 다시 일어나지 않을 경험으로서, 여름의 마지막 날이나 크리스마스 연휴가 이에 해당된다. 두 번째는 다시 일어날 수도 그렇지 않을 수도 있는 경험이며, 아이를 낳는 것이나 상을 받는 것이 이에 해당된다. 마지막 세 번째는 사는 동안 다시는 일어나지 않을 경험인데, 처녀성을 잃는 것이나 50주년 결혼기념일을 축하하는 것을 들 수 있다. 이 마지막 유형은 일생에 단 한 번 일어나는 경험이기에 가장 강력한 힘을 가질 수 있다.

이러한 달곰씁쓸한 순간은 행복과 슬픔으로 채색되어 있고, 현재의 즐거움과 임박한 손실 모두에 대해 분명히 인식하게 해 준다. 이런 분명한 인식은 우리가 앞서 논의한 일반적인 습관화나 순응과정을 넘어서서 이제 막 끝나려 하는 긍정적인 경험을 더 잘 음미하게 해 준다. 씁쓸함이 지각된 달콤함을 강화하고, 달콤함이 지각된 씁쓸함을 강화한 탓에 자연스럽게 쾌락 대조 효과를 만들어 내기 때문이다. 긍정적 경험이 곧 지나갈 것을 인식하게 되면 현재의 기회를 잡도록('carpe diem') 동기를 부여받고, 좀 더 그 순간을 즐기게 된다. 예컨대, 가족이나 가까운 친척들과 보내는 휴가의 마지막 밤이 곧 행복한 기억으로만 남게 되리란 사실을 인지하면 할수록, 우리는 그 시간을 특별히 더 기쁘게 향유할 수 있을 것이다. 영국의 수

필가인 Charles Lamb은 『Essays of Elia』(1823)에 수록한 수필 『만찬의 은혜』에서 다음과 같이 기록하고 있다. "추측하건대, 식사 전 은혜를 고백하는 관습은 세상이 만들어지고 얼마 되지 않은 시기, 즉 인간이 수렵을 주로 하던 시기에 그 기원을 두고 있을 것이다. 이 당시에는 식사를 언제 거르게 될지 알 수 없었기 때문에, 잘 차려진 식사는 아주 특별한 축복이었다." 당연한 것으로 받아들이지 않기 때문에, 우리가 달곰쌉쌀한 일을 소중히 여기게 되는 것이다.

달곰쌉쌀한 경험이 자동적으로 향유를 강화하는지의 여부는 아직 밝혀지지 않았지만, 경험의 일시성을 의도적으로 상기시켜서 즐거움을 강화하는 것은 분명 가능하다. 실제로 자기 수양과 관련된 책의 저자들에 따르면, 사람들이 삶의 축복을 보다 잘 인식하고 음미하도록 "하루하루를 인생의 마지막 날처럼 살라."고 권한다(참조: Lakein, 1974). 하지만, 긍정적인 감정 경험이 중단되는 것을 피하려면, 이런 인지적 숙고가 지나치지 않아야 함을 다시 한 번 강조해야 하겠다. 과도한 자기 평가가 즐거움을 저해할 수 있듯이, 달곰쌉쌀한 경험의 쌉쌀함을 반추하는 것은 그 경험의 달콤함에 대한 향유를 방해할 수도 있다(Wilson et al., 2000).

긍정적 사건이 끝날 때가 가까워짐에 따라 쌉쌀함의 강도도 증가하게 될 것이라고 쉽게 추측해 볼 수 있다. 연휴의 마지막 며칠 동안은 처음의 며칠보다 훨씬 강렬한 달곰쌉쌀함을 경험할 것이다. 마음을 사로잡던 책이 곧 끝난다는 것을 알게 되면 우리는 마지막 몇 페이지를 읽은 동안 처음 몇 페이지 때에 비해 더욱 강렬한 달곰쌉쌀함을 경험할 것이다. 좋은 일은 틀림없이 끝나게 된다는 사실을 대부분의 사람들이 이미 알고 있다. 하지만 달곰쌉쌀한 느낌은, 우리가 긍정적 경험이 끝나감을 인식할 때마다 자연스럽게 일어난다.

달곰쌉쌀한 느낌에 대한 인식이 향유를 촉진한다면, 사람들은 본래 경험의 처음 부분보다는 마지막 부분을 더 잘 향유할 수 있어야 할 것이다. 따라서 긍정적인 사건이 끝나갈 때, 우리는 그 순간이 금세 사라질 것에 대한 안타까움으로 그 사건을 좀 더 마음챙김하며 자각하고, 긍정적인 감정과 경험에 주의를 끌어 모으고, 현재에 머물며 마음챙김하여 주의를 유지함으로써 감정적 경험을 증폭시킬 수 있을 것이다. 또한 부정적인 것이 긍정적인 것으로 바뀔 때에도 동일한 효과를 볼 수 있는데, 사람들은 '항상 달콤한 것' 보다는 '쌉쌀한 것에서 달콤한 것으로 바뀌는 경험'에서 보다 큰 즐거움을 얻곤 한다(Aronson & Linder, 1965).

그럼에도 불구하고, 어떤 이들은 순간의 달콤함이 필연적으로 쌉쌀함으로 변한다는 사실이나, 혹은 기억의 달콤함이 쌉쌀한 뒷맛을 남기리란 사실을 수용하지 못하거나 수용하려 하지 않을 수도 있다. 그 결과 이들은 과거의 행복했던 시간을 돌아보는 것을 회피할 수 있다. 또한, 이들은 좋은 일이란 오래가지 않는다는 사실을 알기 때문에 그런 일을 기대하는 것에도 주저하게 된다(Brickman, 1978). 결국에는 쌉쌀해지리란 걸 알고 있다면, 달콤함을 기대하는 것이 어렵기도 하다. 또한, 피할 수 없는 쾌락의 법칙은 항상 진행 중이다(Frijda, 1988). "모든 좋은 것들은 반드시 그 끝이 있다."라는 사실을 받아들이지 않는다면, 달곰쌉쌀한 경험이 다가오고 있다는 생각, 인생의 한 번뿐인 긍정 경험, 또는 오랫동안 가슴속에 간직해 온 기억이 사그라지고 있다는 생각에 매우 고통스럽게 된다.

달곰쌉쌀함에 대한 생각을 좀 더 확장해 보면, 다시는 일어나지 않으리라 생각했던 긍정적인 경험이 다시 긍정적인 결과물을 제시하게 되었을 때 더 쉽게 그 사건을 향유할 것이라 예상해 볼 수 있다. 예를 들어 걸을 수 없게 되었던 사람이 다시 걷게 되었을 때, 마비가 없었더라면 상상도 못했을 방식으로 단순히 걷는 그 행위를 즐기게 된다고 한다. 진단을 위한 의학 검사 결과가 매우 나쁠 것으로 기대했었다면, 모든 것이 정상으로 나왔다는 소식을 들었을 때 잠시나마 좋은 건강을 주신 것에 대해 깊은 감사를 드리게 된다. 만일 검사 결과가 좋을 것이라고 원래부터 기대했더라면 이런 깊은 감사는 일어나지 않았을 것이다. Fred가 Snowmass Mountain 정상에 다다랐을 때의 떨리는 감정을 향유하면서, 등 부상으로 인해 좌절하고 다시 산에 오를 수 있을지 의심했던 과거를 회상하던 것을 떠올려보자. 괴로운 과거에 대한 이러한 하향적 시점 비교는 쾌락 대조를 높이고 산 정상에서의 순간을 더욱 달콤하게 만들 수 있었다.

요 약

이번 장에서 우리는 향유 이론을 위한 기초적인 틀을 마련했다. 긍정적인 경험을 마음챙김하며 음미하는 과정으로서의 향유 개념을 좀 더 확장하여 향유과정에 수반되는 세 가지 주요한 기본 전제들을 살펴보았다. 첫 번째는 사회적 욕구와 존경 욕구가 상대적으로 낮게 활성화되는 것이었고, 두 번째는 경험하고 있는 대상과 관련된 '지금-여기'를 주목하는 태도였으며, 마지막 세 번째는 긍정적 경험에 대한 분명한 주의 집중이었다. 또한 우리가 인간의 활동과 경험 속에서 향유가 촉발 및 소멸되는 방식을 이해하기 위해 최적-수준 이론과 기대-가치 이론을 배경 이론으로서 제안하였다.

최적-수준 이론은 향유가 자동적으로 일어나는 과정을 이해하는 데 적합하고, 기대-가치 이론은 향유를 시작하거나 유지하려는 전략적인 선택을 이해하는 데 보다 유용해 보였다. 또한 우리는 배경 이론들보다 좀 더 쉽게 이해할 수 있는 중간 범위의 이론적 구조들도 살펴보았다.

우리는 또한 향유하면서 경험하는 감정의 강도를 이해하는 데 핵심적인 조건들을 살펴보았다. 긍정적 경험에 대한 주의의 지속 기간, 스트레스 감소가 향유과정에 관여되었는지의 여부, 경험의 복잡성 수준, 향유과정 중에 그 경험에 주의를 집중하는 정도, 향유 경험에서의 사회적 관계 유무 등이 이에 해당되었다. 일반적으로 말하자면, 향유경험이 오래 지속될수록, 스트레스 감소가 이루어질 수록, 자극이 복잡할수록, 분명하고 완전하게 주의를 집중할수록, 많은 사회적 관계를 포함할수록 더 강렬한 긍정적 감정이 일어난다고 우리는 제안했다.

우리는 또한 진행 중인 향유경험의 주의 집중에 영향을 미치는 요인들에 대해서도 가설을 구성하였다. 경쟁하는 다른 반응 경향성들의 강도, (새로움을 인식하고, 노력이 요구되는 상황에 개방적인 태도로 임하며, 불확실성에 매혹되는 상태의 관점에서 본) 마음챙김의 정도, 시점 지향성 등이 이에 해당되었다. 이에 덧붙여, 우리는 향유할 때 주의 집중의 정도에 영향을 미칠 수 있는 몇 가지 성격적 차이(예를 들면, 시점 지향성과 타입 A 행동패턴)와, 상황적 특성(예를 들면, 달곰 씁쓸함)에 관해 논의하였다.

향유의 유형:
실증적인 연구결과

심리적인 행복 연금술에 의해서,
그들은 그들이 발견하는 모든 것을 즐거움으로 변형시킨다.
Matthew Green(1737/1804)

앞 장에서, 우리는 사람들이 긍정적인 경험을 향유할 때 마음속에서 진행되는 것들, 긍정 경험의 강도에 영향을 미치는 조건들, 그리고 사람들이 긍정 경험에 주의를 기울이는 정도에 관한 전반적인 이론적 입장들을 소개했다. 이 장에서 우리는 긍정적인 사건을 향유하는 여러 가지 방식을 구분함으로써 향유반응의 구조를 규명하고자 한다. 향유방식의 유형을 구분해야 하는 논리적 근거는 한 사람이 나타내는 향유반응의 유형을 구체적으로 살펴보지 않고는 일반적인 향유과정에 대한 이론적 설명을 제시하기 어렵다는 믿음이다. 향유에 영향을 미치는 구체적인 상황을 설명하는 좀 더 정교한 이론은 향유의 다양한 방식과 연결되어야 한다는 것이 우리의 주장이다. 하나의 향유과정을 다른 향유과정과 구분하려고 하면서, 우리는 개별적인 향유과정에 대한 작은 설명이론을 구축할 수 있게 되고, 이러한 이해를 통해서 사람들이 긍정 경험을 향유할 때 일어나는 현상에 대해서 좀 더 분명한 깨달음을 얻을 수 있을 것이다.

아마도 우리는 가장 먼저 특정적이면서도 고유한 법칙에 따름으로써 서로 분명하게 구별될 수 있는 향유과정 유형이 실제로 존재하는가를 물어야 할 것이다. 물론 사람들이 향유할 수 있는 사건의 수에는 한계가 없지만, 우리는 향유에 포함되는 과정과 반응유형의 수는 제한적이라고 생각한다. 향유할 수 있는 영역은 매우 다양할 수 있지만, 만일 수없이 다양한 영역 전반에서 사람들이 활용하는 어떤 하나의 작은 향유반응 체계를 살펴본다면, 향유는 무엇에 관한 것인가 하는 문제로 관점을 좁힐 수 있게 된다. 앞 장에서 논의한 것처럼 이와 같은 향유방략은 대처(coping)와 마찬가지로 종종 의식적으로 발생하기도 한다. 그러나 대부분의 경우 향유방략은 자동적으로 발생하며, 사람들은 뒤늦게야 이를 알아차리게 된다.

Adler와 Fagley(2005, p. 85)는 즐거움을 증진시키는 방략과 관련하여 '촉발요인'(예: 무의식적이며 자발적으로 향유를 촉발하는 사건)과 '방략'(예: 향유의 강도를 높이기 위해 사람들이 의도적으로 취하는 반응)을 구분한 바 있다. 예를 들어, 다른 사람의 불행을 목격하는 일은 자신의 삶이 그러한 재난으로부터 벗어나 있다는 점에서 자연스럽게 감사의 마음을 촉발한다. 반면, 식사 전에 누군가의 축복을 빌고 감사를 드리는 일은 계획적이고 의도적인 향유방략이 될 것이다(Adler & Fagley, 2005). 여기서 우리는 자발적인 향유반응과 의도적인 향유반응을 모두 고려하고 있다.

초반부에 우리는 우선 긍정적인 경험을 향유할 때 자신의 행동에 대해 사람들이 보고하는 내용에 대한 초기 연구로부터 도출된 향유방략들을 제시하고자 한다. 이어서 우리는 향유방식이나 차원

을 측정하는 다차원적 자기 보고식 측정도구(향유방식 체크리스트)
의 개발에 대해 소개하고 이 도구의 변별 타당도와 관련된 증거들
을 제시할 것이다. 향유에 대한 우리의 개념화를 바탕으로 우리는
향유방식과 향유신념 사이에서 예상되는 관계 패턴에 대한 예언을
검증하고, 긍정적인 사건 전반에 걸쳐 사용되는 향유방식이 성격이
나 성별에 따라 어떤 차이를 나타내는지 살펴볼 것이다.

향유 증진에 사용되는 방략의 유형

🍃 향유의 차원

앞서 우리는 향유를 삶에서 긍정적인 경험에 주의를 기울이고,
감상하면서 이를 증진시키는 능력으로 정의하였다. 여기서 우리는
이와 같은 능력을 발휘하는 과정에서 과연 인간은 무엇을 하는가라
는 질문을 던져볼 수 있다. 사람들이 뭔가를 즐겁게 감상할 때나 바
라보거나 듣기에 아름다운 뭔가를 찾고 있을 때, 그리고 자신이 경
험하고 있거나 자신에게 방금 일어난 일을 즐기고 있는 경우, 그러
한 경험을 보다 증진시키거나 주의를 기울이기 위해 추가적으로 무
엇을 하는가? 삶에서 별로 즐거움을 경험하지 못하는 경우, 이를 보
상하고자 사람들은 무엇을 하는가?

물론 자신의 반응이 방략이라는 사실을 모를 수도 있지만, 사람
들이 활용하고 있는 방략은 수없이 많다. 무엇을 하고 있든지 이들
은 자신의 삶에서 뭔가 아주 좋은 것을 발견하면 하던 일을 멈추고
이를 계속하려고 할 것이다. 사람들은 종종 현재의 삶에는 존재하

지 않지만 이전에는 즐거웠던 일을 생각하며 자신이 하고 있는 행동에 적극적인 변화를 계획하기도 한다. 때때로 사람들은 그저 더 천천히 가기도 한다. 이전에 일어났던 일을 회상하거나 다른 그러한 순간들을 떠올려보기도 할 것이다. 간혹 자신이 경험하고 있는 바를 천천히, 또는 보다 자세히 살펴보고자 마음먹기도 한다. 그들은 마음속에서 갈등하고 있는 생각들을 떨쳐버리고, 자신이 경험하는 즐거운 순간이 의식의 왕국을 완전히 점령하도록 내버려두거나 이러한 모든 방략을 동시에 채택할 수도 있다.

긍정적인 경험을 향유하는 데 사람들이 활용하는 다양한 방략을 객관적으로 구분하는 일은 중요할 수 있다. 이러한 목적에서 Fred는 사람들이 독특한 긍정적 사건에 대해 반응하는 과정에서 자신이 구사하는 방략을 탐색해 볼 수 있는 필답 양식의 자기 보고식 질문지를 개발했다. 이 도구가 바로 우리가 2장에서 간단히 소개했던 향유방식 체크리스트(WOSC)다. 우리는 이 질문지에서 도출된 결과를 통해 사람들이 긍정적인 사건에 반응하는 과정에서 감정을 조절하기 위해 사용하는 방식에 대해 많은 통찰을 얻을 수 있었다.

향유방략을 측정하는 과정의 첫 번째 단계는 응답자에게 "가장 최근에 일어난 좋은 일은 무엇입니까?" "이런 긍정적인 사건을 경험했을 당시에 이 사건을 즐기는 데 영향을 주었을지도 모르는 당신의 생각이나 행동을 알고 있습니까?" "만일 그렇다면, 그러한 생각과 행동은 무엇이었고, 이것이 당신의 즐거움에 어떠한 영향을 미쳤습니까?"와 같은 몇 가지 아주 간단한 질문을 던지는 것이었다. 초기 데이터는 매우 고무적이었으며, 최종적인 폐쇄형 측정도구를 제작하는 토대가 되었다. 보다 폭넓고 다양한 향유의 유형을 살펴보기 위해, 초기 예비 연구에서는 개방형 질문을 사용해 대학생들의 응답을 참고하였다.

가장 공통적으로 언급된 최근의 긍정적인 사건은 '휴가를 다녀온 일'이었다. 아래는 학생들이 휴가 중에 자신들의 즐거움을 증가시켰다고 믿고 있는 생각이나 행동에 대해 보고한 내용의 일부다.

친구들과 휴가에 대해 이야기했다.
사진을 많이 찍었다.
휴가에서 돌아올 때 다른 사람들에게 선물을 사 주었다.
집에 있을 때보다 얼마나 더 좋았는지 생각했다.
여행의 그 다음 날이 어떨지 기대했다.
어느 날 일어났던 일을 그저 즐겼다.
돈을 많이 썼다.
여행기를 썼다.
몇 년간 이 여행을 계획했던 것을 생각하며,
'꿈이 이루어졌다.'고 생각했다.
공상에 잠기면서 그날의 일들을 다시 떠올리려고 노력했다.
집에서 친구들에게 그 여행에 대해 말하고 있는 것을 생각했다.

다음은 학생들이 생각하기에 휴가 중 자신의 즐거움을 감소시킨 생각이나 행동에 대해 보고한 내용이다.

집에 돌아갈 생각을 했다.
여자 친구를 생각했고, 집이 그리워졌다.
몇 차례 술에 취했다.
다음 일을 예상하느라 당시 경험을 즐기지 못할 때가 가끔 있었다.

내가 원했던 모든 것을 할 수 없었다는 것이 기분 나빴다.

시간이 얼마나 빨리 흘러가는지를 생각했다.

여행 막판까지 약물을 많이 복용해 즐거움이 줄어들었다.

돈 걱정을 했다.

기대만큼 여행이 호화롭지 않아서 실망했다.

사소한 일들을 걱정했다.

또 하나의 공통되는 최근의 긍정적인 사건은 '특별한 사람과의 데이트'였다. 아래는 학생들이 데이트를 하는 동안 스스로 생각하기에 자신의 즐거움을 증가시켰다고 여겨지는 생각이나 행동에 대해 보고한 바이다.

그녀에게 데이트 신청을 하기 위해 얼마나 오래 걸렸는가를 생각했다.

당시에 일어났던 일에 섬세하게 주의를 기울였고,

주변 상황과 나의 감정을 기억해두려고 애썼다.

그에게 내가 얼마나 즐거웠는가를 이야기했다.

그 데이트가 어떻게 끝날 것인가를 생각했다.

그녀가 얼마나 아름다운지를 생각했다.

조용하면서도 편안하고자 노력했다.

다른 남자들이 그녀를 쳐다보는 것을 보았고, 기분이 좋았다.

사진을 찍었다.

친구 무리와 친하게 지냈고, 모두에게 멋지게 보이려고 노력했다.

실제 데이트가 나의 예상과 맞아떨어졌다는 것을 알았고, 행복했다.

이 순간이 영원히 지속되는 것을 상상했다.

다음은 학생들이 특별한 누군가와 데이트를 하면서 자신의 즐거움을 감소시켰다고 여겨지는 생각이나 행동에 대해 보고한 내용이다.

집에 제 시간에 돌아올 수 있을까 걱정했다.

공부해야 할 시험에 대해 생각했다.

그 데이트가 끝나가고 있다는 것을 깨달았다.

내가 달리 행동할 수 있었을 텐데 하고 생각했다.

그의 다른 데이트 상대들보다 내가 덜 매력적이지 않을까 생각했다.

나는 내가 어떻게 보일까 하는 생각에만 빠져 있었다.

그에게 너무 지나치게 동조적이었다.

나는 내가 그를 완벽한 남자로 만들어버려서

그의 단점을 보자 기분이 나빴다는 것을 알게 되었다.

나는 너무 많이 취했다.

데이트가 어떻게 끝날 것인가에 대해 걱정했다.

다른 남자들이 그녀를 쳐다볼 때, 질투가 나고, 화가 치밀어 올랐다.

이러한 사람들의 반응에 대해 몇 가지를 살펴보자. 첫째, 사건 전반에서 지각된 향유방략의 효과는 어느 정도 일관성을 보이고 있었다. 예를 들어, 휴가와 특별한 사람과의 데이트 모두에서 향유를 증진시키는 데 효과적이라고 보고된 몇 가지 동일한 방략들이 있었는데, '그 순간을 포착해두기 위해 사진 찍기' '긍정적인 사건이 일어나기 이전의 시간을 떠올리기' '친구들과 경험을 함께 나누기' 가 그것이다. 그리고 이 두 가지 긍정적인 사건 모두에서 몇 가지 향유방략은 효과가 없는 것으로 보고되고 있는데, '지나친 음주' '염려', 그리고 '경험을 비현실적인 기대와 비교하기'가 그것이다. 이런 개별 사건을 뛰어넘는 일관성은 몇몇 향유방략의 경우 상황과 무관하게 효과적일 수도, 그렇지 않을 수도 있음을 시사하고 있다. 후속 연구는 이러한 추론을 지지해 주고 있다.

이에 더하여 지각된 향유방략의 효과가 사건에 따라 일관되지 않는 경우도 있었다는 점에 주목할 필요가 있다. 긍정적인 사건 내에서도 사람들이 즐거움을 증진해 준다고 언급했던 동일한 방략들 가운데 일부는 다른 사람들의 경우 동일한 사건의 즐거움을 감소시킨다고 언급되고 있는 것이다. 예컨대, 휴가와 관련하여 일부 응답자들은 돈을 쓰고, 다가올 일을 기대하는 것이 자신의 즐거움을 증진시켰다고 느꼈다. 반면 이 향유방략이 오히려 자신의 즐거움을 방해했다고 느꼈던 사람들도 있었다. 마찬가지로 특별한 사람과의 데이트에서도 '데이트가 어떻게 끝날 것인가?'와 '다른 사람들이 파트너를 쳐다보는 일'은 일부 응답자들의 경우 즐거움을 증가시킨 것으로 보이지만, 이러한 생각으로 인해 방해받았다고 보고한 사람들도 있었다. 이러한 데이터는 특정한 사건을 향유하는 동일한 방략이 모든 사람에게 반드시 효과적인 것은 아니라는 점을 시사하고 있다.

향유방략의 활용에서 개인차를 측정하기 위한 폐쇄형 질문지를 제작하기 위해, Fred는 어떤 좋은 일이 일어났을 때 자신이 하게 되는 전형적인 생각이나 행동을 적은 글들 가운데 가장 자주 언급되는 반응들을 선별했다. 그는 또한 생각과 감정 그리고 이를 통제하기 위해 사람들이 시도하는 방법에 대한 이전의 이론과 연구결과들을 참조했다(예: Beck, 1976; Ellis & Greiger, 1977; Lazarus & Folkman, 1984; Meichenbaum, 1977; Tomkins, 1962). 체크리스트 개발을 위해 입증된 절차(예: Hollon & Kendall, 1980; Ingram & Wisnicki, 1988)에 따라서 그는 사고 또는 행동 방식에 대한 방대한 목록을 작성한 후 추가적인 예비 실험을 통해 이를 다듬었다. 최종 결과는 사람들이 긍정적인 사건을 경험하는 동안 반응하는 방식을 기술하는 핵심적인 60가지 사고와 행동들로 이루어졌다. 물론 이것이 가능한 모든 생각과 행동을 포함하고 있는 것은 아니지만 상당히 포괄적인 목록인 것은 사실이다.

Fred가 향유방식 체크리스트(WOSC)라고 부른 이 도구는 사람들로 하여금 최근의 긍정적인 사건(예: 임금 인상 또는 생일 축하)에 주의를 기울이도록 하고, 이를 몇 개의 문장으로 서술하게 한 뒤 특정 사건에 대한 반응으로 보이는 60가지 생각과 행동에 대해서 각각을 자신이 취했던 정도를 표시하도록 한다. 추가적인 연구에서 참여자들은 특정한 긍정적 사건(예: 휴가, 시험이나 과제에서의 좋은 점수, 특별한 사람과의 데이트)을 회상해서, 이 사건과 관련해 향유방식 체크리스트를 작성하도록 요청 받는다. 최초 12문항 세트는 참여자들에게 그 긍정적인 사건에 대하여 '자신의 바람과 얼마나 일치하였는지' '얼마나 예상할 수 있었는지' '얼마나 드물게 일어나는 일인지' '사건 발생에 자신이 얼마나 기여하였는지' 여부와 같은 다양한 차원에서 평가하도록 요구하고 있다. 이 후자의 질문사항들은 사람들이 특정한 향유방략을 채택하도록 만드는 특정한 인지적 평가에 대한 정보를 제공한다. 종종 회상을 통해서 '응답자가 사건을 얼마나 많이 즐겼는지' 그리고 '그 후 얼마나 오랫동안 그 사건을 계속 즐겼는지'를 측정하기 위해 두 개의 추가적인 질문이 포함되기도 하였다(부록 D 참조).

향유방식 체크리스트는 1984~1985년에 원본이 제작되었고,

그 이후 수년 동안 미국의 대학생, 장년층 표본을 대상으로 광범위하게 실시되었으며, 캐나다, 호주, 일본의 대학생을 대상으로도 확대 실시되었다. 지금까지 수집된 총 데이터 수는 가히 수천에 달하지만, 여기서는 2001년과 2003년 사이 휴가($N=488$)나 좋은 성적($N=647$)과 관련하여 향유방식 체크리스트를 작성한 1,135명의 미국 대학생 하위 집단에서 얻어진 결과를 보고하고자 한다.

이전의 이론과 연구들, 초기 예비 연구와 더불어 추가적인 검토를 바탕으로, 향유방식 체크리스트는 다양한 생각과 행동의 조합을 반영하는 10개의 기본적인 향유차원을 측정하고자 고안되었다(향유방식 체크리스트의 차원 목록과 구성 항목 및 신뢰도는 〈표 2-3〉을 참조). 다음으로 우리는 이 10개의 향유방식을 설명하고자 한다.

타인과 공유하기　(예: 경험을 함께 나눌 사람을 찾아보기, 그 순간을 얼마나 소중하게 생각하는지 다른 사람들에게 이야기하기). 이 향유차원은 스트레스 관리를 위한 대처방략의 하나로서 사회적 지지를 활용하는 방법과 유사하다. 청소년들은 부정적인 경험에 대처하는 경우보다는 긍정적인 경험을 향유할 때, 이를 위해 사회적 연결망에 의지하는 모습을 보이며, 고등학생들의 경우 사회적 지지는 주관적인 고통을 줄여주기보다는 긍정적인 행복을 강화한다는 증거가 있다(Meehan, Durlak, & Bryant, 1993). 실제로 이러한 사회행동적인 향유방략은 즐거움의 강도에 대한 가장 강력한 단일 예측요인이며, 외향적인 사람들이 내성적인 사람들보다 이 방법을 더 많이 활용한다. 이는 수줍음을 타는 사람들이나 사회적 연결망이 취약한 사람들이 긍정적인 경험을 향유할 때, 단연 불리할 수 있음을 시사해 준다. 즉, 임상적으로 우울하거나 즐거움을 느끼지 못하는 사람들(예:

무쾌감증)보다는 즐거움을 함께 나누는 데 열정적이고 외부로 표현하기 좋아하는 사람들과 긍정적인 경험을 나눌 때 더욱 강렬하게 향유할 수 있다는 것이다.

그러나 긍정적인 사건이 일어날 때 함께 나눌 만한 타인이 반드시 실제로 존재해야 하는 것은 아니다. 다시 말해, 현재의 긍정적인 경험에 대한 기억을 이후에 누군가와 공유할 생각을 하는 것만으로도 충분히 향유는 가능하다. 17세기 프랑스의 극작가 Molière(1666/ 1992)는 향유의 한 가지 원천으로서 우정의 초월적인 힘을 멋지게 표현한 바 있다. "우리가 사랑하는 사람을 생각하는 것은 모든 즐거움에 빠질 수 없는 양념 가운데서도 으뜸이다."

그렇다면 어떻게 이것이 가능한가? 이 질문에 대해서는 앞 장에서도 잠시 언급했지만, 여기서 보다 자세하게 다루게 될 것이다. 유쾌한 경험을 타인과 공유하는 것(또는 그러기를 기대하는 일)이 왜 경험을 더 즐겁게 만드는가? 비록 어떠한 경험적인 문헌도 이에 대해 명확한 해답을 제시하고 있지는 않지만, 그럴듯한 가능성은 여러 가지가 있다.

- 친구나 가족이 즐거워하는 것을 보는 일은 그 자체로 즐거울 뿐만 아니라 이러한 대리적 즐거움은 현재의 즐거움에 기여할 수도 있다. 이는 즐기고 있는 그 사람과 정서적으로 더 가까울수록, 특정한 긍정적 경험이 더욱 즐거워진다는 사실을 시사해 준다.
- 타인이 존재할 때, 그들은 내가 혼자서는 알 수 없었던 경험의 즐거운 측면을 찾아내도록 해 주기도 하며, 그들을 통해 나는 긍정적인 자극들과 관련해 보다 풍부한 생각의 나래를

펼칠 수 있게 된다. 우리는 다른 사람들과 함께한 시간들을 서로 나누면서 추억할 수도 있고 만남 자체를 즐기며 미소 짓기도 한다. 이를 통해 우리는 행복한 순간을 좀 더 오래도록 즐길 수 있게 된다.

• 향유할 때 타인은 우리의 행동 모델이 되어줄 수도 있으며, 즐기기 위한 우리의 인지적이고 행동적인 노력들을 직간접적으로 촉구하기도 한다. 친구나 가족들은 적극적으로 함께 어울리는 기회를 만들어 자존감과 관련된 문제, 미래에 대한 염려와 마음의 혼란을 최소화하면서 현재의 긍정적 경험에 대한 향유과정을 촉진할 수도 있을 것이다(예: 승리를 축하하는 행사, 깜짝 파티, 휴가에 초대하기).

• 경험을 함께 나누고 싶은 마음과 그 경험에 함께하는 사람들의 반응을 통해 우리는 혼자서는 놓치기 쉬운 즐거움과 감정들을 보다 자세히 알아차릴 수 있게 된다. 만일 그 사건을 후에 누군가에게 다시 말할 것이라고 기대한다면, 이러한 결과는 친구가 실제로 옆에 존재하지 않더라도 일어날 수 있다.

• 우리는 혼자 있을 때보다 타인과 함께할 때 더욱 쾌활해지며, 이렇게 고조된 긍정적 정서를 통해 우리는 향유하는 기쁨을 보다 자발적이고, 더 창조적이며 표현하는 방식으로 즐기게 된다(Lieberman, 1977).

• 사람들은 고독한 환경보다는 사회적 환경에서 더 잘 웃는 경향이 있으며(Kraut & Johnston, 1979), 30배나 더 자주 웃는다 (Provine & Fischer, 1989). 이로 볼 때, 타인이 그저 존재하는 것만으로도 긍정적인 정서의 외적 표현이 증가되며, 이를 통해 긍정적인 정서가 증가될 것이라고 기대할 수 있다(Duclos et al., 1989; Kleinke, Peterson, & Rutledge, 1998; Laird, 1974, 1984; Strack, Martin, & Stepper, 1988).

- 타인에게 관심을 집중하는 것이 객관적인 자의식을 감소시킬 수 있으며(Duval & Wicklund, 1972), 이에 따라 그 순간에 빠져들거나 몰입하는 능력은 증가한다. 그러나 만약 이들 타인이 그저 낯선 사람에 불과하다면, 오히려 그들의 존재로 인해 자의식은 증가하고, 어떤 상황에 몰입하는 것이 어려워질 수 있다.
- 실제이거나 가상적인 타인의 존재는 자율신경계의 각성 수준을 높일 수 있는데, 사람들은 이것을 고양감, 흥분이나 즐거움과 같은 긍정적 정서, 즉 긍정적인 '흥분 전달'로 잘못 이해할 수 있다(Zillmann, 1988). 만일 이러한 설명이 옳다면, 타인의 촉진적 효과는 친구이거나 낯선 사람이거나 관계없이 지지되어야 할 것이다. 앞 장에서 아름다운 토스카나 무지개에 경탄하는 두 명의 낯선 사람에 대한 사례는 타인이 그저 존재하는 것만으로도 긍정적인 경험을 즐기는 우리의 능력을 향상시킨다는 개념과 일치하고 있다.

기억을 잘 해두기   (예: 훗날 그 순간을 돌아보기 위해 '마음속으로 사진을 찍어' 적극적으로 심상을 저장하고, 이후 그 사건에 대해 타인과 함께 회상하기). Fred는 자신이 Snowmass Mountain 정상에서 느꼈던 희열을 간직하려고 노력하는 과정에서 이와 같은 향유방략을 논의한 바 있다. 여성들과(Bryant & Morgan, 1986), B 유형의 사람들(Bryant et al., 1991)이 남성과 A 유형 성격의 사람들에 비해 차후 회상을 위해 긍정적인 경험을 부호화하는 데 더 능숙하다는 증거가 있다.

또한 우리는 이렇게 기억에 잘 새겨둘 수 있는 사람들일수록 타인과 기억을 공유하는 능력도 뛰어날 것이라고 예상하고 있다. 그렇다면, 기억을 잘 해두기는 타인과 공유하기와 적어도 어느 정도의 상관을 보여야 하는데, 우리의 자료에 따르면 이러한 가설은 지지되고 있다. 적극적으로 기억을 잘 해두기는 사람들이 자신이 가장 즐거움을 느끼는 긍정적인 경험의 측면들을 찾아보고, 발견해서, 좀 더 주의를 기울여 보는 향유 방법이라고 할 수 있다. 이 과정에서 사람들은 즐거운 순간이 펼쳐지고 있는 동안 상황의 특징들을 정확히 찾아내고, 경험의 강도를 보다 증폭시킬 뿐만 아니라, 보다 수월하게 떠오르면서 타인과 공유할 수 있는 더욱 선명하고 생생한 기억을 형성하기도 한다. 우리가 언급한 바와 같이 긍정적인 경험을 현재 함께 있지 않는 사람과 공유하고자 하는 욕망이 있을 때 사람들은 그 순간의 즐거움을 더욱 충만하게 향유하려고 할 것이다.

자축하기　(예: 자신이 얼마나 자랑스러운지 또는 타인에게 얼마나 큰 감명을 주었는지에 대해 스스로에게 말하기, 그 일이 일어나기를 얼마나 오래 기다려 왔는가를 되새겨보기). 이 향유방식은 일종의 '인지적으로 축복하는 행위(cognitive basking)'라고 말할 수 있는데, 즉 긍정적인 경험을 하고 나서 스스로에게 칭찬을 아끼지 않으며, 따뜻한 자부심과 만족감을 한껏 느껴보는 것이다.

　실제로 'congratulate'의 라틴어 어원은 'congratulari'로 이는 '기쁨을 소망한다.'는 의미가 있다. 이러한 인지적 형태의 향유방식은 개인적인 성취나 성공을 이루었을 때 가장 자주 발생할 것이라고 예상해 볼 수 있다. 자축하기는 물론 대개는 인지적인 행위이지만, 프로 미식축구 선수가 터치다운을 기록한 후 엔드 존(end zone, 골 라인과 엔드 라인 사이의 구역—옮긴이)에서 춤추고, 몸짓하면서 '내가 최고야!'라고 외치는 경우에서와 같이, 어떤 사회적 상황에 따라서는 서구 문화의 행동적인 축하 표현 방식으로 혼입될 수도 있다. 지나치게 자신을 드러내고자하는 '뽐내기'나 '과시하기'와 같은 다른 형태의 자축은 반감을 사고, 타인을 소원하게 만들 수도 있으며, 단기적으로는 즐거움의 지속 기간을 단축하고, 장기적으로는 우정 어린 관계를 해칠 수 있다.

세밀하게 감각 느끼기　(예: 어떤 상황의 특정한 자극에 주의를 기울이고, 다른 자극은 차단함으로써 즐거움을 강화하고, 의식적인 노력을 통해 감각에 집중함으로써 예민하게 느끼기). Joe는 실내악을 좀 더 깊이 감상하기 위해 특정한 시간에 눈을 감는 방법을 통해 자신의 향유 방략을 소개한 바 있다. Fred 역시 Snowmass Mountain 정상에서, 계곡 아래편으로부터 산 중턱으로 휘몰아치는 바람 소리에 경탄하고, 이를 향유하고자 눈을 감았던 사실을 떠올려보자.

서로 경쟁하는 감각적 자극(예: 시각 및 후각)들은 긍정적인 감정 경험의 흐름을 방해하고 향유를 해칠 수 있다. 이렇게 주의를 분산시키는 요인들을 제거하는 것은 즐거운 경험 자체에 대해 주의를 더욱 예민하게 집중할 수 있게 해 줌으로써 향유를 강화할 것이다. 이에 세밀하게 감각 느끼기는 선택적 추상화(Beck, 1976; Larsen, Diener, & Cropanzano, 1987)의 인지적 기제와 유사한데, 이 작용을 통해 개인은 다른 요소들을 배제한 상태에서 상황의 특정한 측면을 생각할 수 있게 된다.

비교하기　(예: 자신의 감정을 타인과 대조해 보기, 현재의 상황을 과거의 유사한 시절 또는 어떤 가상의 사건과 비교하기). 이러한 인지적 비교는 만일 이 비교가 하향식 비교가 되는 경우, 즐거움을 증가시킬 수 있다. 그러나 만일 비교가 상대적 박탈감을 초래한다면 오히려 즐거움을 방해할 수도 있다. 그러므로 비교하기 그 자체는 사람들이 긍정적인 경험을 얼마나 많이 또는 얼마나 오래 향유하는가 하는 문제와는 거의 무관할 것으로 예상해 볼 수 있다. 그보다는 특정한 비교의 대상이나 유형에 따라 감정적 반응은 결정될 것이다.

이러한 추론이 시사하는 바는 만일 향유를 강화하고자 한다면, 긍정적인 사건에 대한 반응 과정에서, 상향식보다는 하향식 사회비교(예: '나는 다른 사람들보다 더 풍족해'), 시간에 따른 비교(예: '이전보다 지금이 더 풍족해'), 또는 가정법 비교(예: '상황이 이렇게 좋지 않을 수도 있었어')를 선택해야 한다는 것이다. 비교한다는 것은 자신이 가진 것에 대해 생각하는 것이 아니라, 오히려 갖지 못한 것을 생각하는 일이다. 이에 과도한 비교는 그 순간의 긍정적인 감정 흐름으로부터 이탈하게 만들고, 즐거움을 감소시킬 수 있다.

몰입하기　(예: 생각하려고 하지 않고, 대신 그 순간에 빠져들거나 몰입하여, 오로지 현재 순간에 이완된 채로 존재하는 것). 이 특별한 향유방식은 자의식이 없는 상태에서, 사람, 장소, 시간에 대한 감각조차 잊은 가운데 경험할 수 있다는 Csikszentmihaly(1975, 1990, 2002)의 최적의 몰입(flow) 개념과 매우 유사하다. 몰입을 통한 향유는 현재 펼쳐지고 있는 긍정적인 사건을 있는 그대로 경험하기 위해 의도적으로 인지적 반성이나 지적인 연상 과정을 회피하는 일을 포함하고 있다. 불교의 관점에서 보면, 그 순간에 존재한다는 것은 경험에 대한 판단을 하지 않고, 오히려 그저 있는 그대로를 경험하면서, 그 경험들을 알아차리고, 그 순간을 느낌으로써(Kabat-Zinn, 1990)

'그 순간이 지닌 힘'을 자유롭게 해방하고, 행복을 증진하는 것이다 (Dass, 1971; Tolle, 1999). 이와 같이 '경험에 몰입하는' 향유방략은 예술가들이 꽃의 아름다움을 향유하는 방식과 유사하며, Feynman 이 사용한 인지적 정교화(cognitive elaboration)와는 반대되는 형태로 볼 수 있다.

분명 일부 사람들의 경우 긍정적인 경험을 하는 동안 자신의 느낌에 대해 지나치게 생각하지 않고, 다만 자신의 감정을 느껴보기를 더 좋아한다. 반면 긍정적인 경험을 하는 과정에서 반성하고 연상하기를 선호하는 사람들도 있다. 인지적 욕구에서의 개인차에 관한 이론과 연구결과(Cacioppo, Petty, Feinstein, & Jarvis, 1996)를 바탕으로, 우리는 인지적 욕구가 높은 사람들은 정교화하는 전략을 선호할 것이고, 반면 인지적 욕구가 낮은 사람들은 몰입을 통해 향유를 선호할 것이라고 추론할 수 있다. 그러나 몰입을 통해 향유할 때 인지적 반성을 하지 않는다고 해서 현재의 몰입 경험을 의식적으로 알아차리지 못하는 것은 아니다. Lambie와 Marcel(2002)에 따르면, "역설적으로 보일 수도 있지만, 우리는 종종 객관적인 자각과 몰입의 상태를 모두 경험하기도 하며, 이 상태에서 우리는 이러한 동시적 몰입 현상을 인식한다. 어떤 경우 이는 의지적 행위에 의한 것이며, 경우에 따라서는 강렬한 감정 경험과 같은 고조된 감각 상태일 때도 있다……." (p. 237)

행동으로 표현하기　(예: 웃음, 낄낄거리기, 껑충껑충 뛰기, 감사를 표현하기). 인지적 향유방략과 대조되는 이 향유반응의 유형을 우리는 행동으로 표현하기라고 일컫는다. 행동으로 표현하기는 내적 감정을 외부로 몸짓을 통해 나타내는 순수한 행동 반응으로, 여기에는 사람들이 껑충껑충 뛰고, 춤추고, 소리 내어 웃고, 감사를 표현하면서 넘치는 즐거움, 흥분, 열정을 정열적으로 표현하는 것 등이 해당된다. 이런 반응이나 억제는 순전히 반사적이고 자동적이거나 아니면 의도적일 수도 있다.

감각을 예민하게 하려는 사람들은 행동을 보다 천천히 하는 데반해, 행동으로 표현하는 사람들은 행동의 속도를 높인다. 자기지각 이론(self-perception theory)과 안면 피드백(facial feedback)에 관한 이론과 연구결과는 긍정적인 감정을 외부로 표현할 때 이런 감정을 더욱 강렬하게 느낄 수 있다는 개념을 지지하고 있다(Duclos et al., 1989; Kleinke et al., 1998; Laird, 1974, 1984; Strack et al., 1988; Tomkins, 1962). 즉, '행복한 표정을 지음으로써' 사람들은 더욱 긍정적인 감정을 느낄 수 있다는 것이다.

일시성 인식하기   (예: 그 순간이 얼마나 일시적이고 덧없는 것인지 되새겨보기, 그 순간이 영원히 지속되기를 소망하기, 지금 이 순간을 즐겨야 한다고 자신에게 말하기). 또 하나의 순수한 인지적 향유의 유형에는 시간이 흘러가고 있다는 사실에 대해 인식하거나 의식적으로 깨닫는 방법이 있다. 이러한 유형의 향유방식을 통해, 사람들은 순간의 무상함을 깨닫고, 긍정적 경험이 끝나게 될 미래에 대해 생각하며, 그 순간이 영원히 지속될 수 있기를 의식적으로 희망하게 된다.

앞 장에서 우리가 언급한 바와 같이 특정한 유형의 긍정적 경험은 사람들로 하여금 시간의 덧없음과 소중함에 대해 아주 강렬한 느낌을 불러일으키는 것으로 보인다. 이러한 달콤쌉쌀한 경험은 곧 끝나버리게 될 긍정적인 경험에 대한 새로운 관점과 이해에 아울러 사람들이 자연스럽게 이를 되돌아보게 함으로써, 향유하는 데 크게 이바지할 수 있다. 일시성 인식하기과 같은 향유차원은 사람들이 시간의 무상함을 자각하기 위해 달콤씁쓸한 순간이 일어나기를 굳이 기다릴 필요 없이, 긍정적인 경험이 일시적인 것이며, 지금 여기에서 향유할 가치가 있다고 의도적으로 되새겨볼 수도 있다는 점을 시사해 준다.

축복으로 여기기　(예: 자신의 행운을 떠올리며, 자신이 얼마나 운이 좋은지를 생각해 보기). 축복으로 여기기는 감사할 대상을 찾아내고, 이 특별한 축복의 원천을 밝혀, 이에 감사드리는 과정을 필요로 한다(Emmons & Shelton, 2002; McCullough, 2002; McCullough, Emmons, & Tsang, 2002). 이같이 자신의 축복에 대해 생각해 보는 것은 다양한 향유경험을 더욱 증진시켜줄 수 있으며, 이를 통해 사람들은 모든 종류의 긍정적인 경험을 축복으로 여기게 될 것임을 예상해 볼 수 있다.

　그러나 자신이 축복받았다고 여긴다 해서 반드시 누군가에게 그 축복에 대해 겉으로 드러나게 감사를 표현해야 하는 것은 아니다. 축복으로 여기는 일과 축복에 대해 감사를 표현하는 것은 서로 관련은 있지만, 개별적인 행위다. 어떤 사람들은 감사의 기도로 감사를 표현하며, 대화나 시, 노래 또는 예술 작품으로 감사를 표현하는 사람들도 있다. 한편 자신이 느끼는 감사함을 절대 표현하지 않는 사람들도 있다. 비록 축복으로 여기기가 주관적 안녕을 증진시켜줄 수 있다고는 하나(Emmons & McCullough, 2003), 감사의 대상이나 감사해야 할 사람이 전혀 없다면, 감사라는 감정을 느끼기 어렵다. 그러나 사람들은 노력을 통해 '감사하는 태도'를 기를 수 있으며, 이것이 습관화됨에 따라 '감사하는 성향'이라고 알려진 특질을 형성할 수 있다(McCullough et al., 2002). 이 점에 대해서는 8장에서 향유 증진 방안에 대해 논의하면서 다시 살펴보려 한다.

즐거움을 냉각시키는 생각하기　(예: 다른 장소에 있었다면, 다른 일을 하고 있었다면 어땠을까하고 생각하기, 긍정적인 사건이 더 좋아질 수도 있었던 방법에 대해 생각하기). 다른 9가지 향유방식과 대조적인 또 하나의 이 사고 방식은 사실상 향유를 감소시킨다고 볼 수 있다. 향유방식 체크리스트를 개발하는 과정에서, Fred는 이러한 부정적인 인지 차원을 즐거움을 냉각시키는 생각하기라고 불렀다. 이 사고는 향유를 촉진하기보다는 방해하고, 즐거움을 감소시키며, 단축시켜 버리는 맥 빠지는 생각이나 방식들로 이루어져 있다.

서양 문화의 관점에서 볼 때, 사람들이 긍정적인 경험을 할 때 이런 종류의 흥을 깨는 과정을 보고한다는 것은 슬픈 일로 여겨진다. 그러나 동양 문화에서, 사람들은 좋은 일 뒤에는 반드시 좋지 못한 결과가 따른다는 사회적 관습이나 믿음에 따라 의도적으로 즐거움을 억제할 수 있다(Lindberg, 2004). 분명, 즐거움을 냉각시키는 생각하기는 더 낮은 수준의 즐거움과 관련될 것이라고 예상할 수 있다. Beck(1976)은 즐거움을 냉각시키는 생각하기가 우울증을 강화시키고 영속화하는 우울한 인지의 징표라고 강조한 바 있다. 긍정적인 결과에 대한 반응으로 낮은 자존감을 지닌 사람들은 맥 빠지게 하는 생각에 빠지기 쉬우며, 반면 높은 자존감을 지닌 사람들은 기운을 북돋워주는 생각을 하는 경향을 보인다는 증거도 있다(Wood et al., 2003).

즐거움을 증진시키기 위해 사람들이 활용할 수 있는 방략을 살펴본 것은 분명 우리가 처음이 아니다. 예를 들어, 우리가 규명한 향유의 방식은 Adler와 Fagley(2005)가 제시한 '감상하기의 8가지 측면'의 일부와 유사하다. 특히 Adler와 Fagley(2005)는 '감상하기'가 (1) 자신이 갖지 못한 것보다는 갖고 있는 것에 주의를 기울이기, (2) 경탄하기, (3) 자신만의 축하 의식을 실행하기, (4) 지금 여기에 주의를 두기, (5) 하향식 사회비교나 시간에 대한 비교, (6) 감사하기, (7) 역경이나 상실에서 배울 점 찾기, (8) 인연을 소중히 여기기 등을 포함한다고 주장했다. 여기서 비교하기, 축복으로 여기기, 타인과 공유하기와 같은 향유방식이 개념적으로 중첩되고 있다는 점에 주목하자. 그러나 '감상하기'는 긍정적인 경험과 부정적 경험 모두에서 좋은 점을 찾아내는 과정을 포함하는 더 광범위한 개념인 반면(Adler & Fagley, 2005), 향유는 긍정적인 경험을 향유하는 과정만을 포함하고 있다.

향유방식 체크리스트에서 우리가 구분한 방략들의 대부분은 주로 인지적인 향유방략이라는 점에 주의할 필요가 있다. 이들 중 여섯 가지의 향유방식은 긍정적인 사건에 대하여 가장 주된 긍정적 인지 반응으로 여겨지며, 기억을 잘 해두기, 자축하기, 세밀하게 감각 느끼기, 비교하기, 일시성 인식하기, 축복으로 여기기가 이에 해당된다. 이들 특수한 향유방식은 기억을 구성하기 위해 적극적으로 마음을 쓰는 일, 자기를 칭찬해 주기, 감각에 집중하기, 상대적 차이점을 평가하기, 시간에 대한 성찰, 또는 삶에서 소중한 것들을 찾아보는 일 등을 포함하고 있다. 이에 더하여, 즐거움을 냉각시키는 생각하기는 일곱 번째 인지적 향유차원이다. 그러나 이것은 향유과정을 방해하는 부정적인 반응이다.

다른 3가지 향유차원(행동으로 표현하기, 타인과 공유하기, 몰입하기)은 주로 행동에 초점을 두고 있다. 이들 행동적 향유방식은 제

각기 신체적으로 또는 사회적으로 긍정적인 감정을 표현하거나, 인지적으로 생각하지 않고 경험 그 자체에 몰입하는 일을 포함하고 있다.

🔥 인지적 평가 기능으로서의 향유반응

비록 서로 다른 표본과 긍정적인 사건의 차이와 무관하게 향유 방식 체크리스트 자료에서 이들 동일한 10가지 향유차원이 반복적으로 나타나고 있지만, 사람들이 보고한 특정한 향유방략은 긍정적인 사건에 대한 이들의 인지적 평가 기능으로서 얼마간 예언 가능한 변인들을 보여 주고 있다. 예를 들어, 사건에 관계없이 다음과 같이 요약해 볼 수 있는데, (1) 긍정적인 사건에 대해 개인적으로 더 많이 기여했다고 여길수록, 자축하기를 보고하는 경우가 더 많다, (2) 사람들이 긍정적인 사건에 대해 타인이 더 많이 기여했다고 믿을수록, 타인과 공유하기와 행동으로 표현하기를 보고하는 경우가 더 많았다, (3) 그와 같은 긍정적인 사건이 더욱 희귀하다고 여길수록, 사람들은 기억을 잘 해두기 및 일시성 인식하기를 보고하는 경우가 더 많다, (4) 사건이 더 오래 지속될수록, 몰입하기와 세밀하게 감각 느끼기를 보고하는 경우가 더 많다, (5) 긍정적인 사건이 더 바람직하고, 사람들이 이에 대하여 기대가 클수록, 향유반응으로 축복으로 여기기를 보고한 경우가 많다. 이와 유사한 결과가 부정적 사건에 대한 대처방식에서도 발견되는데(Lazarus & Folkman, 1984), 이는 긍정적인 사건에 대한 사람들의 인지적 평가가 이들의 향유방식을 결정지을 것이라는 점을 시사해 준다.

🍃 향유 프로파일

10가지 향유차원을 동시에 검토하면서, 우리는 특정한 긍정적 사건에 대한 반응의 특징적 패턴을 설명할 수 있게 되었다. [그림 4-1]은 휴가(N=624) 또는 시험이나 보고서에서 높은 성적을 받은 일(N=522)과 관련하여, 2001~2003년 동안 향유방식 체크리스트를 작성한 대학생 1,146명 표본에 대한 10가지 향유 하위척도의 평균 점수 프로파일을 보여 주고 있다. 휴가는 어떤 경우 일주일 또는 그 이상 실시간으로 지속되는 즐거운 여가 활동인 데 반해, 높은 시험점수는 불연속적이고, 학업 수행에 대한 문서화된 피드백의 형태를 지닌 일종의 개인적 성취 사건으로 볼 수 있다.

두 가지 긍정적인 사건을 통해 향유의 특성을 비교하기 위해 우리는 사건을 '집단 간 요인'으로 향유방식 체크리스트 하위척도를 '집단 내 요인'으로 하여, 혼합 모델 반복측정 분산분석법(mixed model repeated-measures analysis of variance)을 사용하였다. 이 분석은 통계적으로 유의한 사건×하위척도 간 상호작용을 보여 주었다, $F(9,1126)$=214.19, $p<.00001$, eta-squared=.16. 이러한 결과는 향유방식 체크리스트 하위척도들이 사건의 기능에 따라 신뢰롭게 구분되었음을 나타내준다. 후속 비교는 향유방식 체크리스트 하위척도 각각에 대하여 휴가와 좋은 성적 간에 유의미한 평균차가 존재함을 보여 주었다(모든 $ps<.05$). [그림 4-1]에 나타난 바와 같이, 비록 휴가보다는 좋은 성적에 대한 반응에서 자축하기와 즐거움을 냉각시키는 생각하기가 더 많았지만, 휴가는 타인과 공유하기, 기억을 잘 해두기, 세밀하게 감각 느끼기, 비교하기, 몰입하기, 행동으로 표현하기, 일시성 인식하기, 축복으로 여기기와 같은 향유방식을 더 많

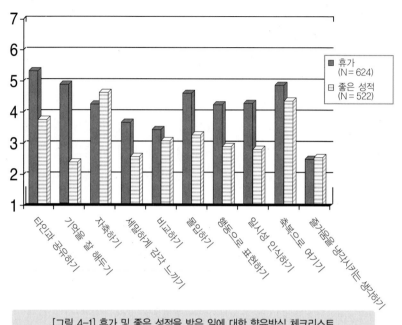

[그림 4-1] 휴가 및 좋은 성적을 받은 일에 대한 향유방식 체크리스트
하위척도의 평균 점수 프로파일

Sharing=타인과 공유하기. Memory=기억을 잘 해두기. Congrat=자축하기.
Sharpen=세밀하게 감각 느끼기. Compare=비교하기. Absorb=몰입하기. Behav
Exp=행동으로 표현하기. Time Aware=일시성 인식하기. Blessing=축복으로 여기
기. Kill-Joy=즐거움을 냉각시키는 생각하기. 향유방식 체크리스트 하위척도 평균
점수의 범위는 1~7, 중간값은 4로 나타났다. 혼합 모델 반복측정 분산분석법(mixed
model repeated-measures analysis of variance)을 실시한 결과 통계적으로 유의한
사건×하위척도 간 상호작용을 보여 주었다. $F(9,1126)=214.19$, $p<.00001$, eta-
squared=.16. 이러한 결과는 향유방식 체크리스트 하위척도들이 사건의 기능에 따
라 신뢰롭게 구분될 수 있음을 나타내준다. 독립표본 t 검증을 실시한 결과 향유차원
별 평균 점수는 두 가지 긍정적 사건에서 유의미한 차이를 보였다, $p<.05$(양방검증).

이 포함하고 있다. 이로 볼 때, 학생들은 분명 이들 두 가지 긍정적
경험을 각기 다른 방식으로 향유하고 있음을 알 수 있다.

10가지 향유 차원들 간의 관계 또한 흥미롭다. 〈표 4-1〉은 휴
가(사선 아래)와 좋은 성적(사선 위)에 대하여, 10가지 향유방식들과
의 상관관계를 각각 나타내고 있다. 그중 몇 가지 결과들은 주목할

만하였으며, 이들은 대개 우리가 앞서 주장했던 바를 확인해 주고 있다. 휴가와 좋은 성적 모두에서, (1) 타인과 공유하기는 기억을 잘 해두기, 자축하기, 행동으로 표현하기, 몰입하기, 축복으로 여기기와 강한 정도에서 중간 정도의 상관을 보였다, (2) 기억을 잘 해두기는 즐거움을 냉각시키는 생각하기를 제외한 향유방식 체크리스트의 다른 모든 하위척도와 강한 정도에서 중간 수준의 상관을 나타냈다. (3) 즐거움을 냉각시키는 생각하기는 비교하기와 정적인 상관을 보였으며, (4) 비교하기는 일시성 인식하기와 정적인 상관을 나타내고 있다. 이러한 결과 패턴은 몇몇 향유방식들의 경우 두 가지 유형의 사건 모두에서 함께 나타나는 경향이 있다는 점을 지지하고 있다.

🌿 성격에 따른 향유방식의 차이

긍정적인 사건의 종류에 따라 향유방식이 달라질 뿐만 아니라, 성격 차이 또한 사람들이 긍정적인 경험을 향유하는 방식에 영향을 미친다. 나아가서, 이러한 성격에 따른 향유방식의 차이는 매우 다양한 긍정적인 사건에도 불구하고 일관되게 나타날 때 분명해질 수 있다. 그림에서 나타난 바와 같이, 우리는 280명의 학부생(남학생 105명, 여학생 175명) 표본을 대상으로 향유방식 체크리스트(WOSC)를 실시했고, 이와 함께 정서강도 척도(the Affect Intensity Measure: AIM; Larsen & Diener, 1987), 아이젱크 외향성 척도(the Eysenck Extraversion Scale: EES; Eysenck & Eysenck, 1975), 기질적 낙관성 척도(the Life Orientation Test: LOT; Scheier & Carver, 1985)와 같은 성격 척도를 실시했다. 응답자들에게 최근의 긍정적인 사건을 회상하고, 이를 서면으로 기술한 뒤, 그 특정한 사건에 대하여 향유방식 체크리스트를 작성하도록 요구하였다. 응답자들은 다양한 긍정적 사건을 언급했는데, 여기에는 휴가, 생일 축하, 가족과 보낸 시간, 파티, 음악 콘서트, 연애, 스포츠, 승진, 학위 취득, 여유로운 휴식 등이 포함되었다. 우리는 자료 분석에 앞서, 모든 긍정적인 사건들을 일련의 규칙에 따라 정리해 보았다.

표 4-1 │ 휴가경험(사선 아래) 및 좋은 성적을 받은 경험(사선 위) 각각에 대한 향유방식 체크리스트 10개 하위척도들 간의 상관

	SWO	MB	SC	SPS	C	A	BE	TA	CB	KTJ
SWO		.55	.60	.41	.44	.42	.65	.33	.53	.03
MB	.61		.48	.65	.55	.61	.50	.59	.45	.26
SC	.63	.58		.39	.45	.44	.48	.34	.59	-.03
SPS	.21	.44	.33		.45	.62	.38	.50	.28	.31
C	.30	.41	.41	.36		.47	.34	.62	.47	.49
A	.44	.48	.45	.41	.25		.40	.47	.38	.18
BE	.63	.50	.51	.28	.27	.42		.30	.45	.09
TA	.33	.48	.34	.34	.52	.32	.26		.36	.42
CB	.63	.58	.64	.25	.28	.43	.43	.30		.10
KTJ	-.22	-.06	-.09	.18	.48	-.14	-.10	.23	-.21	

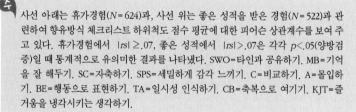

주) 사선 아래는 휴가경험($N=624$)과, 사선 위는 좋은 성적을 받은 경험($N=522$)과 관련하여 향유방식 체크리스트 하위척도 점수 평균에 대한 피어슨 상관계수를 보여 주고 있다. 휴가경험에서 $|rs| \geq .07$, 좋은 성적에서 $|rs| > .07$은 각각 $p < .05$(양방검증)일 때 통계적으로 유의미한 결과를 나타냈다. SWO=타인과 공유하기. MB=기억을 잘 해두기. SC=자축하기. SPS=세밀하게 감각 느끼기. C=비교하기. A=몰입하기. BE=행동으로 표현하기. TA=일시성 인식하기. CB=축복으로 여기기. KJT=즐거움을 냉각시키는 생각하기.

우리는 성격 측정도구를 통해 4개의 서로 다른 혼합 척도를 구성하였다. 정서강도 척도(AIM)를 통해 우리는 긍정적 정서성 하위

척도 점수를 얻었으며(α = .90), 이것은 사람들이 긍정적인 감정을 경험하는 것과 관련하여 성격적 강점을 반영해 준다(Bryant, Yarnold, & Grimm, 1996). 아이젱크 외향성 척도(EES)에서는 총점을 산출했다(α = .92). 마지막으로 우리는 기질적 낙관성 척도(LOT)를 이용하여, 낙관성(α = .80)과 비관주의(α = .85)에 대한 개별적인 하위척도 점수를 산출했고 미래의 결과에 대한 일반화된 긍정적, 부정적 기대를 측정했다(Bryant & Cvengros, 2004).

향유방식 체크리스트에 기저하는 향유차원에 대한 해석을 통해, 우리는 (1) 긍정적 정서, 외향성, 낙관성, 비관주의와 (2) 10개의 향유방식 체크리스트 하위척도 간의 관계 양상에 대한 분명한 가설을 갖게 되었다. 강한 긍정적 정서를 느끼는 기질이 즐거움을 증진시켜주는 향유반응을 촉발할 것이란 개념을 바탕으로, 우리는 긍정적 정서성 점수가 높을수록 즐거움을 냉각시키는 생각하기를 제외한 향유방식 체크리스트 하위척도 모두에서 더 높은 점수를 보일 것이라고 예상했다. 외향성은 보다 많은 사교성 및 열정을 포함한다는 생각을 토대로 우리는 외향성 수준이 높을수록 타인과 공유하기, 기억을 잘 해두기, 행동으로 표현하기에서 더 높은 점수를 얻게 될 것이라고 예상했다. 낙관주의자는 '긍정적인 측면'을 보는 경향이 있는 반면, 비관주의자는 부정적인 경향이 있다는 개념을 바탕으로, 우리는 기질적 낙관성이 높을수록 축복으로 여기기와 관련될 것이고, 반면 더 높은 기질적 비관주의는 즐거움을 냉각시키는 생각하기에서 높은 점수를 보일 것이라고 예상했다.

표 4-2 성격척도들과 향유방식 체크리스트 10개 하위척도들 간의 상관

향유방식 하위척도	성격척도			
	긍정적 정서성	외향성	낙관성	염세주의
SWO	.24	.25	.09	-.10
MB	.30	.24	.11	.02
SC	.27	.18	.11	-.01
SPS	.22	.13	.04	.17
C	.28	.13	.02	.15
A	.21	.10	.02	.08
BE	.36	.35	.10	-.04
TA	.17	.08	.02	.19
CB	.29	.20	.24	-.11
KTJ	.07	.06	-.08	.29

위 표는 성격척도들과 향유방식 체크리스트 하위척도 점수들 간의 피어슨 적률상관계수를 보여 주고 있다. 응답자들은 최근의 긍정적 사건들 중 하나를 자신이 선택하여 향유방식 체크리스트를 작성하였다. |rs| > .11은 $p < .05$(양방검증)일 때 통계적으로 유의미한 결과를 보였다. SWO = 타인과 공유하기. MB = 기억을 잘 해두기. SC = 자축하기. SPS = 세밀하게 감각 느끼기. C = 비교하기. A = 몰입하기. BE = 행동으로 표현하기. TA = 일시성 인식하기. CB = 축복으로 여기기. KJT = 즐거움을 냉각시키는 생각하기.

〈표 4-2〉에 나타난 바와 같이, 우리의 상관분석 결과는 이러한 가설들을 강하게 지지해 주고 있다. 긍정적 정서성은 즐거움을 냉각시키는 생각을 제외한 모든 향유방식 체크리스트 하위척도의 점수와 정적인 상관을 보여 예언과 일치되는 결과를 나타냈다. 외향성은 타인과 공유하기, 기억을 잘 해두기, 행동으로 표현하기와 정적인 상관을 보였다. 예상 외로, 외향성은 축복으로 여기기, 자축하기와도 유의미한 관계를 보였는데, 이는 외향적인 사람일수록 긍정

CHAPTER **4**
향유의 유형: 실증적인 연구결과

적인 경험에 대해 행운으로 여기거나 개인적인 성취로 여기는 경향이 더 강하다는 것을 의미한다. 역시 예언을 지지하는 결과로, 낙관성 수준이 더 높을수록 긍정적인 사건에 대하여 축복으로 여기는 경향이 더 강했으며, 한편 비관주의적인 사람일수록 긍정적인 사건에 대한 반응과정에서 즐거움을 냉각시키는 생각하기를 하는 경향이 더 강했다. 예상 외인 사실은 비관주의가 일시성 인식하기, 세밀하게 감각 느끼기, 비교하기와도 유의미한 상관을 보였다는 점이다. 이 후자의 결과는 전반적으로 미래를 부정적인 측면에서 보는 사람일수록 긍정적인 사건의 무상함에 대해서 생각하는 경향이 더 강하고, 향유할 때 주의를 산만하게 분산시키는 것들을 제거하기가 더 어려우며, 긍정적인 사건에 대한 반응 과정에서 자신의 결과와 사회적, 시간적, 또는 가정법적인 기준과 비교하는 데 더 많은 시간을 보낸다는 점을 시사해 준다.

이러한 상관분석 결과는 인지적, 행동적 향유반응이 긍정적 경험의 상황적 특성에 대한 반응을 반영해 줄 뿐만 아니라, 긍정적인 경험을 할 때 특정한 방식으로 생각하고 행동하게 하는 안정적인 성격적 기질을 반영하고 있다는 우리의 주장을 지지해 준다. 우리의 데이터는 긍정적인 사건에 대해 기질적으로 더 높은 긍정적 정서를 지닌 사람들과 낮은 긍정적 정서를 지닌 사람들이 향유하는 방식에서 서로 다른 경향이 있다는 사실을 분명하게 나타내고 있다. 뿐만 아니라, 다양한 긍정적인 경험 전반에서 외향성과 기질적 낙관주의 또는 비관주의가 향유반응에서 유의미한 차이를 나타내고 있다는 점을 보여 주고 있다. 이러한 각각의 성격척도가 향유방식 하위척도들과 서로 다른 상관을 지닌다는 점은 향유방식 체크리스트의 변별 타당도를 강력하게 지지해 주고 있다. 우리의 선험적 가설 대부분과 일치하는 이러한 양상은 향유방식 체크리스트의 구성 타당도를 더욱 강하게 지지해 준다고 볼 수 있다.

🌰 향유반응과 회상된 즐거움

만일 향유반응이 즐거움의 강도와 지속 시간에 영향을 미친다면, 향유방식 체크리스트 하위척도의 점수는 사람들이 보고한 즐거움의 강도 및 지속 시간과는 어떤 관계가 있는가? 앞서 우리가 주장한 바와 같이, 이러한 물음에 대한 해답은 상당 부분 우리가 경험하는 긍정적인 경험의 종류에 따라 좌우될 것이다. 예를 들어, 시간의 무상함을 인식하는 것은 현재의 휴가경험에 대한 향유를 증진시켜줄 수 있다. 한편, 긍정적인 경험이 일시적이라고 깨닫는 것은 좋은 성적을 향유하는 것과는 관련성이 덜할 것이다. 좋은 성적을 받는 일은 불연속적인 수행에 대한 반응으로 갑자기 일어나기 때문이다. 그럼에도 불구하고, 우리는 일부 향유방식의 경우 긍정적인 경험의 종류와 무관하게 즐거움을 증진시켜주고 연장해 줄 수 있다고 기대한다. 예를 들어, 자신의 행운을 인식하는 것은 휴가와 좋은 성적에 대한 향유 모두를 증진시켜줄 것이다.

향유반응과 회상된 즐거움의 관계를 살펴보기 위해, 우리는 학생들로 하여금 최근의 휴가($N=126$) 혹은 좋은 성적($N=125$)과 관련하여 향유방식 체크리스트를 작성한 후 '그 특정한 사건을 얼마나 즐겼는가?'(1 = 거의 즐기지 못했다, 7 = 매우 즐거웠다), '그 즐거움이 얼마나 지속되었는가?'(1 = 그리 오래가지 못했다, 7 = 매우 오래 지속되었다)를 항목에 표기하도록 했다.

사건 이후 경과 시간은 향유방식 체크리스트 하위척도 점수와 보고된 즐거움의 강도 및 지속 시간과 상관을 보이지 않았다(*rs* <.09, *ps*>.20). 〈표 4-3〉은 (1) 10개의 향유방식 체크리스트(WOSC) 하위척도에서의 점수, 그리고 (2) 각각의 긍정적인 사건에 대한 즐거움의 보고된 수준과 지속 시간 사이의 관계를 보여 주고 있다.

표 4-3 휴가경험(*N*=126) 및 좋은 성적을 받은 경험(*N*=125)에서 즐거움의 강도 및 지속 시간과 향유방식 체크리스트 하위척도들 간의 상관

	즐거움의 강도		즐거움의 지속 시간	
	휴가	좋은 성적	휴가	좋은 성적
SWO	.61	.27	.54	.33
MB	.41	.16	.45	.45
SC	.28	.40	.45	.50
SPS	.13	.15	.19	.21
C	.15	.14	.08	.12
A	.41	.27	.39	.44
BE	.41	.13	.38	.19
TA	.32	.13	.13	.27
CB	.53	.31	.53	.42
KTJ	-.49	-.20	-.40	-.13

 위 표는 향유방식 체크리스트와 즐거움의 강도 및 지속 시간의 관계에 대한 피어슨 적률상관계수를 보여 주고 있다. SWO = 타인과 공유하기. MB = 기억을 잘 해두기. SC = 자축하기. SPS = 세밀하게 감각 느끼기. C = 비교하기. A = 몰입하기. BE = 행동으로 표현하기. TA = 일시성 인식하기. CB = 축복으로 여기기. KJT = 즐거움을 냉각시키는 생각하기. |*rs*|>.14는 *p*<.05(양방검증)일 때 통계적으로 유의미한 결과를 나타냈다.

결과는 전반적으로 우리의 예언과 일치하고 있다. 우선 몇몇 향유방식이 두 가지 긍정적 사건에 따른 즐거움의 회상된 수준과 지속 시간 모두에서 일치되는 관계를 보여 주고 있음에 주목하자. 특

히, 자축하기, 몰입하기, 축복으로 여기기는 모두가 강한 정도에서 중간 수준의 범위로 휴가와 좋은 성적 모두의 경우에서 사람들의 회상된 즐거움의 강도 및 지속 시간과 관련되어 있었다. 이로 볼 때, 몇몇 종류의 향유반응은 두 가지 긍정적 사건 모두에서 더 강하고 오래 지속되는 즐거움과 관련된다는 것을 알 수 있다.

다른 향유방식의 경우에는 그와 대조적으로, 즐거움의 강도 및 지속 시간과 다른 관련을 보였는데, 이는 관련된 특정 긍정적인 사건의 종류에 따라 달라진다. 예를 들어, 타인과 공유하기, 기억을 잘 해두기, 일시성 인식하기는 좋은 성적을 향유하는 강도보다는 휴가를 향유하는 강도와 더 높은 상관을 보이고 있다. 그리 놀라운 일은 아니지만, 자축하기는 휴가에서의 즐거움 강도보다는 좋은 성적에서 즐거움의 강도와 더 강하게 연관되어 있다. 이러한 결과 패턴은 사람들이 휴가와 같이 계속 진행되는 긍정적인 사건과 좋은 성적과 같이 짧은 시간의 비정기적인 결과를 다른 방식으로 향유할 것이라는 우리의 초기 가설을 지지하고 있다.

이러한 결과들은 비록 고무적이지만, 우리는 그 한계도 인정해야 할 것이다. 모든 상관 연구가 그렇듯, 우리가 발견한 상관관계는 향유반응과 긍정적인 정서 간의 인과관계를 설명해 주지는 못한다 (Cook & Campbell, 1979). 향유방식이 긍정적인 경험에 대한 사람들의 긍정적인 감정의 강도와 지속 시간에 직접적인 영향을 미친다는 것을 명확하게 입증하기 위해서는 추가적인 연구가 필요하다. 특히, 특정한 긍정적 사건에 대한 반응인 특정 향유방략 유형에 사람들이 무선적으로 할당되는 실험 연구가 필요하며, 이들 사건의 과정과 이후에 참여자들의 감정 반응도 측정해야 한다. 뿐만 아니라, 긍정적인 경험과 관련하여 자연적으로 발생하는 사고와 행동의 단기적이고 장기적인 정서적 영향을 살펴보기 위해서는 일기(예: Duncan & Grazzani-Gavazzi, 2004)나 경험 표집법(예: Csikszentimihalyi & Hunter, 2003)을 활용하는 종단적인 연구가 필요하다.

나아가서, 향유방식 체크리스트의 구성 타당도를 확립하기 위해서는 추가적인 심리측정 연구가 필요하다. 이 책에서 우리는 10가지 향유방식 체크리스트 하위척도의 신뢰도와 변별 타당도를 지지하는 예비적인 증거를 제시하고 있다. 그러나 이 도구가 실제로 우리가 주장하는 바를 측정하는지 확인하는 과정은 다양한 환경에서 다양한 방법과 표본을 활용하는 다양한 연구를 필요로 하는 장시간에 걸친 과제가 될 것이다. 분명한 것은 우리는 그저 수박 겉핥기를 했을 뿐이라는 점이다.

⚜ 향유방식과 향유신념의 관계

만일 이 10가지 향유차원이 실제로 우리가 가정한 바를 측정한다면, 이론적으로 향유방식 체크리스트 하위척도 점수는 긍정적인 경험을 향유하는 능력에 대한 사람들의 신념(향유신념 척도를 통해 평가된 바와 같이)과 의미 있는 방식으로 관련되어야 한다. 그러한 연구결과는 향유에 대한 우리의 개념적 이해를 도울 뿐만 아니라 그 과정에서 10개의 향유방식 체크리스트 하위척도와 3개의 향유신념 척도 하위척도의 변별 타당도를 강화해 줄 것이다.

이와 함께, 우리는 타인과 공유하기, 자축하기, 행동으로 표현하기, 축복으로 여기기와 같은 몇몇 향유방식들의 경우 긍정적인 경험이 어떤 것이든지 그 순간을 향유할 수 있다는 지각된 능력이 높은 것과 관련될 것이라고 예상한다. 이들 향유차원 가운데 일부

(예: 타인과 공유하기, 행동으로 표현하기)는 자신의 긍정적인 감정에 주의를 기울이는 것이다. 반면 다른 향유차원(예: 축복으로 여기기)의 경우 특정한 사건의 긍정적인 특징에 주의를 기울인다. 사람들이 자신의 긍정적인 감정이나 상황의 긍정적인 특성에 좀 더 주의를 집중하고 감사해할수록, 더욱 다양한 일에서 즐거움을 느끼게 될 것이며, 긍정적인 경험의 향유에 대한 지각된 능력은 전체적으로 더욱 향상될 것으로 예상된다.

그러나 긍정적인 감정이나 환경을 좀처럼 알아차리지 못하게 만드는 향유방식(예: 즐거움을 냉각시키는 생각하기)도 있다. 즐거움을 냉각시키는 생각하기는 자신이나 상황의 부정적인 측면에 관심을 집중하기 때문에, 즐거움의 강도와 지속 시간을 저해하게 된다. 우리는 이같은 특정한 사고 패턴을 지니는 사람들이 아마도 쾌락의 결말에 대해서 생각하고 있을 것이며, 이로 인해 자신의 향유능력이 부족하다고 여기기 쉬울 것이라고 가정하고 있다. 즐거움을 냉각시키는 생각이 향유반응 전반에 걸쳐 나타난다면 아마도 어떤 긍정적인 경험에서라도 즐거움이 감소될 것이며(Beck, 1976), 그러한 사고의 역효과는 광범위한 긍정적 사건에서 반복되어 드러날 것으로 예상된다.

한편, 우리는 다른 향유방식들(예: 세밀하게 감각 느끼기, 일시성 인식하기, 비교하기)이 특정한 종류의 긍정적 경험에서는 즐거움을 증진시켜주지만, 일부 긍정적 경험에서는 그렇지 않을 것이라고 예상하고 있기도 하다. 예를 들어, 의식적으로 세밀하게 감각을 느끼고자 함으로써 거장의 음악 연주에 대한 감동을 드높일 수는 있지만 이것이 낯선 사람으로부터 찬사 받는 일에 대해서 사람들이 얼마나 즐거움을 느끼는지 여부에는 그리 영향을 미치지 않을 것으로 보인다. 마찬가지로, 시간의 무상함에 대해서 생각하는 것은 보기 드문 '달곰씁쓸한' 순간(예: 결혼이나 졸업)을 더욱 즐겁게 해 줄 수도 있지만, 단순한 일상적 즐거움(예: 혼자서 조용히 차를 마시는 일이나 정원을 걷는 일)은 오히려 해칠 수 있다. 향유방략을 통한 기쁨의 결말은 긍정적 사건이 무엇인가에 달려 있다는 점에서, 이러한 유형의 향유방식을 보이는 사람들이 일반적으로 자신의 향유능력에 대해서 어떻게 지각하고 있는지 여부를 정확히 예측하기는 어렵다.

지금까지 우리는 몇몇 사례의 경우 향유신념과 향유반응의 관계 정도가 긍정적 경험이 무엇이냐에 따라 달라질 것이라고 제안하면서 상황을 복잡하게 만들었다. 예를 들어, 어떤 사람의 전반적인 향유신념은 적극적으로 기억에 새겨두고자 하는 일이나 그 순간에 몰입하려는 향유방식에 대해서는 더욱 예측 가능성을 지닐 것이지만, 시험이나 보고서에서 좋은 성적을 얻은 경우에는 그렇지 않을 것이다. 이제 우리는 (1) 과거, 현재, 미래에 관한 전반적인 향유신념과 (2) 특정한 긍정적 사건에 대한 향유방식들 간에 복잡하고 다양한 관계 패턴들을 살펴보려고 한다. 우리는 향유신념 척도와 향유방식 체크리스트 하위척도의 변별 타당도에 관한 증거를 좀 더 수집하고, 향유를 구성하고 있는 것들에 대한 개념적 이해를 더하기 위해, 이와 같이 예언된 상호 관계 패턴(예: 구성개념들 간의 관계)을 활용하여 선험적 가설을 세우고 이를 검증하고 있다.

향유방식과 향유신념의 관계를 연구하기 위해, 우리는 학부생 표본에게 휴가($N = 598$) 또는 좋은 성적($N = 502$)과 관련하여 향유신념 척도와 더불어 향유방식 체크리스트를 작성할 것을 요청했다(이들 1,100명의 응답자들은 향유방식 체크리스트 하위척도 점수의 특성을 검토하는 과정에서 우리가 앞서 제시한 데이터의 하위표본이다.). 다음으로 우리는 향유방식과 향유신념의 상관 패턴을 살펴봄으로써, 우리의 개념적 가설들과 일치하는지 여부를 알아보고자 했다. 〈표 4-4〉는 그 상관관계를 나타내고 있다.

이 표에서 보여지는 결과에 따르면 현재의 긍정적 경험에 대한 향유방식과 자신의 향유능력에 대한 지각된 신념 간의 관계에 대한 우리의 선험적 가설들 중 다수가 지지되고 있다. 예언한 바와 같이, 긍정적인 감정에 집중하거나(예: 타인과 공유하기, 행동으로 표현하기) 상황의 긍정적인 측면에 집중하는(예: 축복으로 여기기) 향유방식들은 과거, 현재, 미래에 대한 높은 수준의 향유신념과 관련되어 있다. 예언과 일치하는 또 한 가지 결과는 즐거움을 냉각시키는 생각이 과거, 현재, 미래의 모든 시간적 관점에서 더 낮은 향유능력과 연관되어 있다는 점이다. 그리고 이러한 결과는 가장 최근의 휴가와 가장 최근에 시험이나 보고서에서 좋은 점수를 받았던 경험 모두에서 지지되었다.

하지만 이 두 가지 긍정적 사건의 관계 패턴에는 몇 가지 흥미로운 차이점도 존재하였다. 특히, 최근의 휴가경험을 향유할 때 기억에 새겨두는 향유방식은 과거, 현재, 미래를 향유할 수 있는 능력에 대한 신념과 정적인 상관을 보인 반면, 좋은 성적에 대해서 향유할 때에는 향유신념과 유의미한 상관을 보이지 않았다. 우리는 휴가가 좋은 점수를 받은 일에 비해 더 긴 시간 동안 체계적으로 기억을 구성할 수 있는 기회를 더 많이 제공한다는 점에서 이를 설명하고자 한다. 사실상 좋은 성적을 받은 일에 대해서 기억한다는 것은 그 점수를 받았을 당시 주변상황이나 반응을 기억하는 일을 포함하고 있다. 반면, 휴가에 대한 기억 형성 과정은 몇 시간 또는 며칠(심지어 몇 주) 동안 계속해서 진행되는 과정이며, 이런 점에서 현재의 긍정적

| 표 4-4 | 향유신념 척도 점수와 향유방식 체크리스트 점수들 간의 상관 |

향유방식 하위척도		향유신념 척도				
		긍정사건	미래기대	현재향유	과거회상	전체점수
타인과 공유하기	휴가	.30	.35	.40	.40
	좋은 성적	.19	.23	.17	.24
기억을 잘 해두기	휴가	.24	.25	.33	.31
	좋은 성적	.05	.03	.03	.04
자축하기	휴가	.20	.21	.25	.26
	좋은 성적	.24	.21	.20	.25
세밀하게 감각느끼기	휴가	-.01	-.03	-.01	-.01
	좋은 성적	.01	.01	-.05	-.01
비교하기	휴가	-.03	-.13	-.01	-.06
	좋은 성적	.04	-.06	-.02	-.01
몰입하기	휴가	.15	.20	.20	.21
	좋은 성적	.08	.02	.03	.05
행동으로 표현하기	휴가	.18	.21	.21	.23
	좋은 성적	.17	.20	.17	.22
일시성 인식하기	휴가	.02	-.07	.03	-.01
	좋은 성적	-.09	-.14	-.11	-.13
축복으로 여기기	휴가	.23	.33	.33	.34
	좋은 성적	.23	.19	.20	.24
즐거움을 냉각시키는 생각하기	휴가	-.27	-.40	-.38	-.39
	좋은 성적	-.17	-.28	-.20	-.26

위 표는 향유신념 척도의 평균 점수와 향유방식 체크리스트 하위척도의 평균 점수들 간의 피어슨 적률상관계수를 보여 주고 있다. 최근의 휴가경험(N=598) 및 시험이나 보고서에서 좋은 성적을 받은 일(N=502)과 관련하여 향유방식 체크리스트를 작성한 후 향유신념 척도를 실시한 대학생 표본에 대한 결과는 다음과 같다. 휴가의 경우 |rs|>.07은 p<.05(양방검증)에서, |rs|>.09는 p<.01(양방검증)에서, |rs|>.12는 p<.001(양방검증)에서 각각 통계적으로 유의미한 결과를 보였으며, 좋은 성적의 경우 |rs|>.07은 p<.05(양방검증)에서, |rs|>.10는 ps<.01(양방검증)에서, |rs|>.13는 p<.001(양방검증)에서 각각 유의미하였다.

인 경험을 즐기고 기념하는 데 더욱 유리하게 활용될 수 있다.

이와 마찬가지로, 휴가를 향유할 때 몰입하는 방식은 세 가지 시간적 관점 모두에서 보고된 향유능력과 정적인 상관을 나타냈다. 그러나 좋은 성적에 대해서 향유할 때 몰입하게 되는 경향은 보고된 향유능력과 상관을 보이지 않았다. 우리는 불연속적이고 이원적인 사건(예: 성공–실패, 승리–패배)과 달리, 현재 계속 일어나고 있는 일을 향유하는 경우에 몰입이 보다 유용한 방략이 될 수 있다고 제안하고자 한다.

예상했던 것처럼, 두 가지 긍정적 사건 모두에서 세밀하게 감각 느끼기와 비교하기가 전반적인 향유신념과 무관한 것으로 드러났다. 비록 좋은 성적을 향유하는 경우 비교하기는 순간을 향유하는 능력에 대한 신념과 유의미한 상관을 보이지 않았지만($r = -.06$, $p < .09$), 휴가를 향유할 때에는 보고된 향유신념과 약한 정도의 부적 상관을 나타내고 있다($r = -.13$, 양방검증 $p < .001$). 좋은 점수라는 것은 그 개념 자체부터 시험이나 보고서에서 자신보다 잘하거나 못하는 타인과의 비교에 바탕을 두고 있다. 그러나 휴가의 경우 여가가 주된 목적이며, 만일 (1) 과거, (2) 상상을 통한 가정법적 대안, (3) 타인의 경험 내용이나 (4) 장래 경험에 대한 기대 등과 계속해서 비교된다면, 그 즐거움은 당연히 줄어들게 될 것이다. 현재를 경험하는 순간 계속해서 다른 경우와 비교하는 데 바쁘다면, 그 순간에 경험하고 있는 것들을 향유하기 어렵기 마련이다.

우리는 세밀하게 감각 느끼기가 더 높은 전반적 향유신념과 연관되는 다른 유형의 긍정적인 사건들이 존재할 것이라고 추론해 볼 수 있다. 예를 들어, 긍정적 사건의 유발 자극이 주로 특정한 감각 형태(예: 소리, 맛, 냄새, 촉감, 시각)를 통해 경험되는 경우 이런 사건은 세밀하게 감각을 느끼는 방식의 향유반응을 가장 일으키기 쉬울 것으로 여겨지며, 그 과정에서 사람들은 의식적인 집중을 통해 특정 감각을 의도적으로 더 잘 느껴보려고 하게 된다. 그러한 즐거운 사건의 예에는 해변에 앉아 파도 소리에 귀를 기울이는 일, 만찬회에서 음식을 약간 맛보는 일, 정원을 거닐면서 장미꽃의 향기를 맡는 일, 안마를 즐기는 일, 또는 멋진 저녁노을 색깔에 감탄하는 일 등이 포함될 수 있다.

🌿 성별에 따른 향유방식의 차이

대부분의 여성은 남성에 비해 자신이 더 나은 향유능력을 갖고 있다고 믿는 경향이 있다. 그렇다면 성별은 향유방식과 어떤 관계가 있는가? 자신과 자신을 둘러싼 세계에 대한 생각, 감정의 경험과 표현, 그리고 일상생활에서 사회적 행동에 참여 여부 등 남녀 간의 차이에 관해서 수없이 많은 경험적 증거들이 축적되어 왔다 (예: Eagly & Wood, 1999; Maccoby & Jacklin, 1974). 예를 들어, 남성에 비해 여성은 내면적으로 더욱 풍성하면서도 복잡한 삶을 살아가는 경향이 있고(Veroff, Douvan, & Kulka, 1981), 전형적으로 보다 강렬한 감정을 보고한다(Diener, Sandvik, & Larsen, 1985)는 것을 우리는 알고 있다. 그러한 성별에 따른 차이가 동일한 긍정적 경험을 향유하는 방식에서도 나타날 것인가?

이러한 궁금증을 해결하기 위해 우리는 최근의 휴가, $N = 598$(남학생 175명, 여학생 423명) 또는 좋은 시험이나 보고서 점수, $N = 551$(남학생 130명, 여학생 421명)와 관련하여 독립적인 대학생 표본을 대상으로 10개의 향유방식 체크리스트 하위척도 평균 점수에서 성차를 살펴보았다. 향유신념 척도의 시간에 따른 세 가지(과거, 현재, 미래)의 하위척도 모두에서 여성이 더 높은 점수를 보였다는 점에서(Bryant, 2003), 우리는 휴가와 좋은 성적에 대해서 더 큰 즐거움과 관련된 향유방식 체크리스트 하위척도에서는 여성이 남성보다 더 높을 점수를 기록할 것이고, 즐거움을 냉각시키는 생각하기 하위척도에서는 남성에 비해 더 낮은 점수를 기록할 것이라고 예상했다.

이러한 우리의 가정을 확인해 주면서, 두 가지의 긍정적인 사건 모두에서 남녀 간에 신뢰로운 차이가 존재하였다. 〈표 4-5〉에 나타난 바와 같이 휴가와 좋은 성적 모두에서 여성은 향유방략으로 타인과 공유하기, 행동으로 표현하기, 축복으로 여기기를 유의미하게 더 많이 활용한 반면, 남성은 즐거움을 냉각시키는 생각하기를 유의미하게 더 많이 사용하는 것으로 나타났다. 그러나 긍정적 사건이 무엇이든지 세밀하게 감각 느끼기, 비교하기, 몰입하기나 일시성 인식하기에서는 성별에 따라 별다른 차이가 없는 것으로 나타났다. 뿐만 아니라, 남성에 비해 여성은 휴가에 대한 반응으로 기억을 잘 해두기를 더 많이 활용하며, 좋은 성적에 대한 반응으로 자축하기를 더 많이 활용하는 것으로 나타났다. 효과크기(d; Cohen, 1988)를 측정한 결과, 이러한 성차의 크기는 낮음에서 중간 수준(small to moderate)으로 드러났다.

우리의 연구결과는 여성이 남성에 비해 (1) 긍정적인 감정을 타인과 더 잘 공유하고, (2) 자신의 감정을 신체적이고 비언어적인 행동으로 표현하며, (3) 자신이 축복받았다 여기고, (4) 향유를 방해하는 부정적인 생각을 피하는 경우가 더 많다는 것을 보여 주고 있다. 분명, 긍정적인 사건과 관련하여 남성은 여성에 비해 자신의 감정을 공유하고 표현하는 데 더 어려움을 느끼기 쉬우며, 축복으로 여

표 4-5

휴가 및 좋은 성적을 받은 경험에 대한 향유방식 체크리스트 하위척도별 남녀 평균의 차이

향유방식	긍정 사건							
	휴가				좋은 성적			
하위척도	남성	여성	t	d	남성	여성	t	d
SWO	4.93 (1.43)	5.55 (1.19)	5.42**	0.49	3.52 (1.44)	3.88 (1.39)	2.50*	0.25
MB	4.60 (1.20)	5.07 (1.08)	4.68**	0.42	2.34 (1.05)	2.46 (1.14)	1.05	0.11
SC	4.22 (1.45)	4.32 (1.27)	0.83	0.07	4.40 (1.26)	4.73 (1.05)	3.00**	0.30
SPS	3.59 (1.09)	3.78 (1.22)	1.73	0.16	2.69 (1.28)	2.59 (1.26)	0.72	0.04
C	3.51 (1.09)	3.44 (1.06)	0.78	0.07	3.13 (1.13)	3.11 (1.11)	0.19	0.02
A	4.56 (1.22)	4.66 (1.21)	0.96	0.09	3.38 (1.37)	3.27 (1.26)	0.87	0.09
BE	4.06 (1.32)	4.36 (1.28)	2.65**	0.24	2.63 (1.25)	3.04 (1.35)	2.97**	0.30
TA	4.24 (1.38)	4.38 (1.38)	0.77	0.07	2.78 (1.37)	2.86 (1.29)	0.65	0.07
CB	4.69 (1.51)	5.05 (1.49)	2.64**	0.24	4.11 (1.61)	4.48 (1.55)	2.29**	0.23
KTJ	2.64 (1.07)	2.45 (1.06)	1.99*	0.18	2.82 (0.97)	2.60 (0.96)	2.18*	0.22

주 위 표에서는 괄호 안의 표준편차와 함께 향유방식 체크리스트 하위척도 각각에 따른 남녀별 평균 점수를 보여 주고 있다. 휴가의 경우, N = 598(남성 175명, 여성 423명). 좋은 성적의 경우, N = 551(남성 130명, 여성 421명). 향유방식 체크리스트 하위척도 평균 점수의 범위는 1~7, 중간값은 4로 나타났다. t = 독립표본 t 검증의 관찰치 (휴가의 경우, df = 596; 좋은 성적의 경우, df = 549). d = Cohen's d, 효과크기 측정치로 d≤0.2일 때 '낮음' d = 0.5일 때 '중간' d≥0.8일 때 '높음'을 의미한다 (Cohen, 1988). SWO = 타인과 공유하기. MB = 기억을 잘 해두기. SC = 자축하기. SPS = 세밀하게 감각 느끼기. C = 비교하기. A = 몰입하기. BE = 행동으로 표현하기. TA = 일시성 인식하기. CB = 축복으로 여기기. KJT = 즐거움을 냉각시키는 생각하기. *p<.05, 양방검증 **p<.01, 양방검증.

기는데 시간을 덜 할애하고 즐거움을 냉각시키는 생각하기를 하는데 더 많은 시간을 보낸다. 뿐만 아니라, 여성은 남성에 비해 자신의 휴가에 대해 더 적극적으로 기억에 새겨두고자 노력하고, 좋은 성적에 대해 스스로를 축하한다. 이처럼 여성들이 향유방략을 보다 많이 활용한다는 사실은 미래에 대한 기대, 현재에 대한 향유, 회상을 통해 기쁨을 이끌어내는 능력에 대한 지각된 신념에 있어서 왜 여성이 남성에 비해 일관적으로 더 높은 점수를 보이는지 이해하는데 도움이 될 것이다.

연구결과는 향유신념에서 성차가 5학년부터 발생하며(Cafasso, Bryant, & Jose, 1994), 또한 이 차이가 최소 65세까지 지속된다는 점을 보여 주고 있다(Bryant, 2003). 향유신념에서 이러한 성별 차이는 일본(Lindberg, 2004), 캐나다(Lindberg, 2004) 및 호주(Macaulay, 2000)의 데이터에서도 동일하게 나타났다. 남성과 비교할 때, 여성은 긍정적인 경험에 대한 즐거움을 보다 효과적으로 증진시켜주는 인지적, 행동적 향유방략을 활용하여 좀 더 즐기는 방법을 알고 있는 것으로 보인다. 사람들이 자신의 향유를 증진시킬 수 있도록 돕는 방안에 대해서 논의하는 8장에서 우리는 이 점을 다시 살펴볼 것이다

요 약

여기에서 우리는 연구자들에게 앞으로 향유에 대한 개념적 및 경험적 이해를 발전시켜 나가기 위해 필요한 측정도구를 제공하고자 긍정적 경험에 대한 향유반응의 유형을 경험적으로 구분해 보았다. 향유방식 체크리스트를 통해 서로 다른 10가지의 향유차원들을

소개하였으며, 여기에는 타인과 공유하기, 기억을 잘 해두기, 자축하기, 세밀하게 감각 느끼기, 비교하기, 몰입하기, 행동으로 표현하기, 일시성 인식하기, 축복으로 여기기와 즐거움을 냉각시키는 생각하기가 포함된다. 마지막 향유차원(즐거움을 냉각시키는 생각하기)은 긍정적인 경험의 향유를 방해하는 인지적 유형을 반영하고 있다. 대부분의 향유방식이 주로 인지적(예: 기억을 잘 해두기, 자축하기, 세밀하게 감각 느끼기, 비교하기, 일시성 인식하기, 축복으로 여기기, 즐거움을 냉각시키는 생각하기)인 반면, 행동이 주가 되는 것들도 있었다(예: 행동으로 표현하기, 타인과 공유하기, 몰입하기). 이들 특정한 향유차원은 긍정적인 사건을 향유하는 모든 가능한 방법의 총체를 말하는 것이 아니다. 오히려 사람들이 자신의 삶에서 긍정적인 경험을 향유하기 위해 어떻게 노력하고 있는지에 대하여 추가적인 연구를 촉발하기 위한 하나의 출발점으로 볼 수 있다. 향유방식 체크리스트 하위척도들의 구성 타당도를 지지하기 위해 우리는 다음을 보여 주는 자료들을 제시하였다. 서로 다른 긍정적 사건은 향유방식 체크리스트의 10개 하위척도에서 각기 다른 향유방식들과 관련된다. 성격은 긍정적인 사건이 무엇이든지 사람들이 향유하는 방식에 영향을 미친다. 특정한 향유방략을 사용하는 사람들은 즐거움의 강도와 지속 시간에 있어서 더 높은 수준을 보고하기도 한다. 긍정적인 결과를 향유하는 능력에 대한 개인의 신념은 예측 가능한 방식으로 서로 다른 향유방식들과 관련되어 있다. 일반적으로 여성은 남성보다 긍정적인 경험에서 더 높은 수준의 즐거움을 이끌어내는 것과 관련된 향유방략을 더 잘 활용한다.

향유의 유형:
통합적인 개념적 견해

🌿

우리가 느끼는 즐거움에는 양보다 질에서 더 많은 차이가 존재한다.

Ralph Waldo Emerson(1841/1906)

    앞 장에서는, 긍정 경험을 향유하는 10가지 방법을 평가하는 측정도구를 개발한 연구에 대해서 소개하고, 이 측정도구의 구성타당도를 다양한 성격적 · 상황적 · 정서적 변인들과 관련하여 살펴보았다. 개별적인 향유과정은 각기 다른 향유반응을 수반하며, 어떤 향유반응은 자동적으로 일어나는 반면에 어떤 향유반응은 특정한 긍정 경험에 대해 개인이 의도적으로 선택한 것이라는 점을 소개했다. 그러나 향유과정 자체를 여러 유형으로 구분하지는 않았다.

    지금부터는 여러 유형의 향유과정을 보다 깊이 이해하고 구분하기 위한 통합적인 개념적 체계를 제시할 것이다. 먼저 여러 유형의 향유반응을 기본적인 기능의 측면에서 보다 일반적으로 살펴볼 것이다. 그런 다음에 향유경험들과 그 기저의 향유과정들을 다음과 같이 구분할 것이다. 즉, 경험의 일반적 지향방향이 세계초점적

(world-focused)인지 아니면 자기초점적(self-focused)인지에 따라서 또한 그러한 경험이 인지적 성찰(cognitive reflection)을 필요로 하는지 아니면 경험적 몰입(experiential absorption)을 필요로 하는지에 따라서 구분할 것이다. 이러한 두 가지의 개념적 구분을 결합하면, 2×2 분류모형이 도출되어 향유과정을 네 가지 유형, 즉 자축하기(basking), 감사하기(thanksgiving), 경탄하기(marveling), 심취하기(luxuriating)로 구분할 수 있다. 이러한 네 가지 유형은 (1) 세계초점 대 자기초점과 인지적 성찰 대 경험적 몰입을 혼합한 것이고, (2) 긍정 경험에 대한 독특한 동기적 지향성(motivational orientation)과 관련되어 있으며, (3) 각기 다른 주관적인 체험을 반영하고 있다. 나아가서 우리는 이러한 네 가지 향유과정이 부정적인 경험에 대응되는 상반된 과정을 지니고 있으며 부정적인 경험은 개인의 주의 자원을 독점함으로써 대응되는 향유방식에 주의를 기울이지 못하게 할 수 있다는 점을 제안할 것이다.

광의의 개념적 견해: 향유의 세 가지 기능

향유방식 체크리스트를 사용해 향유 차원을 분류하면 일상생활에서 향유경험을 시작하거나 향상시키는 데 사용할 수 있는 구체적인 향유 차원의 목록들을 자세히 설명할 수 있었다. 뿐만 아니라 이 도구에 포함되지 않은 다른 향유 차원이나 반응을 포괄하는 보다 일반적인 개념적 시각을 채택함으로써 향유반응을 세 가지 기능―긍정 경험을 지속하기, 긍정 경험을 강화하기, 향유 상태로 전환하기―에 기초해 통합하였다. 다음에서는 이들의 기본적인 기능을 자세히 살펴봄으로써 사람들이 더 큰 긍정 경험을 얻기 위해 정서 생활에 어떻게 대처하는지, 삶의 축복에 대한 감상을 증진시키기 위해 어떤 구체적인 방식을 택하는지에 대해 알아볼 것이다.

🍃 현재를 지속시키기: 향유 시간을 늘리기

불연속적이고 지속 시간이 짧은 긍정적인 사건은 지속 시간이 긴 사건에 비해서 향유하기가 어렵다. 칭찬을 받는다거나, 급료가 인상되거나, 진급을 하거나, 물고기를 잡거나, 홀인원을 하거나, 연인으로부터 첫 키스를 받는 것과 같은 불연속적인 사건들은 너무 짧아서 길게 향유하기 힘들다. 대부분의 사람들은 이 짧은 경험을 지속시키기 위해 방략을 사용한다. 사실 긍정적인 사건은 가만히 놓아두면 금세 사라져버리지만, 부정적 사건은 오래 지속되는 역설적인 관계에 있다. 아래에 긍정적 경험의 영향을 지속하기 위한 몇 가지 방법을 소개하겠다.

회상과 추억하기 추억하기와 회상하기는 향유방식 체크리스트에서 소개된 향유 방법인 '기억을 잘 해두기'와 유사한 방법으로, 향유를 지속하기 위한 첫 번째 방법이다. 순간적인 감정의 영향이 증발해 버린 뒤, 그 사건의 특별한 점을 떠올리면서 향유 사건을 되살릴 수 있다. 모든 긍정적인 사건에 대해 이 방략을 사용하지 않는다 하더라도, 사람들은 '처음 사랑을 나눈 날' '처음으로 마라톤 완주한 날' '아이가 태어난 순간' 등과 같이 중요한 '이정표'들을 종종 떠올린다. 그때 어땠는지를 자신에게 상기시키거나, 다른 사람들과 얘기하거나, 사진 혹은 기념품을 통해서 긍정적인 사건을 재생시킬 수 있다. 6장에서 살펴보겠지만, 향유를 지속하기 위해서 다른 사람과 함께 회상하는 것은 이야기하기를 촉진시킨다. 이야기의 맥락 내에서 특정 순간을 기억하는 것이 가장 쉬운 방법이다. 왜냐하면, 이 이야기 내에는 특정 순간으로 이어지는 전개 과정과 대단원이 존재하기 때문이다.

연결하기(Chaining)　우리가 접하게 되는 짧은 긍정적 사건들은 비록 그 사건이 중요한 이정표가 아닐지라도 처음의 사건에서 파생되는 연산망(web of associations)을 타고 심리적으로 지속될 수 있다. 따라서 사람들은 원래 경험에 덧붙여 다른 생각을 인지적으로 연결시킬 수 있다. Fred는 산 정상에 올랐을 때 등정의 환희에 대해 이야기하였다. 이 감정은 단지 짧은 순간 동안 경험될 수 있지만, 그는 정상에서 360도 파노라마, 바람 소리, 고요한 침묵, 산 공기의 향기 등 여러 감각적 현상을 흡수하였다. 그리고 개인적 성취감과 동료들과의 끈끈한 유대감, 우주의 광대함 등 사건의 의미에 대해 생각했다. 이러한 여러 요소들이 등정이라는 제한되고 단편적인 사건과 결합해 긍정적 경험을 이루어내는 것이다. 이러한 연결하기는 자동적일 수도 있고, 정교한 의식적 통제 하에서 일어날 수도 있다. 어느 경우든 연결하기를 통해 짧은 향유경험은 지속될 수 있다.

연결하기는 추억하기를 통해 보다 정교해질 수 있다. 과거를 이야기할 때 사람들은 종종 실제 발생하지 않았던 사실을 추가하곤 한다. 특히 다른 사람에게 이야기를 전할 때, 이야기를 매끄럽게 하기 위해 세부 묘사를 첨가하게 되는데, 이 과정에서 실제로 일어나지 않은 일들이 포함될 수 있다. 이 경우 윤색된 사건이 실제 발생했는지의 여부는 상관없다. 왜냐하면 그 사건은 원래의 향유 순간을 미

CHAPTER **5**
향유의 유형: 통합적인 개념적 견해

래까지 지속시키는 데 작용하는 연산망의 일부가 되었기 때문이다.

사건 후에 공유하기 앞에서 살펴본 것처럼, 긍정적인 경험을 다른 사람과 공유하는 것은 향유방식 체크리스트의 주요한 향유반응이다. 공유하기는 긍정적인 사건이 일어나고 있을 때뿐 아니라, 그것이 끝난 후에도 향유를 지속시키는 직접적인 방법이다. 사람들은 의도적으로 다른 사람들과 있을 때 과거의 기쁨을 회상한다. 대체로 사랑하는 사람이나 친구와 있을 때 그러하지만 때로는 낯선 사람과 공유하기도 한다. 그들은 운수 좋은 사건, 과거의 즐거움, 행복했던 시절 등에 대해 이야기한다. 만약 공개적으로 개인적 덕목이나 능력에 대해 과도하게 자축한다면 이와 같은 이야기들은 자기자랑이 될 수 있다. 그렇지만 보통 이러한 이야기하기는 자랑 그 이상이다.

짧은 두 가지 예를 살펴보자. 예를 들어, Fred의 아내인 Linda는 막 인화한 사진을 본 후, 남편에게 그 사진을 가져와 함께 한 번 더 보자고 보챈다. 함께 사진을 보면서 남편이 즐거워한다면 사진에 대한 아내의 향유경험은 지속될 것이다. 다른 예로 Fred는 유수한 저널에 자신의 논문이 마침내 출판되기로 결정되었다는 것을 알게 되었을 때 곧바로 동료에게 전화를 건다. 동료가 그 소식을 듣고 기뻐할 때 Fred의 향유경험은 지속된다. Fred와 Linda는 다른 이들과 공유하기를 통해 처음의 향유 순간을 지속시키게 된다.

아울러 홀로 무언가를 향유하거나 향유경험과 관련된 사람과 떨어져서 향유할 때, 미래에 관련된 사람들과 그 순간을 공유하는 것을 상상하는 것만으로도 향유를 촉진시킬 수 있다. 많은 긍정적 기대와 마찬가지로 앞으로 공유할 것을 미리 생각하는 것은 향유의 일부가 되며 긍정 경험을 지속시킨다. 우리는 꽤 자주 "무슨 일이 있었는지 ○○에게 말하고 싶어 못 참겠어."라고 스스로 말한다. Fred는 Snowmass Mountain(미국 콜로라도 주에 있는 해발 4,290m의 고산 - 옮긴이) 정상에서 이와 같은 향유방식을 사용하였다. 영화를 보러 갈 때 혼자 가기보다 누군가와 함께 가는 것을 선호하는 것도 영화가 끝난 뒤 영화의 즐거움을 함께 향유할 누군가가 필요하기 때문이다. 영화가 끝난 뒤에 나누는 뒷이야기는 영화의 즐거움을 지속시킨다.

이미 말한 것처럼, 향유한 순간을 이야기하는 것은 세부적인 사건들을 연결하고 향유경험을 연장하는 한 방법이다. 명심해야 할 것은 청자에게 이야기하는 것이 긍정 경험을 공유하는 것이며 향유를 지속하는 또 다른 방법이라는 점이다. 누군가에게 이야기하는 것은 세 가지 향유과정을 결합하는 수단이 될 수 있다. 과거에 대해 얘기함으로써 회상하게 되고, 이야기라는 형식을 통해서 여러 긍정 경험을 통합하여 연결하게 되며, 다른 사람에게 얘기함으로써 공유하게 되는 것이다.

축하하기 공식적인 축하 의식을 통해 긍정적인 일을 지속시키는 행사들은 대부분의 문화권에서 찾아볼 수 있다(Isambert, 1969; Turner, 1982). 축하 의식은 긍정적 사건을 위해 계획된 사회적 반응이며, 좋은 음식, 손님, 여흥 등이 어우러져 긍정 정서를 지속시킨다. 향유를 지속시키는 과정으로서 축하 의식은 사람들과 여러 상황적 요소들이 함께 작용하여 시너지 효과를 발생시키며 단순히 이들 요소를 합해 놓은 것 이상의 효력을 발휘하기도 한다.

상을 받거나, 승진했거나, 대학을 졸업했거나, 생일을 맞이하면

으레 축하 행사를 준비하는데, 이러한 행사는 단발성으로 지나쳐 버릴 수 있는 긍정적인 경험을 오래 지속시킬 뿐 아니라, 미래에 사건을 보다 잘 기억할 수 있도록 돕는다. 행사를 기록하기 위해서 동원되는 사진기와 캠코더는 바로 그런 용도로 사용되는 것이라 할 수 있다.

🔥 현재를 강화하기: 향유의 학대

어떤 사건이 발생하는 동안 경험하는 향유를 더욱 강화하기 위해 사용할 수 있는 방법들이 있다. 이 글에서는 향유를 강화하는 데 사용되는 두 가지 방법을 소개할 것인데 사실 두 방법은 서로 밀접히 관련되어 있다. 하나는 방해되는 요소를 차단하는 것이고 다른 하나는 향유를 유발하는 대상에 주의를 기울이는 것이다. 방해 요소를 차단하게 되면 자연스레 목표 자극에 보다 많은 주의를 기울일 수 있으며, 반대로 향유를 유발하는 대상에 주의를 두게 되면 방해 요소를 차단하게 되니, 이 두 방법의 상호 관련성은 당연한 것이다. 향유방식 체크리스트에 소개되었던 자극 감각 민감화와 자극 감각 몰입이 이에 해당되는 방식이라 할 수 있다.

간섭 요소를 차단하기　많은 사람들이 향유할 대상이 있을 때 그 대상에 더욱 집중하기 위해 환경을 조성한다. 만약 성관계를 맺거나 아주 근사한 음식을 먹을 때 라디오 프로그램에서 특별히 좋아하는 주제가 방송된다면 어떨까? 아마도 성관계나 음식을 충분히 즐기기 어려울 것이고 온전한 향유를 위해서는 라디오를 꺼야 할 것이다.

사람들은 라디오를 끄는 방법보다 조금 미묘한 방법을 사용해 마음 한쪽에 자리 잡고 있는 것, 특히 걱정거리를 심리적으로 차단하고, 향유하고 있는 긍정적인 자극에 전적으로 주의를 집중할 수 있다. 어떤 사람들은 일시적인 탐닉에 몰입하기 위해 부인(denial)의 방법을 사용하는 데 특별히 능숙하다. 사실 골칫거리가 있을 때 이로부터 벗어나기 위해 향유경험으로 도피할 수도 있다. 극단적으로는 음식과 섹스에 대한 향유가 직면하기 어려운 상황으로부터 벗어나기 위한 도구로 사용되는데, 이처럼 심리적 어려움에 대처하기 위해 향유경험에 점점 더 의존하게 되면 '중독적인' 향유 활동으로 치달을 수 있다. 이러한 '중독'을 향유 강화 방략이라고 부를 수 있을지 망설여지지만, 음식과 섹스에 대한 향유를 강화하기 위해 삶의 걱정스러운 면면을 의도적으로 부인하는 사람들과 이들 대상에 심리적으로 의존하는 사람들을 구별하기는 어렵다.

향유 순간에 보다 집중하기　향유할 때면 누구나 어느 정도는 집중할 수 있기는 하지만 향유의 정의에서는 긍정 경험에 대한 일정 수준의 주의를 요한다. 의식적으로 여타 자극을 배제하고 향유 자극에만 초점을 두도록 스스로 이야기할 때, 여기에서 소개하는 방략을 사용하는 것이다. 현 시점에 주의를 집중하게 하는 한 가지 방법은 향유경험이 용이하도록 상황을 조성하는 것이다. 앞에서 음식과 성행위를 향유하는 데 주의를 산만하게 하는 라디오 프로그램에 대해 이야기하였다. 만약 만찬을 즐기는 사람이 음식을 향유하는 데 도움을 주는 음악, 예를 들어 식사 시간과 어울리는 차이코프스키의 부드러운 세레나데가 라디오에서 흘러나온다고 하자. 그리고 섹스를 즐기는 두 연인에게 들리는 음악이 사랑하기에 적합한 Ella

Fitzgerald(재즈의 여왕이라고 불리는 미국 출신의 재즈 가수-옮긴이)가 부르는 Cole Porter(미국의 대중 음악 작곡가-옮긴이)의 곡이라고 하자. 이 두 경우 모두, 음악은 오히려 주의 집중을 향상시킬 수 있다. 이처럼 사람들은 즐거움을 강화시키기 위해 향유 환경을 조성하는 방략을 사용할 수 있다.

물론 이런 분석은 비단 음식과 섹스에만 적용되는 것은 아니다. 음식과 섹스를 예로 든 것은 이 둘이 논의하기에 편했기 때문이다. 이 방략은 지적인 향유에도 동일하게 적용할 수 있다. 독서 경험을 향유하는 것을 생각해 보자. 독서 경험을 향유하기 위해 당신은 주위 사람들에게 목소리를 낮추어 달라고 부탁할 수 있다. 불편하여 여러 번 자세를 고쳐 앉지 않아도 되도록 의자에 편안히 앉는 것도 좋은 방법이다. 한 잔의 차를 준비하거나 추울 것을 대비해 따뜻한 담요를 준비하는 것은 어떨까. 독서를 하는 동안 이런 노력은 독서를 향유할 때 얻는 즐거움이 방해받지 않도록 돕는다. 이런 방식은 의도적인 노력을 통해서 이루어지며 현재향유하고 있는 것에 주의를 집중하는 데 큰 도움을 준다.

반면 우리는 전혀 다른 경험을 해 본 적이 있다. 어떤 구절을 읽으면서 눈동자가 한 글자에서 다른 글자로 무심결에 옮겨 다니면서 오랜 시간 다른 생각을 했다는 사실을 갑자기 깨달을 때가 있다. 이 경우 조금 전에 읽었던 내용은 전혀 알지 못하고 문자를 통한 심오한 향유는 불가능하다. 이와 관련하여 Schooler 등(2003)은 다음과 같이 언급했다.

이 경험과 관련하여 놀라운 것은 우리가 무엇에 대해 생각하느라 집중이 되지 않았는지는 알고 있지만, 우리가 딴생각을 하고 있다는 것을 인식하지는 못한다는 점이다. 만약 인식할 수 있었다면 독서를 그만두거나 백일몽을 멈추었을 것이다. 이런 활동들이 시사하는 것은 우리가 어느 순간, 어떤 생각에 우리의 마음을 빼앗긴다고 해도 우리는 그것을 깨닫지 못한다는 사실이다. (p. 65)

반면 독서를 주의 깊게 향유하는 것은 이와는 좀 다르다. 어떤 책을 읽다가 특별히 흥미 있는 내용을 발견하면 읽는 것을 멈추고 반복해서 그 구절을 읽을 수 있다. 또는 의도적으로 읽기를 중단하고 보다 깊고 면밀히 함의를 생각해 볼 수도 있다. 아울러 천천히 읽으면서 각 단어와 관련되어 있는 정서를 경험할 수 있는 시간을 가질 수도 있다. 향유는 긍정적인 정서 경험에 대해 의식적으로 주의를 두는 과정을 포함한다. 주의를 기울이지 않으면 향유를 경험할 수 없다.

아래 시를 통해 여러분은 짧은 실험에 참여할 수 있다. 아래 글을 가능한 한 빨리 읽어나가면서 어느 한 문장이나 글자에 오랫동안 머물지 않도록 하자. 딴생각이 들지 않도록 하고 가능한 한 빨리 읽어 내려가자.

내 발 아래 자리 잡은 산기슭, 녹색의 반점들이 있는 갈색의,
그리고 평평한 갈색 평원을 낮추고, 지표의 바닥,
푸른 무한까지 넓게 펼쳐져 있어.
내 옆, 이 빈 공간에는, 신전의 지붕이 하늘에 대항하여
느린 곡선을 자르고,
그리고 한 까만 새가 빈 공간 주변을 돌고 있네.
공간, 그리고 12개의 깨끗한 바람이 여기 있어,

그리고 그들과 함께 영원이 내리덮고-짧고, 하얀 평화, 명백한

존재……

그러나 나는 이 공간에서 내려갈 것, 이 짧고 하얀 평화,

이 통렬한 환희.

그리고 시간이 내 주위의 문을 닫고, 내 영혼이

일상의 리듬을 휘젓고.

그러나

삶은 그렇게 가까이 날 밀지 않을 것, 그것을 알기에,

항상 나는 시간이 내 주위를 엷게 감쌀 것,

한 번 내가 이곳에 서서

이 하얗고 바람 부는 영원의 공간에서. (Tietjens, 1919, pp. 95-96)

자, 이제 다른 방식을 택해 보자. 지금 산 정상에 서 있다고 상상해 보라. 아주 오랫동안 오르길 갈망했던 산이며 절친한 친구와 함께 있다. 그런데 갑자기 이 순간이 얼마 가지 않을 것이라는 생각이 떠오른다. 이 순간이 다시 찾아오지 않을 것이라는 생각에 달콤 쌉쓸한 느낌에 휩싸인다. 그리고는 이 순간을 영원히 기억하기 위해 애쓸 것이다.

이제는 위의 상황에 놓여 있다고 생각하고 다시 시를 읽어보자. 이번에는 천천히 각 단어를 조심스럽게 향유하면서 읽어보자. 한 단어에 오랫동안 머무르며 감정이 흘러나올 수 있도록 해도 좋다. 시간을 가지고 그 단어들이 불러일으키는 감정들을 인식해 보자. 다 읽은 후, 이 글로 다시 돌아오자.

이 두 가지 글 읽는 방식의 차이는 향유가 가진 정서적 힘을 실감하게 한다. 주의를 기울이지 않고 급하게 읽어나갈 때에는 천천

히 음미하며 읽을 때 느껴지는 향유를 경험하기 어렵다. 이 시 (Eunice Tietjens의 'The Most Sacred Mountain')를 음미하기 위해서는 마치 와인 전문가가 혀로 와인의 맛을 음미하듯이 시에서 느껴지는 다양한 감정을 경험하고 표현하는 한편, 단어와 구절에 머무르면서 다른 연상이 가능하도록 하며, 전개되는 긍정적인 경험들을 주의 깊게 인식하여야 한다. 어떤 방식이 시를 더 잘 즐길 수 있도록 하는 지는 명백하다.

천천히 읽고 단어에 오래 머무르게 되면 구절에 대한 반응을 유발할 수 있고, 인지적인 연상 작용이 가능해지며, 전체 경험을 의식할 수 있는 시간을 가질 수 있게 된다. 그렇지만 시를 빨리 읽어나가면 읽고 있는 단어와 관련된 정서 반응과 인지적인 연상이 일어날 수 있는 여지가 없어진다. 앞서 언급하였듯이 천천히 읽으면 쉽게 집중할 수 있고, 의식적 지향(mindful orientation)을 할 수 있으며, 향유를 촉진시킬 수 있다.

자연주의자들은 자연의 경치를 쑥 훑어보기보다는 요소 하나 하나에 주의를 기울이는 방법을 택한다(Schaller, 1980). 2장에서 Fred는 정상에서 세세한 부분들을 살피는 것에 대해 마치 자신의 마음이 경치를 찍는 카메라가 되어 자연 풍광을 대상으로 '마음 영화 만들기'를 하는 것과 같다고 하였다. 마찬가지로 조류학자는 쌍안경을 사용해 멀리 있는 새들을 바라볼 때 오직 한 마리 새에 관심을 집중해 색깔과 습관을 자세히 살펴본다. 이들 모두 주의의 초점을 향유하는 대상에 집중하는 심리적 방략의 예라고 할 수 있다.

사건에 대한 주의를 향상시키는 또 다른 방법은 기억 속에 새겨넣는 것이다. Fred는 이 방법을 등반 중에 많이 사용했다. Fred는 이 방법을 통해 순간의 즐거움을 확대하기도 하고 시간이 흐른 뒤 그

CHAPTER 5
향유의 유형: 통합적인 개념적 견해

사건을 다시 머릿속에 떠올려 기쁨을 배가시키기도 한다. 머릿속에 적극적으로 새겨 넣은 향유 기억은 수동적으로 입력한 것에 비해 훨씬 생생하게 그리고 더욱 용이하게 인출될 수 있다. 즉, 현재를 잘 기억해두는 것이 현재의 즐거움에 영향을 미칠 뿐 아니라 회상하면서 기억을 향유하는 능력 또한 조절하도록 돕는다.

현재를 공유하기　경험이 종료된 뒤 그 순간을 타인과 함께 향유하면 (또는 공유할 것에 대해 생각하면) 향유경험이 연장되는 것처럼, 현재 진행 중인 경험을 공유하면 경험의 강도가 커진다. 이런 효과는 공유의 대상이 친한 친구나 사랑하는 사람일 때 특히 그러하다. 친밀한 사람과 함께 감동적인 콘서트나 연극을 감상하거나 감격적인 스포츠 경기의 승리를 맛보거나 극광(極光)의 아름다운 모습을 바라볼 때 매우 강렬한 향유를 경험할 수 있다. 이 기쁨은 향유하는 대상의 유형과 상관없이 향유경험을 누군가와 함께한다는 일체감에 의해서 유발되는 것이다. 따라서 향유방식 체크리스트 중에서 타인과 공유하기가 대표적인 요인인 것은 놀랄 만한 일이 아니다.

유연한 시간 관점을 채택하기　긍정적 경험과 관련해 시간 관점에 유연하게 반응하는 것이 향유의 강도와 지속 기간을 증대시키는 효과적 방략이 될 수 있다. 특히 회상과 기대는 진행 중인 긍정 경험의 강도를 증가시키거나 지속 기간을 길게 만드는 데 사용된다. 예를 들어 긍정 경험이 전개되는 동안, 과거를 뒤돌아보거나(기대했던 것을 회상함) 미래를 바라보면서(회상할 것에 대한 기대) 현재의 즐거움을 강화시킬 수 있다. 기대가 미래에 있을 회상을 위한 기반을 마련하는 것이다. 긍정 경험을 즐기는 동안 비슷한 과거 경험을 회상하는 것 또한 현재의 즐거움을 배가시킬 수 있다. 향유에 있어서 시간적인 방향성에 개방적인 것은 이익이 되는 것 같다.

🌿 향유 상태로 전환하기

지금까지 긍정 경험이 발생했을 때 이를 확대하거나 지속시키는 방법에 대해 살펴보았다. 이제부터는 긍정적 감정을 현재 경험하고 있지는 않으나 원할 때 이를 사용할 수 있는 기법들에 대해 논의하고자 한다. 이들은 일상 속으로 향유를 불러오고 싶거나, 무(無)향유의 상태에서 유(有)향유의 상태로 전환하고 싶을 때 사용하는 방법들이다.

계획하기와 기대하기　Fred가 산행 중에 느낀 다면적 향유경험에 대해 언급할 때 보고한 하나의 경험은 등정을 기대하거나 계획할 때 느꼈던 것이다. 계획은 어려운 임무를 완수할 수 있게 할 뿐아니라 현재 시점에서 미래의 즐거움을 미리 경험하도록 한다. 긍정적 사건을 계획하면 그 사건이 미래에 발생할 가능성이 커진다. 실제로 불충분한 계획으로 여행이 재앙으로 변모하는 경우를 찾아볼 수 있다. 계획은 미래 사건이 향유될 것을 보장하지는 않지만 적어도 향유할 수 있도록 도울 수는 있다.

계획하기를 사용해 향유 상태를 전환하는 방법을 이해하는 데 보다 중요한 점은 계획하는 행위 자체가 즐겁고 향유될 수 있다는 점이다. 계획하기는 미래의 긍정적인 사건과 연결되어 있을 뿐 아니라 긍정적인 결과에 대한 지각된 통제감(perceived control)을 제공한다(Bryant, 1989; Flaherty, 2003; Lakein, 1974; White, 1959). 계획하는 것은 이처럼 두 측면에서 향유하기에 관여한다.

기대 또한 향유 상태로 전환하기 위해 사용할 수 있는 유사한 방략이다. 슬플 때 하던 일을 잠시 멈추고 친구나 사랑하는 사람이 미래에 방문하는 것을 상상할 수 있다. 그것을 생각하는 것만으로도 우울한 기분에서 일시적 향유하기로 옮겨갈 수 있다. 미래에 향유하는 순간을 기대하는 것은 향유하기로 전환되도록 도울 수 있고, 미래에 경험할 긍정적 감정을 현재에 즐기거나 적어도 미래 경험의 일부분이나마 즐길 수 있다. 그러나 기대를 통해서 미래의 사건을 향유하는 사람들이 막상 그 사건이 실제로 일어났을 때는 오히려 제대로 즐기지 못하는 경우가 흔하다. Fred의 첫째 딸 Hilary는 어린 시절, 생일 파티를 부푼 마음으로 기대했지만, 실제 파티는 그녀의 기대를 충족하지 못했다. 기대를 너무 크게 하면, 기대의 행위가 실제 경험을 방해하게 된다. 따라서 기대 방략은 실현 가능성 안에서 이루어져야 한다. 물론 그 범위를 설정하는 것은 어려운 과제이다. 이는 보다 합리적이고 신중하게 기대를 통한 향유가 이루어져야 한다는 점을 시사한다.

순수한 환상을 통해 비현실적인 미래를 추구하는 기대 방략은 어떠한가? 비현실적 환상을 향유하는 것은 가능한 일일까? 많은 소설과 극본은 이 주제에 초점을 맞추고 있다. Tennessee Williams(현대 미국의 대표적인 극작가. 대표작으로는 퓰리처상을 받은 〈욕망이라는 이름의 전차〉가 있다-옮긴이)의 극본에는 비현실적 삶에 대한 환상을 향유하는 인물들로 가득하다. 작가는 비현실적 미래를 꿈꾸는 비극을 이야기하지만, 누구나 그 상황에 처하면 별수 없을 것이라는 공감적 태도로 등장인물들을 소개한다.

비현실적 기대와 관련하여, 향유에서 기대의 역할은 상황의 친숙성에 따라 달라진다. 다음의 세 가지 시나리오를 살펴보자. 당신의 손에는 봉투가 쥐어져 있다. 봉투 안에는 당신이 방문하게 될 휴양지로 가는 왕복 항공권이 있다. 첫 번째 시나리오에서는 휴양지의 이름도, 위치도 알지 못한다. 두 번째 시나리오에서는 가게 될 휴양지가 한 번도 들어본 적이 없는 남쪽 섬 Rimatara라고 듣는다. 세 번째 시나리오에서는 당신이 가장 좋아하는 장소가 휴양지라고 듣는다. 봉투를 열기 전에 다가오는 휴가에 대해 잠시 기대할 시간을 가진다고 하자. 세 가지 시나리오에서 당신의 기대는 어떻게 다를까?

첫 번째 경우, 휴양지에 대해 아는 바가 없어서 구체적으로 기대할 수 없다. 하지만 가능한 목적지와 그곳에서 시간을 보내는 게 어떨지 상상해 볼 수는 있다. 그러나 이것은 엄밀히 말해 기대는 아니다. 경험했던 여러 장소를 잠재적인 휴양지로 추정하면서, 가설적인 가능성을 상상하는 것에 불과하다.

두 번째 경우는 다가오는 휴가가 어떨지 첫 번째에 비해 조금 더 알고 있다. 그곳은 따뜻한 열대 기후의 섬일 것이다. 야자수 사이에 걸어둔 그물 침대에서 쉬거나, 그늘에서 시원한 레모네이드를 마시거나, 해변을 따라 산책하는 것을 머리에 떠올리면서 Rimatara에서의 휴가를 상상할 것이다. 기대된 이 경험은 이전에 비슷한 곳에서 했던 경험이나 열대 섬에 대한 고정관념에 기초한 것이다. 어떤 경우이건 당신의 기대는 Rimatara에서의 실제 경험에 기초한 것은 아니다. 첫 번째 시나리오보다는 구체적이지만 여전히 환상이 현실을 정확하게 그려내고 있는지는 불확실하다. 실제 Rimatara는 독뱀과 벌레가 우글거리는 야생지역일지도 모른다. 첫 번째 시나리오처럼 기대하는 경험이 현실과 얼마나 비슷할지는 알 수 없다.

세 번째 경우 당신은 휴가가 어떨지 정확히 알고 있다. 목적지에 대해 익숙하기 때문에 보다 구체적으로 활동을 계획하고 기대하면서 시간을 보내게 될 것이다. 무엇을 보고 듣고 냄새 맡고 맛보고 느낄지 훨씬 더 구체적으로 상상할 수 있다. 당신의 기대는 이전에 같은 장소에서 경험했던 기억에 기초한 것이고, 그 기대가 정확하고 현실적이라는 확신을 할 수 있다. 이 마지막 시나리오가 기대를 통한 강렬하고 생생한 향유에 가장 도움이 된다.

구체적으로 상상할 수 없는 것에 대해 정서를 동반한 기대를 하기는 어렵다. 구체적으로 예측할 수 있는 근거가 없다면, 모든 것을 무(無)에서 상상해 내야 한다. 반면 앞으로 일어날 긍정적인 사건과 관련된 이전의 경험은 심상을 만들어 내는 기억 창고가 된다. 기대가 생생하다는 것은 유사한 과거 경험의 기억을 미래로 투사하고 있다는 점을 의미한다. 기대하는 능력과 회상하는 능력이 밀접히 관련되어 있는 것은 확실하다. 실제로 향유신념 척도의 기대와 회상 영역 점수 간의 상관은 415명의 대학생 표본에서 .56이었다 (Bryant, 2003).

광고업자는 기대를 통해 향유를 불러일으키기 위해 친숙성을 이용하기도 한다. Fred는 TV 광고에서 약간 기울어진 병에서 케첩이 흘러 햄버거에 닿을 듯한 장면을 가까이에서 포착한 것을 보았다. 이 광고의 CM 송은 다름 아닌 Carly Simon(미국 출신의 대중 가수-옮긴이)의 '기대(Anticipation)'라는 곡이었다. 배가 몹시 고플 때 이 광고를 보게 되면 입에 침이 고여 흘러내리는 예전의 경험을 떠올리게 된다. 만약 케첩을 넣은 햄버거를 먹어본 적이 없는 사람에게 이 광고를 보여 주면 경험하는 것이 다를 것이다. 앞으로 어떤 일이 일어날지 많이 알면 알수록 그 경험이 일으키는 감정과 감각을 더 생생히 만들어낼 수 있다.

비교를 통한 재초점화 향유 상태로 전환하는 방략 중 하나인 이 방법은 대처방식 체크리스트(Ways of Coping Checklist; Folkman & Lazarus, 1980)에 소개되어 있다. 이 방략은 매우 도덕적인 편으로서, 사람들은 우울하거나 불만족하면 자신보다 더 나쁜 상황에 부닥친 타인을 떠올리게 된다(혹은 누군가가 그렇게 해 보라고 조언한다.). 이 책략에는 자신보다 형편이 더 어려운 사람과 비교하는 하향식 비교가 포함되어 있다. 비교 방략을 통해 불평을 멈추고 타인이 가지지 못한 것을 지녔다는 기쁨을 느낄 수 있다. 앞서 감사하기를 논의하면서 이 주제에 대해 잠시 언급한 바 있는데, 타인의 어려움은 자신의 행운에 대한 감사를 촉발한다. 하향식 사회 비교는 긍정 경험이 없는 상태에서 향유를 불러일으켜 향유 상태로 전환하는 의도적 방략이다.

하지만 비교를 통해 향유를 할 때, 향유의 대상이 반드시 타인일 필요는 없다. 어려웠던 지난 시절의 경험, 특히 좌절과 걱정이 많았던 때와 비교하는 것 역시 향유 상태로의 전환을 가능하게 하며 역경의 개인사를 살펴보면서 현재를 진정으로 향유할 수 있는 안목을 갖게 되기도 한다. 이와 관련하여, 1828년에 Robert Pollok(사망하던 해 발표한 『시간의 과정』으로 유명한 스코틀랜드 출신의 시인-옮긴이)은 다음과 같이 언급했다. "기억하는 슬픔은 현재의 즐거움을 달콤하게 한다."

예를 들어, Fred의 아내 Linda와 큰딸 Hilary는 과거에 경험했던 역경들을 떠올리고, 그 역경들을 어떻게 극복했는지를 유머러스하게 이야기하는 게임을 즐긴다. 그 당시로 돌아가, 이미 극복한 경험을 현재 시점에서 토로한다. 물론 이미 어려움을 이겨냈으므로 힘든 점을 이야기하는 것은 가장된 행위다. 이 방식은 지난 과거 스트

232   CHAPTER **5**
향유의 유형: 통합적인 개념적 견해

레스에 초점을 맞춰 안도와 감사의 감정을 향유함으로써 현재의 축복을 강화한다.

세계초점적 향유와 자기초점적 향유를 구분하기

지금까지 긍정적 경험의 조절 방략을 반영하는, 향유과정의 다양한 형태에 대해서 살펴보았다. 이와 더불어 향유할 때 우세한 주의 초점이 외부인가 내부인가에 기초해 향유에 대한 일반적인 방향(orientation)을 구분할 수 있다. 즉, 향유할 때 주의는 본질적으로 세계초점이거나 자기초점일 수 있다. 대부분의 향유경험은 완전히 세계초점이거나 자기초점이지 않지만, 이 방식으로 접근하는 것은 향유하기의 형태를 구별 짓는 데 있어 중요하다.

세계초점적 향유는 사르트르 대성당과 같은 거대한 건물에 처음 들어설 때나 그랜드 캐니언과 같이 웅장한 자연경관을 처음으로 접할 때와 같이 압도적인 미적 대상을 접하게 될 때 경험하는 초월적인 느낌을 포함한다. 이제부터는 이 중요한 향유방식에 대해서 살펴볼 것이다. 이것은 성공으로 기뻐서 자축할 때 느끼는 자기초점적 향유와는 매우 다르다.

성격 특성에 따라 어떤 사람들은 세계초점적 향유를 하는 경향이 강하고, 어떤 사람들은 자기초점적 향유를 하는 경향이 강할 수 있다. 외부 통제 소재를 가진 사람은 세계초점적인 향유를 하기 쉽고, 내부 통제 소재를 가진 사람은 자기초점적 향유를 하기 쉽다(Rotter, 1966). 죄책감이나 수치심을 쉽게 느끼는 사람은 자기초점적 향유보다 세계초점적 향유를 채택할 가능성이 크다. 자기애는 자기초점적 향유를 촉진하지만, 낮은 자존감은 자기초점적 향유를 어렵게 만들 수 있다.

주관적인 경험의 특성을 이해하고자 할 때, 주의 초점의 일반적 방향을 고려하는 것은 중요하다. 어떤 사람은 자신에게 내적 초점을 두지만, 어떤 사람은 외적 세상에 초점을 둔다(Lambie & Marcel, 2002). 주의 초점에 따라 긍정적 경험을 지각하는 방식이 달라지므로 이 점은 중요하다. 자기(내부)와 세계(외부)의 구분은 의식(Crook, 1980), 성격(Rotter, 1966), 동기(Deci, 1975), 귀인(Weiner et al., 1971), 지각된 통제감(Rothbaum, Weisz, & Snyder, 1982), 주관적 안녕(Bryant & Veroff, 1984), 철학(Sartre, 1939/1962) 등 인간의 경험을 이해하고자 할 때, 흔히 사용되는 개념 체계다. 예를 들어, Rothbaum 등(1982)은 세상에 대한 반응을 세상을 변화시키려는 시도(일차적 통제)와 자신을 변화시키려는 시도(이차적 통제)로 구분하였다.

영감(inspiration)에 대한 연구도 이러한 구분을 따른다. Thrash와 Elliot(2004)는 다른 사람이나 사물에 '의해(by)' 영감을 받은 기분(세계초점 경험)과 어떤 것을 '하도록(to do)' 영감을 받은 기분(자기초점 경험)이 다르다는 경험적 증거를 보고하였다. 초월(영성, 의미, 통찰)은 전자와 정적 상관을 갖지만, 후자와는 부적 상관을 보이고, 책임감(의도적 통제, 자기 책임의식, 지각된 통제 가능성)은 전자와 부적 상관을 지니지만, 후자와는 정적 상관을 갖는 것으로 나타났다. 따라서 자기초점 영감은 세계초점 영감보다 큰 개인적 통제감과 개인적 동기를 수반한다.

Lambie와 Marcel(2002)은 의식과 정서에 대한 이론적 연구를 통합하면서 정서적 경험과 관련하여 자기초점 주의와 세계초점 주의를 구분하였다.

자기초점 주의와 세계초점 주의의 구별은 내용상의 구분이기는 하지만 특히 경험한 위치(experienced location)와 위치 방향성과 관련된다. 의식적 사고는 초점 내용이 자기인 것과 초점 내용이 세계인 것으로 구분할 수 있다. 자기와 세계는 전경 혹은 배경이 된다. 경험적으로 전경인 것이 의식적 초점의 대상이 된다. 자기에 초점을 두는 좋은 방법은 (다른 정보보다도) 지각 양식이나 신체 감각과 관련된 정보에 주의를 기울이는 것이다. 따라서 자기초점 경험과 관련하여 자기(self)는 주의 초점에 의해 규정되는 공간적 대상이다. 세계초점 경험에서 자기는 배경에 존재하고 지각적으로 열성이다. 경험에서 자기와 세계는 항상 특정한 관계 내에서 존재한다. (pp. 235-236)

Lambie와 Marcel(2002)의 이론적 틀에 따르면, '세계'라는 개념은 '사람, 동물, 사물, 혹은 이들의 집단에 해당하는 세상 일부분이거나 '자기가 아닌 것'(Lambie & Marcel, 2002, p. 223)으로 정의할 수 있다. 세계를 사고, 감정, 행동뿐 아니라 신체 감각까지도 자기의 경험 내에 포함한다고 간주한다(Bermudez, Marcel, & Eilan, 1995; Lambie & Marcel, 2002).

🍃 세계초점적 향유

세계초점적 향유는 외부의 것으로 경험되는 무언가에 자신의 감각을 내맡길 때 나타나는 긍정적인 느낌에 대한 지각을 포함한다. 일상적인 자기 경험을 초월하기 때문에 이 경험은 세계초점적 향유이다. 세계초점적 향유에서는 예술작품, 자연, 타인들, 초자연적인 힘이나 존재와 같이 개인보다 강력한 무언가와 소통하거나 통합되는 느낌이 들게 된다. 이 초월적인 느낌의 중요한 특징은 이 긍정적인 느낌의 원천이 일차적으로 자기 외부의 사물이나 사람이라는 점이다.

Denali(Mount McKinley; 20,320 피트)를 최초 등정한 Hudson Stuck(1914/2004)은 아래와 같이 북아메리카의 최고봉을 등정한 소감을 묘사하였는데 이는 세계초점적 향유의 예다.

지나치리만큼 큰 욕망을 오랜 기간 품어오면서 기대의 극한을 충족시킨 사람만이 등정을 통해서 깊은 감사와 가슴 충만한 만족감을 하산하는 순간 느낄 수 있다. 정복에 대한 자부심도 없고, 높은 산에 최초로 올랐다는 승리감에 도취되지도 않으며, 여타 등정가보다 수백 피트 더 높은 곳에 도달한 것에 대해 우쭐하지도 않는다. 실제 경험하는 것은 지상의 높은 곳에 나도 함께 참여하게 되었다는 특별한 교감(交感)이다. 이는 태초 이래 신성하고 고요한 정상에서 독수리처럼 낮은 곳을 굽어볼 수 있을 뿐 아니라, 지금까지 공개되지 않고 겹겹이 싸인 비밀의 방에 들어가 그곳에 머물며 하늘의 창문을 통해 아래에 펼쳐진 삼라만상에 시선을 향하는 것이기 때문이다.

우선 이 글에서 등정가가 보여 준 외부초점적 향유에 주목하자. 그는 성취에 대한 자기초점적 자부심을 부인하였다. 대신 '지상의 높은 곳'에 대해 빚진 느낌과 신성한 축복을 통한 세상, 타인과의 교감을 보고하였다. 이런 형태의 향유는 자신보다는 외부 세상에 초점을 맞추고 있다. 그러나 이와 동시에 글의 초반부, 산을 오르고 싶은 '지나칠 정도로 큰 욕망'을 지닌 채 '기대의 극한을 충족'하고 '가슴 충만한 만족감'을 만끽하는 모습에서 자기초점적 향유를 확인할 수 있다. 앞서 언급했듯이 완전히 세계초점적이거나 전적으로 자기초점적인 향유는 존재하지 않으며 대부분 이 두 향유방식이 혼재되어 있다.

가장 순수한 형태의 세계초점적 향유는, 긍정적 외부 대상에 대해 자신을 이끄는 느낌이 드는데, 이것에 저항하기 어려운 경우다. 이것은 Lambie와 Marcel(2002)이 행동 유인적 지각(gerundival perception), 즉, "어떤 대상이 어떤 행동을 강력하게 암시하고 그 행동을 강요하는 느낌"이라고 명명한 것이다(p. 239). 이와 같은 행동 지향적인 세계초점 지각의 예로는 '먹을 수밖에 없는 케이크' '쓰다듬을 수밖에 없는 새끼 고양이' '키스할 수밖에 없는 여인' 등을 들 수 있다(Lambie & Marcel, 2002, pp. 239-240). 또한 '감사할 수밖에 없는 사람' '찬양할 수밖에 없는 신' '볼 수밖에 없는 기관(奇觀)' '경탄할 수밖에 없는 광경' '따를 수밖에 없는 지도자' '두 손 두 발 다 들 수밖에 없는 사람' 등도 이에 대한 예다.

긍정적인 자극은 관찰자를 매혹하는 자석과 같은 힘이 있는 것 같다. 이 경우 그 사람, 그 장소, 그 사물은 황홀하고, 매혹적이고, 넋을 잃게 하고, 도취시키고, 마음을 사로잡고, 고혹적이고, 뇌쇄적인 것으로 묘사된다. 영어 단어 'entranced'는 문자 그대로 'trance' 상태에 있어 자신을 잃어버리는 느낌을 의미한다. 옥스퍼드 영어 사전(Simpson & Weiner, 1989)에서는 'trance'를 (1) '극도의 두려움과 염려의 상태' (2) '실신 혹은 기절' (3) '외부 대상으로부터 정신적으로 분리된 상태, 몰입, 황홀, 환희' 등으로 정의하고 있다.

순수한 세계초점을 따를 때, 사람들은 외부자극에 대해 통제 불가능하고 불수의적인 긍정적 감정 반응으로서의 향유를 경험한다. 어떤 대상이 '자신의 마음에 달린 줄을 끌어당기는 느낌이 들거나'

초콜릿(Hetherington & MacDiarmid, 1993), 섹스(Griffin-Shelley, 1994), 아케이드 게임(Griffiths, 1992), 인터넷(Young, 1998), 도박(Mobilia, 1993), 일광욕(Warthan, Uchida, & Wagner, 2005), 달리기(Chapman & De Castro, 1990), 등산 (Wickwire & Bullitt) 등의 긍정적인 측면을 갈구하거나, 그것에 '중독' 되는 느낌이 들게 된다. 극단적인 세계초점에서 향유경험의 통제 소재는 자기가 아닌 외부이기 때문에 향유를 경험하기 위해 주의 자원을 외부 대상으로 돌린 채 자신을 조절하거나 변화시키지 않는다.

초월(transcendence)이라는 세계초점적 경험을 분석함에 있어, Haidt(2003)는 초월이 일종의 상승 경험이라고 정의했다. 압박감을 느끼고 경험으로부터 차단되며 세계나 타인에 대해 냉소적인 혐오를 경험하기보다는, 고양감을 느끼고 경험에 개방적이며 세계와 인간의 본성에 대해 낙관적 태도를 보이는 현상이 곧 초월이라는 상승 경험이다. 지금부터 세계초점적 향유에서 경험할 수 있는 세 가지 형태의 초월적인 느낌—감사하기, 경탄하기, 다른 사람이나 집단에 자신을 맡기기—에 대해 살펴보자.

감사하기 사람들은 축복, 선물, 성취에 대한 고마움에 압도되었을 때 다른 사람이나 운명에 대한 감사를 밖으로 표현하곤 한다. 미국 문화의 경우, 경건한 숙고나 신에 대한 기도로서 감사표현을 끝맺기도 한다. 사람들은 자신의 행운을 외부의 사람이나 사물의 공으로 돌리며 특정 대상에 감사할 수밖에 없다고 생각한다. 이러한 향유과정이 바로 감사하기다.

감사는 가까스로 사고를 면했거나, 치명적인 질병에서 회복한 것 같은 사건 이후, 즉 하향적인 가정적 대안들(downward counterfactual alternatives)이 두드러졌을 때 일어날 수 있다. 또한, 복권에 당첨되거나 올림픽 동메달을 따는 것과 같이 매우 드물게 발생하는 긍정적 사건 직후에도 일어날 수 있다(Medvec, Madey, & Gilovich, 1995). 건강, 사랑스러운 배우자, 행복한 가정생활, 스트레스 없는 직장 등에 대한 보다 일상적인 깨달음 뒤에 감사가 시작되기도 한다. 이런 평범한 감사 경험은 친구나 지인이 건강문제, 가정 갈등, 직장 스트레스 등에 처했을 때 특히 현저하게 나타난나.

감사라는 초월적 과정에서 미약함이나 빚진 것 같은 느낌을 경험할 수도 있다. 그러나 이러한 부정 정서로 인해서 감사하기의 방식으로 삶을 향유할 때 자각하게 되는 긍정 정서가 경감되지는 않는다. 감사의 감정은 선물을 주는 사람이나 긍정적 결과의 원천에 대해 고마움을 느끼는 것으로, 단순히 특정 결과에 행복해하거나 기쁨을 느끼거나 만족하는 느낌과는 분명히 다르다(Lindsay-Hartz, 1981). 7장에서는 감사의 향유과정이 영적 관계를 확장하고 축적하는 것에 대해 살펴볼 것이다.

경탄하기　　경탄하기에서도 감사하기와 마찬가지로 향유할 때 자기 인식을 초월하여 외부의 무언가에 집중하지만, 경탄하기는 감사하기와는 달리 경이롭게 펼쳐지는 것에 대한 경외나 감탄을 의미한다. 산을 오른 후 정상에 머무르는 것이 Fred에게 경탄하기에 해당된다면, Joe에게는 베토벤의 4중창을 듣는 것이 경탄하기다. 수많은 학자에게 자연의 신비를 푸는 발견에 대해 숙고하면서 경험하게 되는 과학적 이해의 아름다움이 경탄하기가 될 것이다. 독실한 신자들에게는 신성하다고 생각하는 존재가 경탄의 대상이 될 것이다. 이처럼 경탄하기는 외부의 웅장한 무언가에 심취하는 유형의

향유이며, 강렬하지만 빠르게 지나가버리는 경외의 경험을 포함한
다. 주의를 기울이는 현상이 드물게 발생하거나 자신의 이해 능력
밖이라고 생각될 때 경탄하기는 더 잘 일어난다.

자신의 미미함(insignificance)에 대한 인식은 경탄하기와 종종 함
께 발생하는데, 다른 경우라면 불편한 감정일 수 있지만, 경이로움
에 압도되는 시점에는 긍정적인 초월감의 일부로 작용한다. 사실
세계초점적인 경탄하기를 하면서 자기에게 지나치게 집중한다면
경외감이 부분적으로든 전적으로든 사라질 수 있다. 강렬한 자기의
식은 경탄과 병행될 수 없다.

다른 사람이나 집단에 자신을 맡기기　사회적 즐거움은 대부분 다
른 사람이나 집단과 함께 있을 때, 상호작용의 기쁨을 인식하는 것
에서 비롯된다. 자신의 긍정 정서, 자신 덕분에 다른 사람이 경험하
는 긍정 정서, 그리고 누군가와 함께한다는 즐거움은 다른 사람과
함께 있을 때 잘 인식할 수 있다. 상호작용의 기쁨에 대한 좋은 예는
다른 사람이나 집단과 어울려 춤을 출 때 경험하는 즐거움이다. 이
처럼 자기로부터 조금 벗어나 사회적 상호작용에 참여할 때 그 순
간을 향유할 수 있다.

그러나 완전히 사회적 관계에 몰두하게 되면 어떤 일이 발생할
까? 이러한 현상을 자기 굴복(self-surrender)이라고 부른다. 다른 사
람이나 집단에 자신을 '굴복'시키면 상호 교감의 질은 덜 중요한
것이 되며 타인에게 기울이는 주의만을 중요하게 생각한다. 이 경
우 주의가 타인에게 지나치게 치우친 것이다. 신이나 신의 대리인
으로 여겨지는 인물에 압도되는 극치 경험이 자기 굴복의 대표적
예다. 성적 관계에서 자신의 욕구에 주의를 기울이지 않고 상대방

240

의 성적 욕구나 구애에 수동적으로 혹은 능동적으로 응할 때에도 자기 굴복을 경험할 수 있다. 카리스마적 지도자에게 전적으로 복종하는 태도도 이와 유사하다. 응원하는 스포츠팀이나 지지하는 정치 집단에 대한 태도 역시 자기 굴복의 한 종류다.

이 경우 다음과 같이 질문할 수 있다. 자신에게 전혀 주의를 기울이지 않을 때에도 향유하는 것이 가능한가? 실제로 다른 사람이나 집단에 동화되거나 굴복하는 기쁨이 존재할 수 있다. 그러한 굴복은 일상적이지 않는 행동을 하게 만들기도 한다. 예를 들어, 그리스도에게 삶을 투신하고서 인도의 가난한 사람들을 위해 전 생애를 헌신한 수녀 테레사가 그러한 경우다.

어떤 점에서 전적인 자기 굴복에서는 향유를 위해 자신에게 주의를 기울이지 않는다. 따라서 우리의 이론적 입장에서 볼 때, 그런 황홀경에서는 향유가 거의 진행되지 않는다고 말할 수 있다. 그러한 경우 타인에게 지나치게 몰입되어 자기의 경험을 지각하기 어렵다. 향유하기 위해서는 자기에게 돌아와야 한다. 자기 굴복을 경험할 때 무엇이 주의를 자기에게 돌리게 하는지 알기 어렵다. 아마도 카리스마적 인물이 떠날 때, 사람들은 집단 경험에 주의를 덜 기울이게 되고, 일상적인 자신을 고려하게 될지 모른다. 아니면 긍정적인 경험에 단순히 익숙해져 버리고 나서 주의가 자신에게 돌아오는지도 모른다. 어떤 경우든 전적인 자기 굴복에서 조금이라도 벗어나야 향유가 가능하다. 경탄하기, 감사하기, 다른 사람이나 집단에 자신을 맡기기 등 모든 향유방식은 현재 경험하는 그 무엇으로부터 자신에게 주의를 조금이나마 옮길 때라야 가능하다.

🌿 자기초점적 향유

향유의 개념을 2장에서 설명하며, 현재향유하고 있는 것에 의식적으로 주의를 기울이는 것, 즉 상위인지가 필요하다고 주장하였다. 자기초점적 향유에서는 개인의 특성(재능, 근면, 성격, 행동, 신체) 자체가 향유의 대상이 될 수 있고, 향유의 느낌이 자기에서 유래한다고 지각한다. 자기초점적 향유에서는 일광욕을 하는 동안 맨살에 닿는 따뜻한 햇볕을, 성적으로 흥분될 때 자신의 몸으로 느껴지는 것을, 아니면 상을 받은 후 인정받은 느낌을 향유할 수도 있다. 이러한 모든 긍정적 경험은 일차적인 주의 초점이 자기에게로 향하는 자기초점적 향유를 포함한다. 반면 세계초점적 향유에서는 일광욕을 하는 동안 태양의 놀라운 힘에 감탄하거나, 성적 파트너에게 제공하는 안락을 즐긴다거나, 수상할 때 타인에 대한 고마움에 압도되는 방식으로, 같은 경험에 대해 다르게 반응한다.

자기초점적 향유는 자기 칭송의 형태를 띨 때가 잦아서 '자기탐닉적(self-indulgent)'이거나 자기애적으로 규정되기도 하지만, 모든 자기초점적 향유를 자기 탐닉이라고 간주하기는 어렵다. 왜냐하면 자기탐닉적이라는 용어에는 의도하지 않은 경멸적인 뉘앙스가 담겨 있기 때문이다. 탐닉하다(indulge)라는 말의 라틴어 어원은 '기쁘게 하다.'라는 의미를 담고 있는 *indulgere*이다(Simpson & Weiner, 1989). 자기초점적 향유가 타인에 대한 책임감 있는 태도를 저해할 때 때로 자기 탐닉이 될 수도 있다. 그러나 일반적으로 자기초점적 향유는 자기탐닉적이지 않으며 감각적 경험에서 비롯되는 즐거움이나 현재의 방식이나 성취한 것을 감상(感想)할 때 느끼는 소박한 재미를 반영한다.

아래는 자기초점적 향유의 예로서, 세계 최초로 수중 호흡 기계를 사용한 Philippe Diole(1953)가 스쿠버 다이빙을 묘사한 글이다.

나는 절반쯤 그림자로 가려진 햇살 줄기를 헤치고 계속 아래로 내려간다. 파이프에서 나오는 공기 방울들과 같은 우스꽝스러운 기계 소리, 내 호흡의 리듬에 의해 깨어지는 비단 같은 고요가 끝없는 푸른색 비단길로 향한 내 여정과 함께 한다. 나는 옆으로 몸을 굴려 물로 만들어진 침대에 눕는 즐거움을 만끽한다. 동시에 나는 고독함을 즐긴다. 해수면은 너무나 멀리 떨어져 있다. 머리 위 누군가가 바다 속으로 진주를 던진다. 아니, 내가 틀렸구나. 이 진주들은 내 숨결에서 나온 것이다.

위 글에서 잠수부가 향유할 때 자신에게 초점을 맞추고 있다는 점에 주목하자. 잠수부는 물속에서 자신의 움직임을 응시하며 해저의 고독을 즐기고, 호흡하는 것이 진주처럼 보인다는 점을 발견하며 즐거워한다. 이런 종류의 향유에서는 본래 외부 세계보다 자신의 생각, 행동, 감정, 신체 감각에 주의를 기울인다. 그러나 '파이프에서 나오는 공기 방울'의 '우스꽝스러운 기계 소리'에 즐거워할 때, 세계초점의 '행동 유인적' 향유가 공존하는 것에 주목하자. 즉, 전적으로 자기초점이거나 전적으로 세계초점인 향유는 실제로 찾아보기 어렵다.

단순하게 말하면 자기초점적 향유는 자신을 전경에 놓고 외부 세계를 배경에 두는 것을 의미한다. 자기초점적 향유는 긍정적 정서 반응을 유발하는 외적 자극에 초점을 두기보다는 (1) 개인적 생각(행복한 기억들, 창조적인 통찰, 개인적 독특성), (2) 감정(자부심, 즐거움, 기쁨), (3) 신체 감각(오한, 뛰는 심장, 닭살), (4) 행동적 충동(미소,

웃음, 환호)에 초점을 둔다. 향유할 때 "나는 뿌듯함을 느껴요."가 자기초점적 지각 인식의 예라면, "세상은 만족감을 줘요."는 세계초점적 지각 인식의 예라고 할 수 있다(Lambie & Marcel, 2002, p. 239).

어떤 의미에서 모든 향유과정은 자기초점이 있어야 한다. 왜냐하면 긍정적인 경험을 향유하기 위해서는 우선 긍정적 느낌을 인식해야 하기 때문이다. 반면 외부 세계에 전혀 주의를 기울이지 않고 전적으로 자기초점에 의지하여 향유를 경험할 수 있다. 예를 들어, 꼬리에 꼬리를 무는 생각을 즐기는 경우에는 외부 세계에 주의를 전혀 기울이지 않는다. 반면 아인슈타인과 같은 창의적 천재의 정신세계를 생각할 때처럼 외부 자극이 강한 긍정 정서를 불러일으킴으로써 향유를 위한 주의 초점을 완전히 장악할 수 있는데, 이것이 바로 세계초점적 향유이다. 물론 이 경우에도 긍정적 느낌에 대한 최소한의 인식이 전제되어야 한다.

향유의 시간적 형태와 관련해 자기초점적 향유와 세계초점적 향유 중 하나를 선택할 수 있다. 기대 방략을 사용해 향유할 때 자기초점적 지각은 "나는 그것을 즐길 것이다."라는 형태로, 세계초점적 지각은 "그거 재미있겠다."라는 형태로 나타난다. 현 순간을 향유할 때 자기초점적 지각은 "나는 이것을 즐기고 있다." 세계초점적 지각은 "이것은 재미있다."의 형태로 나타난다. 회상을 통해 향유할 때 자기초점적 지각은 "나는 그것을 즐겼다."로, 세계초점적 지각은 "그건 재미있었다."로 나타난다.

충만함(exuberance; Jamison, 2004)의 성격특성을 지닌 사람들은 활기차고, 흥분되고, 즐겁고, 기쁨을 감추지 못하고, 만족스러우며, 감사로 충만하고, 열정과 활력이 가득하고, 삶이 즐거움으로 채워져 있다고 자신을 표현한다. 충만한 사람들처럼, 순수한 자기초점에서 볼 때 긍정적인 감정 반응은 일차적으로 자기 내부에서 나오는 것처럼 보인다. 순수한 자기초점에서 향유경험의 통제소재는 외부세계에 있기보다 자기 내부에 존재한다. 따라서 향유를 고양시키기 위해 자신을 조절하거나 바꾸는 방식을 사용할 뿐 외부 대상을 변화시키려는 시도는 하지 않는다.

자기초점적 향유는 대개 자기평가적 인식체계를 동반한다. 객관적 자기지각 이론(objective self-awareness theory; Duval & Wicklund, 1972; Silvia & Duval, 2004)에 따르면, 사람들은 자신에게 주의를 기울일 때 일련의 기준에 따라 자기를 평가하는 경향이 있다. 실제 자기와 이상적 자기 간의 차이를 지각하면 낙담과 우울을 경험하고, 실제 자기와 되어야 하는 자기 간의 차이를 인식하면 불안하고 초조해진다(Higgins, 1987; Higgin, Klein, & Strauman, 1985). 낙담, 우울, 불안, 초조 등의 부정적 정서를 경험하게 되면 사람들은 흔히 자신을 바꾸거나, 기준을 수정하거나, 상황을 개선하려고 시도한다(Phillips & Silvia, 2005). 반면 자기와 비교 기준이 조화를 이루면 긍정적인 정서를 느끼게 되고, 비교 기준과 일치하는 자신의 행동은 보상을 받게 된다(Duval & Silvia, 2002; Duval & Silvia, & Lalwani, 2001).

객관적 자기지각 이론은 자기초점적 향유와 관련해 몇 가지 흥미로운 가설을 제시한다. 예를 들어, 자기초점적 향유를 하는 사람은 세계초점적 향유를 하는 사람에 비해 향유할 때 자기평가를 지나치게 강조하여, "내가 지금 충분히 향유하고 있는 것일까?"라는 질문을 자신에게 던질 가능성이 크다. 이 경우 지나친 자기반성 때문에 자기초점적 향유경험이 제공하는 즐거움이 손상될 수 있다(Schooler et al., 2003). 연구에 따르면, 자기초점적 상황에서 사람들은 흔히 자신의 행동과 그 행동의 기준을 비교해 보는 경향이 있다

(Carver, 1975; Gibbons, 1978; Hormuth, 1982). 이는 세계초점적 향유를 할 때보다 자기초점적 향유를 할 때, 내적 기준에 따라 긍정 정서를 경험하거나 표현하는 경향이 높음을 의미한다. 지금부터 두 가지 종류의 자기초점적 향유방식을 소개하고자 한다.

자축하기 여기서 '자축하기(basking)'라는 용어는 은유적으로 사용되고 있다. 'Bask'는 '목욕하다'라는 의미의 고대 스칸디나비아 어 '*bathask*'에서 유래했는데 일반적으로 따스한 햇살에 몸을 담그는 이미지를 연상시킨다. 자기초점적 향유와 관련하여, 이 용어는 무언가를 성취해 자신과 타인으로부터 인정과 축하를 받고 성취감을 경험할 때 느끼는 따스한 즐거움을 함축하고 있다. 이와 유사한 맥락에서, Cialdini 등(1976)은 축구 팬이 응원하는 팀의 승리를 축하하며 자부심을 경험하는 것과 같은 '반영된 영광을 자축하기' 현상을 연구하였다. 향유방식 체크리스트에서 이와 유사한 방략은 Self-Congratulation이다. 앞서 언급하였듯이 이는 자축하기의 일종이다. 자축하기는 목표를 달성한 순간에도 일어나지만, 달성 이전에도 환상이나 기대의 형태로 나타날 수 있고, 달성한 이후에도 회상을 통해 지속될 수 있다. 자축하기에서는 개인의 승리나 성취에 초점을 두고 승리의 원인을 자신에게 돌린다. 인간은 성취에 대해서 자긍심을 경험하고 타인이 보내는 찬사에 의해서 기뻐한다. 실제로, 자축하기를 통해 자긍심을 조절하는 것은 자존감을 유지하는 것과 상관이 있다(참조: Tracy & Robins, 2004).

그러나 타인 앞에서 자축하기를 너무 오래 하면 대인관계에 해를 줄 수도 있다. 사람들 앞에서 지나치게 오랫동안 자축하면, 오만하고 과시적인 사람으로 비쳐 사회적 관계를 망가뜨릴 수 있다. 어떤 사람들은, 자긍심이 정당할지라도, 비난받을 것을 두려워하여 과도한 죄책감이나 겸손을 보임으로써 향유를 위한 자축하기를 통째로 회피하기도 한다. 사실 많은 사람이 타인의 질투심을 걱정해 자기의 성취를 공적이 아닌 사적으로 인정받고 싶어 한다(Exline, Single, Lobel, & Geyer, 2004). 자긍심은 7대 죄악의 첫 번째로 여겨질 만큼 전통적 도덕 사회에서는 자기중심적인 오만으로 간주하기도 하였다. 성경에서는 "교만은 패망의 선봉이요 거만한 마음은 넘어짐의 앞잡이니라."라고 언급하기도 한다(잠언 16:18).

자축하기 과정은 고유한 정서 표현 양식이 있다. Tracy와 Robins (2004)는 자긍심에 찬 자축하기가 전형적으로 "머리를 약간 뒤로 기울인 채 작은 미소를 띠고, 눈에 띄게 큰 자세, 팔을 머리 위나 엉덩이 위에 올리는 동작"(p. 194)으로 나타난다고 하였다. 실제로 자긍심은 행복과 흥분과 같은 긍정 정서나 경멸과 지루함과 같은 부정 정서와는 분명히 구별된다(Tracy & Robin, 2004).

심취하기　　심취하기는 신체적 안락을 느끼거나 신체적 즐거움에 빠지는 것을 의미한다. 이 향유경험은 몸이 느끼는 방식에 맞추어 심취하게 된다. Joe의 아내인 Jody는 향유 활동의 일환으로 수영에 심취한 경험에 대해 이야기하였다. 감각 경험을 일정 시간 동안 지속하면 신체적인 느낌에 심취할 수 있다. 신체 감각에 오래 머무르게 되면 일상적인 많은 향유의 순간들에 심취할 수 있다. 연인이 성관계를 천천히 하면 성적 포옹에 의도적으로 심취할 수 있다. 와인을 천천히 그리고 조심스럽게 한 모금씩 마시면 와인의 맛에 심취할 수 있다. 또 특정 곡을 반복해서 들으면 그 곡이 주는 즐거움에 심취할 수 있다.

휴식이나 도피, 혹은 재충전의 목적으로 아무 일도 하지 않은 채 지내는 것이 심취하기의 한 방법이 될 수도 있다. 사실, 많은 사람은 심취하는 느낌을 힘든 일이나 스트레스 후에 응당히 받을 수 있는 것이라 여기고, 심취하기를 노역(勞役) 이후 가져야 할 어떤 것 혹은 가질 자격이 있는 어떤 것으로 생각한다. 앞서 언급했듯이, 육체적 긴장이나 고된 업무 이후에 경험하는 심취하기는 매우 강렬한데, 이는 쾌락적인 비교를 극대화하고 즐거움을 강화시켜 준다. 이완 기법은 바로 이러한 효과를 응용한 것으로서, 이완하기 전에 근육을 긴장시키도록 하는데, 이는 긴장과 이완의 차이를 극대화하기 위함이다.

그러나 이런 자기초점적 즐거움은 종종 자기탐닉(self-indulgent)으로 비치기도 한다. 심취하기를 의미하는 용어 중 하나인 'pampering oneself(하고 싶은 대로 한다)'는 부정적이며 자기애적인 뉘앙스를 가지고 있다. 사실 'pamper'는 네덜란드어 *pampelen*의 변형인데, 이것은 게걸스럽고 탐욕스럽게 꾸역꾸역 먹는 것을 의미한다. 'pampering oneself'의 첫 번째 의미는 '음식과 연회에 탐닉하다.'이고 두 번째 의미는 '쾌락으로 망치거나 과도하게 탐닉하다.'이다. 그럼에도, 사람들은 특별한 대접을 받을 필요와 가치가 있다고 믿을 때, 스스로 하고 싶은 대로 하거나 다른 사람들이 하고 싶은 대로 하도록 내버려둔다. 극단적인 심취하기는 과식과 과소비의 형태로 나타나는데, 이 경우 과도한 양의 쾌락을 남용하는 것이다. 그러나 심취하는 느낌으로부터 오는 즐거움은 오래가지 않기 때문에 이런 식으로 향유한 사람은 후에 죄책감을 느낀다. 따라서 과소비를 한 사람은 자신의 사치스러운 행동에 대해서 그럴 만한 가치가 있다거나 그런 대우를 받을 만하였다고 스스로를 정당화하기도 한다.

심취하기에 있어 자기탐닉과 죄책감의 관련성은 'luxuriate'에 해당하는 라틴어인 *luxus*가 '과잉'을 의미하는 것에서도 엿볼 수 있다. 그러므로 자기비난은 즐거운 심취하기의 천적(天敵)인 셈이다.

🌰 최적의 세계초점적 향유와 자기초점적 향유

향유 증진 효과에 대한 연구(Linville & Fischer, 1991)를 확장하면서, 향유 기회와 경험을 최적화하기 위해 사람들은 세계나 자신에게 주의 자원을 알맞게 할당할 것이라고 제안한다. 비록 세계와 자기에게 동시에 주의를 기울이는 것이 어렵다 하더라도, 동일한 경험 내에서 시점(時點)을 달리하거나 다른 측면에 주목함으로써 양쪽을 동시에 경험할 수 있다(Lambie & Marcel, 2002). 세계초점을 사용하면 정서적 반응보다 자극의 긍정적인 특징에 더욱 많은 주의를 기울이게 되는데, 특히 향유경험의 시작과 끝에 그러하다. 시작과 끝은 정서적 반응이 촉발되거나 유지되는 시점이다. 연인의 처음과 마지막 모습, 초콜릿의 첫 조각과 마지막 조각, 교향곡의 시작과 끝, 휴가의 첫 날과 마지막 날 등이 그 예다.

우연히 무지개를 보거나 좋은 경치를 만났을 때, 우리는 세계초점적 향유경험이 언제 시작되거나 끝날지 미리 알 수 없어서 발견의 즐거움과 놀라움이 더해진다. 이런 세계초점 경험은 보통 자신의 통제 밖에 있으며 (비록 달, 태양, 별처럼 예측 가능할 수도 있지만) 개인의 의지와 상관없이 변화하거나 유지된다. 경험이 끝날 것이라는 단서가 감지되면 자극의 긍정적인 면에 더욱 주의를 기울이게 된다. 일몰의 마지막 빛줄기를 특히 집중해 바라보고 디저트의 마지막 조각이나 여름의 마지막 날에 더욱 주의를 기울여 향유한다.

이는 독특한 강렬함과 향유를 일으키는 힘을 가진 달콤씁쓸한 경험을 떠올리게 한다. 현 상황이 곧 사라질 것으로 자각할 때 향유하기가 더욱 쉬워진다.

반면 자기초점적 향유경험에서는 긍정적인 감정을 최적으로 유지하거나 강화하기 위해 주의 자원을 내부로 향하게 한다. 이 경우 개인적 통제하에 있는 경우가 많아서 자기초점적 향유를 최적화하기 위해 인접한 환경요소를 조작하기보다 인지적인 노력을 보다 강조한다.

🌿 세계초점적 향유와 자기초점적 향유의 결핍

주의의 초점은 외부대상에 의해 유도될 수도 있지만, 개인이 자유롭게 선택할 수도 있다. 그럼에도 "주의를 기울이는 방향을 자유롭게 통제하기 위해서는 대안적 관점을 마음속에 그려야 한다. 이를 위해서는 자신과 세계에 대한 명확한 표상을 지니고 있어야 한다(Lambie & Marcel, 2002, p. 236)." 이 주장은 자기 내면이나 외부 세계에 대해 손상되고 분열된 표상을 가진 사람들이 향유하기에서 문제를 겪을 것임을 암시한다. 자신을 혐오하는 사람들은 자기초점적 향유를 하기 힘들고, 세계나 타인을 불신하는 사람들은 세계초점적 향유를 하기 어렵다.

인생에서 경험하는 이별, 상실, 혹은 외상은 자기나 세계에 대한 지각을 바꾸어 버릴 수 있다. 예를 들어, 상실로 말미암아 슬픔에 잠긴 사람은 잔인한 세계가 자기에게 고통을 주는 것으로 생각할 수 있다(Parkes, 1996). 상실을 경험한 사람이 세상에 대해 '재미없고 위험하고 불안전한 곳'이라고 보고하듯이(Lambie & Marcel, 2002,

p. 222), 상실의 경험은 세계에 대한 표상을 변화시킬 수 있다. 악한 세상이 자신을 위협한다고 믿는 사람은 세계초점적 향유를 하기 어렵다. 슬픔에 빠져 경험하는 상실감은 정체성을 무너뜨리고, 자기 가치감을 훼손하고, 즐거움, 목표, 희망, 삶의 의미 등을 느끼는 능력을 손상함으로써 자기에 대한 표상까지도 바꿀 수 있다(Parkes, 1996). 슬픔을 통해 상실을 받아들이는 과정(Kübler-Ross, 1969), 힘겨운 장애에 적응하는 노력(Fitzpatrick, 1999), 나이 먹는 것을 수용하는 작업(Brandtstadter & Wentura, 1995) 등이 지니는 가치와 중요성을 고려할 때, 삶의 도전을 성공적으로 해결하기 위해서는 세계초점적 향유와 자기초점적 향유를 위한 새로운 방법을 발견해야 한다. 이를 통해서 균열된 세계와 상처받은 자기 안에서 즐거움을 찾는 방법을 재학습할 수 있다.

🍂 일상의 향유경험

지금까지 강조했듯이 일상적인 향유경험은 대개 순전히 세계초점적이거나 자기초점적이지 않다. 보통의 경우 향유는 세계와 자기 중에서 어느 한쪽을 강조하지 않고, 두 측면을 동시에 지니고 있다. 세계초점적 향유에서는 세계가 긍정 정서 경험의 주요 원천이지만, 부분적으로 정서 경험은 자기를 통하기도 한다. 자기초점적 향유에서도 자기가 긍정 정서 경험의 주요 근원이지만, 정서 경험의 일정 부분은 세계를 통해 이루어지기도 한다.

일상적인 향유경험은 전적으로 세계초점적이거나 자기초점적이지 않으며 비교적 균등하게 이 두 요소를 포함하고 있다. 사람들은 식사 경험을 향유할 때, 입 안에서 음식의 맛을 즐기면서 동시에 음식이 이 맛의 원천이라는 사실을 인식한다. 친구들과 공원에서 함께하는 경험을 향유할 때, 친밀감이라는 긍정 정서를 즐기면서도 동시에 이 경험이 함께하는 친구들로부터 유래한다는 사실을 인식한다. 앞서 제시한 특별한 경우를 제외하면 대부분은 경험의 한 측면에만 집중하지 않는다. 중요한 것은 향유경험을 지속하거나 강화하기 위해서 사용하는 영역과 방략을 제외하면, 일상적인 향유경험을 이 두 요소로 구별하기가 어렵다는 사실이다.

인지적 성찰과 경험적 몰입을 구별하기

긍정 경험의 방향성을 기술하면서 양 극단에 있는 세계초점적 향유와 자기초점적 향유를 구분하였다. 아울러 일상적인 향유가 대부분 세계나 자기초점이 혼합된 양상임을 강조하였다.

다음에서는 Brickman(1978)의 방식에 따라 긍정적인 경험에 주의를 기울이는 두 가지 다른 방식을 구분하고자 한다. 하나는 주관적인 경험을 내성하는 인지적 성찰(cognitive reflection)이고, 다른 하나는 지각적인 몰두를 선호하여 내성을 최소화하는 경험적 몰입(experiential absorption)이다. 이와 유사한 견해를 펼친 Lambie와 Marcel(2002) 또한 행동적으로 열중하는 상태를 분석적인 인지적 정교화와 구분하였다. 이에 기초하면, 향유경험은 인지적 정교화(예: 향유방식 체크리스트의 축복 헤아리기)와 인지적 내성 없는 행동적 몰입(예: 향유방식 체크리스트의 몰입하기)으로 구분할 수 있다.

모든 향유하기는 진행 중인 긍정적인 느낌을 성찰하거나 몰입적인 향유를 일으키기 위해 최소한의 상위인식(meta-awareness)이나 상위인지(metacognition)를 동반해야 한다(Nelson, 1992). 향유가 인지적 성찰을 동반하면 긍정 정서에 대해 충분히 숙고하고 정교화할 수 있기 때문에 상위인식은 향유경험의 중요한 요소가 된다. 반면 향유가 경험적 몰입을 포함할 때 상위인식이 보다 산발적이고 일시적일 수 있다. 왜냐하면 사람들이 느끼는 것에 대해 너무 많이 생각하는 것을 회피하려고 하기 때문이다. 그럼에도, 사람들은 성찰적 향유를 할 때뿐 아니라 몰입적 향유를 할 때에도 긍정적 정서를 경험하고 있다는 것을 인식한다. 비록 몰입하고자 할 때보다 성찰하려고 할 때 이러한 깨달음을 더 좋아할지는 모르지만 말이다.

4개의 주요 향유과정을 구별하기

세계초점적 향유와 자기초점적 향유, 그리고 인지적 성찰과 경험적 몰입의 구분을 결합하여 2×2 모형을 만들 수 있다(〈표 5-1〉). 감사하기와 자축하기는 일차적으로 인지적 성찰과 관련되고, 경탄하기와 심취하기는 경험적 몰입과 관련된다. 또한, 감사하기와 경탄하기는 주의 초점이 일차적으로 외부에 있고, 자축하기와 심취하기는 자기에 있다. 따라서 이 분류 체계를 네 가지 주요 향유과정과

표 5-1 | 네 가지 주된 향유과정과 그와 관련된 긍정적인 느낌들

경험의 유형	주의 초점	
	외부 세계	내부 자기
인지적 성찰	감사하기(고마움)	자축하기(자긍심)
경험적 몰입	경탄하기(경외감)	심취하기(신체적 즐거움)

그와 관련된 긍정 정서를 구분하는 데 사용할 수 있다.

이러한 구분은 개념적으로나 실용적으로나 유익하다. 구분하고 난 뒤, 구분하기 전에 비해 어떤 면에서 향유에 대한 이해가 깊어졌는가? 이러한 통찰이 사람들의 삶에 대해 어떤 함의를 지니고 있는가? 〈표 5-2〉에서는 네 가지 향유과정의 유사점과 차이점을 정리해 놓았다.

〈표 5-2〉에서 나타나듯이, 네 가지 주요 향유과정은 쉽게 지속되는지에 따라 구별된다. 지각적·신체적 습관화 때문에 경험적 몰입보다 인지적 성찰이 인지적 노력을 통해 보다 쉽게 지속될 수 있음에 유의하자. 자축하기와 감사하기는 심취하기와 경탄하기에 비해 쉽게 지속된다.

긍정 자극에 대한 정서 경험이 일어나는 시점 또한 향유과정에 따라 다양하다. 경탄하기와 심취하기는 현재에 더 집중하고 현재 전개되고 있는 긍정적인 자극에 뿌리를 두는 반면, 감사하기와 자축하기는 개개의 긍정적 사건이 일어나고서 나타난다.

각각의 향유과정을 향상시키는 요인들을 고려하는 것 또한 유용하다. 사회적 상호작용은 네 가지의 모든 향유과정을 향상시킨다. 예를 들어, (1) 칭찬이나 호의적인 사회적 비교를 통해 자축하기를 향상시킬 수 있으며, (2) 감사의 표현을 유발하거나 강화시킴으로써 감사하기를 촉진할 수 있고, (3) 경외심을 일으키는 경험을 공유함으로써 경탄하기를 개선시키며, (4) 누릴 만한 가치가 있음을 상기함으로써 심취하기를 촉진시킬 수 있다.

하향식 비교 역시 네 개의 모든 과정을 촉진한다. 예를 들어, 개인적 성취가 단지 꿈에 불과했던 과거의 자신과 지금의 자신을 비교하며 자축하기를 고양할 수 있다. 감사할 만한 축복이나 재능을

CHAPTER **5**
향유의 유형: 통합적인 개념적 견해

얻지 못했다면 어땠을지를 상상하며 감사하기를 증진시킬 수 있다. 경외감을 불러일으키는 외부자극이 얼마나 소중하고 귀한지를 상기함으로써 경탄하기를 강화시킬 수 있다. 신체적 즐거움을 경험하는 현재와 신체적 즐거움이 없었을 때의 차이를 느낌으로써 심취하기를 고취할 수 있다. 또한, 외부의 감각 피드백을 차단할 때 사용하는 '감각을 예민하게 하기'는 인지적 성찰과 관련된 사고를 촉진하기보다 경험적 몰입과 관련된 감각을 촉진하는 데 효과적일 것이다.

네 가지 향유과정을 방해하는 개인 및 상황적 요인도 살펴보자. 죄책감, 낮은 자존감, 사회적 염려, 시간의 급박성, 마음챙김의 부재(mindlessness), 피로, 주의산만 등과 같은 요인들은 모든 형태의 향유하기를 위축시킬 수 있다. 특정 과정만 억제하는 요인들도 있는데, 이를테면 과도한 겸손은 자축하기를, 과도한 자의식은 경탄하기를 저해한다.

네 가지 향유가 지니는 잠재적인 이득과 손실에 기초해 향유과정의 동기, 보상, 위험 등을 설명할 수 있다. 자축하기는 자존감을 증진시키지만 거만하고 자기중심적이며 자만심에 넘쳐 보일 위험이 도사리고 있다. 감사하기는 긍정적인 결과에 대해 고마워하는 마음을 갖도록 하지만, 축복을 제공한 존재에 대한 빚진 마음 때문에 분노를 경험할 위험이 존재한다(McWilliams & Lependorf, 1990). 경탄하기는 경외감과 놀라움을 제공하지만, 미약함과 미미함을 전달하거나 압도적인 체험에 직면하고서 느끼게 되는 실존적 공포를 경험할 수 있다. 심취하기는 지친 몸과 마음을 달래주고 원기를 불어넣어 주지만 맹목적으로 추구하면 파괴적인 자기애적 안락주의에 빠질 우려가 있다.

표 5-2 네 가지 주된 향유과정의 비교

범주	감사하기	경탄하기	자축하기	심취하기
개념적 정의	축복, 선물, 호의 등에 대한 감사를 인정하거나 표현함	외부 자극에 의한 경외감에 도취됨. 자기와 시간 감각을 잃음	칭찬과 축하를 스스로에게 혹은 타인으로부터 받음	즐거운 신체적 감각을 만끽하기
지각 자극	행운이나 선물	외부 자극의 위엄, 힘, 희귀성, 미스터리	개인적 승리 성취	휴식의 필요성 즐거움의 자격
주의 초점	세계(타인, 운, 신)	세계 (외부 자극)	자기	자기
경험 유형	경건한 숙고 (감사의 표현)	웅대함에 경건하게 몰입	인지적 자기 성찰 (자기 칭찬, 자기 경탄)	신체적 즐거움에 경험적 몰입
주요 감정	(경건한) 고마움	(경건한) 경외감	자긍심	신체적 즐거움
사례	승리한 운동선수가 신에게 영광을 돌리는 것, 사고의 생존자들의 감사하는 마음, 타인을 소중하게 생각한다고 이야기하는 것	그랜드캐니언을 처음 방문하는 것, 예술 전람회를 관람하는 것, 대가 음악가 연주회에 참석하는 것, 저녁놀을 바라보는 것	쏟아지는 찬사, 시상식, 기념식 (이는 감사하기와 심취하기를 포함함)	목욕탕에 몸을 담그는 것, 고급품을 구입하는 것, 미식가들이 찾는 음식, 마사지, 성행위
경험 시간	(반사적) 긍정적 사건 이전·이후·동안, (주도적) 경험자가 원하는 시간	긍정사건 동안 (진행되는 자극에 대한 반응)	(반응적) 성취 이후, (주도적) 경험자가 원하는 시간	스트레스 경험 이후, 노동 이후
외부 표현	머리를 숙이고, 눈을 감고, 진지한 몸가짐으로 움직이지 않음	눈을 크게 뜨고, 입을 벌리고, 움직이지 못하고, 닭살이 돋고, 오한이 느껴짐	만족스러운 미소, 고개가 약간 뒤로 젖혀지고, 양팔을 올리고, 다소 거만한 듯한 자세	눈을 감고, 만족스러운 미소, 간투사의 사용 (음…… 아……)
긍정적 결과에 대한 통제 소재	외부(그렇지만 내재화된 개인성취에 대해서도 감사를 표할 수는 있다.)	외부	내부	내부

(계속)

범주	감사하기	경탄하기	자축하기	심취하기
향유경험의 지속 기간	연장될 수 있고, 쉽게 습관화되지 않음	강렬하고, 일시적이고, 연장하기 어렵고, 습관화가 쉽게 일어남	연장될 수 있고, 습관화가 쉽게 되지 않음	연장하기 어렵고, 습관화도 발생함
촉진하는 것	하향식 비교 (사회적, 시간적, 가정법)	호기심, 영성, 마음챙김	내재화, 높은 자기존중감, 하향식 비교, 타인이 칭찬을 하는 것	지각된 자극 (나는 이것을 받을 자격이 있다.), 하향식 비교
억제하는 것	상향식 비교 (사회적, 시간적, 가정법)	자기인식, 주의를 산만하게 하는 외부 대상, 시간 압력, 마음챙김 결여	외재화, 죄책감, 우울, 낮은 자기존중감, 완벽주의, 과도한 겸손, 징벌적 비난, 상향적 비교	죄책감, 프로테스탄트 윤리의식, 마음챙김 결여
잠재적 이득	자기 가치감, 진심어린 감사	경외감, 경탄, 경이, 놀라움, 영성의 뿌리	자기 존중감, 타인 존중감, 자기 확신, 자기 고양	편안함, 신체적 환희
잠재적 손실	부채감, 무력감	개인적 미미함에 대한 느낌, 실존 불안	자기중심주의, 자기애, 허풍	자기애적 안락주의
대응 감정	증오	공포	수치감	고통
대응 과정	원한을 품는 것	두려움에 떠는 것, 마음의 상처를 받는 것	자기비난	고난

🍃 네 가지 주요 향유과정에 대한 부정적 대응물

네 가지 주요 향유과정은 각각 상응하는 과정을 갖고 있는데, 이들은 부정적 경험을 조절하는 상반된 형태의 과정이다(참조: Solomon, 1980). 긍정적이거나 부정적인 특정 유형의 과정에 더 많은 주의 자원을 투여할수록 다른 유형의 과정에 투여할 자원은 상대적으로 적어진다. 순위가 낮은(lower order) 부정적인 염려가 활성화되면 순위가 높은(higher order) 향유과정이 차단되고 인지적 성찰이나 경험적 몰입을 통해 세계 혹은 자기초점적 향유에 접근하기가 어려워진다. 따라서 각각의 부정적인 대응 과정은 타인에게 감사하고, 자부심을 품고 자축하며, 세상의 경이에 대해 경탄하고, 자기초점적 즐거움을 느끼며 심취하는 능력을 손상할 수 있다.

고마움 대 분노 지각한 호의나 축복에 대해 타인에게 고마움을 느끼고 표현하는 감사하기(thanksgiving)의 부정적인 대응개념은 앙심을 품는 것으로서, 자기에게 나쁜 짓이나 범죄를 저지른 사람에게 분노하거나 적대적인 악의를 경험하고 표현하는 것과 유사하다 (Smith, 1759/2000). 옥스퍼드 영어 사전(Simpson & Weiner, 1989)에서 분노는 "부당한 행위나 모욕을 준 사람에게 강한 악의나 노여움을 느끼는 것"으로 정의되어 있다. '도덕적 감정'인 고마움과 분노가 보이는 본질적이고도 대립적인 성질에 대해 철학자 애덤 스미스(1759/2000)는 다음과 같이 기술했다.

모든 동물에게 있어 고통과 즐거움의 원인은 그것들이 무엇이고 어떻게 작용하든 고마움과 분노를 즉각적으로 일으키는 대상인 것 같다. 그것들은 생물뿐만 아니라 무생물에서 나타날 수 있다. 우리를 아프게 한 돌에 대해서도 잠깐은 화를 낸다. 아이는 돌을 차고, 개는 돌을 향해 짖고, 성을 잘 내는 사람은 돌을 저주할 것이다. 조금만 생각해 봐도 이 같은 분노는 바뀔 수 있다. 감정이 없는 것은 복수하기에 매우 부적절한 대상이라는 사실을 곧 깨닫게 된다. 그러나 해악이 매우 크면 해악을 일으킨 대상물이 싫어 불태우거나 파괴하면서 희열을 느낀다. 우연히 친구의 죽음의 원인이 되었던 물체를 이런 식으로 처분하지 않고 우스꽝스런 복수를 하지 않으면, 무언지 모르게 비정(非情)의 죄를 진 것같이 생각한다. 유사하게 큰 기쁨이나 빈번한 즐거움의 원인이 되는 무생물에 대해서도 일종의 고마움의 감정을 품는다. 뭍으로 살아나오자마자 난파를 피해 나올 때 타고 온 나무판자로 불을 피우는 선원은 자신의 행위를 부적절한 행위로 느낄 것이다. 나무판자를 주의와 애정을 갖고 귀중한 기념물로 보관하는 것이 자연스럽다고 생각한다. (p. 94)

적대적인 분노는 사랑이 깃든 고마움의 반대말이고, 앙심을 품는 것은 감사하기라는 향유과정의 자연스러운 대응개념이다.

경외감 대 공포　훌륭하고 감격스러우며 장엄한 것을 경탄하는 것의 부정적인 대응 개념은 끔찍하고 위협적이고 혐오스런 것에 움츠러들면서 무서워하고 겁먹으며 정신적인 상처를 입는 것이다. 경외감과 공포의 본질적 관계에 대해 영국의 저널리스트인 Harriet Martineau(1833)는 다음과 같이 말했다. "위험을 싫어하지 않으면서 두려움을 느낄 수 있다. 해안에서 폭풍우 치는 바다를 볼 때처럼 안전한 상태에서 두려움을 주시할 때 생기는 느낌이 경외감이다." 경험에 대한 태도가 갑자기 긍정적인 것에서 부정적인 것으로 변화하기도 하는데, 이를테면 장엄한 것 앞에서 놀라고 감명받다가 두려움에 의해 충격을 받고 겁먹는 상태로 빠르게 전환한다. 예를 들어, 영화 〈킹콩〉에서 거대한 고릴라가 사슬에 묶인 채 극장의 관객들 앞에서 전시되고 있는 장면을 생각해 보자. 처음에 고릴라가 점점 동요하는 것을 보며 경탄하던 청중들이 고릴라가 줄을 끊고 극장을 뒤지기 시작하자 공포를 느껴 도망치기 시작한다. 이처럼 공포는 경외감의 상대물이며, 두려운 무언가에 의해 정신적 상처를 입는 과정은 경외감의 대상을 향해 경탄하는 향유과정의 자연스러운 대응개념이다.

자긍심 대 수치심 개인적 성취나 덕목에 대해서 스스로 축하하고 자긍심을 느끼는 향유과정인 자축하기의 대응개념은 실패나 결점에 대해 자신을 비판하고 수치감을 느끼는 자기비난이다(Beck, 1976). 많은 이론과 연구들이 자기초점적 정서의 원인을 찾은 결과, 성공에 대한 반응은 자긍심, 실패에 대한 반응은 수치심으로 드러났다(Weiner et al., 1971). 연구들은 자기긍정 사고와 자기비판 사고 간의 균형이 심리적 기능의 전반적 수준뿐 아니라(Schwartz, 1992; Schwartz & Garamoni, 1989), 인지행동 치료에 대한 반응 수준도 예측할 수 있다는 점을 밝혔다(Garamoni, Reynolds, Thase, Frank, & Fasiczka, 1992). 따라서 수치심은 자긍심의 반대이고, 자기비난이라는 부정적 과정은 자축하기라는 향유과정의 자연스러운 대응 개념이다.

즐거움 대 고통 신체적 즐거움과 편안함을 만끽하는 심취하기의 부정적 대응개념은 신체적 고통이나 불편함을 경험하는 상태인 괴로움이다. 즐거움과 고통의 구별은 아리스토텔레스, 부처, 프로이트 등 많은 철학적 · 심리학적 전통에서 나온 것이다(Higgins, 1997). 영국의 철학자 John Locke(1690/1995)는 "좋고 나쁜 것은 오로지 쾌락과 고통을 준거로 한다."라고 말했다(p. 160). 즐거움의 한 극단은 신체적 고통에 몸부림치는 부정적인 경험이고 다른 극단은 신체적 즐거움의 황홀경에 빠지는 긍정적인 경험이다. 따라서 고통은 즐거움의 반대이고 신체적 고통의 과정은 심취하기라는 향유과정의 자연스러운 대응개념이다.

특정한 부정적 대응과정에 주의가 더 많이 가 있으면, 향유과정에 투여할 주의 자원이 부족해진다는 이론이 있다. 연구 결과에 따르면 부정적 경험은 주의를 사로잡고 독점하는 특별한 능력을 갖고 있어 다른 주의 과정을 차단한다(Lambie & Marcel, 2002). 최근의 뇌 영상 연구에 따르면, 불쾌한 자극이 원시적인 뇌 영역을 활성화하는 반면, 즐거운 자극은 최근에 진화된 높은 수준의 영역을 활성화하는 것을 보여 주었다(Hamann, Ely, Hoffman, & Kilts, 2002; Paradiso et al., 1999). 이와 일치하게 Maclean(1990)은 부정적인 경험이 오래되고 원시적인 '파충류의 뇌'와 주로 관련되고, 긍정적인 경험은 집행기능을 담당하는 '포유류의 뇌'와 관련이 있다고 제안했다. 향유를 최대화하기 위해서는 원시적이고 낮은 수준의 부정적인 대응과정을 비활성화함으로써 주의 자원이 높은 수준의 향유과정에 자유롭게 사용되도록 해야 한다.

이 대응과정 모델에 따라 다음과 같이 추측해 볼 수 있다. (1) 자기비난과 죄책감을 가진 우울한 사람은 자기초점적 심취 탓에 향유하기가 어려울 것이고, (2) 분노와 앙심을 품고 있으며 용서하기를 어려워하는 화난 사람은 세계초점적인 감사하기가 힘들 것이며, (3) 공포를 잘 느끼고 정신적 상처를 입은 사람들은 세계초점적 경탄하기를 통한 향유가 어려울 것이고, (4) 통증이나 고통으로 괴로워하는 사람은 자기초점적 즐거움에 심취하기가 어려울 것이다. 이런 추측은 삶을 보다 충만하게 즐기는 것을 배울 수 있다는 점에 중요한 임상적 함의를 지닌다. 즉, 우울이나 분노 관련 장애, 외상, 만성적 통증을 성공적으로 치료하기 위해서는 효과적인 대처기술을 제공해야 할 뿐 아니라 부정적인 대응 과정으로 말미암아 차단된 향유과정을 활성화하는 방법을 재학습하도록 도와야 한다.

요 약

이 장에서는 향유과정의 유형을 개념적으로 분류하였다. 이 작업은 각각의 유형에 적합한 소이론에 대한 사전준비를 위한 것이다. 일곱 개의 다른 향유과정은 향유의 세 가지 기능을 충족시켰다. 현재의 즐거움을 지속시키기 위해 추억하거나 연결하기, 축하하기 등을 사용하고, 현재의 즐거움을 강화하기 위해 외부자극을 차단하기, 향유경험에 주의를 집중하기 등을 사용한다. 또한, 긍정 경험을 지속시키거나 강화하기 위해서 현재의 경험을 타인과 공유하거나 융통성 있게 시간의 관점을 조정하는 방식을 사용하기도 한다. 즐겁지 않은 상황에서 향유과정에 돌입하기 위해서는 기대하면서 계획을 세우거나 비교를 통해 재초점화 할 수 있다.

주의초점의 방향성과 내향성 분석 여부를 고려했을 때 네 가지의 주요한 향유과정이 밝혀졌다. 이들 향유과정은 감사하기(세계초점적 인지적 성찰), 경탄하기(세계초점적 경험적 몰입), 자축하기(자기초점적 인지적 성찰), 심취하기(자기초점적 경험적 몰입)이었다. 또한, 경험적 몰입을 포함하는 세계초점적 향유과정의 또 다른 종류로서 '다른 사람이나 집단에 자신을 맡기기'를 강조해 설명하였다.

네 가지 향유과정을 주요 감정, 외적 표현, 통제 소재, 지속 기간, 잠재적 손실, 잠재적 이득, 촉진요인, 방해요인 등을 고려해 구분하였다. 이 개념적 모형의 임상적 함의를 살펴보면서 네 가지 향유과정에 대응하는 하위 수준의 네 가지 부정적 과정이 존재하며, 이 부정적 과정이 활성화될 때 주의 자원을 사로잡아 상위 수준의 향유경험을 불가능하게 할 수 있다고 설명하였다. 적대적 분노를 품은 사람은 감사하기 어렵고, 충격을 경험하였거나 여러 가지 위험에 취약하다고 생각하는 사람은 경탄하기 힘들며, 우울하고 자기비난이 심한 사람은 자축하기 어렵고, 고통과 고난을 경험하는 사람은 심취하기가 힘들다.

향유와 시간 지향성

🌿

현재는 과거와 미래를 가르며 항상 움직이는 그림자다.

Frank Lloyd Wright(1958)

시간은 향유의 여러 측면에서 중요한 역할을 담당한다. 사실 우리는 지금까지 여러 차례 시간과 관련하여 향유에 대해 논의해왔다. 2장에서는 향유라는 것이 비록 여기와 지금의 과정이기는 하지만 과거와 미래를 포함하는 향유경험이 존재한다는 것을 강조하였다. 과거를 회상하면서 즐거운 경험을 이끌어낼 때 아마도 과거를 살펴보는 향유과정을 거치고 있을 것이다. 미래에 일어날 일을 기대하면서 즐거운 경험을 할 때에도 미래를 고려하는 향유과정이 포함된 것일 수 있다. 3장에서는 시간이 즐거운 경험을 달콤씁쓸하게 바꿈으로써 때때로 긍정적인 경험을 더욱 충분히 향유하는 데 이바지하는 방식을 논의하였다. 4장에서는 논의한 일부 향유방략들(예: 기억을 잘 해두기, 비교하기, 일시성 인식하기, 현재를 지속시키기)에는 회상이나 예상이 포함되어 다양한 향유과정에 이바지한다는 점을 지적하였다. 그러나 우리는 현재 하는 것에 대해서 지나치게 미래 지향적인 태도를 지닌 사람들이 현재의 삶을 향유하기 어려울 수 있다는 점도 지적하였다.

　이 장에서는 이러한 요점을 확장하기 위해서 본격적으로 향유 과정을 시간의 관점에서 바라보고자 한다. 4장에서 구체화한 모든 유형의 향유반응들이 다시 이 장에서 소개될 것이다. 왜냐하면 그러한 향유반응에는 사건에 대한 회상이나 예상이라는 요소를 포함하고 있기 때문이다. 먼저 우리의 논점을 확고하게 하기 위해서 우리의 연구를 비롯한 선행연구들을 살펴보기로 한다.

과거를 향유하기

현재에 충실히 임하고 과거를 즐길 줄 아는 사람은
인생을 두 번 사는 것이다.
Alexander Pope(1730/1879)

　여생이 얼마 남지 않은 노인들은 과거를 회상하며 즐거움을 찾는 습관이 있다. 60대, 70대 혹은 그 이상의 노인들은 살아온 삶, 거주했던 곳, 이루었던 일, 교분이 있었던 사람들 등을 회상하며 과거를 향유할 기회를 얻는다. 노인들은 삶을 다른 관점에서 바라보는 수단으로 회상을 즐길 수 있다(Sedikides et al., 2004). 노인들은 삶을 영위하는 일상적 양식으로 회상을 사용할 수 있으며, 이 회상의 일부는 한때 그랬던 것을 향유하는 것이다. 노인들은 회상을 통해서 자존감을 증진시키기도 하고 즐거움을 얻기도 한다(Hughston &

CHAPTER **6**
향유와 시간 지향성

Merriam, 1982; Lewis, 1971; McMahon & Rhudick, 1967; Thornton & Brotchie, 1987). 과거의 삶을 회고하는 것이 노인의 삶의 질을 향상시킨다는 증거도 발견된다(Coleman, 1974; Fallot, 1979-1980; Lewis & Butler, 1974). 7장에서는 향유과정과 건강 사이의 관련성을 논의하면서 이러한 발견을 강조해 설명할 것이다. 어느 연령대에서도 삶을 회고하고 과거 기억을 향유하면서 유익하게 시간을 보낼 수 있다는 점을 제안하며, 대학생 사료를 소개함으로써 젊은 나이 집단에서도 과거를 향유하는 것이 가치 있음을 강조하고자 한다.

과거에 대해서 생각하는 것은 아주 오랫동안 주의를 끌 수 있는데 특히 기억을 풍부한 감각 경험으로 채울 때 더욱 그렇다. 불과 몇 초 전에 일어난 것을 기억할 수도 있고 수년 전에 경험한 것을 기억할 수도 있다. 회상을 통해 향유할 때 반드시 과거로부터 향유경험을 기억해 내는 것은 아니다. 오히려 과거를 기억할 때 느끼는 방식을 향유하는 것이다. 원래의 향유 사건의 일부 흔적을 경험할 수도 있으나, 그것이 항상 과거를 향유하는 것의 핵심은 아니다.

많은 사람은 어렸을 때 보았던 집의 세세한 구조를 사진기처럼 기억해낼 수 있다. 세부를 기억하는 것은 향유의 주요 부분이 될 수 있다. 만약 향유를 과도하게 감상적인 과거 여행으로만 여기지 않고 과거의 사람들과 장소들을 결합시키는 과정으로 간주하면 향유는 정체성을 제공하는 과정이 될 수 있다. 회상하는 동안 자신이 누군지, 자신이 어디에서 왔는지, 삶에서 누가 혹은 무엇이 중요한지 등에 대해 기억할 수 있다. 때로는 다른 사람과 기억을 짜 맞출 때 회상이 빠진 부분을 채워주기도 한다.

🌿 청년기 회상과 향유에 대한 두 가지 연구

이 절에서는 회상을 통한 향유과정을 두 가지로 구분할 것이다. 한 종류는 강한 정서 경험을 동반하고 정체성을 제공하는 향유과정이고, 다른 종류는 정서 경험이 약하고 자기 확증 기능이 미미한 향유과정이다. 우선 즐거운 경험을 기억해내는 긍정적 회상과 향유 사이의 관계에 대한 연구(Bryant, Smart, & King, 2005)로부터 시작하겠다. 이 연구는 세 가지 주요 목적을 지닌다. 첫째 목적은 사람들이 과거 기억을 회상하는 이유를 살펴보는 것이고, 둘째는 과거 기억을 촉진하기 위해 사용하는 방법에 대한 것이며, 셋째는 회상의 빈도, 회상의 내용, 회상의 결과 등에 대한 성차를 발견하기 위한 것이다. 이 모든 연구의 목적은 과거를 향유하는 것과 관련된다.

두 연구에서 Bryant 등(2005)은 180명에게 회상과 행복에 대한 다양한 질문을 시행했다. 참가자들은 로욜라 대학교와 일리노이 대학교의 학생과 로욜라 대학교 출신 중년의 졸업생으로 구성되었으며 10쪽에 달하는 설문지에서 무엇을, 어떻게, 언제 그리고 왜 회상하는지에 대한 질문에 답하였다(참조: Bryant & Morgan, 1986). 또한, 응답자들은 지각된 긍정결과 향유능력 척도(PASPO) 설문지를 통해서 삶을 즐기는 능력에 대해 어떻게 느끼는지를 보고하였다.

결과는 어떻게 나왔을까? 첫째, 우울하거나 슬플 때 사람들은 과거를 회상한다. 기쁠 때 과거를 회상하는 사람(10%)보다 우울할 때 과거를 회상하는 사람(36%)의 수가 세 배나 많았다. 이러한 발견이 시사하는 바는 긍정적인 기억을 회상하며 과거를 향유하는 것이 현재의 정서적 어려움에 대처하는 수단으로 작용한다는 사실이다. 그러나 슬플 때 행복한 기억을 회상하는 것이 그 자체로 향유된다거나 긍정적인 자기 확인의 방식에 대해 많은 것을 제공한다는 여하의 명백한 증거를 갖고 있지는 못한다.

아울러 회상의 이유에 대한 응답자의 보고는 대처 수단으로서 회상이 갖는 기능을 지지하는 결과였다. 참가자들은 새로운 시각을 얻고 현재 문제에 대한 통찰을 획득하기 위해 회상을 택한다는 응답을 가장 많이 하였다. 약 29%의 참가자들이 현재의 문제를 잘 해결하기 위해 긍정적 기억을 회상한다고 보고했다. 다음으로 많이 보고한 회상의 이유는 기분이 좋게 하기 위하거나(19%) 현재로부터 도피하기 위한 것이다(18%).

긍정적 회상의 선행 요인과 결과에 대해서는 흥미 있는 성차가 나타났다. 여성은 남성보다 PASPO 설문지에서 삶을 즐기는 능력에 있어 더 높게 보고하였다. 또한, 통찰과 삶의 관점을 얻기 위해 회상을 하는 빈도가 여성이 더 높았으며 이는 삶을 즐기는 능력과 정적 상관을 보였다. 남성은 이에 반해 현재로부터 도피하고자 하는 회상 동기가 더 컸으며 이는 삶을 즐기는 능력과 부적 상관을 보였다(Bryant et al., 2005).

그러면 사람들의 회상 양식은 어떨까? 즐거운 기억을 강화해 주는 행동을 의식적으로 하는지를 물어본 결과 열 명 중 일곱 명(71%)이 "그렇다."라고 응답하였다. 이러한 결과는 과거 기억에 대한 향유과정이 계획된 방략이라는 점을 보여 준다. 계획된 방략을 사용한다고 보고한 참가자 중 61%는 회상에 대한 행동 방략을 사용한다고 하였다. 이러한 행동 방략에는 기념품을 보는 것(23%), 다른 사람과 기억을 공유하는 것(14%), 즐거운 기억과 관련된 음악을 듣는 것(13%) 등이 해당된다. 39%의 참가자들은 인지적 심상법(cognitive imagery)을 사용한다고 보고하였다. 인지적 심상법은 마음속에 과거 경험에 대한 그림을 지닌 것이다. 나머지 참가자들은 회상을 강화하기 위해서 특별한 방법을 이용하지 않는다고 응답했다.

향유신념과 회상 사이의 관계는 어떨까? 회상과 삶을 향유하는 지각된 능력은 어떻게 관련되어 있을까? 첫째, 긍정적 기억을 회상하는 시간이 길수록 향유신념 수준이 높았다. 즉, 즐거운 기억을 더 자주 회상할수록 삶을 더 잘 향유할 수 있다고 느꼈다. 이 결과는 과거의 긍정적 사건을 회상하는 것이 삶에 긍정적으로 작용함을 보여 준다.

그렇지만 회상의 긍정적 기능은 회상하는 이유와 방식에 달린 것 같다. 다양한 관점과 통찰을 얻기 위해 회상을 사용하는 사람은 현재로부터 도피하기 위해 회상을 하는 사람보다 향유능력이 더 뛰어난 것으로 나타났다. 이 결과는 회상이 현재 문제로부터 도피하기 위한 수단으로서 사용할 때가 아닌, 자각을 증진하고 현실에 대한 관점을 제공하며 정체성에 대한 확신을 주는 수단으로 이용될 때 적응적 기능을 지니고 있음을 보여 준다.

독자에게 회상의 다양한 방식을 제공하기 위해서 Bryant 등(2005)의 연구 참가자들이 보인 전형적인 반응을 소개하면 다음과 같다. 첫째, 도피의 수단으로 회상을 사용한 남성 참가자의 예다.

저는 따분할 때나 정말로 스트레스 받았을 때 회상을 합니다. 제가 아주 어렸을 때, 그래서 아무 걱정이 없던 때를 떠올리곤 합니다. 이런 회상은 잠깐이나마 걱정을 멈추는 데 도움을 줍니다. 그렇지만 언제나 현재의 문제로 돌아올 수밖에 없습니다. 그러면 기분이 오히려 더 나빠집니다. 결국, 저는 자신에게 묻습니다. '왜 이렇게밖에 안 되는 거지?' '왜 내가 꼬마일 때처럼 안 되는 거지?' 그러다 보면 화가 나고 우울해집니다.

CHAPTER 6
향유와 시간 지향성

반면 다음은 새로운 관점과 통찰을 얻기 위한 목적으로 회상하는 여성의 경우다.

과거의 좋은 시절을 생각하면 기분이 좋아집니다. 모든 것을 더 잘 음미하게 하게 되거든요. 제가 그때 어디에 있었는지, 현재 어디에 있는지, 미래에는 어디에서 있고 싶어 하는지에 대한 아이디어를 줍니다. 회상은 현재를 더 잘 이해하고 대처할 수 있도록 돕습니다. 이런 생각들은 자신감을 주기도 합니다. '네가 이전에 이처럼 잘했으니 지금도 잘할 수 있을 거야.'라는 식으로요. 상황이 좋지 않을 때는 지금 얼마나 상황이 나쁜지를 생각하기보다는 상황을 호전시킬 방법을 찾는 데 제 기억을 동원합니다.

현재의 문제로부터 도피하기 위해 즐거웠던 기억을 동원하는 것은 과거와 현재 상황을 극명하게 비교하게 돼 결국에는 적응적이지 않게 된다. 현재로부터 도피하기 위해 과거를 향유하면 현재와 현재보다 더 즐거웠던 과거를 상향 비교함으로써 현재의 행복이 훼손된다. 반면 동기부여나 새로운 시각이나 통찰을 얻기 위해서 회상하는 것은 적응적이다. 왜냐하면 그러한 회상을 하면 현재의 문제를 해결하는 데 필요한 건설적인 것을 과거로부터 현재로 가져올 수 있기 때문이다. 앞에서 향유는 그 결과에 따라서 적응적인지 부적응적인지가 결정되며 자동으로 적응적이 되는 것은 아니라고 언급하였다. 향유하는 기억이 지향하는 바가 서로 다른 앞의 예들은 적응적 향유와 부적응적 향유의 좋은 예다.

회상의 이점은 회상을 어떻게 하느냐에 의해 결정되기도 한다. Bryant 등(2005)에 의하면 기억을 촉진하는 구체적인 방략을 갖추게 되면 그렇지 못하였을 때보다 삶을 즐기는 능력이 더 우수한 것으로 나타났다. 구체적 방략 중 심상법이 기념품을 보는 것과 같은 행동 방략과 비교하면 기억을 더 잘 촉진하는 것으로 드러났다. 다시 말해 선물이나 사진을 쳐다보는 것과 같은 행동적 접근보다 인지적 심상법이 보다 효과적이다.

Bryant 등(2005)은 이 같은 연구결과의 원인을 사진이 지니는 한계에서 찾았다. 사진에서는 그 속에 담긴 것을 볼 수 있을 뿐 사진이 담지 못한 세밀한 부분들은 놓치게 된다. 반면 생각을 통해 기억을 촉발시키면 심상의 사진은 장식할 수도 있고 원하는 만큼 세부묘사를 자세히 할 수도 있다. 게다가 생각은 항상 가용한 것이어서, 마음속에 저장해 놓았다가 자기의 여러 측면과 연결할 수도 있다. 이에 비해 사진은 기억을 촉발하기 위해서 물리적으로 반드시 존재해야만 한다.

Bryant 등(2005)은 두 번째 연구에서 무선할당 현장 연구를 시행해 이 아이디어를 검증하였다. 이 연구에 참석한 학생들은 일주일에 두 번, 10분 정도 세 가지 방식 중 한 가지 방식으로 자신의 삶에 대해 생각했다. 사전 회기에서 직접 지니고 다니는 사진, 선물, 기념품 등 긍정적인 기억을 돕는 물건을 열거하도록 하고 그 물건들과 관련된 구체적 기억들을 회상하도록 했다.

10분간의 '생각 회기' 이후 참가자들은 그 회기를 기술하는 개방형 질문들과 경험을 묻는 폐쇄형 질문에 답했다. 한 주 동안 이어지는 실험 전후에 참가자들은 지난주에 경험한 행복감의 빈도를 측정하는 설문지를 작성했다(Fordyce, 1988).

무선계획에 따라 참가자들은 자신의 삶에 대해 어떻게 생각하는지에 대한 세 가지 실험 조건 중에서 한 조건에 할당되었다. 참가자들은 생각 회기 이전에 지시사항을 읽게 되는데, 인지적 심상법 조건의 참가자들에게는 다음과 같은 지시사항이 제시되었다.

우선 긍정적 기억 목록 중에서 하나를 선택하세요. 생각했으면 앉으세요. 숨을 깊게 들이마시고 긴장을 풀고 눈을 감으세요. 그리고 그 기억에 대해서 생각하세요. 그 기억과 관련된 이미지들을 마음속에 들어오게 하세요. 이 기억과 관련된 사건들을 마음속에 떠올려 보세요. 기억의 자세한 부분 사이로 자유롭게 돌아다녀 보세요.

기억을 돕는 물건을 사용한 조건에서는 긍정적인 기억 목록과 그와 관련된 긍정적 기억에 주의를 기울이고 반복해서 생각할 대상 하나를 선택했다. 양 실험 집단의 참가자들은 각 생각 회기에서 같은 대상을 선택할 수도 있고 다른 대상을 선택할 수도 있었다. 각 생각 회기에서 참가자들은 다음과 같이 지시받았다.

기억을 돕는 물건 중 하나를 선택하세요. 그 물건을 꺼내세요. 앉아서 숨을 깊게 쉬고 앞에 있는 그 물건을 잡고 긴장을 푸세요. 그 물건과 관련된 기억을 떠올려 보세요. 기억과 관련된 이미지들이 마음속에 들어오게 하세요. 그 물건에 집중하도록 노력하세요. 기억의 미세한 부분 사이로 자유롭게 돌아다녀 보세요.

인지적 심상법을 사용한 참가자들과 기억을 돕는 목록을 사용한 참가자들은 모두 개인적인 추억과 관련된 기억을 회상하였다. 그렇지만 전자가 회상 시 심상에 의존한 반면 후자는 개인적 기억 그 자체에 의지하였다. 두 실험 집단의 참가자들은 기억의 최신성

(最新性)이나 내용, 풍부함 등이 동일하였다.

통제 집단의 참가자들은 다음과 같은 지시문을 전달받았다.

먼저 최근에 흥미로웠던 사건, 상황, 이슈를 생각해 보세요. 앉아서 깊게 숨을 들이쉬고 긴장을 풀고 눈을 감으세요. 집중해야 할 사건이나 상황, 이슈들에 대해 생각하세요. 생각하는 동안 자유롭게 다른 생각들을 떠올렸다 없어지게 해도 괜찮습니다. 선택한 주제에 대해 생각할 때 그 주제의 세부 사이로 자유롭게 돌아다녀보세요.

이 통제 조건을 추가한 이유는 실험 조건의 집단처럼 자리에 앉아 긴장을 풀고 일반적인 삶의 사건들에 대해 생각하는 데 시간을 보내도록 하기 위해서였다.

실험 조건의 참가자들은 통제 조건의 참가자들에 비해 행복한 시간의 비율이 증가하는 정도가 더 컸다. 이는 연구 1에서 행복과 긍정적 회상 빈도 간에 정적 상관을 보인 결과와 일치한다. 이 결과는 긍정적 회상이 행복을 증진시킨다는 점을 시사한다.

회상이 주는 정서적 이점은 각 집단이 선택한 회상의 방법에 따라 그 강도가 달랐다. 인지적 심상법을 사용한 집단이 기억을 돕는 목록을 사용한 집단에 비해 행복 수준이 더 크게 증가하였다. 이는 인지적 심상법을 이용해 회상할 때, 보다 구체적이고 생생하게 기억해낼 수 있기 때문이다. 추가 연구(Strack, Schwartz, & Gschneidinger, 1985) 결과 상세하게 기억하기보다 생생하게 회상하는 것이 인지적 심상법을 통한 회상과 행복 수준의 증가량 간의 관계를 부분적으로 매개한다는 사실을 밝혀내었다. 이 결과는 인지적 심상법이 보다 생생하고 적극적으로 관여함으로써 회상 능력을 향상시켜 과거에 대한 향유를 증진시킨다는 주장을 뒷받침하는 것이다.

🍃 향유와 이야기하기

회상은 이야기의 형식을 취하기도 한다. 기억이 극적인 형태를 띠면 향유과정이 유발된다. 이야기에서는 삶을 수정할 수 있고 더욱 흥미롭게 바꿀 수도 있다. 사람들은 때로 다소 가장된 허구나 자서전의 형태로 자신의 과거를 적극적으로 각색하곤 한다. 사람들은 일상적인 대화를 나눌 때 다른 사람이나 집단에 과거의 자기 경험을 자세히 이야기하기도 한다. 사실 개인의 정체성은 자신에게 들려주는 특정한 이야기에 기반을 둔다고 주장하는 사람도 있다 (McAdams, 1993).

글을 쓰든 아니면 얼굴을 마주하고 대화하든 말하는 사람에게나 혹은 듣는 청중에게나 이야기는 향유된다. 만약 화자가 청자의 반응에 신경을 쓴다면 자세히 이야기하는 경험에서 얻는 긍정적 정서를 얻을 수 없을 것이다. 따라서 이야기꾼으로 알려진 사람들이 이야기할 때 의사소통을 통한 향유가 강하게 나타나기는 하지만 유능한 화자가 이야기를 해야만 향유를 경험하는 것은 아니다.

이야기의 진실성은 실제의 진실성과는 다른 경우가 흔하고 특히 과거에 대해 이야기할 때 더 그러하다. 화자는 일종의 시적 자유를 누린다. 개인적 이야기는 친구와 연인, 혹은 손자와 자녀와 나눈다. 사랑하는 이에게 자신에 대해 이야기하는 것은 인간이 경험할 수 있는 가장 만족스러운 사회적 교환일 것이다. Joe는 그와 그의 아내가 과거에 있었던 이야기를 여러 번 되풀이하였지만 단 한 번도 이전에 했던 이야기라는 것을 지적한 적이 없다. 단순히 예의 때문만은 아니었다. 그 이야기를 서른네 번 나눴지만, 같은 이야기를 조금씩 다른 방식으로 이야기했고 이야기하는 맥락이 달랐으며 이전에 들어본 적이 없는 새로운 면을 추가하기도 하였다. 따라서 그 이야기는 여전히 흥미로운 것이었다. 심각한 치매를 앓고 있거나 같은 이야기를 이어서 반복하지 않는다면 동일한 이야기를 다시 듣는 것도 향유할 수 있으며 화자는 다시 이야기하는 자체를 향유할 것이다. 비록 처한 상황의 극적인 변화가 없다 할지라도 삶은 그러한 방식으로 항상 새로워질 수 있다.

아내와 반복하는 이야기를 확장해, Joe는 다음 이야기를 아내에게뿐만 아니라 타인에게도 여러 번 이야기하였다. 이 이야기는 Joe와 Joe의 아내인 Jody가 어떻게 만났는지에 대한 것이다.

우리는 도서관에서 만났어요. Jody는 우리가 수강하는 과목에 필요한 책을 원했어요. 제가 그 책을 가지고 있었지요. 우리는 같은 책상에 앉았고 그녀는 책을 빌리고 싶어 했어요. 그녀를 눈여겨보아 왔던 참이었죠. 그렇지만 먼 거리에서 미소를 짓는 것밖에는 할 수 없었어요. 도서관의 문을 닫을 무렵 용기를 내 커피 한 잔 마시자고 제안을 했죠. 그녀는 응했고 그때부터 줄곧 이야기꽃을 피웠어요. 우리의 사이는 곧 가까워졌고, 힘든 시간이 있기도 했지만 잘 이겨냈죠. 특히 2학년 때 제가 소아마비에 걸렸을 때에 힘들었어요. 헤어진 적도 몇 번 있었어요. 양가 부모님은 우리의 만남에 대해서 그다지 달가워하지 않으셨어요. 왜냐하면 Jody가 유대인이 아니었는데 제가 유대인이었기 때문이었어요. 우리는 가족의 축복 없이 결혼했어요. 함께 공부했던 동료의 도움이 컸지요. 대학원 4학년 때 첫째 아이가 태어났어요.

Joe는 이 이야기를 여러 번 반복했다고 한다. 때로는 어떻게 만났는지를 강조하고 때로는 여러 걱정에 초점을 맞추기도 했으며 어떤 때는 가족 다툼이나 건강 문제에 대한 어려움, 결혼식, 부모가 되는 것 등으로 이야기의 초점이 옮겨가기도 했다. Joe와 Jody가 결혼하기 전 헤어져 있었던 시간을 생략하게 되었는데, 그 점이 결혼생활의 행복을 시사하는 것이라고 해석하였다.

이야기를 하는 사회적 맥락에 따라 강조하는 측면은 명확히 다르다. 어떻게 둘이 커플이 되었는지에 관심을 보이는 사람들에게 이야기할 때와는 달리 결혼식을 앞둔 예비 신혼부부에게 이야기를 들려줄 때는 결혼 예식에 대해 주로 이야기하게 될 것이다. 어느 경우든지 이야기하면서 과거를 다른 방식으로 향유하게 되어, 과거가 현재의 부분이 되며 개인 삶의 일부가 된다.

Holmberg와 저자가 함께한 연구(Holmberg & Holmes, 1994)에서는 구애한 이야기가 어떻게 반복되어 이야기되는지에 초점을 맞추었다. 이 연구는 결혼 이후 수개월이 지나고서 행해진 구애 이야기가 결혼한 지 2년이 지난 뒤에 정서적 측면에서 어떻게 변화되는지에 대한 것이다. 결혼 무렵 행복 수준이 거의 같았던 13쌍의 부부 중에서 이후 1년 혹은 3년이 지나고 행복 수준이 현저히 저하된 부부가 행복 수준이 유지된 부부에 비해서 구애 이야기에 대해서 부정적 정서나 양가적 감정을 더욱 많이 보고하였다. 따라서 구애 기억에 대한 향유는 행복한 결혼을 유지하는 사람들에게 두드러진 것 같다.

결혼 관계에 대한 여타 연구와 마찬가지로 이후 연구들의 연구 결과는 일관적이지 않다. Holmberg, Orbuch 및 Veroff(2004)는 144쌍의 부부를 대상으로 연구를 시행하였고 결혼 후 1년 뒤, 3년 뒤,

그리고 7년 뒤에 자신의 구혼 이야기를 들려주었다. 연구 결과는 이전 결과와 상반되었다. 구혼 이야기에 대해서 긍정적으로 보고한 커플일수록 결혼 생활이 위기에 처해 있는 경우가 많았다. 아마도 과거 구애에 대한 향유가 현재 결혼 생활의 만족도와 대비되는 효과를 지니는 것 같다. 따라서 과거에 대한 향유는 현재와 관련된 후회를 반영할 수도 있다. 연구자는 향유되는 구애에 대한 기억이 언제 현재의 행복을 반영하는지, 그리고 언제 현재 경험하는 어려움과 대비가 되는지를 밝혀내지 못하였다. 이러한 효과를 조절하는 요인을 찾아내는 것이 중요할 것이다.

현재를 사는 것의 대체물로서의 회상　　과거를 향유한다는 것이 현재의 불행을 반영할 수도 있다는 사실을 인정하면, 우리는 회상을 통한 향유가 잠재적으로 현재 진행되는 것을 향유하는 데 방해가 될 수도 있지 않을까라는 질문이 생길 수 있다. 사실 회상이라는 말에는 도피라는 숨은 뜻이 있다. 우리는 이미 회상에 대해 현실도피라는 남성적 편견이 존재한다는 점을 제안하였다. 적극적인 현실 생활이 부족한 노인들은 활기찬 생활을 보냈던 시간을 다시 느껴보기 위해 지나온 삶에 대해서 돌아볼 수 있다. 원하지 않는 은퇴를 하거나 배우자나 자녀와 같이 아주 중요한 사람과 사별했을 때는 특히 그렇다. 이 경우 한 사람의 회상은 삶 그 자체의 대체물이기도 하고 과거 삶의 한 형태를 반영하기도 한다.

　　예를 들어, Joe의 할머니는 중년의 나이에 동유럽에서 미국에 이민 온 뒤 미국 사회에 적응하는 데 애를 먹었다. 그녀는 Joe와 다른 사람에게 과거 삶에 대해서 끊임없이 이야기를 하였는데 이것은 향유의 일환이라기보다는 단지 과거 삶이 편안하게 느껴지는 유일한 삶이었기 때문이다. 그녀는 새로운 사회에서 늘 이방인이었던 것이다. 이 경우 향유가 지니는 문제점이기도 한데, 왜냐하면 향유가 현재 삶의 문제를 대처하는 데 방해가 되기 때문이다.

우리는 Joe의 할머니가 과거에 침잠하였던 것이 향유가 아닐 것이라고 말할 수 있다. 사실 그녀에게는 과거 삶과 생활이 유발하는 긍정 정서와 과거에 대한 의식적 감사가 모자랐다고 이야기할 수도 있다. 그녀가 지닌 정체성의 상당 부분은 과거에 의지하기 때문이다.

비록 활짝 펼쳐진 긍정적 순간들을 즐기는 것이 향유의 핵심이기는 하지만, 어떤 작가들은 그 순간이 지나간 후에야 진정한 즐거움을 깨닫게 된다고 제안하기도 한다. 즉, 사라지기 전까지는 진가를 알지 못한다는 것이다. 셰익스피어는 『헛소동(*Much ado about nothing*)』에서 다음과 같이 이야기하였다.

원래 사람이란 자기 수중에 있는 것은
아무리 소중한 것이라도 그 가치를 깨닫지 못하다가
일단 자기 손에서 떠나 버리고 나면
비로소 그 가치를 절실하게 알게 되어,
지닌 동안 깨닫지 못한
미덕이나 장점을 발견하게 마련입니다. (Shakespeare, 2002)

분명히 삶은 현재 그것을 즐길 때보다 회상할 때 더욱 긍정적으로 느껴지는 것 같다.

미래를 향유하기

비록 우리는 현재 진행되고 있는 어떤 긍정적인 것에 대해서 향유하는 것이 전형적인 향유방식이라고 주장해왔지만, 열심히 노력하여 이루거나 미래에 이루어질 것이라고 예상하거나 미래에 발생할 것이라고 소망하는 생각이나 이미지도 향유의 대상이 될 수 있다. 이러한 상상 또한 향유의 목록에서 제외할 수는 없다. 미래의 이미지는 일시적이고 모호할 수는 있지만, 만약 사람들이 목표를 얻거나 꿈을 이루기 위해서 노력한다면, 사람들이 느낌들을 향유하기 위해서 다루는 미래의 상들은 무척 구체적이다.

예를 들어, 우리는 가족들에 둘러싸여 축하를 받는 졸업식에 대한 명확한 상을 가진 학생들과 이야기를 해 보았다. 어떤 미혼자들은 그들의 결혼식에 대해서 사람들은 어떤 옷을 입을 것이고 사람들은 어떻게 보일 것인지 상상할 수 있다. 어떤 사람들은 처음 가질 집의 마루를 어떻게 할 것인지에 대해서도 상상할 수 있다. 그러한 판타지들은 자유분방한 상상력이 발휘된 것이고 세부 묘사에 있어서 매우 즐겁게 꾸며진 것이다. James Thurber(미국의 극작가 · 소설가 · 만화가-옮긴이)의 단편소설 『월터의 비밀 인생(*The Secret Life of Walter Mitty*)』은 유약한 젊은이가 대담하고 신나는 모험을 감행하는 자신의 분신에 대한 상상을 담고 있으며, 상상 속의 모습에 대한 꼼꼼한 묘사 덕분에 영화로 만들어지기도 하였다.

우리가 이야기하는 것이 단지 미래를 생각하는 것이 아니라 미래를 향유하는 것이라는 점을 기억하자. 대부분의 미국인은 계획하거나 꿈꾸는 데 있어 미래를 쉽게 고려하지만, 미래를 고려하는 것과 미래에 대한 계획과 꿈을 향유하는 것은 별개의 것이다. 비록 사람들이 미래에 대해서 주의 깊게 고려하기는 하지만 그러한 고려와 관련된 즐거운 경험을 갖지는 못한다. 이는 과거에 대해서는 광범위한 긍정 경험을 갖는 것과 대비되는 것이다. 사실상 우리는 미래에 대해서 과도하게 주의를 기울임으로써 현재를 향유하는 것이 방해받을 수 있다고 거듭 이야기해왔다.

미래를 예상함으로써 현재를 향유하기

즐거운 순간이 시작되기 전에 그것을 예상하고 어떤 것일지 상상해 보며 기대의 즐거움을 통하여 그것을 향유하는 것이 때때로 가능하다. 현재 초점으로 향유하는 것과는 달리 미래 초점으로 향유할 때 필요한 것은 아직 발생하지 않는 미래의 즐거운 일을 적극적으로 상상하는 능력이다.

기대는 매우 특별한 향유의 한 방법이다. 왜냐하면 지금 여기를 초월하여 마음속에 아무런 바탕이 없는 상태에서 즐거운 순간을 구성하기를 기대하는 사람에게 요구하기 때문이다. 현재를 향유하는 것과는 달리 기대에는 즐거움을 끌어낼 현재의 경험이 존재하지 않는다. 그리고 회상하는 것처럼 향유를 시작할 기억이 존재하지도 않는다. 기대를 사용한다는 것은 판타지를 통해서, 혹은 어떻게 전개될지 상상함으로써, 이미 접했던 과거 상황을 사용하여 미래에 투사함으로써 가능한 것이다. 이 점이 과거나 현재보다 기대를 통해 자신의 삶을 향유한다는 보고가 사람들 사이에서 가장 드물게 발견되는 이유일 것이다(Bryant, 2003).

앞서 소개했던 신혼부부의 연구(Holmberg et al., 2004)에서 미래에 대한 생각을 이야기하였던 많은 남편과 아내들은 직업이나 주택과 같이 이미 익숙한 주제와 관련하여 이야기하였다. 반면 많은 신혼부부는 미래에 자녀를 가지는 것에 대해서도 이야기를 하였다. 비록 신혼부부 중 일부는 혼인 전에 자녀를 가지기도 하였지만, 대부분은 자녀가 없었다. 따라서 미래 부모가 되는 기대는 경험 없이 이루어진 것이다. 미래를 예측하는 것은 불확실하기 때문에 우리는 신혼부부의 미래에 대한 이야기, 특히 자녀에 대한 이야기는 적을 것으로 예상하였다. 예상과 일치하게 자녀에 대한 이야기 중 단지 12%만이 정서적 내용이 담겨 있었으며, 이 결과는 부부 사이의 과거 혹은 현재 이야기 속에는 정서적 내용이 풍부하게 포함된 것과는 다른 것이다. 이처럼 잘 알지 못하는 미래 내용에 대해서 향유하는 것에는 한계가 존재하는 것 같다. 이에 반해 더 확실한 미래에 초점을 맞춘다면 더욱 구체적으로 상상할 수 있고 보다 쉽게 향유를 경험할 수 있을 것이다.

적절한 상황에서 미래에 대해서 고려를 하는 것은 현재에 대한 향유를 고양하지만, 때로는 부정적인 효과도 발생한다. 한편으로는 미래를 기대하는 것이 가져다주는 즐거움, 다가오는 시점의 예열(豫熱)을 향유하는 것이 존재한다. 상상할 수 있는 방식으로 미래 사건을 그려봄으로써 유쾌한 즐거움에 빠질 수 있다. 사람들은 미래

발생할 일들이 황홀할 것이고, 인생에 있어 최고의 순간일 것이며, 마법처럼 현재 모습을 변모시킬 것으로 환상을 품을 수 있다. 사람들은 맛깔스럽게 세부 묘사를 하고 상상을 통해서 판타지를 만듦으로써 미래의 사건을 마음 내키는 대로 치장할 수 있다. 이와 같은 마음의 재형상화는 실제 경험을 하기 이전에 즐거움을 제공하는 데 더해 현재 상황도 더욱 긍정적으로 느끼게 할 것이다.

반면 미래를 기대하는 것에는 잠재적으로 실망이란 유령이 함께 놓여 있다. Argyle(1987)이 주장하였듯이 "만약 어떤 사람이 어떤 사건에 대한 기대를 지니고 있고 그 사건이 아직 이루어지지 않았다면 그 사람은 아무런 기대를 하고 있지 않은 사람보다 실제 그 일이 일어났을 때 덜 기쁠 것이다." 다가올 사건에 대해서 이상적으로 생각하면 할수록, 실제 사건은 기대에 미치지 못하게 될 것이고, 결과적으로 더욱 많은 실망감을 느낄 수밖에 없을 것이다(Wilson, Lisle, Kraft, & Wetzel, 1989). 하늘 높이 달린 기대에 부응하기는 쉽지 않다. Mitchell과 Thompson(1994)은 비슷한 현상을 언급했다. 특히 그들은 기대하는 경험과 기억하는 경험에 비교해서 현재 긍정적인 경험을 망쳐버리는 과정을 포착하였다. 우리는 다음 절에서 장밋빛 기대와 장밋빛 회상에 대한 논의를 통해 이 효과를 살펴볼 것이다.

그러나 기대하는 것과 현재를 향유하는 것을 동시에 하는 것도 불가능하지는 않다. 기대를 통해서 현재의 즐거움을 냉각시켜버리는 것을 방지하는 방법은 현재에서 향유할 수 있는 것과 기대를 통해 향유할 수 있는 것 사이에 균형을 유지하는 것이다. 이전 기대와 현실 사이의 직접적 비교를 피함으로써 이 균형이 달성될 수 있다. 다시 말하자면, 만약 사건이 발생하기 전에는 즐겁게 기대하고, 사건이 발생하고 난 뒤에는 기대에 대해서는 잊어버린다면(특히 실제 즐거움과 즐거움에 대해서 기대한 것을 비교하지 않는다면), 사람들은 양쪽 세계(기대를 통해서 향유하는 것과 현 시점을 향유하는 것)를 맘껏 누릴 수 있다.

기대는 여전히 또 하나의 문제점을 지닌다. 어떤 긍정적인 것에 대해서 기대하는 것은 미래의 실망을 일으키는 동시에 놀라움(surprise)의 즐거움을 감소시키는 경향이 있다. 다가올 긍정적 경험을 예상하기 위해서는 미리 어떤 일이 발생할 것이라는 사실을 알아야만 한다. 그렇지만 즐거운 놀라움이 가능하기 위해서는 예보, 사전 지식, 기대 등이 없어야 한다. 사실 어떤 사건이 만들어내는 놀라움은 사람들로 하여금 그 사건에 주목하게 하고, 그 사건에 더욱 주의를 기울이도록 하지만, 기대는 불확실함을 감소시켜 그 사건에 대한 주의는 줄어들게 된다. 비록 놀라움이 긍정적 사건에 대한 초기 즐거움의 강도를 증가시키지만 기대는 긍정적 사건에서 사람들이 부여하는 의미를 풍부하게 만들어주어 지금 경험하는 것이 얼마나 오랫동안 원했던 것인지를 깨닫게 한다.

미래 초점 향유에는 여러 가지 잠재적 단점들이 존재한다. 대학생과 노인을 대상으로 한 조사연구에서 응답자들에게 실제 사건이 발생하기 전 미리 기대하지 않는 이유를 물었다. 어떤 사람들은 미리 기대하는 것을 '병아리가 부화가 되기 전에 미리 수를 세는 것'이나 '마차가 말을 끌고 가는 것'과 같이 오만하고 주제넘은 것과 등치시킨다. 어떤 사람은 행운을 기대하는 것이 미신적으로 운명을 시험하여 결과를 망쳐버림으로써 미래에 불운을 가져오는 것으로 생각하기도 한다. 어떤 사람들은 백일몽에 들이는 시간과 주의를 현실에서 일하고 원하는 것을 이루도록 하는 데 사용해야 한다고 주장한다. 결국, 사람들은 앞으로 있을 즐거움을 상상하는 것이 일상의 일로 돌아오는 것을 어렵게 만들고, 감질나게 하여 다가올 즐거움을 위해서 참고 기다리는 것을 힘들게 한다고 생각한다.

사실 '감질나게 한다(tantalize).'라는 말은 제우스의 아들인 탄탈로스에 대한 그리스 신화에서 유래한다. 제우스는 그를 저녁 식사에 초대하였는데 그는 신찬을 훔쳐 그것과 신들의 비밀들을 인간과 공유하였다(Zimmerman, 1964). 그 죗값을 물어 제우스는 탄탈로스를 목까지 잠기는 강물 속에 세워두었다. 그 강물은 그가 물을 마시려고 고개를 숙일 때마다 뒤로 물러났다. 그리고 손이 닿은 곳에는 즙이 많은 과일이 주렁주렁 달렸었으나, 탄탈로스가 그 과일을 따 먹으려고 할 때마다 바람이 그 과일을 멀리 뒤쪽으로 날려 보냈다. 게다가 머리 바로 위에는 커다란 바위가 금방이라도 떨어질 듯이 건들거리고 있어, 항상 불안한 가운데 마음 졸이며 지냈다고 한다. 가질 수 있을 듯하나 막상 가지지 못하는 것을 쳐다보는 것은 괴로운 일이다(특히, 큰 위협이 옆에 존재할 때는 더욱 그렇다.).

그럼에도, 즐거운 미래 사건들을 기대함으로써 사람들은 현재에 대한 향유를 증진시킨다는 사실은 의심할 나위가 없다. 지금까지 설명하였듯이 타인에게 현재 경험하는 즐거운 일을 전할 것을 생각할 때 더욱 그렇다. 이 순간을 타인과 공유할 것을 생각하는 것이 현재 즐거움을 증가시킨다는 생각은 어떤 기분을 타인에게 표현할 때 그 기분이 더욱 강화되는 것과 비슷한 이치다.

미래 타인과 이 순간을 공유할 것이라는 것을 기대할 때 발생하는 즐거움은 향유와의 관계에서 시간의 복합성과 풍부함을 보여 준다. 산 정상에서 Fred는 기대를 통해서 미래 이 순간을 회상할 때 경험할 즐거움을 미리 느낀다(회상할 것에 대한 기대). 달리 말하자면, 지금 여기를 뒤돌아볼 때를 기대하는 것이다. 마찬가지로 정상에 있을 때 동료와 함께 이곳에 오르길 얼마나 오랫동안 고대해왔는지를 생각한다(기대했던 것을 회상함). 달리 말하자면, 그는 지금 현재를 그동안 고대해 왔던 때를 돌아다본다. 이처럼 우리의 마음속에서 시간 여행을 할 수 있는 인간 고유의 능력은 향유를 위한 중요한 열쇠 중 하나다.

장밋빛 기대와 장밋빛 회상 현상

Mitchell과 Thompson(1994)은 정보처리 이론에 근거하여 장밋빛 기대(rosy prospection)와 장밋빛 회상(rosy retrospection) 현상을 소개하였다. 장밋빛 기대란 현재 경험하는 긍정적 사건이 지금까지 기대해왔던 것보다 덜 긍정적인 것으로 지각되는 현상을 의미하고, 장밋빛 회상은 현재 경험하는 긍정적 사건을 나중에 회상할 때 지금보다 더 긍정적으로 회상하는 현상을 의미한다. Mitchell과 Thompson(1994)은 명백히 긍정적이고 자신과 관련되며(예: 친한 친구를 방문하는 것이 고위인사를 방문하는 것보다 긍정적이고 자신과의 관련성도 더 크다.), 다른 사건과 관련되어 있지 않고, 중요한 의미가 없는 사건일수록 이 현상은 뚜렷하게 발생한다고 주장했다. 또한, 어느 정도 개인의 통제력 아래에 있으며 외적 환경에 의해 영향받지 않을 때에 이 현상이 적용될 가능성이 커진다. 따라서 모든 긍정적 사건에 이 이론이 적용되지는 않지만, 여전히 흥미롭고, 우리가 논의하는 과거와 미래에 대한 향유와 밀접히 관련된다.

Mitchell과 Thompson(1994)의 인지적 관점에 의하면, 어떤 사건은 다양한 측면을 고려하여 평가되게 마련이다. 어떤 면이 고려될지와 어떤 점에 비중을 두게 될지가 특정 긍정 사건에 대한 전반적 평가가 시간에 따라서 (경험되고 기억되고 기대될 때마다) 다른 이유를 설명한다. 장밋빛 기대와 장밋빛 회상 현상은 다음의 조건에서 관찰할 수 있다. (1) 사건의 어떤 부정적 특성이 그 사건이 발생하기 전 혹은 발생한 이후에 사라졌을 때. (2) 실제로는 일어나지 않은 어떤 긍정적 특성이 사건 발생 전후에 추가되었을 때. (3) 사건이 발생하기 진 혹은 발생한 이후에 사건이 발생하는 순간보다 사건의 긍정적 특성이 더욱 긍정적으로 평가되었을 때. 이 조건 중 어느 것이라도 장밋빛 현상을 유발할 수 있으나, 만약 그 조건들이 함께 존재한다면 장밋빛 효과가 발생할 가능성은 더욱 클 것이다.

이 조건들에 따라서 현재 사건에 대한 정서적 반응과 이 사건을 회상하거나 기대할 때의 정서적 반응이 달라지는 이유에 대한 설명이 분분하다. 〈표 6-1〉은 Mitchell과 Thompson(1994)이 제시한 것으로서, 앞서 언급한 조건들을 일으키는 과정의 목록이다.

이 목록은 사람들이 어떻게 현재보다 과거나 미래를 더욱 잘 향유하는지를 보여 주는, 그 자체로 흥미진진한 가설이다. 이 가설 중 일부는 이미 실험적으로 증명되었다는 점을 알게 된다면 더욱 흥미가 커질 것이다. 특히 Mitchell 등(1997)은 각기 다른 3가지 긍정적인 사건들(12일간의 유럽 여행, 3주간의 캘리포니아 자전거 여행, 추수감사절 휴가)을 사용한 세 연구를 하였다. 대학생의 즐거움을 현재, 과거, 미래의 시간 관점으로 측정했을 때, 세 연구 모두에서 장밋빛 현상을 발견하였다.

표 6-1　장밋빛 현상의 과정

1. 모호성 효과: 현재 사건보다 과거 혹은 미래의 사건이 더욱 모호하다.

2. 가용성 효과: 현재 사건보다 과거 혹은 미래 사건의 긍정적인 면에 더 쉽게 접근할 수 있다.

3. 이야기 구성 효과: 현재 사건보다 과거 혹은 미래 사건이 더 쉽게 이야기로 구성될 수 있다.

4. 주의분산 효과: 현재 사건이 과거 혹은 미래 사건보다 부정적으로 주의 분산될 수 있는 면이 많다.

5. 부적 환경 효과: 과거 혹은 미래 사건에 비해서 현재 사건을 평가할 때 부적 환경이 선행할 때가 잦다.

6. 후회, 실망 효과: 후회나 실망이 현재의 사건에 대한 감정에 보다 두드러진다.

Mitchell & Thompson(1994).

　　Mitchell 등(1997)의 연구에서 여행 중인 여행자들에게는 "지금이 여행이 얼마나 즐거우십니까?" 여행 예정인 여행자에게는 "앞으로 있을 여행이 얼마나 즐거울 것 같습니까?" 여행을 마친 여행자에게는 "이번 여행이 얼마나 즐거우셨습니까?"라고 각각 물어보아 사건에 대한 전반적 즐거움을 측정하였다. 연구 결과, 여행 중 질문에 대한 응답이 여행 이전 혹은 이후 응답보다 덜 긍정적이었다. 비슷한 결과가 다른 내용의 질문을 하였던 연구에서도 발견되었다. 이 연구에서는 추수감사절을 앞둔 월요일, 추수감사절 중의 월요일, 추수 감사절 이후의 월요일에 각각 측정하였다. 또 다른 연구(캘리포니아 자전거 연구)에서는 측정 시점을 12시기로 늘렸다. 즉, 여행 3주 전, 이틀 전, 여행 중 8번, 여행 1주 후, 1개월 후에 측정하였다. 이 연구에서 측정한 즐거움의 값은 여행 중 최저를 기록했으며 여행 전후에는 높은 수치를 보였다.

장밋빛 현상은 참가자들의 주관적 보고에서도 드러난다. 추수감사절 연구와 캘리포니아 자전거 연구에서 학생들로 하여금 백지에 여행에 대한 이야기를 적도록 하였다. 이야기의 내용은 '무엇을 하고 있는지' '무슨 일이 일어나고 있는지' '무엇을 생각하고 있고 어떤 기분을 느끼고 있는지' 등에 대한 것이었다. 여행 전에는 상상하여 적도록 하였고 여행 후에는 기억하여 적어내도록 부탁하였나. 두 연구 모두에서 그 사건이 발생하는 동안 여행 전 혹은 여행 후보다 더욱 부정적인 내용이 많이 담겨, 개방형 응답에서도 폐쇄형 응답과 같은 결과를 보였다.

미래 경험을 예상하거나 과거 경험을 회상하는 것에 비해 현재 경험에 대해 보고할 때 부정적인 경향성을 띠는 것은 즐거움을 보고할 때만 발생하는 현상이 아니라 실망을 드러낼 때도 비슷한 결과를 보였다. 추수 감사절 연구와 캘리포니아 자전거 연구 모두에서 Mitchell 등(1997)은 다양한 시점에서 특정 반응을 평가했다. 양연구에 참가한 학생들은 각 시점에서 실망 점수(긍정적 사건이 기대에 미치지 못한 정도)를 평정하였다. 캘리포니아 자전거 연구에서 사건 이전 이야기의 5%만이 실망을 보고하였지만 사건 동안의 이야기에는 50%가 실망을 표현하였다. 그렇지만 사건 이후 이야기에서는 다시 실망이 11%로 줄어들었다.

이런 놀라운 결과는 현재 진행되고 있는 상황에 대한 향유보다는 과거 혹은 미래 사건에 대한 향유가 더욱 쉽다는 사실을 보여 준다. 그렇지만 이러한 현상은 자신과 관련되어 있기는 하나 자신에게 그렇게 중요하지 않은 긍정적 사건에 한정되어 발생하는 것임을 유념할 필요가 있다. 따라서 개인의 대인관계나 성취에 관련된 중요한 사건에는 결코 적용될 수 없다.

장밋빛 현상은 현재의 즐거움을 인식하는 데 어려움을 겪는 것, 즉 전개되고 있는 현재 순간에 대한 즐거움을 포착하는 것의 어려움을 반영하는 것인지도 모른다. 아마도 만약 현재를 더욱 충실히 향유하는 방법을 익힐 수 있다면 장밋빛 현상은 사라질 것이다. 만약 이런 추론이 정확하다면 우리가 현재 긍정적 사건을 즐기지 못하는 것이 아니라, 그 사건이 일어나는 순간보다 일어나기 전과 일어난 뒤에 즐거움을 더욱 잘 인식하는 것이다.

여하간 Mitchell 등(1994)의 결과는 도발적이며 언제 장밋빛 현상이 다른 상황에까지 적용될 수 있는지, 그리고 개인적 결과와 사건들이 시간에 따라 어떻게 다른 방식으로 향유 되는지에 대한 질문을 유발하였다. 20세기 미국의 사회 비평가인 Oscar Levant는 "행복은 지금 경험하는 어떤 것이 아니라 당신이 기억하는 어떤 것이다."라고 말하였는데, 이 냉소적 언급이 장밋빛 회상을 가장 잘 표현한 것 같다(Winokur, 1987, p. 133). 그렇지만 행복은 또한 기대하는 어떤 것(장밋빛 기대)이라고 덧붙이고 싶다.

시간적 구성 이론

우리가 방금 살펴보았듯이 앞으로 발생할 긍정적 사건에서 즐거움을 얻을 것으로 생각하는 정도와 지난 사건에서 즐거움을 경험했다고 생각하는 정도는 실제 우리가 현재 경험하는 즐거움의 정도보다 크다. 즉, 긍정적 사건은 현재의 '강렬한 섬광(harsh glare)'보다는 회상과 기대의 '장밋빛 광채(rosy glow)' 아래에서 더욱 긍정적으로 관찰되는 것 같다. 긍정적 사건이 먼 미래의 사건에서 가까운 미래의 사건으로 이행함에 따라 긍정적 사건에 대한 사람들의 기대가 변하는 이유는 다음에 소개하는 방식으로 설명 가능하다.

미래 사건으로부터의 시간적 거리가 일으키는 심리적 결과에 대해 Trope와 Liberman(2003)은 시간적 구성 이론(theory of temporal construal)을 제안하였다.

사람은 가까운 미래 사건보다 먼 미래 사건에 대해서 더 추상적인 표상과 상위 수준의 관념을 형성한다. 하위 수준의 관념은 더 구체적이고 맥락적이며 상황적인 세부내용을 담고 있지만 상위 수준의 관념은 미래 사건에 관한 정보의 핵심을 전달하는 일반적이고 탈맥락적 내용으로 구성된다. (p. 403)

즉, 긍정적 사건이 아직 먼 미래에 예정되어 있을 때 그 사건을 구체적 맥락이 생략된 일반적이고 추상적인 용어로 인식한다. 그러나 긍정적 사건이 가까운 미래에 다가올 때, 그 사건을 구체적 · 문맥특정적 용어로 인식한다. 따라서 먼 미래 사건은 소수의 광의 범주로 구성된 단순한 용어로 개념화되고, 이 범주는 인지적 가치(cognitive value)를 지니며 전형적인 사례로 인식된다. 반면, 가까운 미래 사건은 다수의 협의 범주로 구성된 복잡한 용어로 개념화되고, 이는 정서적 가치(affective value)를 지닌다(Trope & Liberman, 2003). Trope와 Liberman(2003)은 모형을 확장하기 위해 다음과 같이 언급했다.

우리가 제안하는 추론 과정은 가치의 시간적 변화에만 적용되는 것이 아니라 추론 · 계획 · 예견에도 적용된다. 이 경우에도 가치에서의 시간적 변화를 매개하는 기제와 같은 표상적 기제에 의해 매개될 것이다. 또한, 유사한 기제가 현 사건과 과거사건 사이의 심리적 거리뿐 아니라, 심리적 거리가 존재하는 다른 경우에서 경험되는 심리적 결과에도 적용될 것이다. (p. 404)

따라서 시간적 구성 이론에 의하면 이 사건들이 시간상 얼마나 멀리 있느냐에 따라서 사람들은 긍정적 사건을 달리 바라보는 경향이 있다.

이 분석을 향유와 시간의 관계에 적용시킨다면, 긍정적 사건들이 시간상으로 멀리 있을수록, 즉 '심리적 거리'가 멀수록(Lewin, 1951) 보다 '장밋빛'으로 변한다. 따라서 시간의 흐름은 회상할 때와 기대할 때 다르게 작용한다. 시간적 구성 이론에 의하면, 시간이 흘러 원하는 사건이 다가옴에 따라 장밋빛 기대의 강도는 약해질 것이고, 시간이 흘러 긍정적 사건이 멀어짐에 따라 장밋빛 회상의 강도는 커질 것이다. 물론 이 현상과 관련하여 미해결 질문이 여전히 남아 있는 상태다.

상상의 맛과 최고의 고통

우리는 비록 기대를 미래 초점의 향유방식이라고 생각하지만, 긍정적 경험을 기대하는 것이 항상 전적으로 즐거운 것만은 아니다. 선행 이론가들은 긍정적 사건을 예상하는 것 자체가 즐거운 경험이기 때문에, 긍정적 결과를 미루는 것이 그것의 가치를 증가시키는 것이라고 주장하였다(Elster & Loewenstein, 1992; Loewenstein, 1987; Lovallo & Kahneman, 2000). 그러나 긍정적 사건을 기대하는 것이 때로는 즐겁지 않을 수도 있는데, 침투적 사고가 '정교한 반추(elaborative rumination)'의 주의를 독점하는 경우다(Kavanagh, Andrade, & May, 2005, p. 448).

혹시 어떤 것에 대한 갈망이 극도에 달해서 다른 것은 아무것도 생각나지 않을 때가 있었는가? Kavanagh 등(2005)이 제시한 다음의 예를 살펴보자.

지금 심리학 저널을 읽거나 향유에 대한 책을 읽고 있다가, 햇볕 따뜻한 일요일 아침 노변 카페에서 맛있는 커피를 마시는 내용의 논문이나 인용문을 읽었다고 하자. 그러면 지금 그 커피를 마시면 얼마나 좋을까, 하고 생각할 것이다. 아마도 막 갈아 만든 커피 향과 커피 맛, 그리고 원두커피 기계에서 나오는 소리, 거품, 수증기 등이 연상될 것이다. 만약 그다지 커피를 좋아하지 않거나 막 커피를 마셨다면 이 이미지들은 별 효력을 발휘하지는 못할 것이다. 그러나 지금 당장 커피를 무지 마시고 싶다면, 그 이미지는 즐거운 자극을 줄 것이다. 이 즐거운 자극은 발을 간질이다 금세 욕구가 충족되지 않으면 고통을 느끼게 되는 감질 맛 나는 매혹이다. 머릿속에 떠오르자마자 그 생각은 우리의 주의를 끌게 된다. 그것은 강한 정서적 힘을 갖고 어떤 행동을 하게끔 이끈다. 이 책이나 글을 읽는 것을 그만두어야 할지도 모른다. 이러한 주관적 경험에 있어 필수적 요소들은 무엇일까? 아마도 처음 생각, 커피 그 자체와 커피를 마시는 이미지, 이미지가 가져오는 즐거움과 고통 등이 지니는 침투적이고 예상할 수 없는 속성인 것 같다. 한번 시작되면 그것에 대하여 생각하는 것을 멈추기는 쉽지 않다. 사실상 다른 어떤 것을 생각하는 것은 거의 불가능하다. (p. 446)

지금 당장 커피 한잔을 마시지 않고서는 이 글을 읽는 것이 거의 불가능하다고 여러분이 느낀다면, 여러분은 지금 정교한 반추를 경험한 것이다. 그리고 커피와 관련된 심상이 생생하면 할수록 여러분이 상상한 맛과 여러분이 겪었던 불편함의 정도 또한 강할 것이다. 일단 어떤 대상에 대한 갈망이 시작되면 "그 대상과 관련된 생각이 이미지의 형태로 점차 정교해지며 욕망이 지속되는 과정을 밟는다."(Kavanagh et al., 2005, p. 448) 이러한 추론에 근거하여, Kavanagh 등(2005)은 '정교한 욕망 침입(elaborated intrusion: EI) 이론'을 제안하였다. 이 이론에 의하면 생생한 감각 경험이 동반된, 반추적 · 인지적 정교화는 식욕 충동을 유발하고, '상상의 맛'과 '최고의 고통'을 양산한다(p. 446).

기대는 원하는 대상에 대한 접근 정도에 따라서 즐거울 수도 있고 혹은 고통스러울 수도 있다. Kavanagh 등(2005)은 다음과 같이 설명한다.

욕망은 소비가 임박했을 때 즐거울 수 있다. 특별히 미루어질 가능성이 없고 부정적 효과에 대한 근심이 없다면 예정된 소비를 생각하는 것만으로도 즐거운 경험이다…… 욕망은 지속적으로 박탈되거나 통제가 가해진다면 혐오적일 것이다. 소비가 상당기간 연기되고 소비를 하지 않아야 하는 강력한 동기가 존재한다면 갈구에 대해서 부정적 정서가 주된 반응일 것이다. (p. 457)

즉, 레스토랑에서 요리사가 음식을 만드는 것을 바라보면서 좋아하는 음식의 맛을 상상하는 것을 즐거운 일이다. 그러나 밀림에서 무장을 한 채 통조림 야전식(野戰食)을 먹을 수밖에 없는 상황에서 성찬을 떠올리는 것은 괴로운 일이다. 기대는 원하는 것이 근거리에 있고 소비가 임박할 때 즐거운 것이지만, 원하는 것이 원거리에 있고 소비할 수 없을 때 고통일 따름이다.

미래 초점 향유에 대한 앞선 논의는 특정 긍정 사건이 발생할 것이라고 믿는 시점이 가까울수록 그 사건을 기대하면서 더 큰 즐거움을 얻게 될 것이라고 제안한다. 이 결론은 Jevons(1905)의 가설(1장에서 언급)과 일치한다. 즉, "집을 떠나기로 한 시점이 다가올수록 예상하는 즐거움의 강도는 커질 것이다." (p. 64)

향유에 대한 생애 주기적 관점

향유의 시간적 측면에 대해 생각해 보는 또 다른 방법은 향유를 생애 주기에 걸쳐 살펴보는 것이다. 회상과 기대의 능력은 생애단계별로 차이를 보인다. 노인은 추억할 만한 것이 더 많고, 젊은이는 미래에 대해 고려할 것이 더 많으며, 아주 어린 사람들은 기대할 능력이 많지 않을 것이다. 그럼에도, 어느 생애단계에서도 향유과정을 개선하기 위해서 과거 혹은 미래를 다룰 때 시간이 중요한 역할을 담당할 것이다. 우리는 여기에서 앞으로 이 문제를 다룰 것이다.

🍃 아동기의 향유

아동기의 회상 아주 어린 아동이라 할지라도 과거를 기억할 수 있다. 3세 아동은 몇 달 전에 발생했던 사건의 세부를 묘사할 수 있다. 실험 연구의 결과, 아동의 모가 아동이 긍정적 경험을 할 때 '정교한' 언어적 참여를 하도록 도왔던 아동이 그렇지 않은 아동에 비해 사건의 세부를 더욱 잘 기억해내었다(Haden, Haine, & Fivush, 1997; Haden, Ornstein, Eckerman, & Didow, 2001; Reese, Haden, & Fivush, 1993). 초등학교에 들어가기 직전, 비록 청자가 충분히 이해하지 못할 수는 있지만, 아동은 자신의 과거 경험을 이야기의 형태로 타인에게 전할 수 있다(참조: Fivush, Haden, & Reese, 1996; Fivush & Haden, 1997). 아동의 생활에서 과거 초점 회상의 중요성을 강조하면서 이론가들은 언어적 회상이 아동으로 하여금 기술을 발달시키고 정체성을 형성하며 사회적 규범을 배우고 세상에서 의미와 숙달감(熟達感)을 찾는 데 도움을 준다고 주장한다(Fivush & Haden, 2003).

그렇지만 아동이 진정으로 긍정적 회상의 과정을 향유하는 걸까? 즉, 아동이 의식적으로 과거와 관련된 긍정적 경험에 주의를 기울이고 그 경험을 음미하는 것일까? 우리의 생각으로는 아동은 적어도 이야기하는 과정을 즐길 수는 있다. 특히, 청자가 즐거움, 웃음, 경외감, 감사, 칭찬 등을 동반하여 아동의 이야기를 경청할 때 더욱 그렇다. 그렇지만 아동이 정확하게 언제부터 과거를 그리워하며 긍정적 회상에 몰두하기 시작하는지는 알려진 바가 없다. 우리가 아는 바로는, 과거와 관련하여 긍정적 기분을 의식적으로 음미하는 데 필요한 상위 인지적 기술들을 언제 처음으로 지니게 되는지에 대한 연구가 없었다.

과거를 향유하는 것은 단순히 과거를 기억하는 것보다 상위 수준의 과정이라는 것을 명심해야 한다. 즐거운 기억과 관련된 기분을 회상함으로써 향유하는 인지적 능력은 자신의 내적 삶을 인식하고 과거에 대해서 추상적으로 생각할 수 있어야 가능한 것이다. 이러한 유형의 과거초점적 자기 반성(反省)에 몰입하기 위해서 필요한 상위 인지 기능들은 후기 아동기 혹은 초기 청소년기에 와서야 비로소 충분히 발달하는 것 같다(Inhelder & Piaget, 1958; McAdams, 1985). 따라서 아동들은 과거와 관련하여 내적 경험을 표현하는 사회화 과정을 거치게 되는데, 우리는 아동들이 이를 통해서 타인에게 긍정적 기억을 다시 말하고 재생하는 기술을 익히게 되고, 나중에 추상화가 가능할 때 마음속의 긍정적 기억을 향유하는 방법을 배우게 될 것이라고 제안한다. 심지어 매우 어린 아동이라 할지라도 과거를 정확하게 기억해낼 수는 있겠지만, 아동이 진정으로 과거를 향유할 수 있게 되기까지는 가족이나 또래와 함께 더욱 복잡하고 조리 있으며 평가적인 방식으로 회상하는 연습을 해야 하고, 긍정적 기억을 보다 의식적으로 음미하는 데 필요한 인지적 능력을 발달시켜야 한다.

기대와 지연만족   기대는 유쾌한 것이기는 하지만 '상상의 맛'을 얻기 위해서는 소비 욕구에 대한 만족 지연을 통해서 인접한 불편감을 인내하여야 한다(Frederick, Loewenstein, & O'Donoghue, 2002). 아동의 기대와 관련하여, "자기개념의 시작은 시간 개념의 발달에 있어 핵심적이다."(Arlow, 1990, p. 136) 아동은 2세 무렵 행동과 언어에 있어 미래 인식이 반영되기 시작하고(Atance & O'Neill, 2001) 3세와 4세 무렵 만족 지연의 능력이 급속하게 성장하게 된다(Thompson, Barresi, & Moore, 1997). 그러나 보통 아동의 경우 만족 지연에 필요한 인지적 자원과 관점 인식 기술이 4세 혹은 5세까지는 갖추어지지 않는다(Mischel, Shoda, & Rodriguez, 1989). 따라서 충동 조절이 부족한 어린 아동에게 있어 기대를 통해 긍정적 경험을 향유하는 것은 어려운 과제다. 2세 아동에게 내일 근사한 선물을 받게 될 것이라고 이야기하면, 그 아동은 곧 "지금 줘요."라고 대꾸할 것이다. 이처럼 즉각적 만족의 욕구가 기대의 즐거움을 내쫓는다.

만족 지연과 관련하여 발달 심리학 연구에서 흔히 사용하는 연구 과제는 미취학 아동에게 작지만, 즉각적인 보상(지금 주어지는 마시멜로 하나)과 크지만 지연되는 보상(15분 있다가 제공되는 마시멜로 15개) 사이에서 결정하도록 하는 것이다(Mischel, 1974, 1981). 보상의 매력적인 특성에 주의를 두는 아동은 그 주의를 딴 곳으로 전환하지 않는 한 지연되는 보상을 얻기는 어려울 것이다(Mischel & Ebbeson, 1970; Mischel, Ebbeson, & Raskdoff-Zeiss, 1972; Rodriguez, Mischel, & Shoda, 1989). 아동이 볼 수 있는 곳에 보상을 두는 것은 아동들로 하여금 만족 지연을 더욱 어렵게 만든다. 실제로 보상을 보이지 않는 곳에 숨겼을 때 보이는 곳에 두었을 때보다 두 배가량 오래 기다릴 수 있다고 한다(Mischel, 1974, 1981).

성공적인 만족 지연을 위해서 '의지력'(willpower; Metcalfe & Mischel, 1999) 혹은 원하는 대상이 지닌 '뜨거운' 소비 특성(예: 그 음식이 얼마나 맛있을까?)으로부터 '차가운' 주의전환 생각(예: 그 방이 얼마나 안락할 것인가?) 혹은 보상에 대한 추상적 생각(예: 그 음식에는 어떤 재료가 포함되어 있을까?) 등으로 주의를 전환하는 인지적 과정이 필요하다. 예를 들어, 30개월 아동의 어머니가 아동이 좋아하는 장난감에 손을 대는 것을 지연하는 기술로서 주의전환을 사용하였다(Putnam, Spiritz, & Stifter, 2002). Putnam 등(2002)은 수반(contingent) 행동을 분석하여 엄마와 아동 중 한 명이 금기 대상으로부터 주의를 전환하는 본보기를 먼저 보이고 다른 사람이 그 본보기를 따라

하는 방식을 통해 아동 행동을 효과적으로 조절할 수 있다는 점을 발견하였다. 즉, 아동으로 하여금 만족 지연을 하는 데 보다 적극적인 엄마를 둔 아동이 수동적인 엄마를 둔 아동보다 작고 즉각적 보상의 유혹에 잘 저항할 수 있었다.

만족 지연을 잘하는 미취학 아동들과 잘하지 못하는 미취학 아동은 여러 면에서 상당한 차이를 보였다. 만족 지연을 잘하는 아동은 조용하고 좌절을 잘 인내히며 성미르지 않고 화를 덜 내며 집중을 더 잘하고 학점이 더 높은 것으로 알려져 있다(Funder & Block, 1989; Funder, Block, & Block, 1983). 자기 통제를 잘하는 미취학 아동들이 청소년기 스트레스에 보다 잘 대처하고 대학 진학 시 SAT 점수가 더 높았다는 종단 연구 결과가 발표되었다(Shoda, Mischel, & Peake, 1990). 만족 지연 능력이 초기 청소년기의 적응 수준과 분명히 관련되어 있다.

더 나아가 만족 지연을 하지 못하는 것은 외현화 행동과 관련될 수 있다. 예를 들어, 공격성과 비행과 같은 외현화 증상을 보이는 초기 남자 청소년은 불안과 우울과 같은 내현화 증상을 나타내는 소년들이나 증상을 보이지 않은 청소년보다 더 즉각적인 만족을 구하는 것으로 밝혀졌다(Krueger, Caspi, Moffitt, White, & Stouthamer-Loeber, 1996). 이 모든 결과는 기대를 통한 향유의 필요조건인 만족 지연을 학습하는 것은 건강하고 적응적이라는 결론으로 수렴되고 있다.

상당한 수준의 만족 지연 능력이 동물들에게도 관찰되었다. 예를 들어, 쥐(Killeen, Smith, & Hanson, 1981)와 비둘기(Grosch & Neuringer, 1981)는 선호하는 대상을 얻기 위해서 일정 간격으로 반응을 보였다. 또한, 침팬지 역시 더 바람직한 보상을 얻기 위해서 단추를 누르는 것을 지연한다는 사실이 보고되었다(Beran, Savage-Rumbaugh, Pate, & Rumbaugh, 1999).

기대를 통해 상상의 맛을 향유할 수 있다는 것은 현재 갖고 싶은 것을 참아야 하는 고통을 견딜 수 있기를 요구한다. 그러나 단순히 만족 지연 능력을 갖는 것만으로 기대의 즐거움을 누릴 수는 없다. 기대의 즐거움은 만족 지연 시 생각을 전환하는 것을 즐기는 것이 아니라, 기다리는 긍정적 결과에 정확히 초점을 맞춤으로써 즐거움을 끌어내는 것이다. 원하는 대상과 관련된 심상(心象)을 보다 생생하고 적극적으로 떠올릴 때, 상상의 맛도 더욱 달콤할 것이다. 그러나 미취학 학생들은 참고 기다려야 하는 상황에서 불편함을 견디기 위한 하나의 방략으로서 미래 긍정적 결과에 대한 생각을 회피하는 것을 배운다는 것을 주목하자. 이는 결코 미래초점적 향유라고 할 수 없다.

기대의 즐거움은 원하는 대상이 와인 한 병, 공짜 비행기 티켓, 생명 보험 등과 같이 소비재일 때 더욱 복잡해진다. 예를 들어, 만약 사람들이 원하는 대상의 소비를 통제할 수 있다면 그들은 계속해서 소비를 연기하거나 지연함으로써 기대의 즐거움을 연장할 수 있을 것이다(Frederick et al., 2002). 그러나 분명히 이런 자기 조절 기술은 상황이 강제할 때뿐 아니라 자신에게 선택의 기회가 주어질 때에도 발휘될 수 있는 만족 지연 능력이 필요하다. 바라는 소비 결과와 관련하여 대부분의 아동뿐 아니라 사실상 많은 성인도 의도적으로 영속적 연기를 하는 것을 어려워할 수 있다. 기대는 결코 쉬운 일이 아니다.

그럼에도, 즐거움을 유발하도록 긍정적 사건을 기대하는 능력을 개발시킬 특별한 상황이나 문화 행사가 있을 수 있다. 예를 들어,

부모와 교사는 휴가, 휴일, 생일잔치, 소풍, 학교행사 등에 대한 계획 짜기를 아동과 함께 함으로써 바람직한 미래 성과에 주의를 기울이게 하고 미래 사건을 향유할 수 있도록 돕는다. 이런 방식을 통해서 부모와 교사는 아동으로 하여금 정서적 삶의 긍정적인 면을 미래와 관련지어 다루는 방법을 가르친다. 예를 들어, 아동은 사회화되면서 실망을 다루는 법뿐 아니라(Spinrad, Stifter, Donelan-McCall, & Turner, 2004), 원하는 선물을 받지 못했을 때 실망을 감추는 데 필요한 의식적 통제력을 습득하게 되는데(Kieras, Tobin, Graziano, & Rothbart, 2005), 대개 실망을 감추어야 한다는 규칙을 6세에서 10세 사이에 익히게 된다고 한다(Saarni, 1984).

어린 아동에게 있어 현재를 향유하기 아동이 그들의 삶에서 많은 것들을 즐기지만, 현재의 즐거움을 증가시키기 위해 향유과정을 사용하는 것일까? 즐거움에 의식적 주의를 기울이고 음미하는 것일까? 심리학 문헌에서는 이 질문에 대한 해답을 얻기 어려우므로, 우리 손으로 이 문제를 살펴보았고 아동들에게 향유에 대해서 물어보았다. 다음 내용은 우리가 발견한 것이다.

우리는 5세부터 10세의 아동에게 그들이 즐기는 것들을 물어보았다. 지시문을 다음과 같았다. "최근에 어떤 일을 무척 좋아하면서 했거나 일어난 일 중 매우 좋았던 것을 떠올려보고, 그것이 무엇이었는지, 언제 그 일이 일어났는지, 그때 어떤 생각을 했는지, 그때 기분은 어떠했는지를 말해 보세요."

우리가 질문하였던 아동 중 어떤 아동도 이 질문에 대답하는 것을 어려워하지는 않았다. 어떤 아동은 여행을, 어떤 아동은 스포츠 경기를, 어떤 아동은 수영을, 또 다른 아동은 아이스크림 먹는 것을 이야기하였다. 문제는 단순히 어떤 것을 좋아한다고 이야기하는 것은 별 어려워하지 않았지만 그 때의 생각을 이야기하기는 쉬운 일이 아니었다는 점이다. 물론 이러한 과제는 어른들도 힘들어하는 것이다. 어른들은 이런 질문을 받으면 그 활동을 즐기기 때문에 혹은 그 활동은 즐거워할 만하기에 그 활동을 좋아한다고 대답한다. 우리는 더 정교한 대답을 원했지만 한 아이가 수영하면서 마음이 편안해졌다고 대답한 것을 제외하고는 우리가 원하는 바를 얻지 못했다. 더욱이 이 대답 역시 집요한 질문 끝에 이루어진 것이어서 우리는 더욱 간접적인 방식을 통해야지만 아동의 향유경험을 포착할 수 있음을 깨달았다.

아동의 자기보고를 통하지 않고, 관찰에 의해서, 아동이 향유의 능력을 지니고 있다는 사실을 알 방법은 없을까? 우리는 이것이 가능하다고는 생각하지만 이러한 관찰은 일부 아동에게만 가능하다는 사실을 강조하여야 할 것 같다. 대부분의 아동은 향유가 가능하다고 믿을 만한 행동을 보여 주지 못했다. 어린 아동에게, 심지어 3세 이전의 아동에게 흥미를 유발하려는 방법으로 그들의 소망 혹은 두려움과 관련된 이야기를 들려주는 것 이외의 방법은 찾기 어렵다. 아동에게 "다음에 일어날 일이 무엇일 것 같아?"라는 질문을 통해서 흥미를 유발하거나, 앞으로의 일이 발생하면 어떨 것 같은지를 물어보는 방법이 유용하다. 그렇지만 대부분의 아동들은 골똘하게 듣기만 할 뿐이다.

과연 이러한 행동이 아동이 향유를 하고 있다는 것을 보여 주는 것일까? 반드시 그런 것은 아니지만, 일부 행동들은 이야기를 향유하고 있는 것을 시사한다. 미소를 짓거나, 고개를 끄덕이거나, 자발적으로 질문하거나, 다른 욕구를 잊어버리거나, 조각상과 같은 자세를 한 것은 우리에게 이 아동이 그냥 단순히 이야기에 푹 빠져 있다는 것을 의미할 뿐 아니라 듣는 것에 대해서 생각하고 있다는 점을 보여 준다. 그렇지만, 여전히 의문은 남는다. 아동들이 정말 자신이 듣는 이야기의 즐거움을 생각하는 것일까? 여기서 문제가 발생한다. 문제는 우리는 항상 어른이 향유하는 방식으로 아동이 향유를 한다고 생각한다는 점이다.

이야기를 읽어줄 때 아동이 더욱 명확히 향유하고 있다는 점을 알려주는 증거가 필요하다. 하나의 기준은 아동이 그 이야기를 반복해서 읽어달라고 요구하는 점이다. 다른 하나는 이야기의 줄거리가 그 아동의 머리에서 맴돌고 있다는 점이다. 얼마나 많은 아동이 부모에게 같은 동화책을 두세 번 읽어달라고 요구하나? 설사 그 비디오가 무서운 이야기를 담고 있다 하더라도, 얼마나 많은 아동들이 같은 비디오를 수없이 반복해서 틀어보는가? 디즈니 만화에서 주인공을 위험한 상황에 부닥치게 하는 기법은 동화 작가들의 오래된 방식이다. 그림 형제와 월트 디즈니는 이 점에서 공유하는 부분이 많다. 무서운 이야기이건 아니건, 같은 비디오나 동화책을 반복해서 감상하는 것은 기대를 통한 즐거움을 시사하는 뚜렷한 증거다. 이 점은 아동들이 그들이 보고 싶은 비디오나 읽고 싶은 동화책과의 즐거운 만남에 대한 심상을 지니고 있다는 점을 시사한다.

그렇지만 아동이 과거의 즐거운 경험의 이미지를 머리에 넣고 있다는 점이 향유의 충분한 증거가 될 수 있을까? 사실상 이는 기초 단계의 향유라고 할 수 있다. 아동이 적극적으로 이미지를 다시 보고 싶어 하는 것은 유아에서 볼 수 있는 긍정적 경험의 고전적 조건 형성보다 겨우 한 단계 우위의 향유라고 할 수 있을 따름이다. 우리는 5개월 유아에게도 물병을 쳐다보게 하는 방식을 통해서 향유와 유사한 미소와 흥분을 가져오게 할 수 있다. 그러나 유아의 이러한 행동과 흥미로운 대상에 대해서 유아가 의식적으로 주의를 기울이는 것은 별개이다.

아동이 향유가 가능하다는 것을 알려주는 더 확실한 증거는 어떤 이야기나 심상을 반복한다는 점이다. 매우 어린 아동이 이미 들었던 농담을 반복해서 하는 것이 한 예다. Knock-knock joke(같은 소리를 지니지만 다른 의미가 있는 단어를 사용한 언어유희—옮긴이)에 맛을 들인 아동은 이 농담을 끊임없이 반복하여 듣는 사람을 질리게 한다. 아이가 반복적으로 같은 농담을 할 때 어른은 아이의 농담 내용을 전혀 향유할 수 없다. 오히려 아이가 같은 농담을 반복적으로 향유하는 모습을 향유할 뿐이다.

Fred의 딸 Erica가 4세 때 보인 행동은 아동이 향유를 지속하는 방략을 학습할 수 있음을 보여 주는 좋은 예화다. 어느 날 Fred의 가족은 국립공원에서 모래 언덕을 오르며 즐거운 시간을 보낸 뒤, 집으로 가야 할 시간이 되었다. 그때 Erica가 자동차 뒷좌석에 앉아 언니와 함께 웃으면서 하는 말이 다음과 같았다. "집까지 계속 웃으면서 가자고요!" 그녀는 분명 그날의 즐거움을 계속 지속하고 싶었던 것이고, 함께 웃는 것이 긍정 정서를 유지할 수 있게 만드는 방법이라는 점을 알고 있었던 것이다.

아동들의 향유신념　　현재까지 아동들의 향유에 대한 가장 야심 찬 연구는 로욜라 대학의 발달심리학 전공의 Lynda Cafasso(1994; Cafasso, Bryant, & Jose, 1994)의 석사학위 논문이다. 그 연구는 365명의 학생(남: 151명, 여: 201명, 미상: 13명)들을 대상으로 하여 이루어졌고, 참가자 중 90명(남: 41명, 여: 49명)은 초등학교 5학년, 92명(남:

36명, 여: 56명)은 초등학교 6학년, 81명(남: 36명, 여: 45명)은 중학교 1학년, 88명(남: 37명, 여: 51명)은 중학교 2학년이었다. 이 학생들은 시카고 시내 1개 학교와 시외 4개 학교에서 모집되었고 이 학교들은 모두 교구 가톨릭 학교이었다. 인종 비율은 57%가 백인, 21%가 흑인, 9%가 아시아계, 7%가 히스패닉 등으로 구성되었다.

연구에 앞서 연구자는 대학생을 위해 만들어진 기존의 24 문항의 향유신념 척도(SBI)를 아동들이 이해할 수 있도록 수정하였다. 문항 신뢰도 분석 결과 그녀가 개발한 아동용 향유신념 척도(CSBI)는 초등학교 5학년 이상의 응답자에게 적합한 것으로 나타났다. CSBI의 사본이 부록 F에 실려 있으며, 부록 G에는 이 척도의 사용 지침이 설명되어 있다.

CSBI를 사용한 연구 결과는 아동의 향유신념에 대해서 무엇을 말해 주는가? CSBI에 대한 구조 분석 결과 대학생의 자료와는 현저한 차이를 보였다. 아동들은 기대, 현재향유, 회상 등 3가지 향유능력을 구별하지 못했고 향유경험에 대한 전반적인 능력만이 단일 요인으로 도출되었다. 긍정 문항과 부정 문항의 도구 요인(method factors)을 포함한 1요인 구조가 CSBI의 요인 구조로 가장 적합한 것으로 나타났다(Cafasso, 1994; Cafasso et al., 1994). CSBI의 전체 점수는 남학생, 여학생, 4개의 학년 모두에서 신뢰할 만한 것으로 나타났다(Cronbach's α=.84-.93). 이 결과들은 기대, 현재향유, 회상 등 3요인 구조로 나타난 SBI의 요인구조와는 달리 아동들이 평정한 CSBI는 단일 요인 구조를 지닌다는 점을 보여 주었다.

구성 타당도를 확인하기 위해서 Cafasso는 주관적 적응을 측정하는 척도 중에서 타당도가 높은 것을 선택하였다. 주관적 긍정 적응(positive subjective adjustment)을 측정하기 위해서 Well-Being

Scale(Schlosser, 1990), Index of Psychological Well-Being(Berkman, 1971)의 Positive Affect 소척도, Self-Perception [self-esteem] Profile for Children(Harter, 1985)을 사용하였고, 주관적 부적 적응(negative subjective adjustment)을 측정하기 위해서 Children's Depression Inventory(Kovacs, 1985), Index of Psychological Well-Being (Berkman, 1971)의 Negative Affect 소척도, State-Trait Anxiety Inventory for Children(Spielberger, 1973)을 사용하였다. 변별 타당도를 확인한 결과, 4개 학년 중 3개 학년의 자료에서 CSBI 점수와 긍정적 적응 점수의 상관이 CSBI와 부정적 적응 점수의 상관에 비해 훨씬 높았다. 이러한 발견은 CSBI가 아동의 향유신념에 대한 타당한 측정치라는 사실을 보였다.

고연령의 4개 학년 자료를 통합한 교차 타당화 연구 결과, 여학생이 남학생보다 CSBI 값이 높게 나타났다. 이 결과는 여학생이 남학생과 비교하면 긍정적 경험을 즐길 수 있는 능력을 더욱 높게 보고한 것을 뜻한다. 따라서 향유신념의 성차는 초등학교 5학년 무렵에 이미 시작되는 것으로 여겨진다. 이러한 결과를 종합해 볼 때 아동들은 삶을 향유할 능력에 대해서 평가할 수는 있지만, 향유신념에 대한 아동들의 평가는 성인과는 달리 시간별로 분화되지는 않았음을 보여 준다.

그렇지만 내적 경험에 대해서 의도적으로 곰곰이 생각하는 능력은 이른바 '형식적 조작기'에 와서야 가능한 것이다(Inhelder & Piaget, 1958). 아동도 즐거움을 경험하는 순간을 인식할 수도 있고 긍정 경험에 충분히 몰입할 수 있을 지도 모르지만, 아동은 성인보다 향유 상황에서 주관적 경험을 더욱 덜 인식한다. 아동들은 외부 세상에 대해서 구체적 조작을 주로 사용하고, 더욱 추상적인 사고에 필요한 인지적 자원이 부족하다(McAdams, 1985). 정교한 향유를 위해서는 긍정적 감정에 대한 내성과 긍정적 경험에 대한 인지적 연상 작용 능력이 필요한데, 아동들은 이에 필요한 인지적 능력이 부족하다.

아동에게 있어 과거, 현재, 미래와 관련된 향유경험의 초기 형태는 가족이나 친구들과 함께하는 생일 파티나 공휴일 경축 모임과 같은 구조화된 사회적 의식에서 찾아볼 수 있다. 우리는 아동들이 이러한 긍정적 경험의 공유함으로써 향유에 필요한 인지적 기술들을 적용하고 개선하는 방법을 배울 수 있음을 제안한다. 또한, 개인적 향유보다는 사회적 관계에서의 향유능력이 더 먼저 발달할 것으로 생각한다.

아동들은 향유에 필요한 인지적 능력을 충분히 갖추고 있지는 못하지만, 스스로 긍정적 경험을 향유하는 능력을 지니고 있다고 인식하는 것으로 나타났다. 아울러 여학생이 남학생보다 향유하는 능력이 더 크다고 지각하였으며, 이런 결과는 대학생과 성인들을 대상으로 한 연구에서도 마찬가지였다(Bryant, 2003; Lindberg, 2004). 또한, 이 결과는 자기반성 능력에 있어서 여학생이 남학생보다 더 일찍 발달한다는 주장을 뒷받침한다.

🌱 청소년의 향유

지금까지 아동이 진정으로 향유를 할 수 있는지에 대한 물음에 답하는 것을 주저해왔다. 반면 청소년 시기는 완전히 발달한 향유로 이행하는 단계라고 생각한다. 향유가 청소년 시기에 두드러진다는 주장을 지지할 만한 이론적 토대가 충분히 마련되어 있다.

청소년 발달의 특수한 성격에 대한 Erickson(1959, 1968)의 주장 이후, 청소년기는 과거 현재 미래에 걸쳐 연속적이고 통합된 개체로 자신을 인식하게 되는 정체성 형성의 시기로 알려졌다. 청소년기 이전까지는 시간에 따라 비연속적이고 맥락에 따라 구체적이었던 자기상을 청소년기에 드디어 통합하려고 한다고 전문가들은 생각하였다.

청소년은 정체성 형성 과정에서 다른 사람과의 관계와 비교를 통해서 자기를 인식하는 일에 몰입하게 된다. 청소년기 이전에는 그런 식으로 자신을 생각해 보지 않았다. 청소년은 의도적으로 친구와의 교제를 시작하고, 사랑에 빠지기도 하며, 성적 관계의 즐거움과 열정을 발견하기도 한다. 생활의 스타일과 삶의 방식을 정하기 시작하는 시기도 이즈음이다. 이러한 행동들의 바탕에는 모두 자기반성이 존재한다. 청소년들은 다음과 같은 질문을 하기 시작한다. "내가 무엇을 좋아하고 즐기며 사랑하는가?" "내가 무엇을 좋아하지 않고 즐기지 않으며 싫어하는가?" 여자 친구, 영화배우, 새 취미, 새로운 종류의 음악, 새로운 스타일의 의상과 언어 방식 등에 심취하는 중에 자연스럽게 일어나게 되는 이와 같은 질문 속에서 향유에 대한 통찰이 발생하게 된다.

긍정 경험을 향유하는 방법은 청소년이 형식적 조작기에 접어들면서 확장되는 것으로 여겨진다. McAdams(1985)는 신뢰할 만한 주장을 다음과 같이 제시했다.

…… 형식적 조작기에 지식을 습득하는 방식은 점점 더 추상적으로 변모하면서 자신의 사고 과정에 대해서 돌아다보게 된다. 따라서 청소년들은 자신의 생각을 사고의 대상으로 여기게 된다…… 형식적 조작기에 진

CHAPTER 6
향유와 시간 지향성

입한 청소년과 초기 성인들은 자신의 과거와 현재 모습, 그리고 이것들이 미래 여러 모습과 어떻게 연관될 것인지에 대해서 숙고하는 시간을 갖게 된다. 또한, 청소년들은 자신의 생각 그 자체에 대해서도 숙고하는 단계에 접어든다. 대상이 지닌 실제와 가상의 양면의 모습에 대해 인식하게 되면, 반성과 숙고를 통해서 현재와 과거의 실제 모습과 미래 가상적인 모습을 통합할 수 있게 된다.

이러한 인지적 변화는 청소년으로 하여금 생애 처음으로 다양한 시간 관점을 갖고 향유할 수 있는 능력을 부여한다. 예를 들어, 청소년은 추상적 인지 능력을 통해서 회상할 것에 대한 기대와 기대했던 것을 회상하는 것이 가능해진다. 또한, 형식적 조작기의 청소년은 추상적 추론 능력을 갖추게 되어 앞으로 회상을 쉽게 하기 위해서 적극적인 기억 만들기를 할 수도 있고, 행복한 시절을 미리 꿈꾸어볼 수도 있고, 과거의 경험을 축복으로 재해석할 수도 있고, 자신의 경험을 다른 이의 경험, 자신의 이전 경험, 자신이 기대했던 것 등과 비교할 수도 있고, 성취한 것에 대해서 자축할 수도 있으며, 이 세상의 위대함에 경탄할 수도 있다.

이러한 개념적 분석에 의하면, 강한 향유경험을 유발하는 달콤 쌉쓸한 경험 능력 또한 시간에 대한 추상적 개념을 발달시키는 청소년기에 처음으로 등장할 것으로 시사된다. 달콤쌉쓸한 순간을 향유하는 것은 이 경험이 곧 끝나게 되고 얼마간은 이런 경험이 다시 생기지 않을 것이라는 인식을 통해서만 가능하다. 따라서 형식적 조작기에 도달한 청소년만이 달콤쌉쓸한 순간에 대해서 향유할 수 있다. 이처럼 시간에 대한 선험적 인식 없이는 긍정적 경험이 종료되기 전에 쌉쓸함을 느끼기는 사실상 어려울 것이다.

또한, 청소년기의 확장된 인식과 높은 수준의 추상적 추론 능력은 사회적 관계를 형성하고자 하는 고양된 흥미와 다른 사람과의 관계에서 자신을 규정하고자 하는 시도와 관련된다(Flavell, 1977; Harter, 1998; McAdams, 1985). 이와 비슷한 견지에서, Harter(1998)는 자기를 사회적 맥락에 의해서 결정되는 것으로 인식하는 첫 시기가 청소년기라고 주장하였다. 사회적 자기에 대한 이와 같은 깨달음은 청소년이 긍정적 경험을 또래와 나누고 싶어 하는 점에서 뚜렷이 확인할 수 있다. 사실상 청소년기에 이르러서 처음으로 긍정적 경험을 최적화하기 위해서 사회적 자원을 활용하는 방법을 배우기 시작한다. Vaux(1988)가 주장하듯이 "사회적 지지는 긍정적 사건의 경험을 변화시킬 수 있다. 사회적 지지는 긍정적 사건의 빈도를 증가시키고, 긍정적 사건을 잘 인식하도록 돕고, 긍정적 사건을 잘 다룰 수 있도록 하며, 긍정적 사건의 즐거움을 증폭시킨다."(p. 154) 청소년기에 '다른 사람과 공유하기'가 긍정적 경험을 향유하는 대표 방략으로 등장하는 것은 분명한 것 같다.

고등학교 학생의 향유 신념　청소년을 대상으로 한 경험적 자료들은 이러한 생각을 뒷받침한다(Meehan et al., 1993). 로욜라 대학교의 임상심리학 전공 Michael Meehan의 석사학위 논문은 이 점을 다루었다. 이 연구의 주요 목표는 다음의 질문에 대한 답을 구하는 것이다. 청소년들은 대처하는 능력과 향유하는 능력을 구별하는가? 사회적 네트워크의 양과 질이 대처에 대한 신념보다 향유에 대한 신념과 더 긴밀히 관련되는가?

청소년의 향유를 탐색하기 위해 Meehan 등(1993)은 미드웨스트 교외에 있으면서 중산층에 속하고 백인인 16세와 18세 사이의 고등학생을 대상으로 연구를 실행하였다. 응답자들에게 사회적 지지(Sarason, Levine, Basham, & Sarason, 1983), 주관적 정신 건강(Bryant & Veroff, 1984), 회피 · 대처 · 획득 · 향유에 대한 신념(Bryant, 1989)을 측정하는 척도를 실시하였다. 예비 연구 결과 주요 척도들은 청소년 참가자들에 있어 적절한 신뢰도를 보였다.

청소년이 부정적 사건에 대처하는 방식과 긍정적 사건을 향유하는 방식에 대해서 이 자료들은 무엇을 말해 주는가? 연구 결과는 대학생을 대상으로 하였던 이전 연구 결과와 본질적으로 일치하였다(Bryant, 1989). 획득과 향유 사이($r = .52$, $p < .0001$)와 회피와 대처 사이($r = .62$, $p < .0001$)에는 높은 상관을 보였지만, 향유와 대처 사이에는 유의미한 상관이 나타나지 않았다($r = .02$, $p < .43$). 따라서 고등학교 학생들은 분명히 긍정적 사건을 향유하는 능력과 부정적 사건을 대처하는 능력이 구별될 수 있는 것으로 여겼다.

그리고 청소년에게 있어 사회적 지지와 향유 · 대처의 관계는 무엇을 말하는가? 사회적 지지의 양($r = .41$)과 질($r = .45$)은 통계적으로 유의미하게 긍정적 사건을 향유하는 능력과 관련되지만 사회적 지지의 양($r = .25$)과 질($r = .01$)은 부정적 사건에 대처하는 능력과 관련성을 보이지 않았다. 즉, 사회적 지지는 대처에 대한 신념보다는 향유에 대한 신념과 더 긴밀히 관련되어 있었다. 이러한 패턴의 결과는 스트레스와 역경을 극복하는 데보다는 긍정적 경험을 통해 즐거움을 느끼게 하는 데 사회적 지지가 도움 된다는 점을 시사한다. 따라서 향유가 청소년의 삶에 중요한 관심사일 뿐 아니라 타인과의 관계 역시 청소년의 향유와 긴밀히 연관되어 있다. 그리고 젊은 성인이 타인과 감정을 교환하는 것이 긍정 정서에 미치는 긍정적 사건의 영향을 증폭시킨다는 점을 종단 연구의 결과가 보여 준다

(Gable et al., 2004; Langston, 1994).

🍂 성인기의 향유

이처럼 향유가 처음으로 본격적으로 등장하게 되는 시기는 청소년기라고 생각한다. 취사선택하는 단계를 지나 이미 선택한 활동에 분주한 초기 성인기보다는 청소년기에 오히려 향유경험이 더 많을 것이라고 대다수 사람이 주장한다. 지난 장에서 강조한 대로, 분명 성인에게는 향유과정을 경험할 수 있는 능력이 있으나, 향유를 할 시간이 부족하다. 아니면, 성인은 향유에 좀처럼 시간을 할애하지 못한다. 세월이 흘러 노년이 되고 삶의 책임이 적어질 때서야 청소년기 때처럼 향유를 재고해 볼 수 있다. 일반적으로 청소년기를 혼동의 시기라고 생각하듯이, 향유가 청소년 대부분에게 일반적이지는 않고, 오히려 그 무렵 향유를 할 수 있는 능력이 꽃피는 시기라고는 할 수 있다. 향유는 보다 시간이 흘러 나이를 먹었을 때야 일상생활에 영향력을 미칠 수 있다.

연구는 이러한 추론을 확증해 준다. Bryant(2003, 연구 6)는 향유 신념 척도와 행복 척도(Fordyce, 1988)를 36명의 노인(남자: 14, 여자: 22, 평균 나이=65.4, 표준편차=6.8)에게 실시하였다. 연구 결과, 3개의 하위 요인은 높은 신뢰도를 보였고(as = .83-.89), 행복의 빈도와 강도와도 높은 상관을 나타냈다(rs = .46-.60). 특히 관심을 끄는 것은 향유의 총점에 있어 노인과 젊은 성인과의 비교다. 이 비교를 위해 우리는 Bryant(2003)가 분석한 5개의 대학생 자료와 본 자료를 함께 분석하였다. 재분석 결과, 노인 집단이 대학생 집단보다 예상, $t(473)$ = 2.84, $p<.005$, 현재를 향유하기, $t(464)$ = 3.15, $p<.002$, 추억

하기 $t(472) = 3.43$, $p < .0007$ 등에 있어 의미 있게 높은 수치를 보여 주었다. 따라서 대학생보다 노인은 과거·현재·미래의 긍정적 경험을 향유하는 능력에 있어 높은 수치를 보고하였다.

인생의 후반기에 사람들은 그동안 많은 긍정적인 일들을 즐겨왔으며, 동시에 삶의 여러 어려움에도 직면해왔음을 인식하게 된다. 아마도 노년기의 향유에 새로운 밝은 빛을 던져 준 것이 바로 그러한 인식인 것 같다. 노인은 이제 여생을 제대로 활용할 생각에 몰두한다. 왜 단순히 기계적인 삶을 사는가? 왜 일상생활의 즐거움에 집중하지 못하는가? 이 점이 삶의 의미와 풍요로움에 대한 안목을 소유한 경험 많은 노인이 지닌 지혜의 일부분이다. 그러나 아마 이 지점에 도달하기 위해서는 많은 시간이 필요할 것이다. 옛 독일 속담대로 "우리는 너무 빨리 늙고 너무 늦게 현명해진다."

노인의 지혜는 다면적이다. 중요한 것에 대한 관용적인 현명함, 직접적이고 개방적인 추론 스타일, 삶의 곤경에 대한 수용, 흑백논리로부터 자유로움 등이 이에 해당한다. Orwoll과 Achenbaum(1993)은 현존하는 지혜에 대한 문헌을 통합하여 9개의 지혜 항목을 선정했다. 이 중 세 항목은 자신을 바라보는 태도와 관련된 것이다(지혜로운 사람은 스스로 성장하도록 이끌고, 그들이 어떤 사람인지 알고 있으며, 지닌 가치를 통합한다.). 또 다른 세 항목은 타인과 관계 맺는 방식에 대한 것이다(지혜로운 사람은 공감적이고, 타인의 견해를 이해하며, 성숙한 방식으로 타인을 다룬다.). 마지막 세 항목은 우주를 이해하고 삶의 의미를 발견하는 방법에 관련된 것이다(지혜로운 사람은 자기 초월적이고, 지식의 한계를 잘 알고 있으며, 삶의 영적인 면에 투신한다.).

이러한 모든 특성의 이면에는 세상에 접할 때 경험하는 어려움에 비추어 삶의 좋은 점과 나 자신과 타인을 아우르는 인간의 좋은 점을 향유하는 능력이 존재한다. Baltes, Gluck 및 Kunzmann(2002)은 자신의 가치와 동기에서 자기 관여와 사회적 책임감 사이에 엄격한 균형을 유지하는 것이 우리가 의미하는 지혜의 가장 중요한 부분이라고 주장한다. 이 엄격한 균형은 여생이 제한되어 있기 때문에 현재 경험하는 것과 과거에 경험했던 것을 향유하기를 원한다는 인식을 지닌 일부 노인들에게 관찰되는 현상이다.

요 약

이 장에서는 향유와 시간의 관계에 대해서 개략적으로 살펴보았다. 회상을 통해 과거를 향유하는 것과 관련해 행해진 두 연구는 과거의 즐거운 경험을 회상하는 것, 특히 생생한 심상을 활용하는 것이 행복을 증진시킬 수 있음을 보여 주었다(Bryant et al., 2005). 또한, 사람들은 타인에게 이야기를 전달하면서 회상한다고 언급하였다. 이 이야기는 나누고 싶은 현재의 즐거움이나 해결하고자 원하는 현재의 어려움을 담고 있다. 때로는 사람들은 현재를 사는 대신 과거로 도피하거나, 오직 행복했던 시간을 그리워하며 지내기도 한다.

기대를 통해서 미래를 향유하는 것에 대하여, 우리는 사람들이 놀라움의 즐거움을 잃어버리고 실망의 위험성을 감수하고서도 앞으로 다가올 긍정적 사건을 고대함으로써 즐거움을 이끌어낸다고 이야기하였다. 기대하는 것이 겸손하지 못한 행동이거나, 미신적이며, 별 효용이 없을 수 있고, 자기 방어에 불과하다고 사람들은 생각하며 기대하기를 싫어하기도 한다. 사람들은 먼 미래에 현재 사건을 떠올리며 회상하리라 기대하면서 향유하거나(회상할 것에 대한 기대), 과거에 지금을 고대해왔던 것을 회상하면서 향유하기도 한다(기대했던 것을 회상함).

또한, 지각된 즐거움의 시간 차이를 양산하는 조건들을 살펴보았다(Mitchell & Thompson, 1994; Mitchell et al., 1997). 사람들은 현재 경험하는 긍정적 사건이 지금까지 기대해왔던 것보다 덜 긍정적인 것으로 지각하고(장밋빛 기대), 현재 경험하는 긍정적 사건을 나중에 회상할 때 지금보다 더 긍정적으로 회상하는 경향을 지닌다(장밋빛 회상). 잠재적 결과가 분명히 긍정적이고, 자신과 관련되어 있으며, 개인적으로 통제 가능하고, 자기충족적일 때 장밋빛 효과가 발생할 가능성이 크다.

시간이 사건의 지각에 미치는 영향을 더욱 폭넓은 관점에서 이해하기 위해 시간적 구성 이론에 의지하였다(Trope & Liberman, 2003). 긍정적 사건이 먼 미래 혹은 과거에 있을 때, 구체적 맥락이 생략된 일반적이고 추상적인 용어로 인식하는 반면, 긍정적 사건이 가까운 미래 혹은 과거에 있을 때, 그 사건을 구체적이고 맥락 특정적 용어로 인식한다는 것이 이 이론의 골자다. 이 이론에 근거하여 시간이 흘러가서 원하는 사건이 다가옴에 따라 장밋빛 전망의 강도는 약해질 것이고, 시간이 흘러 긍정적 사건이 멀어짐에 따라 장밋빛 회상의 강도는 강해질 것이라고 가정하였다. 긍정적 경험을 기대하는 것과 관련하여 '상상의 맛'은 바라는 대상을 즐기는 것에 대해 상상을 해야 하는 '최고의 고통'을 감내해야 하는 것이므로(Kavanagh et al., 2005), 이 경험은 원하는 대상이 어느 정도 가까이에 있는지에 따라서 고통 혹은 환희를 가져올 수 있다고 생각했다.

마지막으로 향유의 생애 발달 주기를 개괄하면서 글을 끝맺었다. 아동기 향유와 관련하여 미취학 아동이 과거를 회상할 수 있고 미래를 기대하는 데 필요한 만족 지연의 능력을 보유하고 있음을 보였다. 그렇지만, 아동이 의식적인 향유경험을 할 수 있기에 필요한 인지적 기술을 습득하는 것은 늦은 아동기 혹은 초기 청소년기까지 기다려야 한다고 주장한다. 또한 Bryant(2003)의 향유 척도를 아동에게 적용하도록 개정한 아동용 향유 척도(Cafasso, 1994; Cafasso et al., 1994)의 타당성 연구를 개관하였는데, 이 연구는 아동이 3가지 시간 영역 모두에서 향유할 능력을 아직 충분히 갖추지 못하였다는 점을 시사하였다. 인간발달의 중요한 시기인 청소년기에 향유에 있어서도 현저한 성장이 있다는 점을 이야기하였다. 청소년기에는 형식적 조작기에 접어들고 추상적 사고가 가능한데(Inhelder & Piaget, 1958), 바로 이것이 향유에 있어 중요한, 높은 수준의 자기반성에 필요한 기술이다. 마지막으로 성인의 향유와 관련하여, 나이가 들면서 점점 즐거움과 관련된 생활로 돌아가게 되는 것 같다고 이야기하였다. 이 시기에 (은퇴로 말미암아) 삶의 책임이 줄어들고, 개인의 가치와 동기에 있어서 자신과 사회적 책임 사이에 적절한 균형을 유지할 수 있어, 지혜를 습득하는 기회를 얻게 된다. 따라서 시간이란 개념은 향유와 밀접히 관련되어 있다.

향유와 인간의 관심사

인생의 목표는 제대로 감상하는 것이다.

G. K. Chesterton(1936)

이 장에서는, 향유의 과정이 인생의 수많은 중요한 관심사들과 관련하여 중요하다는 것을 보여 주는 사례를 제시할 것이다. 특히 우리가 생각하기에 향유과정이 강한 영향을 미치는 몇 가지 인간 관심사에 대해서만 초점을 맞추고자 한다. 우리는 향유과정이 인간의 삶을 직접적으로 풍요롭게 하는 체험적 상태에 관여할 뿐만 아니라 인생 목표를 발달시키는 데 도움을 주는 자원이 될 수 있다는 것을 제안하고자 한다. 먼저 향유가 낭만적 관계와 우정을 증진시킬 수 있는 방법을 살펴본 후에 인간의 커다란 관심사 네 가지, 즉 건강, 창의성, 인생의 의미, 영성에 대해서 살펴볼 것이다. 이러한 모든 삶의 영역에서 향유과정은 긍정 경험을 확대하고 공고하게 만드는 중요한 역할을 할 수 있다.

먼저, 향유와 연인 관계의 관계에 대해서 살펴보기로 한다. 향유와 사랑은 어떤 관련성을 지니고 있을까?

향유와 사랑

🔥 낭만적 사랑

서로 사랑하는 Jack이라는 한 남자와 Jill이라는 한 여자를 살펴보기로 하자. 그들은 상대방에게 자신의 사랑을 표현하기 위해 다양한 방식으로 행동할 수 있다. Jack은 Jill의 허드렛일을 돕고, Jill은 Jack이 제일 좋아하는 파이를 구워줄 수 있다. 서로에게 선물을 건네기도 하고, 어루만져 주거나 상대방을 꼭 안아 주며, 서로에게 열정적인 모습으로 비추어진다. 그중에서도 Jack이 그녀와 함께하는 인생의 기쁨을 스스로 얼마나 향유하고 있는지를 그녀에게 표현해 줄 때, 그녀는 가장 큰 감동을 받게 된다. 그 반대의 경우(그녀가 그에게)도 마찬가지다. 파트너로 하여금 자신이 사랑 받고 있음을 확인하는 방법으로서, 당사자 앞에서 이러한 향유를 즉각적으로 표현해 주는 것보다 더 강력한 것이 없다. 가까운 친구 사이에서도 "지금 이보다 더 한 기쁨이 없구나."라고 이야기하며 지금의 관계를 충분히 향유하고 있음을 진술하게 확인해 주면 상대방으로 하여금 같은 감동을 불러일으킬 수 있다.

누군가 자신의 파트너와의 관계를 충분히 향유하고 있다고 말한다면, 그 경험과 관련된 몇 가지 특징들을 살펴볼 수 있다. Jack이 Jill을 향한 자신의 사랑을 향유하며 그녀로 하여금 그것을 알게 하고자 할 때의 상황을 생각해 보자. 첫 번째, Jack의 다른 사회적 욕구가 그의 향유와 비교해 우선시되지 않는다. Jill을 사랑하는 것이 다른 사람들의 기준에 비추어 합당한가에 개의치 않고, 그녀를 사랑하는 것이 그로 하여금 남성으로서의 우월함을 느끼게 하든 말든 상관하지 않으며, 또는 Jill이 그를 사랑하는지 여부조차 전혀 염려하지 않는다. 두 번째, Jack이 Jill을 향한 사랑을 향유하고 있다면, 그의 주의력 초점은 지금-이곳을 향하고 있으며, 그러한 초점이 그의 향유를 더욱 강화시켜준다. 마지막으로, 우리가 종합 논의에서도 제안했듯이, 그가 Jill에 대한 자신의 사랑을 향유하고 있다면 Jack 스스로 그 향유를 분명히 알아채고 있어야만 한다. 이처럼 흐트러짐이 없이 주의 집중된 향유라 함은, Jack이 그녀에 대한 사랑의 기쁨을 얼마나 향유하고 있는지를 그녀에게 전할 때, 자신이 그녀에게 전념을 다하고 있음을 그녀에게 분명히 알게 해 주는 과정을 의미한다. 자신이 사랑 받고 있다는 사실 그 자체를 향유하고 있음을 당사자 앞에서 표현하는 것은 그 사랑의 깊고도 심오한 표현인 셈이다.

Jack이 자신의 사랑을 향유하고 이를 표현할 때 Jill은 무엇을 깨닫고 이해할 수 있게 될까? 이는 Jill로 하여금 사랑과 존경을 효과적으로 확인할 수 있는 특별한 종류의 사랑이라고 말할 수 있다. Joe 와 그의 동료들(Veroff, Douvan, & Hatchett, 1995)은 사랑의 향유를 측정하는 '애정 확인'과 관련된 도구를 개발했다. 다음의 네 개 문항으로 구성되어 있다.

지금부터 당신의 결혼 생활에서 얻는 즐거움과 좋은 감정들에 대해 이야기해 봅시다. 지난 한 달 동안 다음 감정들을 얼마나 자주 경험했는지 '×' 표시하세요. (종종 경험함, 때때로 경험함, 거의 경험하지 않음, 한번도 없음).

1. 당신의 (남편/부인)이 특별히 당신을 보살펴 준다는 감정을 지난 한 달 동안 얼마나 자주 느꼈나요?
2. 당신의 (남편/부인)이 특별히 당신을 기쁘고 들뜨게 만들어 준다는 감정을 지난 한 달 동안 얼마나 자주 느꼈나요?
3. 당신의 (남편/부인)이 당신으로 하여금 당신 자신의 생각이나 행동 양식에 대해 좋은 감정을 느끼게 만들어 준다는 생각을 지난 한 달 동안 얼마나 자주 가졌나요?
4. 당신의 (남편/부인)이 당신으로 하여금 당신 자신을 좋은 사람으로 여기도록 만들어 준다는 생각을 지난 한 달 동안 얼마나 자주 가졌나요?

위의 네 가지 문항들은 배우자로서 얼마나 자주 향유의 관점으로 파트너의 사랑을 인식하며 살아가고 있는지에 대해서 평가하고 있다. 배우자가 나누어 주는 사랑뿐만 아니라, 그 순간 느끼는 희열, 그리고 어떠한 인정이나 평가를 배제하고 단지 사랑하는 사람 그 자체로서의 감사하는 마음을 담고 있다.

기혼 커플에 대한 자료를 Joe가 장기간 분석한 바에 따르면, 상대 파트너에 의해 정서적으로 특별히 확인받았다고 느끼는 커플들은 자신의 결혼 생활을 좋은 모습으로 꾸려 나가고 있었다. 이 연구는 결혼 증명서 상에 기록되어 있는 주소를 근거로 도시민들을 대표하는 표본을 대상으로 연구했다. Detroit에 거주하는 기혼자들을 대상으로 1년, 3년, 7년째 결혼 시점에서 인터뷰하였다. 결혼 첫해 자신의 부인에 의해 이러한 방식으로 애정 확인을 받고 있다(애정 확인 척도에서의 남편 점수로 평가됨)고 느끼는 남편들은, 소득과 교육 수준을 통제하고서도 상당한 세월 동안 안정적인 결혼 생활을 유지

CHAPTER 7
향유와 인간의 관심사

하는 모습을 보여 주었다(Veroff et al., 1995). 게다가, 첫해에 이러한 방식으로 애정 확인을 받고 있다고 느끼는 부인들의 경우, 소득과 교육 수준에 상관없이 결혼 생활 7년 차 조사에서 그들의 결혼 생활 지속을 위한 가장 높은 수준의 헌신을 보이고 있는 것으로 확인되었다(Veroff, 1999). 따라서 배우자에 대한 사랑을 향유하고 있음을 정서적으로 표현하는 것이 결혼 생활의 질과 탄력성을 위해 매우 강력한 효과를 보인다는 예언이 이 연구들에 의해 지지되었다.

이러한 향유에 대한 교감을 어떻게 나눌 수 있는지에 대해 다음 부분에서 살펴보자.

공유와 상호의존 애정 확인에 대한 측정치는 '함께 해야 할 일에 얼마나 협조적으로 임했는가'에 대한 측정치뿐만 아니라, '배우자가 상대방의 관심사를 얼마나 많이 공유하는가'에 대한 측정치와도 유의미한 상관을 보였다. 즉, 이러한 결과들에 따르면 배우자에 대한 애정확인은 커플이 서로 상대방의 관심사와 취미 활동에 함께 조화를 이루고 상대방이 하는 일에 충분히 상호 연관되어 있을 때 이루어질 확률이 높아진다고 말할 수 있다. 상호의존을 기반으로 해서, 상대방에 대한 신뢰가 형성되고 상대방에 대한 사랑을 향유할 때 발산되는 사랑의 감정을 읽어낼 수 있는 능력 또한 발전하는 것이다.

사랑의 상호의존에 대한 이러한 예시는 결혼 관계에 대해 구술 인터뷰를 실시했던 다른 결혼 연구(Buehlman, Gottman, & Katz, 1992)에서도 나타난다. 이 연구에서는 결혼 후 좋았던 시절과 나빴던 시절뿐만 아니라 서로 어떻게 만나서 어떻게 결혼에 이르렀는지에 대해 커플들에게 서술형 질문으로 물었다. Buehlman 등(1992)에 따르면, 인터뷰 중에 공유했던 기억에 대해 풍부하게 이야기하지 못했던 커플들이 종국적으로는 불안정한 결혼 생활의 모습을 보여 주었다. 또한 그들의 구애 과정과 그 기억에 대한 감정을 향유하는 것에 대해 열린 마음으로 털어놓지 못한다는 사실은 그들 결혼 생활에 있어 친밀감 부족을 의미할 수 있음을 보여 주었다.

자기공개　이미 이야기한 바와 마찬가지로, 자신의 신상 정보를 타인에게 공개하려는 자발성이 상호 친밀한 관계를 위한 기본이 될 수 있으며, 결국 이는 다시 그 관계를 향유할 수 있게끔 이끌어 준다. Tannen(1991)에 따르면, 남성에 비해 여성은 자신의 취약성을 드러낼 수 있는 과거사를 공유하는 데 있어 더 관용적이라고 말한다. 여성들은 일상 대화를 통해 남성으로 하여금 자기공개를 하도록 유도하지만, 남성들은 흔히 저항하고 그런 과정을 통해 친밀한 관계를 향한 기회를 놓쳐 버리곤 한다. 따라서 여성들은 남성에 비해 과거의 감정에 대한 기억을 더 잘 향유하며, 남성들은 그러한 상호적인 사랑의 교환을 위한 기회마저도 잘 알아차리지 못하곤 한다. 또한, 남성들이 상호 교류적인 의사소통에 대해 꺼리는 태도를 보이기 때문에 여성들은 종종 실망한다. Tannen(1991)에 의하면, 남성들은 직접적으로는 여성에 대한 감정의 기억을 드러내지 않지만 여전히 간접적으로 그러한 감정을 드러내기 마련이라고 한다. 직장 내 승진, 친구와의 캠핑 여행, 또는 자기가 속해 있는 스포츠 모임 등의 해당 사건을 떠올릴 때 간접적인 방식으로 자신의 감정을 드러내기 마련이다. 남성들의 자기공개를 알아차리고 이해하기 위해서 여성들 스스로 관련된 감정을 읽어내는 데 특별히 노련해질 필요도 있다.

CHAPTER **7**
향유와 인간의 관심사

관심   사랑하는 사람을 향유하는 과정에서 우리는 그 특별한 사람과 관련된 소소한 부분까지 주의를 기울이게 된다. 그렇게 주의를 기울이는 과정에서, 향유는 우리에게 파트너에 대한 호오(好惡)의 단서를 제공해 준다. Harvey, Pauwels, 그리고 Zickmund (2002)에 따르면, 이 과정을 '관심'이라고 부르며 사랑하는 대상 그 자체뿐만 아니라 그 사람의 사람됨까지 의식적으로 주의를 기울이는 것이라고 말한다. 이 과정에서 그는 그 관계를 유지하기 위해 상대방의 모습과 관련해 이상화된 환상을 갖게 될 수도 있다(Murray, Holmes, & Griffin, 1996). 따라서 관심을 기울이는 과정을 통해, 사랑하는 사람에 대한 지각이 정확한가에 관계없이 사랑하는 이를 존경하고 사랑하는 궁극적인 자신의 욕망을 전달하게 된다.

협력   사랑하는 사람과 함께 힘을 모아 공통 과제를 하는 일은 상호의존적으로 함께 공유할 수 있다는 안녕감을 가져다줄 수 있다. 이러한 협력이 함께 공유하는 시간에 대한 향유의 일부인 이상 상대방 역시 향유를 경험하게 된다. 동시에 일어나는 이 경험은 상당히 격정적일 수 있다. 어느 한쪽이 우월한 상황이 아니고 상대방으로부터 존경과 승인을 바라는 그런 상황이 아니라면, 이러한 협력 상황은 분명 서로 긴밀히 연계되어 있음을 가정한다. 대신에 진정한 협력이란 함께 조화를 이루어 과제를 수행할 때에 이루어지게 된다. 이러한 조화의 순간은 만들어내기 어려운 게 사실이지만 일단 이루어지면 사랑하는 이와 향유를 교류하는 데 있어 매우 강력한 효과를 보이게 된다.

Detroit 기혼자 커플 연구에서 언급했듯이, Joe와 그의 동료들은 애정 확인과 협력의 양 사이에 의미 있는 상관관계가 있음을 발견했다. 그 공동 과제는 함께 만나서 지금의, 또는 미래의 그들 관계에 대한 이야기를 나누는 것이었다. 그들 사이의 모든 상호작용에 대해, 그들이 상호 협력적이었는지 아닌지로 나누어 평정하였다. 협력적이었음은 곧 파트너의 이전 반응들을 협력적인 방식으로 잘 통합했다는 의미를 갖게 된다. 배우자가 반대 의견을 보였다는 것은 물론 협력적이지 않았다는 뜻이 된다. 그렇다고 단지 웃고 동조했다고 해서 그것을 가리켜 협력적이었다고 평정하지도 않는다. 파트너가 이전에 이야기한 것 위에 그들의 반응을 조화롭게 구성했을 때에만 협력적이었다고 여길 수 있다. 결국 이야기를 나누는 과정 중에 그러한 협력이 이루어진 경우에만 서로 애정 확인이 이루어진 배우자라 간주할 수 있는 것이다. 그들의 협력적인 대화 과정 속에서 이러한 커플들만이 서로를 향유했다고 볼 수 있다. 함께 향유한 커플들은 결국 서로를 정서적으로 확인해 주는 셈이다.

성적인 공감   디트로이트 연구에서 살펴보면, (1) 남녀 사이의 애정 확인 측정치와 (2) 성적인 관계 속에서 자신의 파트너가 얼마나 즐겼는지에 대한 평정치를 포함한 성경험 만족도 측정치 사이에는 유의미한 상관관계가 있음이 발견되었다(Henderson-King & Veroff, 1994). 이는 상호 성적인 만족을 느끼는 과정 속에는 상대방에 대한 향유의 의사소통이 존재함을 의미한다. 사실, 상호 성적인 만족이라 함은 자신의 감정을 알아차리는 것뿐만 아니라 파트너의 감정에 대한 공감까지 포함하고 있으며, 일반적으로 이 두 가지 모두는 관계를 향유함과 관련한 강력한 지표가 된다. 만족스러운 성관계라 함은 깊은 사랑의 관계를 기본 가정으로 하고 있다는 사실이 당연하기도 하다. 그 둘 사이의 중요한 연결 고리는, 열정이라기보다는 오히려 서로의 애정을 확인해 주는 향유의 과정에 달려 있다고 말할 수 있다.

요약하면, 우리는 연인과의 향유를 통해 사랑을 교감할 수 있는 다섯 가지 과정들, 예를 들어 공유와 상호의존, 자기공개, 관심, 협력, 성적인 공감에 대해 살펴보았다. 물론 이러한 과정들은 서로 연관되어 있다. 예를 들어, 협력은 공유를 불러일으킬 수 있고, 자기공개는 관심을 촉발하거나, 성적인 공감은 다른 네 가지 과정들을 포함하고 있을 수 있다. 이러한 일련의 과정들이 낭만적 관계 속에서의 향유를 연구하는 출발점이 될 것이다.

🌰 향유와 낭만적 시

향유와 낭만적 사랑은 이 둘의 관계를 노래한 과거 여러 시들에서 시상을 고취하는 데 있어 상당한 역할을 담당했으리라 여겨진다. 지난 장에서도 언급했듯이, 시 안에서 사용된 은유는 향유에서 일어나는 마음챙김을 이해하는 데 도움이 되고, 사랑하는 대상과의 거리가 멀고 가까움에 상관없이 자신의 긍정적인 감정을 사랑하는 사람의 이미지로 대체하는 데 도움을 줄 수 있다. 사실, 사랑하는 사람의 빈자리는 그 사람에 대해 향유하는 생각으로 채워질 수 있다.

셰익스피어의 소네트 61을 함께 살펴보자.

고달픈 밤늦게까지 그대의 모습을 찾느라
감기는 나의 눈을 뜨고 있게 함은 그대 뜻인가?
그대 닮은 그림자로 하여금 나의 눈을 속여

향유와 사랑

325

선잠 깨게 하는 것을 그대는 바라느뇨?

내게서 부끄러운 짓, 어리석은 때를 찾아내고자

나의 소행을 살펴보기 위하여,

나를 그대의 질투의 대상으로 여겨,

멀리 계신 그대가 그대의 영혼을 보내시는 것인가?

오! 아니라, 그대의 사랑 많긴 하나 그럴 만큼 크진 못하도다.

나의 눈을 깨어 있게 하는 것은 내 사랑이라.

그대 위해 잠 안자고 번뇌에 빠져 내 안식을 교란하는 것도

바로 나의 사랑이라.

모르는 이들을 가까이 데리고 깨어 계실 때,

그대 먼 곳에서 나는 그대 위하여 지켜보노라.

(Shakespeare, 1996)

여기 사랑에 빠진 이는 멀리 떨어져 있지만 그를 깨어 있게 만들어 주는 연인을 향한 열렬한 관심으로서 자신의 사랑을 그리고 있다. 누군가에 대한 사랑을 강력한 외부의 힘에 의해 강요받는 비자발적인 향유란, 더 이상 지속하기 어려운 부질없는 것임을 명심해야 할 것이다.

20세기에 지어진 또 다른 시, 사랑에 관한 명문 시집(Abse, 2005) 속에서 최근 발견된, Bernard Spencer가 지은 Part of Plenty를 살펴보자. 이 시에서 그는 사랑하는 이가 일상 삶에서 경험하는 소소한 일상들, 예를 들어 테이블에서 음식을 옮겨다 주는 일, 화병에 꽃을 담아 두는 일 등을 언급하고 있다. 이러한 이미지들은 이른바 '생활사 속에서의 소소한 일부분'이며, 그가 사랑을 느끼는 방식의 일부분으로 묘사되고 있다. 그는 연인의 일상 삶 속에서의 소소한 일 속

에서 그의 연인을 향유하는 모습을 보여 준다.

구두쇠인 Henry Higgins도 뮤지컬 〈My Fair Lady〉 속의 '그녀의 얼굴은 내게 타고난 천성처럼 익숙해졌어요'라는 노래에서 Eliza Doolittle을 향한 자신의 감정을 드러내며, 연인을 향해 주저하는 향유의 마음을 노래한다. 만일 Eliza가 Higgins의 노래를 들었더라면, 마치 그의 숨쉬기처럼 그에게 제2의 천성으로 굳어져 가는 그녀를 향한 사랑을 주저하며 표현하는 가사 때문에 기쁨에 겨워 쓰러졌을지도 모른다. 분명 향유와 관련된 문학적 표현은 다양한 형태를 띠고 있다.

💧 향유와 다른 종류의 사랑

우리는 지금까지 낭만적 사랑에 초점을 맞추어 살펴보았지만 다른 종류의 사랑 또한 주목해야만 한다. 사람들은 깊은 수준의 사랑이나 보살핌 등으로 표현될 수 있는 여러 종류의 다양한 관계를 맺으며 살아간다. 자식으로서의 사랑, 부모로서의 사랑, 정신적인 사랑, 형제자매간의 사랑, 돈독한 우정 등은 모두 우리의 사회관계 속에서 일반적인 경험들이다. 우리는 이러한 종류의 사랑을 이해하는 데 있어서도 향유과정을 활용할 수 있다.

사랑과 유사한 성격의 개념을 떠올려보는 것도 가능하며, 예를 들자면, 사람들이 집단 안에서 강한 결속력을 느끼는 상황에서 느끼는 감정이 있을 수 있다. 우리는 이러한 집단적 감정을 우정이라고 부르거나 강렬한 소속감과 정체감이라고 표현할 수 있다. 같은 방식으로, Csikszentmihalyi(2002)는 함께 연주하는 음악가들이 자기 초점을 벗어나 공연하는 음악 속으로 몰입되는 경험을 하는 것처럼, 공통된 목적을 가진 집단 안에서 경험될 수 있는 '공유된 몰입'의 개념을 언급한 바 있다.

다른 심리학적 과정과 마찬가지로, 우리는 향유와 다른 긍정적인 정서 경험들을 구별해야만 한다. 중요한 사회관계에서 경험된 즐거움을 알아차리고 주목하는 것(예: 향유)은 우정, 공유된 몰입감 또는 가족애 등의 기쁨과 동일한 것이 아니다. 후자의 경험들은 그 사람으로 하여금 귀속되는 느낌을 제공해 주고, 소속감, 인정 욕구 등의 사회적 목표를 이루는 데 있어 도구적인 역할을 할 수는 있으나 우리가 의미하는 향유의 개념은 아니다.

그럼에도 불구하고, 이러한 사회적 감정을 경험하는 가운데 누군가는 향유의 경험을 가질 수 있다. 하고 있던 일을 멈추고 그 감정 안에서 흠뻑 취해서 즐길 수도 있고, 과거의 경험을 그 사람들과 추억할 수도 있고, 그 사람들과 함께 미래의 모습을 상상해 볼 수도 있다. 그러한 것들이 과거 모임, 가족, 또는 가까운 친구들 사이에서 경험하는 긍정적 목표와 즐거움의 경험을 지속시켜 줄 수 있는 것이라면 이 모든 것들이 향유의 방략이 될 수 있다. 사랑하는 사람을 향유하는 것이 낭만적 사랑을 공고하게 만들어 줄 수 있듯이, 집단 또는 가족 관계를 향유하는 것이 연계감이나 우정을 더욱 깊고 공고한 것으로 만들어 줄 수 있다. 사람들은 자신의 가족, 친구, 또는 다른 집단과 그 관계 속에서 향유를 직간접적으로 교감할 수 있으며, 이는 다시 사랑을 가져다주기도 한다. 달리 말하면, 공유된 향유 경험의 상호성은 다시 그 참여자 사이에서 향유하는 것 자체로서 즐거운 경험이 되는 특별한 연대감을 창출할 수 있다.

〈토스카나의 태양 아래〉(Mayers, 1996)에 등장해서 다섯 개의 무지개 속에서 서로를 경탄하는 두 이방인의 예를 돌이켜보자. 우정을 향유하는 것은 친구 사이의 연계감을 촉진하고, 우정의 질을 향상시키며, 그 의미를 부여해 준다. 사실, 탐험을 추구하는 강렬한 동기 가운데 하나는 동료애를 결속하고자 함에 있기도 하다(Noyce, 1958). 프랑스 시인이자 비행사인 Saint-Exupéry(1942)는 다음과 같이 언급했다.

행복! 행복을 따뜻한 인간관계가 아닌 곳에서 찾는다는 것은 부질없는 일이다. 우리의 사악한 관심사들이 그들의 벽 안에 우리를 가두어 놓는 것이다. 우리가 손쉽게 다가설 수 있는 것이 우정이며, 우정만이 우리를 구속하지 않는다. 이러한 인간관계는 반드시 창출되어야 한다. 누군가 일을 배우려면 연습의 단계를 거쳐야만 한다. 경쟁과 시련들이 이를 배우는 데 도움이 될 수 있다. 결연히 악수를 나누고, 경주에서 경쟁을 하며, 위험에 처한 누군가를 구하고자 협력하고, 위험에 처한 시간 속에 도움을 목청 높여 소리치고, 그리고 난 후에야 우리는 이 지구상에 홀로 있지 않음을 배우게 된다. (p. 28)

Emmoms와 McCullough(2003)는 "감사의 경험과 그에 따른 답례의 마음을 통해 사회적 결속력과 우정이 형성되고 돈독해진다." (p. 388)고 주장한다. 좀 더 확장해서 결론 내리자면, 향유는 인간의 우정을 형성하고, 확장하고, 심화하는 심리적 기제를 제공해 준다고 말할 수 있다.

두 가지 서로 다른 인간관계를 가정해 보자. 첫 번째 우정은, 두 사람 각각 그 관계를 즐기고 있으나 그 사이의 연대감을 어느 정도 소중히 여기는지 직접적 또는 외현적으로 표현하지 않는다. 두 번째 우정은, 그 관계를 즐기는 것뿐만 아니라 얼마나 서로 그 관계와 연대감을 소중히 생각하는지 허심탄회하게 표현하는 관계다. 첫 번째 예와 비교해서, 그 우정에 대한 상호 간의 향유경험이 그들 우정의 질을 공고하게 만들어주고 성장시켜 줄 것임을 우리는 충분히 가정해 볼 수 있다. 이와 마찬가지로, Isen(1987)은 긍정 정서 경험이 관계형성을 증진해 준다는 증거를 제시해 주었다. 진화론적인 관점에서 보면, 힘든 조건하에서 즐거움을 찾는 능력, 특히 동료와 함께하는 과정 중에서 그러한 능력은 탐험 과정을 지속하려는 인간의 본능을 유지하고 강화해 주는 강력한 사회적 결속력을 형성하는 데 매우 적응적이라고 설명한다. 향유와 우정은 공존의 관계인 셈이다. King(2000)은 다음과 같이 이야기한다.

즐거움의 경험은 애착 경험과 맥을 같이 한다. 사회적 관계 속에서 긍정 정서를 경험하는 것은 사람 사이를 결속시키는 단초가 된다. 결속력을 높이는 데 있어 공유된 슬픔보다는 공유된 즐거움이 효과적이라고 말할 수 있으며, 기혼자 커플의 경우 공유하는 활동 속에 경험된 즐거움과 상호 헌신 사이에는 강력한 상관이 존재한다. (다섯 번째 문단)

분명, 향유는 인간 사이의 연대감을 굳게 해 주는 과정이다. 우정의 기쁨을 함께 나눔으로써 사람들은 더욱 가까워지고, 그들 우정 사이의 질, 깊이, 복원력 그리고 지속 기간을 강화한다. 따라서 향유란 우정을 발전시키고 유지함에 있어 필수적인 과정이라고 말할 수 있다.

향유와 건강

　이제 우리는 향유가 건강 관련 문제들에서 어떤 역할을 담당하는지 살펴보도록 하자. 어떤 경험을 향유한다는 것은 그것을 즐기고 있음을 의식적으로 알아차린다는 의미다. 향유란 사람들로 하여금 자신의 삶에 대해 좋은 감정을 느끼게 하는 긍정적인 과정임에 분명하다. 이와 마찬가지로 Fredrickson(2002)에 의하면, 일반적으로 향유는 건강과 행복을 강화시키는 역할을 한다. 그녀가 주장하길, 긍정 감정은 개인의 자원을 확장하며, 이는 반대로 그 사람의 '정서적 안녕감을 고양시켜주는 상향적 선순환'으로 이끌어 준다고 한다(Fredrickson & Joiner, 2002, p. 174). 또한 같은 방법으로, 향유는 개인 삶의 목록을 확장시켜주고, 개인이 지닌 자원을 축적하는 데 도움을 준다. 더 많이 향유를 하면 할수록 당신은 삶을 즐기는 방식들을 개발하게 된다. 따라서 향유는 보다 나은 육체적, 정신적 건강을 위한 '상향적 선순환'을 촉진한다고 말해도 과언은 아니다.

　Fredrickson과 Joiner(2002)에 따르면, 긍정 정서가 안녕감에 미치는 효과는 부정 정서가 우울증에 미치는 하향적 악순환보다도 더욱 확실한 효과를 보인다고 주장한다. 즐거움과 우울감은 모두 그 정서를 지속하려는 인지적, 행동적, 정서적 상황을 만들지만, 우울감은 비관주의적 관점과 연결되고 즐거움은 낙관주의적 관점과 연결되어 있다. Fred가 수행한 실험 연구 결과들은 이러한 주장을 어느 정도 뒷받침해 주고 있다. 이런 연구들은 단순하지만 직접적인 결과를 보여 주고 있고, 향유가 심리적 안녕감에 미치는 효과에 대해 명확하게 제시해 주고 있다.

🌱 향유에 대한 현장 실험

Fred의 연구는 효과적인 향유방략이 행복한 순간에 경험하는 기쁨을 강화하고 지속시켜 준다는 기본 가정으로부터 시작한다. 그런 의미에서 향유는 긍정적인 감정을 확장 및 지속시켜준다는 직접적인 함의를 갖게 된다. 그녀가 주장하길, 순간에서 발견하는 커다란 기쁨은 일시적으로 긍정 정서를 증진할 뿐만 아니라 지속적인 행복감의 수준을 끌어올려준다고 한다. 또한 단순하지만 효과적인 접근으로서, 자신의 주어진 환경 속에서 즐거운 경험을 주목하고 이를 명확히 인식할 것을 제안했다. 사람들이 자신의 주어진 환경에서 조금만 더 주의를 기울이기만 한다면, 그냥 지나쳐버렸을지도 모를 단순한 것들에 대해 좀 더 음미하게 될 것이라는 가설이었다. 또한 시간이 흐르면서 긍정적 요소에 대한 고양된 주의 초점이 곧 행복감의 전반적인 수준까지 상승시킬 것이라는 주장이었다.

이러한 가설을 검증하기 위해서 Fred는 대학생을 대상으로 현장 실험을 주관하였다. 학생들은 일주일간 하루 한 번 20분씩 산책하도록 요구받고 세 개의 서로 다른 실험 조건에 할당되었다. '긍정 초점' 집단($n = 25$)은 산책하면서 그 주위의 긍정적인 것들(예: 꽃, 햇살, 음악)을 가능한 한 많이 주목하고 마음속에서 하나씩 떠올려 보도록 지시받았고, 즐거운 기분이 들 때 각각의 것들이 어떠했는지를 떠올려보도록 하였다. '부정 초점' 집단($n = 23$)은 산책하면서 그 주위의 부정적인 것들(예: 잡동사니, 낙서, 소음)을 가능한 한 많이 주목하고, 혐오스럽게 느껴질 때 각각의 것들이 어떠했는지를 떠올려 보도록 지시받았다. '중성 초점' 집단($n = 22$)은 특정한 지시 사항 없이 '그저 산책하도록' 하였다. 모든 참가 학생들은 첫 산책 직전과 일주일 후 마지막 산책 후 두 번에 걸쳐 그들의 일반적인 행복수준(Fordyce, 1988)을 평정하였다.

예상했던 대로, 즐거움을 주는 자극에 대해 주목하고 명확히 인식하는 책략은, 다른 조건들에 비해 일주일간 그들의 행복감을 보다 증폭시켜 주었다. 구체적으로 살펴보자면, 산책하는 동안 긍정적인 환경 요소에 주목하고 이러한 행동이 어떠했는지에 대해 초점을 맞추었던 학생들은, 부정 환경 요소에 초점을 맞춘 학생들에 비해 $t(46) = 2.93$, 일방향 $p < .003$ 정도로 유의미한 향상을 보였고, 중성초점 학생들에 비해서는 $t(45) = 3.12$, 일방향 $p < .002$ 정도로 유의미하게 높은 향상을 보여 주었다. 이 결과에 따르면, 우리 주위의 다양한 즐거움의 요소들에 의식적으로 주의를 기울이고 명확히 인식하는 것이 우리로 하여금 보다 행복해지도록 만들어 줄 수 있다는 사실을 보여 주었다.

개방형 질문 결과들을 통해 우리는 이 실험 결과에 대한 보다 많은 정보를 얻을 수 있었다. 구체적으로 살펴보면, '긍정 초점' 조건 학생 가운데 거의 2/3에 해당하는 학생들이 실험 참가를 통해 주변 것들(예: 자연, 꽃, 건축물)에 감사하는 마음이 들었다는 언급을 했으나, 다른 조건 학생들 중 아무도 그런 언급을 하지 않았다. 따라서 우리는 향유의 기술을 연습함으로써 더 잘 향유할 수 있고, 이는 곧 Fredrickson(2001)이 긍정 정서의 '확장'이라고 언급했던 수준까지도 이를 수 있음을 제안한다. 그리고 누군가 한 측면에서 더 많이 향유를 하면 할수록 다른 측면에서도 그의 행복 수준이 상승함을 예상해 볼 수 있다.

🌰 향유와 신체 건강

　긍정적인 경험을 향유함으로써 긍정 정서의 빈도, 강도, 그리고 지속 시간이 증폭될 수 있다. 이것이 우리가 향유와 관련해 배운 것—우리 삶의 기쁨에 대해 좀 더 자각하고 음미하는 것—이다. 그리고 시간이 흐르면 이렇게 기쁨의 경험을 증폭시킨 것이 다시 신체 건강에 긍정적인 영향을 미치게 된다. 지혜로운 솔로몬 왕은 다음과 같이 언급했다: "밝은 마음가짐은 훌륭한 치료제와도 같다." (금언 17:22, 개정판)

　이러한 가정은 단순히 근거 없는 수준의 것이 아니다. 향유가 신체 건강에 효과가 있다는 주장과 일맥상통하게도, Norman Cousin(1979)의 『질병의 해부(Anatomy of an Illness)』에서 살펴보면, 신체적 질병에 맞서 싸우고자 하는 목적으로 웃음을 촉진하고 긍정 정서를 증진하는 치료적 개입의 효과를 보여 주고 있다. 향유와 신체 건강 사이의 연관성을 지지하는 실험 연구 결과들로서, 일반적 의미의 긍정 정서(Levy, Herberman, Maluish, Schlein, & Lippman, 1985)와 특별한 의미로서의 유머(Dillon, Minchoff, & Baker, 1985-1986)가 인간 면역 기능에 도움을 준다는 연구 결과가 있다. 또한, 긍정 정서가 단기 신체 건강을 증진한다는 연구 결과도 있다(Dua, 1994; Middleton & Byrd, 1996; Pettit, Kline, Gencoz, Gencoz, & Joiner, 2001). Salovey, Rothman, Detweiler와 Steward(2000)에 따르면, 긍정 정서와 건강은 다양한 통로를 통해 연계되어 있다는 주장을 보였다. 즉, 면역 체계, 심리적 탄력성, 그리고 건강 관련 행동 등의 다양한 경로로 서로 연관이 있음을 보여 주었다. 따라서 향유의 과정은 건강과 관련해 긍정적인 효과가 있는 것으로 여겨진다.

관점을 좀 더 확장해 보자면, Fredrickson(2001)의 확장 및 축적 이론은 "긍정 정서가 축적될 수 있고 집합적인 속성을 지녔다."는 가정(Fredrickson & Joiner, 2002, p. 175)에 근거하고 있기에 그 효과를 극대화한다면 장기적인 효과를 가질 수 있는 셈이다. 이러한 추론과 경험적 연구 결과에 기초해 볼 때, 향유란 건강에 있어 단기적, 장기적 효과 모두를 갖고 있는 신체 건강의 보호 요인이라고 말할 수 있다.

전 생애에 걸친 향유의 다양한 경험들은 삶의 질을 고양시킬 뿐만 아니라 삶의 양도 확장할 수 있음을 예상해 볼 수 있다. 면역 체계의 긍정적 효과 때문에라도 인생을 향유하는 사람들은 질병을 적게 앓고, 다른 이들에 비해 더 오랜 수명을 살 수 있음을 예상해 볼 수 있다. 이러한 결론을 지지해 주는 것으로서, 긍정 정서는 인간의 육체 노화를 막아준다는 연구 결과(Ostir, Markides, Black, & Goodwin, 2000)뿐만 아니라, 수명을 연장해 준다는 결과(Danner, Snowdon, & Friesen, 2001)도 있다. 향유하는 능력을 키워주는 것이 장기적으로 건강관리 관련 비용을 줄여준다(참조: Pettit et al., 2001)고 할 수 있다. 향유를 연구하기 위해 우리가 개발한 도구들이 향유와 신체 건강 사이의 관계를 보여 주는 데 필요한 측정 도구들을 제공해 주었다.

현재 시점에 주목한 향유와 건강 사이의 상호 관련성과 마찬가지로, 과거에 대한 회상이나 미래에 대한 기대 역시 건강과 관련해 적응적인 측면이 있다. 자신의 과거를 되돌아보는 과정이 노인들의 행복을 증진한다는 연구 결과(Butler, 1963; Butler & Lewis, 1982; Lewis & Burtler, 1974)도 있고, 긍정적인 과거 회상이 젊은 성인의 행복을 증진시켜준다는 연구 결과(Bryant et al., 2005)도 있다. 미래에 대한 기대를 통해 기쁨을 창출하는 능력은 낙관적인 관점(예를 들어, 미래에 대한 긍정적인 기대)을 필요로 하며, 이는 다시 긍정적인 건강으로 이어진다는 수많은 연구 결과들(이 연구에 대한 개관을 위해서는 Scheier와 Carver, 1985, 1992를 참조)이 있다. 또한 낙관주의자들이 심장혈관계 질환의 발병을 막아준다는 연구 결과(Kubzansky, Sparrow, Vokonas, & Kawachi, 2001)도 있다. 2장((표 2-2)를 보시오.)에서 살펴보았듯이, SBI의 '기대감' 하위 척도는 기질적 낙관성과 $r = .56$, $p < .0001$의 강력한 상관을 보인다(Bryant, 2003). 따라서 우리는 과거 회상이나 미래에 대한 기대로부터 오는 긍정 정서 또한, 마치 현재 시점에 초점을 둔 긍정 정서가 그러하듯이, 같은 기제를 통해 인간 면역 체계를 증진시킨다고 말할 수 있다. 향유란 그 지향 시점에 상관없이 신체 건강에 동일한 이득을 가져다준다.

🌿 정신 건강 측면에서의 향유

불안, 우울, 무력감 등의 불쾌 감정 경험뿐만 아니라 행복, 만족감, 성취감 등의 안녕감을 경험하는 방식에도 관심을 갖는 연구자 및 치료자들에게 있어, 향유란 가장 큰 관심을 가져볼 만한 개념이 될 수 있다. 그렇다면 향유란 행복감을 느끼고, 유능감을 느끼며, 만족감을 느끼는 것과 비슷한 것인가? 이 물음은 심리학자들이 관심을 가져왔던 긍정적 자기 평가와 관련된 주요한 물음이다. 그렇다면 향유란 단지 이러한 경험들의 일부에 지나지 않는 개념일까?

서론과 1장에서 짧게 언급했듯이, 우리는 주관적 정신 건강의 매개 요인을 구분하는 데 있어서 긍정적인 측면과 부정적인 측면을 살펴본 바 있다(Bryant & Veroff, 1984). 자신의 안녕감에 대한 반응을 측정하는 다양한 방법들을 살펴보면서, 우리는 다소 독립적인 여섯 가지 요소들을 구분할 수 있었다. 행복감, 인생에서의 만족감, 자기 확신, 인지된 취약성, 정신물리학적 변종, 불확실성이 그것이다. 이들 여섯 가지 요소 가운데 어떤 것도 향유의 의미를 포괄하는 것으로 보이지 않는다.

우리는 또한 위의 여섯 가지로 도출된 요소뿐만 아니라, 자기 평정의 일부분이 되는 다른 요소까지도 개념화할 수 있는 방법을 포괄한 네 가지 이론적 측면을 소개한 바 있다(Bryant & Veroff, 1984). (1) 자기 평정의 기준이 되는 긍정적-부정적 요소(행복감과 만족감은 긍정적 요소; 취약성과 변종은 부정적 요소), (2) 시간 지향점(만족감, 취약성, 변종은 과거 초점; 자기 확신은 현재 초점; 불확실성은 미래 초점), (3) 자기초점적 또는 세계초점적 지향(만족감과 자기 확신은 자기초점 지향; 취약성과 불확실성은 세계초점 지향), (4) 자연발생적인 평가와 반작용적인 평가(행복감과 취약성은 자연발생적; 만족감과 자기 확신은 반작용적)

향유란 이 네 가지 차원에서 놓고 볼 때 어떤 분류에 해당될까? 우선, 향유는 부정적이라기보다는 긍정적 경험에 해당된다. 둘째, 향유의 지향점은 주로 현재와 관련된 것이지만 때론 과거나 미래를 포함하기도 한다. 셋째, 5장에서 살펴보았듯이 향유는 그 구체적인 초점에 따라 세계에 대한 지향, 자기 자신에 대한 지향, 또는 그 둘 모두에 대한 지향이 될 수 있다. 마지막으로, 향유는 자신의 코앞에 놓인 것에 대한 반작용적인 평가가 될 수 있을 뿐 아니라 향유를 증폭시켜주는 힘으로서의 그저 자연발생적인 평가가 될 수도 있으며, 우리가 전에 살펴본 것처럼(5장 참조) 향유의 경험은 성찰 또는 몰입의 하나로 분류될 수도 있다.

적어도 Bryant와 Veroff(1984)의 주장에 따라 보자면, 향유는 인생 경험에 대한 기존의 물음들에 의해서는 아직 다루어지지 않은 주관적 정신 건강의 한 측면으로 여겨질 수 있겠다. 따라서 정신 건강 측정 도구의 일부분으로 향유를 측정하는 도구가 포함되어야 할 시점인 셈이다(Bryant, 2003). 인생을 향유하는 사람들의 긍정적 정신 건강의 측면을 이야기하는 것뿐만 아니라, 향유하지 못하는 사람들의 심리적 안녕감의 결여에 대해서도 살펴볼 의의가 충분하다고 하겠다.

우리는 이미 2장에서 향유신념의 정도와 주관적 적응 측정치들 사이의 관계에 대한 Bryant의 증거를 살펴본 바 있다. 실험 결과를 놓고 볼 때, 지각된 향유능력과 신경증, 신체적 무쾌감증, 사회적 관계의 무쾌감증, 우울, 심리생리학적 변종의 증상 사이에 상당한 부적 상관관계가 있음을 보여 주었다. SBI 척도에서의 향유 하위 척도 점수는 행복감, 자존감 그리고 만족감과 상당한 정적 상관을 보이지만, 사회적 바람직성 측정치와는 무관함을 보여 주었다. 분명 향유는 주관적 정신 건강과 상당한 상관을 보이며 긍정적이고 적응적인 기능을 반영하는 것으로 여겨진다(Ryff, 1989). 좀 더 확장된 관점에서 이야기하자면, 일반적인 심리치료에 있어서 향유를 예방 요인으로 활용하거나, 환자로 하여금 자신의 삶을 얼마나 효율적으로 더 잘 향유할 수 있는가를 배울 수 있도록 도와줌으로써 상당한 효과를 거둘 수 있음을 제안해 볼 수 있다(참조: Duckworth, Steen, & Seligman, 2005; Seligman, 2002b; Seligman & Peterson, 2003).

향유의 과정을 정신 건강의 한 측면으로 생각해 볼 수 있는 또 다른 관점이 있으며, 그것은 경험을 바라보는 기본적인 생활양식의 일부로서 여겨질 수 있다. 이 관점은, Watson(2002)이 '긍정 정서'

CHAPTER **7**
향유와 인간의 관심사

개념을 바라보는 관점, 또는 긍정적 감정을 경험하는 기질적 경향성을 바라보는 관점과 유사하다. Watson과 그의 동료들은 기질적 정서의 세 가지 자기보고식 측정치(명랑성, 자기 확신, 기민함)에 있어서 상당한 독립성이 있음을 보여 주었다. 그리고 이 세 가지 측정치 모두 'Big Five' 성격 검사의 외향성과 높은 상관을 보였다(Goldberg, 1993). 긍정 정서 측정 도구의 상관 연구에서 살펴보면, 이러한 기질적 특성은 다양한 병리적 상태(예를 들어, 공포증, 정신분열증, 외상 후 스트레스 증상)와 부적 관계를 보이고, 다양한 기분 장애들과 상당한 부적 상관이 있음을 보여 준다. 비록 상관 연구일 뿐이지만 이러한 연구 결과들을 통해 볼 때, 긍정 정서는 정신과적 진단을 포함한 여러 부정적 증상들로부터 보호해 주는 역할을 담당한다고 제안해 볼 수 있다. 물론 우리는 항상 반대 방향의 인과관계에 유념해야 하겠지만, 심리적 불편감을 겪고 있는 사람들은 향유에 있어 어려움을 보일 수 있음을 고려해 볼 만하다. 우울감에 천착하는 것과 삶을 향유하는 것은 상호 배타적인 과정인 셈이다.

향유와 창의성

향유가 또 다른 역할을 할 수 있는 것으로 여겨지는 세 번째 주제는 인간의 창의성이다. 이미 긍정 정서가 창의성을 증폭시킨다는 증거들이 존재한다(Carnevale & Isen, 1986; Isen, Daubman, & Nowicki, 1987). 많은 사람들이 창의적인 욕구에 따를 때 느껴볼 수 있는 몰입감은 어떤 의미에 있어서는 향유하는 가운데 빠져 들어가는 경험의 몰입감과 비슷한 점을 가질 수 있다. 경험을 향유하고 그때의 감각과 지각 경험에 주의 집중하는 가운데 그러한 긍정 정서로부터 나오는 생생한 에너지에 의해 상승되는 기분을 맛볼 수 있다. 이 에너지는 예술적인 작업을 하는 데 힘을 북돋워 줄 수 있고, 또는 문제를 해결하는 새로운 실마리로 작용할 수도 있다.

많은 소설가와 시인들이 향유의 과정 중에 그들의 경험을 기록해 둔다. 미술가는 종종 새로운 풍광을 경험하면서 떠오르는 생각을 스케치하고 그것을 눈으로 만끽한다. 이러한 기록과 생각은 자유연상을 하는 과정에서 향유경험으로는 다소 산만해질 수도 있으나, 예술가들은 나중에 이러한 자료들을 활용해서 창조적인 작품을 만들어 낸다. 마치 자신의 관찰을 향유하는 그때가 훗날 예술적인 창작에 주요한 시점이 되는 것과 마찬가지이며, 이는 그 작업이 힘들고 괴로운 주제와 관련될 때에도 그러하다.

과학의 창조성과 관련해서도 같은 방식으로 이런 현상들이 일어날까? 심리학자들에 따르면, 우리가 가족의 융합을 향유하고, 그 경험의 세세한 부분까지 주의 집중하면서, 그러한 향유에 대한 관찰들을 통해 가족 연합의 속성을 다루는 이론을 발전시키는 데 도움을 받을 수 있다고 말한다. 어떻게 이런 과정이 일어나는지 정확히 설명하기는 매우 어려우나, 그런 사실에 대해서는 의심의 여지가 없다. 물리학이나 자연과학에서도 같은 설명이 이루어질 수 있다.

벤저민 프랭클린의 자서전에서 보면, Morgan(2002)은 프랭클린의 왕성한 호기심이 어떻게 복잡다기한 자연현상을 탐구하는 방향으로 이끌었는지에 대해서 묘사하고 있다. 젊은 시절 프랭클린은 잉글랜드로부터 집까지 항해하는 도중에 천장에 한 컵의 기름과 물을 걸어두고서 기름과 물 사이의 반발력을 뚫어지게 바라보며 깊은 생각에 빠져 있는 자신을 발견했다. 그의 일기 속에서 그는 관찰을 향유하는 모습으로 묘사될 수 있는 그 탐닉의 경험에 대해 적어두었다. 이러한 경험에 대한 그의 생각은 결코 그의 머릿속을 떠나지 않았으며, 그가 67세가 넘는 나이에 기름과 물을 가지고 해변에서 실험을 수행하는 자신의 모습을 발견하게 된다. 그의 왕성한 호기심에서 출발한 향유의 경험은 그 문제점을 탐구하고 이해하는 다양한 창조적 방법들로 이끌어 주었다.

향유경험이 창의성을 강화해 주는 이유 가운데 하나는, 그 향유하는 과정을 통해서 사람들이 자신이 속해 있는 환경의 복잡성에 보다 충분히 노출되기 때문이다. 이렇게 충분히 자각하는 경험 속에서 그들은 그 자극들이 이끄는 방향에 몸을 맡겨 어디로든 자유로이 탐색할 수 있는 것이다. Guilford(1950)는 이러한 현상을 '발산적 사고하기'라고 지칭했다. 이러한 의미에서 향유란 마음챙김 명상법과도 닮은 점이 있다. 즉, 한계선이 해체되면 복잡다기성은 더욱 확장된다. 누군가 향유의 상태에 접어들면 똑같은 자극의 반복에 지루함을 느끼게 된다. 향유를 유도함에 있어서 최상의 자극 수준이 결정적인 동기 요소로 작용한다는 가정에서와 마찬가지로, 향유의 상태에 접어든 그 사람에게 변화는 필수적이다. 결국 향유란 인간의 창조성을 확장시키는 매우 역동적인 과정이라고 말할 수 있다.

게다가 향유에는 즐거움이 있고, 익숙하지 않은 자극들을 기꺼이 통합해서, 좀 더 심오하게 인식하고 독특한 차이점이나 공통점을 탐색하려는 의지가 있다. 향유는 즐거운 마음에서 출발해야 하며, 그렇지 않다면 그것은 완수해야 할 도구적 과제일 뿐이거나, 해결해야 할 문제일 뿐이다. 그렇게 되면 그것은 더 이상 향유가 아니라 다른 어떤 것일 뿐이다. 그러나 일단 향유과정에서의 즐거움이 발생하면, 향유 대상에 대한 재평가를 통해 창조적 사고, 과학적 발견, 또는 참신한 예술작품이 탄생하게 된다. 따라서 향유는 복잡다기한 연상과 사고에 대한 즐거움을 가져올 뿐만 아니라, 그러한 연상과 사고를 위한 새로운 능력을 부여한다. 이러한 방식으로 향유는 인간 창조성의 주요 원천이 되는 셈이다.

창조성에 관한 연구로 오랜 세월을 보낸 몇몇 심리학자들이 말하길, 내재적 동기는 창조적 산물을 위한 필수 요소라고 말한다. Amabile과 그녀의 동료들(Amabile, 1983)은 창조성의 기저에 있는 동기를 통제된 환경에서 실험해 보았다. 참가자들로 하여금 다양한 개방형 과제들(예: 그림 그리기, 문제 해결책 찾기)을 수행하게 했을 때, 내재적 강화 조건(예: 자신의 순수 흥미에만 의존하기)에서 만들어진 수행물들이 외현적인 강화물(예: 인정, 돈)에 의존한 조건에 비해 훨씬 창조적인 산물로 평가되었다. 이러한 내재적 동기는 새로운 아이디어를 생산하는 등의 창조적인 과정에 있어서 가장 중요한 역할을 담당한다(Amabile, 1996). 또 다른 연구에서 살펴보면, Torrance(1969)는 저명한 창조적 인물들의 심리 속성을 관찰하고 그들 작업과정에 한 가지 공통된 속성이 있음을 밝혔다. 그것은 그들 모두 그들이 하는 일 자체를 사랑한다는 사실이었다. 예를 들어, 저명한 조류학자인 Roger Tory Peterson의 생애와 업적을 살펴본 결과, 그의 많은 연구 방법들이 그가 야생 조류를 열정적으로 사랑했던 어린 시절로부터 기인한 것들이었다.

Torrance의 연구 방법과 마찬가지로, Csikszentmihalyi(1996)는 현재 왕성하게 활동하고 있는 60세를 넘긴 91명의 유명 예술가, 과학자, 석학들을 인터뷰하여 20세기 개혁가로서 그들 삶의 단면과 그 창조적인 과정의 바탕이 된 요소들을 탐색해 보았다. 많은 측면에 있어서, 어떻게 향유가 창조적 활동에 중요한 역할을 하는지에 대한 우리의 생각과 Csikszentmihalyi(1996)의 생각은 중첩된 견해를 보이고 있었다. 우리가 Csikszentmihalyi의 대단한 책, 『창의성(Creativity)』을 온전히 평가하기에는 한계가 있겠지만, 여러 장의 내용을 통해서 창조적인 사람들은 스스로 하는 일에 있어서 순수한 기쁨과 성취를 보이고 있다는 사실을 설명하고 있으며, '고통받는 천재들' 이라는 선입견과 관련된 증거들은 거의 없음을 보여준다. Csikszentmihalyi의 물음에 대한 답변으로 살펴보자면, 이러한 창의적인 사람들은 특정 문제에 대한 자신의 호기심과 답을 구하는 즐거움에 대해 강조하고 있는데, 이는 Torrance의 연구에 등장하는 Roger Tory Peterson의 경우와 유사하다. 예를 들어, 원자의 움직임이나 별의 움직임을 발견한 여러 물리학자들에게 물어보면, 그들의 발견에 자극을 준 것은 원자 움직임의 절정이나 밤하늘을 바라보는 경험으로부터 얻는 그들 자신의 흥분감에 기인한다고 말한다. 이것은 현대 사회의 창조적 인물들의 삶에 있어서 낙관적이고 긍정적인 측면의 모습들이며, 향유와 창조적인 과정을 연결하는 그럴듯한 연결고리가 된다.

하지만 우리가 또 알아야 할 사실은, Csikszentmihalyi가 이야기했듯이, 그들 창조적인 저명인사들이 자신의 산물을 통해 대중의 갈채를 받았다는 사실이다. 똑똑하고 훌륭하다고 알려지기 위해서는 그들 업적에 있어서 성공적인 결과물을 내는 것이 중요한 문제이기 때문에, 그러한 사실은 그리 놀라울 만한 일은 아니다. 순수한 의미의 향유에서는, 사람들이 세상에 중요한 그 어떤 것을 만들어내야 한다는 생각이나 인정받아야만 한다는 생각에서 철저히 거리를 두어야 한다고 말한다. 따라서 향유가 그들 저명한 창조적 인물들과 밀접한 연관이 있어 보이지만, 그들이 향유에만 전적으로 의지해서 그들의 결과물에 '다다랐다'고 말할 수 없다. 결과물, 열정, 현실에 기반하기, 그리고 자신이 하는 일을 객관적으로 바라보기 등등이 그들 창조적인 사람들 삶의 원천을 이루었음을 간과할 수 없다. 따라서 향유란 저명한 창조적 인물로 남기에 필요조건일 뿐 충분조건으로 보아서는 안 된다.

Csikszentmihalyi(1996)에 따르면, 몰입감은 실제 창조 과정에 있어서 창조적인 경험을 완성해 내는 데 중요한 역할을 한다. 하지만 우리가 이미 책에서 살펴보았듯이, 몰입감은 향유와 비슷하긴 해도 주요한 몇몇 측면에서 서로 다르다(1장을 보라). 우리가 보기에 향유란 보다 현재-초점적인 마음챙김의 과정이며, Csikszentmihalyi가 몰입 경험에서 존재한다고 이야기한 문제 해결이나 과제의 도전과는 관계가 없어 보인다. 그럼에도 불구하고 시인이 그의 창조 활동에서 자신의 인지적 과정을 향유하는 것을 묘사하기 위해 우리는, Csikszentmihalyi(1996)가 시인 Mark Strand의 몰입 경험을 예시든 것을 자주 인용한다.

당신은 바로 그 작업 자체에 머물고 있다. 시간 관념을 잃어버리고, 온전하게 매혹되었으며, 당신이 하는 일 자체에 완전히 빠져 있다. 그 작업 가운데 당신이 바라보고 있는 그 가능성에 지배당하고 있는 셈이다. 그것이 너무 강렬해지면 그때 당신은 그 흥분이 너무 벅차서 벌떡 일어나 버린다. 더 이상 일을 계속하지 못하고, 매 순간 당신 자신을 압도해버리므로 일을 끝까지 수행할 수가 없게 된다. 그 아이디어는 그래서 …… 흠뻑 젖어 버리게 되고, 미래도 과거도 존재하지 않게 된다. 당신이 이해하

344

는 바로는 단지 확장된 현재만 존재할 뿐이다. 그리고 혼돈에 빠지고, 다시 새롭게 이해하고 …… (p. 121)

누군가 Strand에게 당신이 고통스러운 주제의 것을 다룰 때에도 비슷한 향유(또는 몰입)를 경험하는지 물을 수 있다. 사실 시라는 것도 기쁨을 다루는 것만큼, 혹은 더 많은 부분에서 삶의 문제점들을 직접적으로 다루고 있다. 실상 창조 과정 안에서 굉장히 고통스러운 경험을 할 수 있다. 이러한 상황에서 향유의 과정을 대체해서 부를 수 있는 어떤 감각 경험이 있을까? 이 물음에 대한 답을 구하자면, 그 고통을 온전히 자각하는 주의 집중 과정이 이루어지면서 Strand가 언급한 몰입의 과정을 거쳐서 심심한 통찰의 이해에 도달하는 수준의 것으로 한정해야만 하겠다. 아리스토텔레스가 심미적으로 가치 있는 비극의 속성에 대해서 언급하며 이야기했던 카타르시스와도 같고, 창조적인 인물이 그가 고뇌했던 고통으로부터 자유로워지는 경험으로부터 파생된 긍정적 감정도 존재할 수 있다. 그 각각을 무슨 향유라고 칭하기는 어렵겠지만 그것 역시 향유의 한 파생물임에 틀림없다.

비록 간접적이기는 하겠지만, 우리도 아름답게 쓰인 비극적인 소설을 읽거나, 슬픈 음악을 듣거나, 끔찍한 사진을 감상하며 이와 비슷한 과정을 경험할 수 있다. 어떤 의미에서는 이러한 불편한 예술작품에 대한 심미적 반응을 향유하고 있는 것이다. 우리는 스릴 넘치는 드라마에 사로잡힐 수도 있고, 그리고 난 후 다시 해소된 상태로 되돌아올 수 있다. 관찰자의 입장에서 우리는 경험한 것에 대해 창조적으로 반응하게 된다. 예술 작품을 창조하는 것이든 그것을 바라보며 감상하는 것이든, 우리는 이 과정을 통해 향유할 수 있는 정서적 해소감을 경험할 수 있다.

향유와 영성

향유와 관련해서 살펴볼 마지막 주제는 인간의 영적인 삶이다. 몇몇 예외(예를 들면, James, 1902/1985)를 제외하고서는, 20세기 심리학은 인간 경험의 영적인 측면을 들여다보기를 외면한다. 물론 이런 측면들은 까다로운 과학적 방법론을 가지고 들춰내기에 어려움이 있는 게 사실이지만, 지금 우리가 시작해야만 다음 세대에서 진지한 마음가짐을 지닌 심리학자들이 이러한 영적인 관심사를 다루는 주제들을 기꺼운 마음으로 대할 수 있으리라 생각한다(Miller & Thoresen, 2003). 이와 관련된 연구가 어려운 이유는 영성에 대한 개념적 정의가 어렵다는 점이 있다(Pargament & Mahoney, 2002를 보라). 그럼에도 불구하고, 영성의 개념은 인간 경험에 그 깊은 뿌리를 두고 있다는 사실도 명백하다. 몇몇 이론가들은 이러한 심오한 인간의 관심사와 관련된 유전적인 기초를 제안한 바 있다. "요약하면, 유구한 세월의 진화를 통해 우리의 유전자 지도와 우리가 살아가는 사회 속에 이미 사교성, 영성, 의미 찾기 등이 심어져 있음을 주장한다."(Cacioppo, Hawkley, Rickett, & Masi, 2005, p. 145) 비록 '영적인' '영성' 등의 개념이 다양하지만, 육체가 아닌 인간의 삶, 육체를 넘어서는 경험의 측면에는 무언가 그 개인에게 중요한 것이 존재한다는 믿음에 변함이 없다.

🌱 향유와 의미 찾기

영성에 대해 연구하기 위해 대부분의 심리학자들은, 사람들이 보다 큰 규모로 자신의 삶에서 의미를 찾으려고 노력한다는 가정을 갖고 시작한다(예를 들면, Allport, 1961; Frankl, 1963). Wong과 Fry(1992)에 따르면, "개인적 의미는 생존을 위해서뿐만 아니라 건강 그리고 행복을 위해서도 중요하다."(p. xvii)고 주장한다. Zika와 Chamberlain(1992)에 따르면, 인생에서 의미를 갖는다는 사실은 대학생의 심리적 행복을 예측하는 변수로서 자기 주장성이나 통제 소재 등과 같은 성격적 변인보다 오히려 유의미한 예측 요인이라고 주장한다. 또한, 개인적 의미는 거의 모든 인생 과정에서 행복과 긍정적인 상관관계를 보여 주었다(Reker, Peacock, & Wong, 1987; Zika & Chamberlain, 1992).

때때로 이러한 의미는 흡사 신과 유사한 개념으로의 신성한 힘을 만들어낼 수 있다는 믿음으로부터 출발한다. 때로는 이런 의미가 보편적인 생물학적 가치 속에서 발견된다. 또 때로는 세상을 바라보는 자기 관점, 또는 타인 관점에서 찾을 수 있는 추상적인 가치(예를 들어, 사랑, 정의, 보편성)로부터 출발하기도 한다. 비록 삶의 의미를 찾고자 하는 욕망이 고차원적으로 발달된 뇌를 지닌 인간에게 주어진 것으로 비춰질지 모르나, 의미를 찾는 구체적인 방향은 개인적, 사회적, 문화적 요소에 많이 좌우되는 게 사실이다. 이러한 요소들은 우리 삶의 거시적 역사 환경뿐만 아니라 개인이 소속되어 있는 세상에 영향을 미치는 구체적인 맥락에도 달려 있다. 몇몇 사상가들에 따르면, 이러한 요소들은 사람이 일반적으로 생각하는 방식에 영향을 미칠 수 있는 유전적인 기질을 반영하기도 한다. 영성이 서로 다른 사람들에게 서로 다른 의미로 비춰질 수 있음은 놀랄 만한 일이 아니다.

우리가 향유와 영성을 연결하는 생각을 함에 있어서 어떻게 '영적인 것'과 '영성'을 정의해야 하는가? 우리가 제안하길, 영성이란 의미를 만들어가는 과정이라고 여기는데 그 의미라는 게 우리 자신을 넘어서는 부분에 달려 있다는 사실을 초월해서, 어떤 특정 유형의 의미인가를 고려하지 않고 그저 의미를 만들어가는 과정이라고 정의내리고 있다. 의미를 발견함에 있어서 사람들은 자신의 물질적인 존재에 독립적이면서도 중요한 방식으로 내재되어 있는 어떤 가치, 어떤 '선한 것', 어떤 도덕적, 사회적, 또는 자연적인 힘을 추구한다. 따라서 아주 단순한 용어로 이야기하자면, 향유라는 것 자체가 우리로 하여금 육체적인 세계를 넘어서는 커다란 존재와 우리 사람을 연결해 줌으로써 인생에서 의미를 만들어가는 과정을 촉진시켜준다고 이야기할 수 있다.

지난 장에서 우리는 이미 향유와 영성의 연결 고리와 관련해서 힌트를 준 바 있다. 우리는 앞선 5장에서 세 가지 종류의 세계초점적 향유, 즉 감사하기, 경탄하기, 복종하기에 대해서 살펴본 바 있다. 이 모두가 자기 자신의 외부에 있는 무언가에게 영적으로 연결하려는 속성을 갖고 있다. 사람들은 언제 어디서나 의식적이든 무의식적이든 영적인 존재로서 기능하고 있다. 자연의 장관을 보고 경외하거나, 연주회 공연의 장엄함에 압도되거나, 뛰어난 과학적 이론의 우수성에 충격을 받거나, 국가적, 정치적, 종교적 주요 사건에 결부되어 그 협력에 감동을 받거나, 다른 사람의 사랑에 감화 받거나, 타인의 선행이나 자비에 감동을 얻거나, 자신에게 부여된 삶의 행운이나 신성함에 깊은 감사를 느끼거나 할 때 말이다. 이 모든

CHAPTER 7
향유와 인간의 관심사

세계초점적 향유에 있어서 가장 중요한 사실은, 적어도 그 순간만큼은 육체적 존재의 제한으로부터 벗어난다는 사실이며, 이러한 조건에서 우리는 우리 자신보다 더 커다란 힘에 맞닥뜨리게 된다. 다시 말해서, 이것이 영적인 연결의 경험이다.

사람들이 자신의 경험에 대한 어떤 불확실성 아래에 놓였을 때 특별한 향유가 발생한다는 사실을 살펴본 바 있다. 예를 들어, 군인은 전장의 위험 아래에서 강렬한 경외로움을 종종 경험하게 된다. 작가들 또한 극도로 창작해내기 어려운 것을 써 내려갔을 때 특별한 향유 체험을 갖게 되기도 한다. 불확실한 상황 아래에서는 자동적으로 영적 경험을 하게 된다는 의미가 아니다. 하지만 주변 환경이 삶의 불확실성, 그것도 일상적인 것이 아닌 특별히 짧은 순간의 일시적인 불확실성을 담고 있을 때, 종종 영적인 반응을 불러일으키곤 한다.

삶에 있어서 엄청난 결과를 가져올 수 있는 불확실의 상황들을 떠올려보자. 예를 들어, 자신의 삶을 위해 무얼 하며 살아야 하는지 선택해야 할 때, 여성으로서 일생을 걸고 투신할 관계를 선택해야 할 때, 부모로서 자손들을 위해 일생을 어떻게 준비해가야 하는지 계획할 때, 자신이나 사랑하는 이에게 비관적인 의학적 진단이 내려졌을 때 등등 말이다. 이러한 불확실의 상황 속에서 사람들이 멈추어 서서 삶의 의미와 영적 질문에 맞닥뜨렸을 때에 향유란 어떻게 영향을 미치게 될까? 단언컨대, 이러한 무거운 상황은 삶의 의미를 찾아나가는 향유경험을 위해 무르익은 시기라고 말할 수 있다. 이는 마치 개인이 어떤 불확실한 인생에서 의미를 만들어갈 필요를 특별히 느낄 때 그들이 관찰하는 것을 향유하는 것이라고 말할 수 있다. 예를 들어, 자신에게 무슨 일이 일어날지 혼란스럽거나, 영문

모를 심각한 질병이나 시급한 비극 때문에 삶의 의미를 구하고자 하는 때에 비로소 신비한 종교적 경험이 일어나게 된다.

영성과 향유를 연결하는 또 다른 연결 고리는 명상과 향유 사이의 공통 속성에서 찾아볼 수 있다. 대다수의 영적인 탐구 과정은 명상을 포함하고 있다. 또한 대부분의 명상 상태에 이르는 비법은 감각과 관련된 자극을 모두 배제한 채, 평가적이거나 혹은 문제 해결의 속성을 지닌 것으로부터 느슨하게 주의 집중을 풀어내는 것이다. 불교 수행법에서 보면, 세상과 자신을 바라보는 일상의 방법으로부터 벗어나 유연한 상태에 이르도록 하기 위해서 주문을 반복하고, 내면의 자신과 교감을 늘리고, 때로는 깨어 있는 존재의 특별한 상태에 이르고자 자아의 감각을 놓아 버리기도 한다. 이러한 명상의 과정은 존재한다고 믿는 더 커다란 힘과 자신을 조율하는 과정에 달려 있다. 이러한 의미에서 이것은 자신에 대한 향유를 넘어서서 좀 더 커다란 존재를 깨닫기 위해 이루어지는 어떤 특별한 종류의 향유가 아니겠는가?

🍃 향유, 긍정 정서 그리고 의미 인식하기

향유와 영성 또는 종교와의 유관성을 떠나서, 향유는 그 자체로서 인간 삶의 의미를 탐색하는 또 다른 연결 고리를 가지고 있다. 삶의 의미에 대한 고찰이 긍정적인 정서를 촉진할 뿐만 아니라(Reker & Wong, 1988), 긍정 정서 또한 삶의 의미에 대한 탐색을 촉발하게 된다. King, Hicks, Krull과 Del Gaiso(2006)는 긍정적인 기분이 사람들로 하여금 자신의 삶을 더 의미 있게 여기도록 만들어 준다는 사실을 보여 주었다. 여섯 개의 연구를 통해 King 등(2006)은 다음과 같은 사실을 발견했다. 첫째 긍정 정서는 갈등이나 혼란의 시기에 처한 경우들과 비교해서 삶을 의미 있게 여기도록 하는 강력한 예측 요인이었고, 둘째 목표 지향적인 사고나 행동과 비교해서도 긍정적인 기분은 의미 있는 삶을 지각하는 강력한 예측 요인이었으며, 셋째 실험실에서 조작된 긍정적 기분까지도 삶에 대한 측정치를 더욱 고양시켰으며 의미 있는 과제와 의미 없는 과제를 구분하는 민감도를 증대시켜 주었다. 따라서 긍정적인 기분은 실제로 사람들로 하여금 삶의 의미를 찾는 데 도움을 준다.

이러한 결론을 통해, 향유과정이 개인적 의미를 찾으려는 사람들의 욕구를 촉진한다고 말할 수 있다. 온전한 자각을 통해 음미할 수 있다는 것—기뻐하고, 자신보다 더 커다란 의미에 복종하고, 축복에 감사하며, 개인적 성취를 만끽하고, 세상의 경이로움에 경외를 표하며, 즐거움을 무성하게 하는 것—은 그 사람으로 하여금 목적을 찾고, 성취를 이루고, 인생의 의미를 발견해 낼 가능성을 증대시켜주는 것이다. 다시 말해 향유란 단지 기뻐하고, 감사하며, 자랑스럽고, 경이롭고, 즐겁게 느끼는 감정을 제공해 주는 것 이상이라는 말이다. 이는 또한 타인, 세계, 그리고 육신 이상의 심오한 존재와의 연대감을 풍성하게 해 주는 것이다.

◈ 향유와 종교적 경험

우리가 언급한 세 가지 향유과정—경탄하기, 감사하기, 복종하기—은 특별히 종교라는 맥락 안에서 영적인 과정과 몇몇 공통된 생각을 함께하고 있다. 영성과 종교의 차이점과 관련해서 Miller와 Thoresen(2003)은 다음과 같이 언급했다.

어떤 의미에서 종교는 제도적인 (그래서 주로 물질적인) 현상이다. 물론 영성을 주된 관심사로 갖고 있지만, 종교는 사회적인 속성을 지녔거나 시설물의 형태를 띠고, 영성과는 달리 그들만의 경계선을 갖고 있다. 종교는 특정 믿음과 예식, 가입 요건, 사회적 조직의 단위에 따라 구분된다. 영적인 것, 초월적인 것이 주된 관심사이자 초점이지만, 종교는 영적인 것이 아닌 다른 관심사나 목적(예를 들어, 문화적, 경제적, 정치적, 사회적인 것들)에 의해서도 구분된다. 따라서 (건강이나 성격처럼) 영성은 주로 특정 맥락 없이 개인적인 수준의 것으로 이해되지만, 종교는 기본적으로 사회적인 현상이다(Thoresen, 1998). 이런 관점에서 볼 때, 종교의 영역과 영성과의 관계는, 흡사 의료학과 건강의 관계에 비견된다. (pp. 27-28)

영성과 마찬가지로, 종교성의 경험과 표현에는 개인차가 존재한다. 어떤 이들에게 있어서는 종교성과 영성이 매우 유사한 공통된 속성을 보이지만, 다른 이들에게는 심지어 같은 종교 안에서도 공통된 부분을 거의 찾아보기 어려운 경우도 있다(Miller & Thoresen, 2003). 또한 영성은 전통적으로 사적인 관심사로 개념화되었지만, 종교성이라 함은 공적인 형태와 사적인 형태 모두를 갖고 있다(Thoresen, 1998).

경탄하기   향유는 기도나 예배 같은 종교적인 예식을 통해 아주 분명히 종교에 배어 있다. 신성한 것을 마주했을 때, 잘 통합되어 있는 대부분의 종교들은 무한한 힘과 지혜, 신성함 앞에 그 경외감을 표하고 믿음을 돈독하게 한다. 성서 시편에서 말하길, "지구상 모든 것들이 하느님을 경외하게 하라"(시편 33:8, 개정판)고 이야기하고 있다. 사실 유대인의 율법 또한 신을 만나 경외하는 이야기들이 많이 포함되어 있다. 따라서 대부분의 전통적인 종교는 그 신봉자들로 하여금 신의 존재를 접했을 때 신성하게 경외감을 표할 것을 독려하고 있다. 이러한 경외감의 표현은 기도나 명상 등에서 사적으로든 또는 공공 예배에서 공적으로든 발생하게 된다. 마치 도달하기 어려운 내재된 의미를 깊이 있게 숙고하듯이, 신성한 존재에 대해 온전한 마음챙김을 수양하다 보면 신봉자들로 하여금 절로 경외감을 불러일으키게 된다.

감사하기   많은 종교 체제를 살펴보면 신봉자들로 하여금 신에 의한 섭리, 양식, 지지, 인도, 사랑, 보호 등에 대해 감사한 마음을 표하는 것이 포함되어 있다. 예를 들어, 전통적인 기독교인들은 자신이나 타인에게 하느님이 도움을 주십사 기도를 드리는 것과 자신이 부여받은 축복을 신께 감사하는 것 등을 포함해서 전형적인 예배를 드린다. 그리고 유대교의 공식적인 숭배에서는 흔히 감사한 마음을 외현적인 표현을 통해 찬양하도록 한다. 예를 들어, David 왕이 "온 나라 국민이여, 신께 기쁨의 노래를 바쳐라! 충심으로 신을 섬겨라! 노래로 그의 등장을 찬양하라! …… 감사함으로 그의 나라에 들고, 그의 앞뜰을 칭송하라! 감사의 마음을 바쳐 그의 이름을 복되게 하라!" (시편 100: 1, 2, 4, 개정판) 분명히 말하자면, 스스로 누리는 축복에 대한 향유반응이나 감사의 향유과정 모두 종교적인 찬양의 형식과 관련해 밀접하게 관계를 맺고 있어 보인다.

종교적 경험 속에서의 감사의 역할과 관련해서, 19세기의 기독교 작가 E. M. Bounds(1925/1991)가 '기도하는 자의 본질'에서 다음과 같이 이야기한다.

하나님께 감사하는 것은 감사의 마음이 자발적으로 표현되는 것인데 반해서, 그저 감사란 그 안에서부터 비자발적으로 불러일으켜진 영혼의 내면적인 감정이다 …… 하나님께 감사하는 것은 …… 바치는 것으로서 …… 우리에게 주어진 것에 대한 축복을 마음속에서부터 느껴서 신에게 언어로 무언가를 표현하는 것이다 …… 과거의 자비를 떠올릴 때, 가슴 속은 내면으로부터 감사가 불러일으켜진다. 사랑은 감사의 파생물이다. 감사의 감정이 불러일으켜질 때 사랑이 자라나고, 신에 대한 칭송과 감사로 표출된다 …… 감사와 사랑은 좀 더 큰 기도로 이어진다 …… 신의 가호에 대한 생각은 감사를 낳을 뿐만 아니라, 우리가 가진, 우리의 모든 것을 신께 헌신하는 것으로 이어진다. 기도 드리고, 헌납하고, 헌신하는 것 모두가 함께 연결되어 있다. (pp. 31-32)

Fredrickson의 이론적 모델(2001; Fredrickson & Joiner, 2002)과 마찬가지로, 이러한 초월적인 생각은 장기간에 걸쳐 영적 안녕감의 상향적 선순환(참조: Moberg & Brusek, 1978)을 이끌어 낸다. 즉, 감사는 사랑, 신께 감사하기, 칭송하기 등을 낳고, 이는 반대로 강렬한 초월적 감정을 양산하게 되는 셈이다.

기뻐하기   Bounds의 언급에서 살펴보았듯이, 종교적 경험은 경탄하기와 감사하기의 향유과정을 넘어서서 기뻐하기, 환희 표현하기, 기꺼워하기, 고양됨 표출하기, 또는 명상과 기도와 예배 중의 기쁨을 표현하기 등의 과정까지 포함하고 있다. 행동적인 표출로서의 향유와 마찬가지로, 기뻐하기란 자신의 긍정 정서를 외부로 표출하고 내면 경험을 지각할 수 있는 방식으로 표현하는 것을 말한다. 종교 예식에 있어 긍정 정서를 표현하는 그 본질적인 중요성을 논하지 않더라도, 성서의 150개 시편 가운데 35개가 '환희' '환호하는'의 단어를 언급하고 있으며, 67개는 '기뻐하기' '기뻐하는'의 단어를 언급하고 있다. 시편에 배어 있는 환호의 표현들과 관련해서, Peterson(1997)은 이러한 종교적인 경험을 '신성함이 넘쳐흐르는 실제적인 영성'의 표현이라고 언급했다.

복종하기　　이러한 심오한 감정을 표현하는 과정에서 사람들은 자신 이상의 것으로 초월되는 느낌이라든지, 보다 심오하고 거대한 것으로 귀속되는 경험을 하기도 한다. 육신을 초월한 체험은 종종 평정감, 절정감, 또는 지극한 행복감에 사로잡히는 것과 연합되기도 한다. 자기를 초월하여 무언가로 흠뻑 빠져들게 하는 향유의 과정은 이러한 경험과 관련이 있어 보인다. 흡사 이것은 기독교 신봉자가 자신의 삶을 예수에게 귀의하고 '갱생한다'라고 표현하는 것과 마찬가지다.

향유의 함의를 종교적인 경험으로 확장하자면 다음과 같이 가정할 수 있다. 종교적인 신성성을 바탕으로 그 관계를 온전히 자각하여 음미하고, 끊임없이 경탄하고, 기도 중에 감사함을 표현하며, 주어진 축복에 경의를 표하는 과정을 통해서 영성을 축적하고 확장할 수 있으며, 이를 통해 종교적 신성성을 향한 사랑, 귀의, 헌신의 감정을 증진할 수 있다. 이러한 사랑의 감정은 반대로 신성성과의 연계감을 깊게 해 주고, 이는 다시 사랑의 감정을 심화시켜서 점진적인 선순환을 이끌어내게 된다. 이러한 관점에서 바라보면, 종교적 삶의 실천이 삶의 더 큰 행복이나 만족과 연계되어 있을 뿐만 아니라(Poloma & Pendelton, 1990), 신체적 건강 또는 수명과도 관련이 있다고 하겠다(Koenig, Smiley, & Gonzales, 1988; Levin & Schiller, 1987).

분명, 향유란 종교 경험과 체험의 총체적인 일부라고 말할 수 있다.

요 약

이 장에서, 우리는 대부분의 사람들이 가치 있게 여기고 있는 주요한 삶의 경험들이라고 할 수 있는 낭만적 사랑, 결혼, 우정, 신체 건강, 정신 건강, 창의성, 의미 찾기, 영성과 종교적 경험 등과 관련된 향유과정에 대해서 살펴보았다. 사랑과 관련해서는, 사람들이 자신의 연인, 가족, 또는 친구와의 향유의 경험을 어떻게 눈덩이 불리듯 상호적인 향유경험으로 발전시켜 나가는지에 대해서 살펴보았다. 같은 방식으로, 우정을 향유하는 것 역시 그 자체로서 기쁨일뿐만 아니라 대인관계를 심화하고 확장하는 바탕이 됨을 알 수 있었다. 건강 측면에서 살펴보면, 향유과정 중의 정서적 고양감이 인간 면역 체계를 강화하고 우리 몸과 마음속에서 긍정적 심신의 반응을 이끌어 낸다. 창의성과 관련해서 보자면, 향유과정에서의 주의 집중 파급 효과로서, 사람들로 하여금 새로운 이미지, 생각, 통찰 등을 인식하는 능력을 향상시켜줌을 알 수 있었다. 마지막으로 영성과 관련해서는, 향유가 종종 사람들로 하여금 향유의 순간에 특별한 의미를 찾도록 이끌어줌을 알 수 있었고, 경탄하기, 감사하기, 복종하기, 기뻐하기의 향유과정이 어떻게 전통적 종교 체계들과 통합되는지를 살펴보았다.

향유와 인생의 문제들 사이의 관계를 살펴본다는 것은, 단지 빙산의 일각만큼 작은 부분만을 개념적으로 다룬 것일 뿐이다. 우리는 또한 향유를 가족, 일, 여가, 여행, 교육, 스포츠, 상실 그리고 갱생의 개념과 연관 지어 살펴볼 수도 있다. 핵심적인 결론이라고 한다면, 향유란 적응적이며, 인간 삶의 필수불가결한 요소이며, 추후 연구를 필요로 하는 개념이라고 말할 수 있다. 우리의 결론들이 부분적으로 사변적이기는 하나, 우리는 또한 결론을 도출해 내기까지 실증적 연구 결과들을 중심으로 지지하는 내용들을 정리하여 책에서 다루었다. 결론적으로, 향유란 인간관계 또는 영적인 관계를 보다 폭넓게 만들어주고, 정신적 · 육체적 건강에 도움을 주며, 창의성을 증폭시키고, 인생의 의미를 찾고 연결하는 과정을 촉진시켜준다는 사실들을 함께 살펴볼 수 있었다.

CHAPTER 8

향유 증진 방법

오늘은 두 번 다시 오지 않는다.
매 순간을 향유하는 것은
커다란 보석보다 더 소중하다.

선문(禪門)

어떻게 하면 우리가 좀 더 향유하는 삶을 살 수 있을까? 이것은 아마도 많은 이들의 바람일 것이다. 어떻게 하면 경이로운 순간을 음미하고, 과거의 소중한 기억들을 고이 간직하며, 미래에 펼쳐질 좋은 일들을 기대하고, 기쁨의 순간을 붙잡을 수 있는 능력을 기를 수 있을까? 우리가 사람들을 외향적인 사람과 내향적인 사람, 혹은 낙천주의자와 비관주의자로 구분하듯이, 향유할 수 있는 사람과 향유할 수 없는 사람, 즉 '향유자'와 '비향유자'로 나눌 수 있는 것일까? 혹은 사람들이 그들의 삶 속에서 향유경험의 질을 높일 수 있는 방식으로 생각하거나 행동하는 법을 배우는 게 가능한 일일까? 향유를 숙달시키는 것이 가능하다면, 향유를 증진시키고자 할 때 구체적으로 어떤 방법을 택해야 하는가? 그리고 어떻게 하면 이러한 방법을 배울 수 있을까?

이 마지막 장에는 긍정적인 경험을 쉽게 습관적으로 향유할 수 있는 사람과 아닌 사람 모두가 향유를 증진할 수 있는 몇 가지 지침들이 제시되어 있다. 사회심리학을 공부한 우리는 개인의 출발점에 관계없이 정교하게 잘 만들어진 조건 하에서는 대부분의 사람들이 향유경험을 할 수 있다고 믿는다. 따라서 이 장은 초보자를 위한 일종의 향유 안내서로 생각해도 좋다. 덧붙여 우리는 때때로 일반화된 것들을 구체화하기 위한 연습과제를 제시할 것이다. 이러한 연습과제들은 우리가 앞서 향유에 대해 논의한 것들과 더불어 명상, 심리치료, 감정 관리에 대한 문헌에서 따온 기법들을 근간으로 한다. 진정한 행복은 향유하는 방법을 아는 것뿐만 아니라 의미와 목적을 발견할 수 있는 방식으로 향유하는 지혜를 갖추는 데 있다는 점을 제시하면서 갈무리하고자 한다.

과연 행복의 전반적인 수준을 바꿀 수 있을까

◈ 행복의 기준점과 향유

향유능력을 결정하는 데 있어 기질과 양육은 어느 정도로 영향을 미칠까? 어떤 사람들은 다른 사람들에 비해 유전적으로 긍정 정서를 더 강하게 느끼는 경향이 있음을 지지하는 증거가 있는데, 이를 지지하는 이론가들은 행복의 장기적인 수준은 상당히 안정적이며 유전적으로 결정되는 '기준점(set-point)'에서 약간씩 변동할 뿐이라고 제안해 왔다(Diener & Diener, 1996; Headey & Wearing, 1992; Lykken, 1999). Watson(2000)은 긍정 정서가 상대적으로 안정적인 특

질 혹은 기질이며, 이는 '긍정 정서성'을 측정하는 기질적 성격 척
도에 의해 측정될 수 있다고 하였다. 그러나 유전적으로 결정되는
긍정 정서에 대한 기준점을 갖는다는 것이 무엇을 의미할까? 또한
이러한 개념이 향유를 증진시키는 데 있어 어떤 의미를 갖는 것
일까?

Lykken(2000)의 글에 등장하는 은유적 표현에서 우리는 그의 대
단한 통찰력을 엿볼 수 있다; 우리는 배가 떠있는 호수와도 같이 어
떤 행복의 기준점을 가지고 태어난다. 호수의 수위가 높다는 것은
우리가 더 행복감을 느낀다는 것인데, 사람마다 호수의 기저선(혹은
기준점)이 유전적으로 다르다. 그러나 기저선이 있다 하더라도, 호
수의 수위는 그 사람의 에너지 수준, 스트레스, 그리고 최근 사건들
에 따라 시간마다 달라질 수 있다. 이러한 단기적인 요인들이 호수
의 수위를 일시적으로 변화시키기 때문에, 완전히 잔잔할 때는 거
의 없다. 생활 사건들이 호수의 기저선을 영구히 변화시키지는 못
하더라도, 긍정적인 사건들이 일시적으로 배를 높이 띄울 수 있는
파도를 만들어내기도 하고, 부정적인 사건들이 일시적으로 배를 가
라앉히는 골을 만들어 내기도 한다. 아주 특별한 경이로운 사건에
의해 만들어진 파도와 아주 끔찍한 사건으로 인해 만들어진 골은
작은 물결보다 사그라지는 데 오랜 시간이 걸린다. 하지만 결국에
호수의 수위는 항상 기저선으로 되돌아온다.

극단적으로 말해서, '기준점 이론'에 따르면 호수의 수위를 영
구히 올리고자하는 노력은 소용없는 것이다. Lykken과 Tellegen
(1996)은 이러한 관점에서 "더 행복해지기 위해 노력하는 것은 더
키가 크기 위해 노력하는 것만큼이나 쓸모없는 일"이라고 하였다.
우리가 긍정 정서의 기저 수준에 대해 고려하는 더 올바른 방법은

'기준점'이 아니라 '기준범위'로 생각하는 것이다. Seligman (2002a) 역시 "기준범위가 기준점보다 더욱 낙관적인 개념이다. 왜냐하면 우리가 그런 행복의 범위 안에서 낮은 수준이 아니라 높은 수준에서 살아갈 수 있기 때문이다."라고 하였다.

개인의 '기준범위' 내에서 긍정 정서의 수준을 조절하는 것은 향유의 핵심이다. Lykken(2000)의 호수 비유를 확장하면, 대처는 골을 피하거나 피할 수 없는 골은 벗어나도록 하기 위해 배를 조종하는 것인 반면, 향유는 올라타고 싶은 파도를 찾고 그 파도를 더 크고 오래 지속되도록 만들기 위해 배를 조정하는 것에 해당된다고 할 수 있다.

🌱 행복감 증진에 대한 선행 연구

우리의 긍정 정서가 엄격한 기준점보다는 유연한 기준범위를 갖는다는 개념이 경험적 문헌에는 어떻게 제시되어 있을까? 행복 추구에 관한 연구를 살펴보면, Lyubomirsky, Sheldon과 Schkade (2005)는 "낙관주의의 자원은 행복의 영구적인 증가 가능성에 따라 존재한다."(p. 111)고 주장하였다. 이러한 이유로 만성적으로 낮은 수준의 즐거움을 경험하는 사람들이 자신의 활동에서 비롯된 쾌락 경험을 기록하는 데(hedonic book keeping) 상대적으로 많은 관심을 기울인다는 점은 주목할 만한 일이다(Meehl, 1975, p. 305).

많은 작가들이 인생에서 더 큰 즐거움을 발견하는 데 도움이 되는 조언을 해왔고, 실제로 행복감을 느끼기 위한 요령을 제공하는 '실용서'와 '심리학 대중서들'이 많이 나와 있다. 이런 책에서 제안하고 있는 대부분의 조언들이 오로지 직관에 기반을 두고 있음에도 불구하고, 일부는 이론과 연구에 견고한 기반을 두고 있기도 하다.

Fordyce(1977, 1983)는 행복 증진을 목적으로 한 체계적인 초기 연구에서 개인의 행복을 증진시키기 위해 설계된 14가지 교육적 개입법의 효과성을 실험적으로 보여 주었다. Foydyce의 개입법은 가르치는 사람들이 더욱 적극적인 태도를 갖고, 사회화에 더 많은 시간을 들이고, 의미 있는 일에 더욱 매진하며, 구조화를 잘하고, 걱정을 멈추고, 기대를 낮추고, 긍정적인 생각을 많이 하고, 현재에 집중하며, 건강한 성격을 발달시키고, 더욱 외향적으로 행동하고, 본연의 자기를 찾고, 부정적인 감정은 없애고, 친밀한 관계를 강화하고, 행복에 더욱 가치를 두는 것이었다. 그가 행한 여러 처치들 중 어떤 것이 행복을 증가시키는 데 기여했는지 확신할 수는 없지만, 최소한 반 정도는 향유 증진과 관련된다고 여겨지는 변인들이다; 사회화, 걱정 회피, 긍정적 사고, 현재에 집중하기, 부정적 감정의 회피, 친밀한 관계 강화하기, 행복에 가치두기.

비슷한 맥락에서 Lichter, Haye와 Kammann(1980)은 실험을 통해 사람들이 부정적인 자기관련 신념과 태도를 더 긍정적인 것으로 대체하거나(한 달간 2시간씩 8회기 실시), 긍정적인 감정 표현을 연습함으로써(2주간 매일 10분씩 실시) 행복의 전반적 수준을 높일 수 있음을 보여 주었다. 더불어 Lyubomirsky 등(2005)은 여러 가지 실험을 통해 긍정적 활동의 빈도가 증가하면 행복감도 증가한다는 것을 증명하였다. Emmons와 McCullough(2003)는 고마움을 느끼는 빈도가 증가하면 행복 수준도 올라갈 수 있다고 제안하였다.

Myers(1992)는 행복에 대한 연구들을 종합하여 더욱 행복한 삶을 살기 위한 10가지 사항을 제안하였다. (1) 지속적인 행복은 성공으로부터 얻을 수 없다는 점을 인식한다. (2) 시간 관리를 잘한다.

(3) 즐거운 마음으로 활동한다. (4) 자신의 기술을 발휘할 수 있는 활동을 찾는다. (5) 좀 더 육체적으로 활동적인 생활을 한다. (6) 적절한 시간의 수면을 취한다. (7) 친밀한 인간관계를 소중하게 여긴다. (8) 다른 사람들에게 먼저 다가간다. (9) 자기 삶의 긍정적 측면에 대해서 매일 감사한다. (10) 자신의 영성을 키워나간다. 이런 많은 제안들은 향유를 증진시키기 위한 것이기도 하다.

긍정 심리학이 행복의 원천에 대해서 밝혀냈음에도 불구하고, 순간의 기쁨을 찾기 위한 보편적인 규칙을 제공하는 것은 쉽지 않으며, 반드시 그것이 효과적인 것도 아니다. Csilszentmihalyi(1990)는 "기쁨이 가득한 삶은 요리책에서 복사할 수 없는 개인의 고유한 창작품이다."라고 하였다. 대처과정과 마찬가지로, 모든 사람이 모든 상황에서 향유를 최적으로 증진시킬 수 있는 일반적인 처방전은 없다. 대신에 우리가 제공하고자 하는 것은 '삶의 질을 향상시키기 위한 단계들'이며, 이는 Csilszentmihalyi(1990)의 유명한 저서 『몰입의 즐거움(Flow: The Psychology of Optimal Experience)』에서 인용한 구절이다.

🔥 대처와 향유를 모두 증진시키는 6가지 요인들

대처와 향유는 서로 상관이 낮은 개별 개념들과 관련되어 있음에도 불구하고, 어떤 변인들은 두 가지 처리 과정을 모두 촉진시키는 데 기여한다(Bryant, 1989, 2003; Meehan et al., 1993). 구체적으로 향유를 증진시키기 위한 지침들을 강조하기 전에, 부정적 경험에 대처하고 긍정적 경험을 향유하는 데 기여하는 6가지 인지-행동적 구성개념을 먼저 간단히 살펴보자; (1) 사회적 지지, (2) 생활 사건

에 대한 기록, (3) 하향식 비교, (4) 유머, (5) 영성과 종교, (6) 인생의
무상함에 대한 자각. 이러한 요인들은 불쾌한 일에 대처할 때뿐만
아니라 유쾌한 일들을 향유하는 데 널리 적용될 수 있기 때문에 정
서를 다루는 데 있어 특히 가치 있는 수단이 된다.

사회적 지지　　스트레스와 불행에 대처하는 가장 적응적인 요인
은 사회적 지지다. 사람들은 자신의 사회적 네트워크 내에 있는 주
요한 타인들과 감정을 교류한다(Bloom, 1990; House, 1981; Lazarus &
Folkman, 1984). 대규모 연구들에 따르면 사회적 지지는 스트레스의
부정적 영향을 완화하여 고통을 감소시켜 준다(Cohen & Wills, 1985;
Vaux, 1988). 또한 이 책에서 반복적으로 언급했듯이, 다른 사람과
감정을 나누면 긍정적 감정이 더욱 커지기 때문에 향유를 증진시키
는 데 도움이 된다(Gable et al., 2004; Langston, 1994). 그리고 우리 연
구 자료에 따르면 긍정적 감정을 표현하는 것과 긍정적 사건을 향
유하는 것 사이에 강하고 일관된 상관관계가 나타났다(4장 참조). 따
라서 더욱 크고 접근이 용이한 사회적 네트워크를 형성하고 있는
사람들일수록 부정 정서에 더 잘 대처할 뿐 아니라 향유도 더 잘할
수 있다.

생활 경험 기록하기　　부정적 생활 경험에 대해 기록하는 것이
신체 건강에 이로운 영향을 준다는 주장이 한 대규모 연구에서 지
지되고 있다. 예를 들어, 외상적 생활 사건에 대해 기록하는 것은
면역 기능을 증가시키고, 천식과 류머티즘 관절염을 감소시킨다는
연구 결과들이 있다(Esterling, Antoni, Fletcher, & Margulies, 1994;
Pennebaker, Kiecolt-Glaser, & Glaser, 1988; Smyth, Stone, Hurewitz, &

Kaell, 1999). Pennebaker와 Seagal(1999)은 외상에 대한 글쓰기가 사람들로 하여금 부정적 생활 경험을 납득하게 만든다고 이야기함으로써 이와 같은 효과를 설명하였다. 다시 말해서, 외상에 대한 글쓰기가 치유적인 이유는 자신이 겪은 일이 갖는 의미를 통찰하는 데 도움이 되는 논리적인 이야기를 만들어내기 때문이다(Niederhoffer & Pennebaker, 2002).

이런 유형의 이야기 구성은 긍정 경험의 효과를 높이는 데도 유용하다. 예를 들면, 중립적인 주제에 대한 글을 쓰도록 한 학생들에 비해, 가장 좋은 '미래의 자기 모습'에 대해 쓰는 과제를 부여한 학생들이 신체적으로나 심리적으로 더 건강한 것으로 나타났다(King, 2001). 그리고 긍정적 절정 경험에 대해 쓰는 과제를 부여한 학생들은 사후검사에서 긍정적 기분을 보였고 이후 3달간 건강 센터 방문을 더 적게 하였다(Burton & King, 2004). 단지 긍정 경험을 다른 사람에게 이야기하되, 즐거움의 의미와 자세한 세부 설명을 하게 되면 글을 쓰는 것과 같은 효과가 있음을 보여 준 연구들도 있다(Niederhoffer & Pennebaker, 2002). 이야기를 하거나 일기, 편지, 시 등을 쓰는 것은 부정적 경험을 좀 더 효과적으로 해결해 나갈 뿐 아니라, 향유를 증진시키고 긍정 경험으로부터 얻는 신체적, 심리적 이득을 얻도록 해 준다.

하향식 비교　　대처와 향유 모두를 증진시킬 수 있는 또 다른 방략은 하향식 비교를 하는 것이다. 이는 현재 상태를 비교 기준보다 더 좋아보이도록 인지적 평가를 하는 것이다. 하향식 비교를 하는 한 가지 방법은 가정법 사고인데, 이는 일어났을 수도 있었던 일에 대해 생각해 보는 것이다(Markman, Gavanski, Sherman, & McMullen,

1993; Roese, 1994, 1994, 1997). 예를 들어, 어떤 부정적인 결과를 더욱 안 좋은 상황으로 상상해 봄으로써 정서적 충격을 완화시킬 수 있고(Roese, 1994; White & Lehman, 2005), 반대로 긍정적 결과가 일어나지 않을 수도 있었던 상황을 상상하면 그로 인한 긍정적 정서가 더욱 증가하는 효과가 있다(Roese, 1994). Frijda(1988)는 하향식 가정에 대해 다음과 같이 이야기하였다.

우리는 자신이 얼마나 운이 좋은지 자각하고, 덜 행복할 수도 있었던 상황을 상상하고, 실제로 전에 행복하지 않았던 순간들을 지속적으로 떠올림으로써 무뎌진 만족감에 다시 불을 붙일 수 있다. 영구적인 행복은 가능한 것이고 이론적으로도 이해될 수 있지만, 그것은 그냥 우연히 오는 것이 아니라 노력이 필요한 것이다. (p. 354)

이런 맥락에서, 그리스 철학자 에피쿠로스(Epicurus: 341-270 B.C.)는 다음과 같이 충고하였다; "네가 가지지 못한 것을 갈구하느라 현재 가지고 있는 것을 망치지 마라. 지금 네가 가지고 있는 것은 네가 한때 희망했던 것 중 하나임을 기억해라." 향유방식 체크리스트(Ways of Savoring Checklist: WOSC)의 3번 문항("나는 얼마나 오랫동안 이 일이 일어나기를 기다려 왔는지를 되새겨 보았다.")은 이 말의 취지를 정확히 반영하고 있다.

그러나 하향식 사회적 비교가 긍정적 사건에 대한 즐거움을 항상 증가시키는 것은 아니다(Buunk, Collins, Taylor, VanYperen, & Dakof, 1990). 때로는 자신보다 훨씬 못한 사람들과 비교하면서 죄책감을 느낄 수도 있다. 예를 들어, 미국에서는 2005년 가을에 사람들이 죄책감 때문에 노동절을 축하하지 못하고 힘겹게 보낸 일이 있었는데, 그 이유는 당시 허리케인 카트리나로 인해 많은 사람들이 고통 받고 있었기 때문이다(Associated Press, 2005년 9월 3일자). 따라서 자신의 현재 상태를 자신보다 못한 사람과 비교하지 말고 자신이 안 좋았던 때와 비교하는 방략이 더욱 효과적일 것이다.

유머 대처와 향유를 모두 증진시키는 또 다른 방법은 유머를 사용하는 것이다. 대처의 측면에서 유머는 긴장과 불안을 감소시킬 뿐만이 아니라(Kuiper & Martin, 1993; Moran & Massam, 1999; Yovetich, Dale, & Hudak, 1990), 스트레스에 대한 정서적, 신체적 결과를 완화시켜준다(Lefcourt & Martin, 1986; Martin & Dobbin, 1988; Martin & Lefcourt, 1983). 향유의 측면에서, 유머는 (1) 교실에서 배움을 더욱 즐겁게 하고(Bryant & Zillmann, 1988; LoShiavo & Shatz, 2005), (2) 텔레비전 광고의 경우 광고를 내보내는 프로그램의 시청률을 증가시키고(Cantor, Bryant, & Zillmann, 1974; Perry, 2001), (3) 시청각 자료에서는 미래에 대한 희망을 고취시킨다(Vilaythong, Arnau, Rosen, & Mascaro, 2003). 더욱이 웃음은 역경 속에서도 균형을 잡도록 도와줄 뿐만 아니라, 기쁨을 겉으로 표현하도록 해서 향유를 증진시킬 수 있다. 따라서 유머는 부정 경험에 대처하고 긍정 경험으로부터 유쾌함을 이끌어 내는 능력을 증진시킨다.

영성과 종교 영성과 종교는 우리가 고난에 부딪혀서 이를 극복할 때 필요한 힘, 위안, 희망 그리고 의미의 원천을 제공해 줄 뿐만 아니라, 더 높은 행복 수준과도 연결된다(Hood, Spilka, Hunsberger, & Gorsuch, 2003; Pargament, 1997; Myers, 1992; Myers & Diener, 1995). 대처에 관한 연구를 살펴보면, 장애가 있는 아이의 어머니는 강한 종교적 신념이 있을 때 우울해질 확률이 더 적은 것으로 나타났다 (Friedrich, Cohen, & Wilturner, 1998). 더욱이 29개의 연구에 대한 메타 분석에 따르면, 종교 활동에 참여하는 사람은 사망률이 더 낮은데, 특히 종교적 믿음이 강한 사람은 그렇지 않은 사람에 비해 생존율이 29%나 더 높았다(McCullough, Hoyt, Larson, Koenig, & Thoresen, 2000). 향유에 관한 연구를 살펴보면, 종교적 믿음이 삶에서 가장 중요한 영향력이 있다고 말한 사람들은 영적인 헌신이 덜 한 사람들에 비해 '매우 행복하다'고 보고한 비율이 두 배 많았다(Gallup, 1984). 따라서 영성과 종교적 관여는 대처 자원으로서 뿐만이 아니라, 긍정 경험을 향유하고 삶의 기쁨을 찾는 데 기여한다.

인생의 무상함을 자각하기　현재의 경험이 영원히 지속되지 않을 것이라는 점을 깨닫게 되면 스트레스가 감소하고 즐거움은 증가할 수 있다. 스트레스를 받는 동안 문제가 해결될 미래를 상상하면, 문제를 객관적으로 바라보게 되어 희망을 갖고 사기를 고취시킬 수 있다(Folkman & Lazarus, 1980). 4장에서 언급했듯이, 현재 느끼는 즐거움의 무상함을 자각하면, 그 순간의 달콤쌉쌀함을 증가시켜 사람들이 충분히 즐길 수 있도록 동기부여를 한다. 예를 들어, 두 살짜리 아이가 있는 부모가 자신들이 미처 깨닫기도 전에 아이가 커버릴지도 모른다는 점을 상기시킨다면, 이런 생각으로 인해 양육 스트레스에 대한 대처능력이 높아질 뿐 아니라 아이와 보내는 시간을 향유하는 데 도움이 된다. 유대교 전설에 지혜롭기로 유명한 솔로몬 왕이 반지에 'Gam zeh ya'avor', 즉 '이것도 지나갈 것이다.' 라는 문구를 새겨서 긍정적인 것을 경험하든 부정적인 것을 경험하든 간에 항상 이 문구를 보았다고 한다. 이 말은 시간이 지나면 불행이 사라질 것임을 일깨워주어 사람들이 고난을 참아내는 데 도움을 준다. 한편 이 말은 긍정 경험에 달콤쌉쓸함을 더해 줌으로써 즐거움이 지속되는 동안 그것을 만끽해야 한다는 점을 일깨워 주기도 한다.

분명 이 6가지 정서 관리 방략들(다른 사람과 감정 공유하기, 생활 사건에서 의미 발견하기, 하향식 비교하기, 유머감각을 활용하기, 영성이나 신앙심을 갖기, 인생의 무상함을 자각하기)은 고난을 이겨낼 뿐 아니라 인생을 즐기는 데 다방면으로 활용할 수 있는 수단이며, 충분히 습득할 만한 가치가 있는 기술이다.

향유의 세 가지 필수 전제조건

🌱 사회적 혹은 인정 욕구로부터 자유로워지기

향유하기 위한 상황을 설정하기 위해 몇 가지 기본적인 도움이 필요하다. 우리는 매일의 삶에서 어떤 요구와 보상을 끊임없이 접하기 때문에, 세상을 구성하고 있는 책임과 사회적 보상에 대해 초연해지라는 것은 무리한 요구일지도 모른다. 일상적으로 무언가를 쫓는 것을 멈출 수 있는 내부 스위치가 있는 것 같지도 않을뿐더러, 어떤 문제들에 대해 걱정을 멈추는 것이 쉽지만은 않다. 그러나 사람들이 정서적 경험을 최적화하기 위해 사용할 수 있는 주의 자원이 한정되어 있다면, 긴급한 문제에 대한 걱정과 생각들 때문에 주의 자원은 고갈되고 향유할 수 있는 능력은 감소할 것이다(Linville & Fischer, 1991).

한 가지 단기적인 걱정 대처방식은 문자 그대로 플러그를 뽑는 것이다. 집중명상 훈련에서 하는 한 가지 요령을 들자면, 하나의 자극에 주의를 집중하고 다른 자극들에는 주의를 두지 않는 것인데, 이것은 4장에서 언급했던 세밀하게 감각 느끼기의 한 형태이기도 하다. 두말할 필요도 없이, 이 방법은 심각한 통증이나 갈증, 다른 심각한 고통을 가지고 있는 사람에게는 적용되지 않는다. 그러나 일부 통증 치료사들은 만성 통증 환자들에게 이와 비슷한 방법을 가르치기도 한다. 예를 들어, 연구 결과가 모두 일치하지는 않지만 (Seers & Carroll, 1998), 이완 훈련은 표준적인 약물 치료에 비해서 고통과 불안을 더욱 감소시키는 반면, 기능은 향상시키는 것으로 밝혀졌다(Good, 1996; Kessler, Patterson, & Dane, 2003; Mandle, Jacobs, Arcari, & Domar, 1996; Syrjala, Donaldson, Davis, Kippes, & Carr, 1995).

신체적 고통에 압도되지 않은 사람들의 경우, 어떻게 그들은 집중명상만으로 다른 사람의 관심과 인정을 받고자 하는 욕구를 무시할 수 있을까? 첫째로, 자꾸만 생겨나는 사회적 관심과 인정의 욕구로부터 주의를 전환하고 이완하고자 하는 충분한 의지를 가져야 한다. 이렇게 하기 위해서는 떠오르는 생각을 멈추려고 노력하지 말고, 단지 반복적으로 단어를 떠올리거나 기도문을 외움으로써 가능한 주의를 좁혀야 한다. 예를 들어, Benson(1975)은 '하나' 혹은 '이완'이라는 단어를 속으로 계속 반복하면서 이완 상태를 유도한다. 이러한 형태의 명상은 기초대사율과 심박수를 감소시키고, 혈압을 낮추며 호흡수를 감소시킨다는 증거들이 제시되고 있다(Benson, 1975, 1984).

이런 식으로 명상을 하면 처음에는 현재의 관심사, 걱정 그리고 문제해결 방식에 대한 생각을 차단시키는 게 어렵다고 느낀다. 명상 기도문에 정신을 집중하다가도 어느새 이런 간섭하는 생각들로 주의가 옮겨가는 경향이 있다. 그러나 Benson(1975)은 주의를 분산시키는 생각들이 떠오를 때마다 그것들을 무시하고, 반복하고 있는 기도문에 주의를 재전환하도록 노력해야 한다고 주장하였다. 또한 명상기법을 얼마나 잘하고 있는지에 대해 걱정하는 것 역시 이완반응을 방해하기 때문에 해서는 안 된다. 대신 우리는 수동적이고 수용적인 태도를 가지고 "그냥 일어나도록 놔둔다." 이것이 5장에 나온 인지적 성찰과 구별되는 체험적 몰입의 한 형태다.

이런 명상의 과정은 잠에 빠져들 때 취하게 되는 정신 상태와 비슷하다. 많은 사람들은 침대에 눕거나 쉬면서 텔레비전을 볼 때 반복해서 광고가 나오거나 관심 없는 주제에 대해 이야기할 때 저절로 잠드는 현상을 경험한다. 우리는 잠깐 동안이나마 어떠한 자극장에 대해서도 이완될 수 있는 정신 상태에 들어가서, 자신의 관심사나 목적과 상관없고 실용적인 의미도 결여된 자극에 몰입할 수 있다. 이런 기법은 수면을 향상시킬 뿐 아니라 경쟁적인 자극을 무시하도록 도와주기 때문에, 향유경험을 일으키는 데 알맞은 환경을 제공해 준다.

우리는 향유를 소망하는 사람이 걱정을 안 하려고 노력한다고 말하는 것이 아니다. 오히려 이러한 방해자극들을 그 순간에 관련 없는 것으로 재해석함으로써 향유를 방해하는 생각이나 외부 자극을 능동적으로 감소시켜야 하는 것이다. 이런 맥락에서 연구자들은 걱정할 때 얼마나 오랫동안 생각할지를 정해놓고 하는 '중지 규칙'을 제안하였다. 연구에 따르면, 더 이상 걱정하고 싶지 않다고 생각하는 사람이 충분한 해결책이 나올 때까지 걱정하려는 사람보다 걱정을 빨리 멈추는 경향이 있다(Davey, Startup, MacDonald, Jenkins, &

Patterson, 2005; Martin et al., 1993). 이는 걱정이 문제 해결에 도움이 된다고 믿으면 믿을수록 향유는 더욱 어려워진다는 점을 시사한다. 이러한 이유로 걱정을 할 때는 정해진 시간 동안만 건설적으로 걱정하고, 이후에는 걱정을 멈추어야 한다(참조: Borkovec, 1995). 이렇게 하면 향유하는 데 사용할 주의 자원을 남겨둘 수 있을 것이다.

다른 이론가들은 걱정을 줄이기 위한 합리적 인지-행동 방략을 제안하였다. 예를 들어, Fordyce(1983)는 걱정을 매일 기록하고, 걱정하는 데 보낸 시간의 양을 분석하고, 얼마나 많은 걱정들이 실제로 일어났는지 결정하고, 걱정했던 생각들을 바꾸기 위해 사고-대입 기법(thought-substitution techniques)을 사용한다. Ellis(1999)는 합리적-정서 이론을 통해 사람들이 합리적인 선택을 하는 데 도움을 주었다. 행복을 경험하고 싶은 사람은 행복을 추구하는 데 주의를 기울이고, 걱정으로 막을 수 없는 재앙에 대한 쓸데없는 걱정에는 주의를 기울이지 말아야 한다. 다시 말해서, 이 모든 자기-변화 개입법들의 목표는 반추적 걱정과 관련된 부정적 생각과 감정으로부터 주의를 전환시켜서, 긍정 경험을 향유하는 데 사용할 주의 자원을 더 많이 할당하는 것이다. 7장에서 제시한 길항과정(opponent processes)에 대한 개념으로 돌아가서, 죄책감과 걱정(혹은 즐거움을 냉각시키는 생각)은 향유를 가장 먼저 방해하는 부정적인 과정이다. 즉, 걱정 때문에 향유에 필요한 주의 자원을 빼앗기기 때문에, 만약 당신이 향유하기를 원한다면 처음부터 자신이 가진 걱정들을 확인해 볼 필요가 있다.

🌿 현재에 주의를 집중하기

사람들이 과거나 현재에 머무르지 않고 현재 경험의 흐름에 집중하도록 하기 위한 개입방법에는 어떤 것들이 있을까? 우리가 앞서 걱정을 잠재우기 위한 방식으로 제안했던 명상 기법을 사용하여 미래나 과거에 대한 주의 집중을 멈출 수도 있지만, 이러한 명상 기법을 한 걸음 발전시켜야 한다. 현재 일어나고 있는 일에 좀 더 온전히 집중하도록 돕기 위해서 우리는 의식적 마음챙김 명상기법에서 파생된 개념을 활용하고자 한다. 모든 내적-외적 자극들은 경험에 대해 열려 있는 이완된 상태에 있을 때 주의집중의 대상이 될 수 있다.

언뜻 보기에, 마음챙김 명상은 방금 우리가 욕구에 대한 억압을 차단하기 위해 설명한 주의집중 기법과 일치하지 않는 것처럼 보이지만, 주의집중 명상 기법이 실시된 후에 마음챙김 명상을 하게 되면 양립이 가능하다. 일단 향유 태도를 습득할 준비가 되었다면, 의식적 마음챙김 기법을 통해 좀 더 쉽게 의식의 흐름을 따라갈 수 있다(Kabat-Zinn, 1990). 잡생각을 버리고 관련 없는 자극을 배재하고 나면, 현재의 경험에 주의를 집중할 수 있게 된다.

우리가 있는 그대로 알아차리는 향유 태도를 취할 수 있는 방법으로 제안하고자 하는 것은, Kabat-Zinn(1990)과 Shapiro 등(2002)이 명상에 도움이 되는 목록으로 제시했던 '의식적 마음챙김의 특성들 (intentional mindfulness qualities)' 중 일부와 비슷하다. 우리가 특별히 강조하고자 하는 것은 (1) 비판단적인 관점(예: '편견 없이 관찰하기'나 스스로를 평가하지 않기), (2) 개방성(예: 난생 처음 보듯 바라보기; Shapiro et al., 2002, p. 640), (3) 수용(예: 현재 있는 그대로 주의를 집중

374

하기)이다.

비판단적이고, 새로운 경험에 개방적이며, 현재에 주의를 집중하는 방법은 분명 우리에게 낯설 것이다. 예를 들어, 판단을 하지 않으려면 현재 일어나고 있는 경험을 평가하지 않도록 의식적으로 스스로를 환기시켜야 하며, 새로운 경험에 개방적이려면 변화를 위해 의도적으로 뭔가 다른 일들을 시도해야 한다. 또한 현재에 주의를 집중하기 위해서는 다이어리나 손목시계를 없애야 할 것이다. 잠시 후에 우리는 긍정 경험을 하는 동안 필요한 능력들을 함양하는 데 도움이 되는 몇 가지 연습을 제안할 것이다.

🌿 경험의 긍정적 측면에 주의 기울이기

향유할 수 있는 상황을 만들기 위해 필요한 세 번째 조건은, 현재 일어나는 경험의 유쾌한 측면에 주의를 기울이는 능력이다. 현재 우리가 경험하고 있는 긍정적 자극과 느낌에 주의를 집중하기 위해서는 무엇을 배워야 할까? 일반적으로 사람들은 현재 일어나는 긍정 경험에 더욱 주의를 집중하기 위해서 앞서 우리가 현재에 주의를 집중하는 방법으로 제안한 명상 과정을 활용할 수 있다.

현재에 좀 더 집중적으로 주의를 기울일 수 있는 한 가지 방법은 다중처리를 피하는 것이다. Friedman과 Ulmer(1985)는 이를 'Polyphasic activity'라는 용어로 불렀는데, 이는 '동시에 두 가지 이상의 일에 대해 생각하거나 행하는 것'을 의미한다. A 성격 유형의 행동 특징인 다혈질적이고 급한 성격은 주의를 여러 군데로 분산시켜서 행복한 순간의 기쁨에 주의를 집중하는 것을 어렵게 만든다(Friedman & Ulmer, 1985). 동시에 여러 다른 일들에 대해 생각하고 행하려 한다면 즐거움에 주의를 기울이기 어렵기 때문에, 즐겁다고 생각되는 현재의 긍정적 경험에 따로 주의 자원을 할당함으로써 향유를 증진시킬 수 있다.

현재 일어나고 있는 긍정 경험에 대한 자각은 인정받고자 하는 사회적 욕구의 소멸과 관련되며, 현재에 주의를 집중하는 것과도 연결되기 때문에, 향유 증진 방략은 여기서 제시하고 있는 두 가지 혹은 그 이상의 상황적 전제조건들과 상관이 있다. 예를 들어, 현재와 현재의 즐거운 측면 모두에 주의를 기울이는 순간적인 힘과 예민함을 향상시키기 위한 요령을 제안할 수 있다. 구체적으로 말하면, Lakein(1974)의 '생의 목표 질문들' 가운데 하나를 확장함으로써 향유를 증진시킬 수 있다. 특별히 그는 "만약에 내가 6개월 안에 번개에 맞아 죽을 것이라는 사실을 안다면, 그때까지 어떻게 살겠는가?" 하는 질문을 스스로 던져보도록 제안하였다.

관점을 약간 바꿔서, 긍정 경험을 할 때, 즉 아름다운 석양, 친구와의 대화, 따뜻한 차 한 모금, 혹은 해변에서의 산책과 같은 경험을 할 때 이것이 마지막 기회라고 상상해 보아라. 긍정 경험을 생의 마지막 경험으로 상상하는 것은 강한 달곰씁쓸함을 만들어내는 동시에 그 순간을 훨씬 더 생생하고 또렷하게 만들어 준다. 또한 특정한 순간을 다시는 경험하지 못할 것이라고 상상하는 것(예: 하향식 가정법 사고)은 쾌락적 대비를 통해 얻게 된 긍정적 측면과 느낌들을 부각시켜, 우리가 가장 먼저 향유할 수 있는 순간의 긍정적 측면들을 쉽게 알아차리고 감상하도록 해 준다.

또 다른 향유 증진 방략은 긍정적인 느낌들을 더 잘 자각하는 것이다. 저마다 긍정 정서의 기저수준이나 범위가 다양하듯이, 자신의 느낌을 의식적으로 자각하는 정도도 다양하다. 특히 기분주의

(Salovey et al., 1995)나 기분자각(Swinkels & Giuliano, 1995)의 성격 특질은 개인마다 다르고, 여기에는 기분감찰과 기분명명이 포함된다. 이러한 성격적 차이에 따라 어떤 사람들은 긍정적인 느낌을 경험할 때 그것을 인지하고 해석하고 스스로에게 어떻게 느껴지는지 이야기할 수 있는 능력이 더 뛰어날 수 있다. 따라서 우리는 1장에서도 언급했듯이, 향유를 촉진시키기 위해서 기분을 감찰하고 명명하는 능력을 키우기를 바란다. 이런 맥락에서 사람들은 향유능력을 향상시키기 위해서 자신의 긍정 기분을 알아차리고 명시적으로 이름붙이는 연습을 해야 한다. 사실 여자가 남자보다 전형적으로 향유를 더 잘 숙달시키는 이유는 여자가 자신의 느낌을 의식적으로 더 잘 알아차리는 경향이 있기 때문이다(Gohm, 2003).

예를 들어, 자신이 긍정 경험을 하고 있음을 알아차린 다음에는 자신이 경험하고 있는 구체적인 긍정적 느낌을 확인하는 시간을 갖는다. 우선, 즐거운 느낌을 묘사할 수 있는 단어를 찾는다. 그것이 애정 어린, 달콤한, 굉장한, 정력적인, 고양된, 흥분된, 유능한 느낌인가? 혹은 재미있는, 소원 성취한, 편안한, 고취된, 가슴 따뜻한, 자랑스러운, 고마운 느낌인가? 아니면 행복한, 즐거운, 만족한, 반가운, 안도하는 혹은 들뜬 느낌인가? 우선 정확히 자신이 느끼고 있는 것이 무엇인지 손가락으로 짚어본다. 당연히 한 가지 이상의 긍정적인 느낌일 것이다. 일단 자신의 긍정적 느낌을 나타내는 단어를 선택했다면, 바로 그러한 느낌을 경험하는 순간에 밖으로 말해 본다. 그런 다음 애초에 이런 느낌을 이끌어낸 자극이나 사건에 주의를 기울인다. 긍정적 느낌을 있는 그대로 알아차리는 이러한 과정을 연습하고 느낌을 명시적으로 이름붙이는 것은 긍정적 느낌을 더 잘 자각하는 데 도움이 되기 때문에 향유능력을 향상시킨다.

🍃 향유 환경을 향상시키는 방략

우리는 이 책에서 향유경험을 이끌어내고, 강화하고, 오래 지속시킬 수 있는 다양한 방법들을 강조하였다. 향유방식은 다음과 같다; 다른 사람과 공유하기, 기억을 잘 해두기, 자축하기, 세밀하게 감각 느끼기, 비교하기, 하향식 비교(사회적, 시간적, 가정법적), 체험적 몰입, 행동으로 표현하기, 일시성에 대한 인식 높이기, 축복으로 여기기, 즐거움을 냉각시키는 생각 피하기. 다음으로 우리는 향유경험에 알맞은 환경 조건을 향상시키는 데 도움이 되는 세 가지를 제안하고, 각각의 제안에 대해 구체적인 연습과제를 제시할 것이다.

일상생활에서 휴식시간 갖기 향유할 수 있는 기회를 증진시키는 기본 방략은 일상생활에서 '휴식시간(time outs)'을 의도적으로 갖는 것이다. 미국인들이 일생동안 이루려고 계획한 일의 양은 하루 48시간을 필요로 한다. 대체로 미국인들은 성실한 일꾼으로서, 안락한 생활을 하는 데 충분한 돈을 벌기 위해 열심히 일을 하며, 장보기, 요리하기, 청소하기 혹은 사회적 기능이 요구되는 비직업적인 일을 하는 데 보내는 시간은 끝이 없다. 대부분의 미국인들에게 낮잠은 있을 수 없다. 그들은 또한 동일한 성실성을 필요로 하는 오락에 빠지기도 하고, 가끔씩 지치면 TV 앞에 널브러져 있는 것이 가장 만족스러운 휴식이라고 생각한다. 숨 쉴 틈도 없이 너무나 성실히 일하고, 놀고, 과제를 수행하느라 주변에 있는 좋은 것들을 감상할 만한 충분한 시간이 없으니, 아무 생각 없이 TV를 보는 것 말고 무엇을 향유할 수 있겠는가?

이렇게 빠른 속도로 살아가는 데 대한 치료법은 삶이 좀 더 천천히 흘러가도록 잠시 휴식을 갖는 것이다. 사람들이 안절부절하지 않고 실패에 대해 걱정하거나 죄책감을 느끼지 않은 채, 쳇바퀴처럼 굴러가는 일상에서 한 걸음 떨어져 있도록 하는 것이 치료법의 일부가 될 수 있다. 휴가는 그 자체로서 의미가 있다. 그러나 휴가마저 일상적인 스케줄을 처리하듯 서둘러서 보내는 사람들이 있다. 이들에게 휴가는 즐거움이기보다는 일이다. 그러나 휴가가 정말 인생의 속도에 변화를 가져온다면 휴가는 향유를 위한 이상적인 시간이요, 향유를 촉발시키는 다른 연습을 시도할 수 있는 시간이다. 사실 'vacation'이란 단어는 라틴어 *vacare*에서 왔는데, 스트레스, 짐 그리고 의무에서 벗어나거나 자유로워짐을 의미한다. 그런데 대부분의 사람들에게 휴가는 일 년에 한 두 번 밖에 오지 않기 때문에, 이런 사람들을 위한 처방은 일상생활 속에서 매일 혹은 매주 미니휴가(minivacations)를 갖는 것이다.

사실 미니휴가는 긴 휴일보다 계획을 세우기가 더 용이하다. 예를 들어, 주말여행, 하루 휴가내기, 요리하는 시간에서 벗어나기, 혹은 다른 유형의 일상적인 책임으로부터 벗어나기가 있다. 만약 향유과정이 자동적으로 작동하지 않는다면, 일상의 지루한 일과로부터 도망친 순간에 향유를 위해서 계획적인 방략을 적용할 수 있다.

향유를 증진시키기 위한 한 가지 요령은 향유할 만한 일을 찾는데 그저 반응적이기보다는 주도적으로 임하는 것이다. 우리는 대처와 향유 사이에 존재하는 자연스런 차이를 기억할 필요가 있다. 예컨대, 슬픈 일이 있을 때에는 아무리 피하려고 노력해도 슬픔을 느낄 수밖에 없기 때문에, 우리는 부정 정서의 영향을 감소시키기 위해 어쩔 수 없이 적극적으로 대처하게 된다. 반면에 즐거움은 우리가 좀 더 자주 찾아다닐 필요가 있다. 그렇지 않으면 아무리 원해도 즐거운 일이 일어나지 않기 때문에, 긍정 정서의 영향을 증가시키기 위해서는 향유에 적극적으로 임해야 한다. 즉, 진정으로 즐기고 싶다면, 향유를 최우선으로 생각해라(참조: Fordyce, 1977, 1983). 이러한 맥락에서 긍정 정서의 빈도와 강도가 상당히 독립적이며(Diener, Larsen, Levine, & Emmons, 1985), 긍정 정서의 빈도가 강도보다 행복의 전반적인 수준을 더 잘 예측한다는 사실을 인식할 필요가 있다(Diener, Sandvik, & Pavot, 1991). 이는 향유경험의 총 수가 한 가지 향유경험에서 느낀 강력한 즐거움보다 전반적 행복 수준을 더 크게 증가시킨다는 것을 시사한다. 실제로 사람들이 임하는 즐거운 활동의 수를 증가시키면 주관적 안녕이 높아지고 주관적 고통은 줄어드는 것으로 알려져 있다(Reich & Zautra, 1981). 다음에 제시되어 있는 일일 휴가 연습(The Daily Vacation Exercise)은 일상생활에서 주도적으로 향유하는 연습을 하는 데 도움이 되는 반구조화된 활동이다.

일일 휴가 연습

1. 한 주 동안 매일 적어도 20분씩 즐겁게 시간을 보낼 수 있는 일들로 '일일 휴가'를 계획하고 실행해라. 산책하기, 정원에 앉아 있기, 책 읽기, 커피 마시기, 외식하기, 박물관이나 미술관 가기, 샤워나 욕조에서 목욕하기, 친구와 시간 보내기, 석양 바라보기 등이 될 수 있다. 기대하고 향유할 수 있는 즐거운 일을 찾는 데 창의성을 발휘하라. 매일 같은 활동을 하기보다 다양한 경험을 한다면 연습이 더 잘 이루어질 것이다.

2. 일일 휴가를 시작하기 전에, 적어도 20분 동안은 걱정, 근심, 짓누

르는 책임감, 스트레스의 원인들을 떨쳐버려야 한다는 점을 명심하고, 향유하는 동안 주의가 분산되지 않도록 환경을 조성하는 데 최선을 다해라. 판단하지 말고, 사물을 처음 혹은 마지막으로 보는 것처럼 바라보며 현재 일어나는 일과 느껴지는 것들에 집중해야 한다.

3. 일일 휴가를 보내는 동안, 당신이 즐겁다고 생각되는 개별 자극과 감각을 알아차리고, 명료하게 자각해라. 긍정적인 느낌을 확인하고 분명하게 명명하도록 해라. 관련된 느낌과 자극을 능동적으로 잘 기억해두고 눈을 감고 그 느낌을 속으로 충분히 음미한 다음, 긍정적인 느낌을 밖으로 표현해 봐라.

4. 일일 휴가가 끝나면, 내일의 휴가를 계획하고 기대하기 시작한다. 하루가 저물면 일일 휴가를 되돌아보고, 자신이 향유했던 긍정적 느낌들을 되새겨 봐라.

5. 한 주가 끝나면, 7일간 행한 일일 휴가를 잠시 회상해 봐라. 즐거웠던 활동들을 돌아보고 일일 휴가에서 느꼈던 긍정적 느낌들을 재경험해라. 지난 한 주간의 느낌과 바로 이 순간의 느낌을 일상적인 한 주 동안의 느낌과 비교해 봐라. 사람들은 평상시 느낌과 비교했을 때 일일 휴가들로 보낸 한 주를 더 행복하다고 느끼며, 그 주의 마지막 날 더 행복하다고 느낀다고 보고한다.

일일 휴가 연습의 목적은 사람들에게 '주도적인 향유(proactive savoring)'를 직접 경험할 수 있게 해 주고, 매일 규칙적으로 향유하는 기회를 제공해 주며, 일상생활에서 향유 기술을 연습할 수 있도록 도와주는 것이다. 어떤 사람들은 이 연습을 한 후에 일일 휴가를 자신의 고정된 일상으로 만들고 싶어 한다.

경험에 대한 개방성 높이기 일단 향유 모드에서 인생을 즐길 수 있는 시간이 있다면, 향유할 만한 다양한 경험을 인식하고 열린 마음을 가져야 한다. 향유할 만한 자극을 받아들이려면, 세상과 자기 자신의 관점에 매어 있지 않도록 충분히 이완되어야 한다. 우리는 5장에서 긍정 경험들을 연결함으로써 향유 기간을 연장시키는 방법에 대해 이야기하였다. 그중 한 가지는 사람들이 때로는 되는대로, 때로는 의도적으로 자유롭게 연상되는 생각들을 연결하는 방법(free-associative linkage)이다. 다음으로 자신의 삶을 숙고하면서 이러한 연상적 연결을 촉진시킬 수 있는 인생 되돌아보기 연습(Life Review Exercise)을 소개할 것이다.

인생 되돌아보기 연습

1. 우리가 이 책에서 정의하고 있는 향유방식대로 최근에 향유한 활동이나 경험이 무엇인지 확인해라.
2. 그런 향유경험을 마지막으로 했던 때를 생각해 보고 가능한 자세히 그때의 상황, 그 자리에 있었던 사람들, 날짜 등을 적어라.
3. 2단계에서 보고한 것과 비슷한 또 다른 시간에 대해서도 동일한 작업을 해라.
4. 우리가 이 책에서 정의한 방식대로 무언가를 향유한 최초의 기억에 대해 같은 작업을 해라.

이 연습의 목적은 사람들에게 연결하기라는 인지적인 향유과정을 직접 경험하는 기회를 제공하는 것이다. 여기에서 우리는 긍정적 경험들을 연결함으로써 현재 일어나고 있는 향유경험을 확대 및 지속시킬 수 있다. 이 방법은 처음엔 상당한 노력을 필요로 하지만 결국에는 습관적인 사고 패턴이 될 수 있다.

주의초점 좁히기　다음으로 우리는 사진 찍기 연습(The Camera Exercise)에서 향유와 항상 관련되어 보이는 두 가지 역설적인 과정을 제안할 것이다. 이 연습에서는 주어진 작은 표적에는 주의초점을 좁히지만, 이렇게 좁은 주의로 표적에 집중할 때 들어오는 어떠한 지극에도 최대한 열려 있어야 한다. 우리는 이러한 방식을 연습하기 위해서는 어떤 분명한 목적 없이 사진을 찍는 것이 최선의 방법이라고 생각한다.

사진 찍기 연습

1. 사진기를 하나 마련해라. 사진기의 기능에 대해 생각할 필요가 없을수록 좋기 때문에 단순한 기종으로 준비해라. 사진기가 익숙하지 않다면 먼저 가장 간단한 조작법부터 익혀라. 컬러 필름을 사용하거나 디지털 카메라를 사용하는 것이 좋다.

2. 시각장에 다채로운 빛이 들어올수록 연습이 효과적이기 때문에 가능하면 맑은 날을 택해라. 집이 한적한 곳에 있다면 근처 길가에서 할 수 있고, 소음이 많은 도시에 산다면 공원이 좋겠다. 잠시 앉거나 설 수 있는 편안한 장소를 찾고, 그 순간 시야에 들어오는 것들을 잠시 훑어보아라.

3. 가까운 곳에 있는 대상을 하나 찾아라. 건물 전체가 될 수도 있고 건물의 일부가 될 수 있다. 나무나 다른 식물이 될 수도 있다. 바라보는 동안 가만히 있을 만한 것이면 무엇이든 좋다. 자신이 선택한 대상에서 추상적인 패턴을 보려고 노력해라. 그것은 색깔, 빛 그리고 음영의 대비가 될 수도 있고, 재질의 변화가 될 수도 있다.

4. 그 대상에 대해 취할 수 있는 대안적 관점들을 볼 수 있도록 여러 각도에서 사진을 찍기 시작해라. 한 방향으로 조금씩 움직이다가 반대 방향으로 움직이고, 사진기를 점점 높이 들었다가 점점 낮게 들어라. 자세나 각도를 달리 하여 마음에 드는 사진을 찍어라. 균형이나 대칭은 신경 쓰지 말고, 그저 흥미롭고 재미있는 이미지를 찍어라. 이것은 카메라 콘테스트가 아님을 명심해라. 이것은 단지 자신의 향유 기술을 발전시키는 데 도움이 되는 연습이다.

5. 또 다른 대상을 찾아 필름이 다 떨어질 때까지 혹은 디지털 카메라로 30~40장을 찍되, 3단계와 4단계에서 한 동일한 과정을 반복해라.

6. 필름을 되도록 빨리 현상해서 자신이 좋아하는 패턴이 담긴 사진들을 주의 깊게 관찰해라.

7. 가능한 빨리 다른 날을 잡아 같은 대상이나 비슷한 대상에 대해 2단계에서 6단계까지를 반복해라.

우리는 사진 찍기 연습을 통해, 평범한 대상이 시각적인 즐거움을 선사하는 방식에 있는 그대로 주의를 기울여 관찰할 수 있게 된다. 사진사는 시야에 들어온 대상을 유심히 관찰하고 이미지를 구성하기 위해 시간을 들인다. 종종 우리가 찍은 사진 작품에서 광채가 나면서, 그 대상들을 직접 살펴보고 사진을 찍을 때 느꼈던 즐거운 체험이 강화되기도 한다. 우리는 사진을 통해 처음 눈으로 볼 때 느꼈던 기억의 흔적이 담긴 이미지를 떠올릴 수 있다.

🔥 향유, 지혜 그리고 좋은 삶

아리스토텔레스(Aristotle, 350B.C./1925)는 윤리학에 대한 고전에서 두 가지 다른 형태의 행복이 있다고 제안하였다. 한 가지 형태인 헤도니아(*hedonia*)는 긍정 경험을 충만하게 향유할 때 느끼는 삶에 내재된 쾌락을 말하며, 다른 한 가지 형태인 유대모니아(*eudaimonia*)는 올바른 삶, 즉 고결하고, 의미 있고, 목표지향적인 삶을 의미한다. 아리스토텔레스는 후자를 "인간의 행동으로 달성할 수 있는 최고의 경지"라고 하였다(Ryff, 1989, p. 1070). 다른 이들은 유대모니아가 "진정한 잠재력과 일치하거나, 잠재력을 향한 활동에 수반되는 느낌"이 더 정확한 정의라고 하였다(Waterman, 1984, p. 16). 여하튼 서로 다른 두 개의 주관적인 긍정적 상태를 혼동하지 않는 것이 중요하다.

헤도니아는 쾌락적 삶인 반면, 유대모니아는 목적지향적인 삶이다. Seligman(2002a)은 후자를 설명하면서 다음과 같이 강력하게 주장하였다.

> 좋은 삶은 매일 자신의 대표 강점을 삶의 중요한 영역에 활용함으로써 행복을 이끌어내는 것이다. 의미 있는 삶은 한 가지 요소가 더해지는데, 자신의 대표 강점을 지식, 힘 그리고 선행에 활용하는 것이다. 이와 같은 삶은 의미로 충만할 것이며, 신이 있다면 아마도 그러한 삶을 살 것이다. (p. 260)

우리는 여기서 향유를 증진시키기 위한 방법을 찾도록 장려하는 것이지, 이기적인 쾌락을 장려하거나 순간의 기쁨을 쫓는 것이 인생에서 가장 우선적인 목표여야 한다고 주장하는 것이 아니다. 오히려 쾌락만을 쫓는 것은 고등한 목표 없이 개인의 쾌락적 이득을 극대화하는 것만을 목적으로 하는 공허한 것이다. 유대모니아가

결여된 쾌락적 삶은 사실 공허하고 의미가 없다. 그러나 의미와 가치로 충만한 '좋은 삶'이라 하더라도 그것이 삶을 향유할 수 없는 대가로 얻어진 유대모니아라면, 무익하고 메마른 것이라고 할 수 있다. 그리스의 철학자 에피쿠로스(Epicurus, 300B.C./1993)는 "분별 있고 정의롭게 잘 살지 못하고 즐겁게 사는 것은 불가능하며, 즐거움 없이 분별 있고 정의롭게 잘 사는 것 역시 불가능하다."(p. 70)고 말함으로써 이 점을 강조하였다.

진정 지혜로운 사람이라면 헤도니아와 유대모니아 모두를 얻는 방식으로 향유하는 법을 배울 것이다. '잘못된 욕망'을 만족시키는 데서 얻어지는 공허한 쾌락만을 쫓는 것은 무분별한 향유다. 이런 맥락에서 Adler(1991)는 세 가지 유형의 잘못된 욕망이 있다고 주장하였다.

잘못된 욕망은 (1) 정말 좋고 필요한 것일지라도 그것이 마치 전부인 양 과도하게 바란다면 반쪽뿐인 것, (2) 수단으로서는 좋은 것이지만, 그것을 최종 목표로 갈구하는 사람들에는 결코 충족될 수 없는 것, (3) 바랄 때는 좋아 보이지만 실제로는 유해한 것을 바라는 것이다. 세 가지 잘못된 욕망의 예는 (1) 쾌락 (2) 돈 (3) 명성과 권력인데, 특히 쾌락은 그것을 최종 목표로 바랄 때 잘못된 욕망의 대상이 된다. (pp. 37-38)

Adler(1991)는 "올바른 욕구에 따라 동기부여가 되는 사람들은 소소한 특질은 다르더라도 모두 동일한 품성을 지녔다. 바로 도덕적 덕성이 그들 모두에게 공통적이다."(p. 55)라고 말하였다. 지혜와 덕성은 인생에 의미를 제공하고 목표를 완수하는 데 도움이 되는 것들을 추구하는 방향으로 우리를 이끌어주며, 거기에는 진정으로 향유할 가치가 있는 긍정 경험들이 포함된다. 이러한 도덕적 특질로 인해 사람들은 자기 자신이나 다른 사람에게 해를 끼치거나 유대모니아를 희생하지 않으면서도 기쁨, 경외심, 고마움, 자긍심 그리고 쾌락을 느낄 수 있는 방식으로 삶을 향유하게 되는 것이다.

🍃 결 론

지금까지 우리는 향유가 긍정 정서의 조절에 중요한 과정이며 다양한 인간의 관심사에 있어서도 결정적인 것임을 주장해 왔지만, 향유가 긍정 심리학에서 중요하게 여기는 유일한 과정은 아니라는 말을 덧붙이고자 한다. 이 분야에서 중요한 역할을 하는 많은 다른 개념과 과정들이 있는데, 여기에는 번영, 번창, 초월, 고양, 고취, 희망, 낙관주의, 덕성, 지혜, 용서, 연민, 이타주의, 자기실현, 영성, 사랑 등이 있다. 향유과정은 이런 각각의 긍정 경험의 개념들과 관련되어 있다. 향유는 이러한 많은 긍정 경험들을 정서로 변환시키는 방법을 이해하는 데 빠져 있는 연결고리가 될 수 있다. 우리는 누군가가 이 책을 통해 향유를 좀 더 과학적으로 연구할 만한 가치가 있는 주제로 연구하기를 희망한다.

요 약

이 마지막 장에서 우리는 사람마다 긍정 정서를 경험하는 범위가 유전적으로 결정되어 있긴 하지만, 주어진 쾌락의 범위에서 상위에 머물게끔 해 주는 방식으로 긍정 정서를 조절하는 법을 배울 수 있다는 점에 주목하였다. 행복 증진에 관한 선행 연구들을 고찰한 결과, 대처 및 향유를 모두 증진시키는 6가지 요인을 도출해 냈다. 사회적 지지, 생활 사건에 대한 기록, 하향식 비교, 유머, 영성과 종교, 인생의 무상함에 대한 자각. 그리고 향유에 필요한 전제조건을 설정하는 데 사용할 수 있는 구체적인 방략들도 제안하였다. 향유의 단계에 접어들기 위해서는, 집중명상, 인지적 재해석, 합리적 정서 이론, 그리고 인지-행동적 기법을 통해 사회적 관심과 인정의 욕구로부터 자유로워져야 한다. 현재에 더욱 집중하기 위해서는 마음챙김 명상을 할 수 있다. 이 명상법은 비판단적인 관점, 새로운 경험에 대한 개방성, 그리고 현재 경험에 대한 수용 능력을 키워줄 수 있다. 긍정 감정에 주의를 더 많이 기울이기 위해서는 되도록 다중처리를 피하고, 긍정 경험을 생의 마지막 향유의 기회라고 상상하며, 긍정 기분을 알아차리고 분명하게 명명하는 연습을 하는 것이 도움이 된다. 향유 환경을 향상시키기 위해서는 매일 향유할 수 있는 시간을 의도적으로 따로 갖는 것이 좋으며, 다음의 세 가지 사항을 연습하는 것이 도움이 된다. (1) 일상적 삶을 향유한다(일일 휴가 연습), (2) 현재 일어나는 긍정적 사건들과 관련된 긍정적 생각들을 연결시킨다(인생 되돌아보기 연습), (3) 향유하는 동안 주의초점을 좁힌다(사진찍기 연습). 마지막으로, 자기애적 쾌락주의에 빠지는 것을 피하고 유대모니아, 즉 '목표지향적인 삶'을 향한 성장을 촉진하기 위해서, 향유할 대상을 잘 선택하는 지혜와 덕성이 필요하다.

맺음말

어느 한 개인에게 있어서 매우 특별한 긍정적인 순간에 대한 짧은 이야기로서 이 글을 끝맺고자 한다. 이야기의 주인공은 스위스의 내과 의사인 Bertrand Piccard이다. 그는 1999년 3월, 영국인 Brian Jones와 함께 열기구를 타고 단 한 번도 쉬지 않고 세계 일주에 성공했다. 역사적 비행의 마지막 날, 일생일대의 목표에 드디어 도달하였음을 인식할 무렵, 그는 일기장에 다음과 같이 소회를 밝혔다. 지상에서 무려 36,000 피트나 되는 높고 고요한 곳에서 말이다. 이 글을 읽으면서 알겠지만, 이 소감에는 향유의 다양한 요소들로 가득하다.

지난 밤, 이 행성에서 맺어왔던 친밀한 관계를 다시 한 번 음미했다. 조종석에 떨면서 앉은 채, 나는 우리의 열기구를 삼켜버린 별들 아래에서 캡슐이 떠다니도록 내버려 둔 것 같은 느낌이 들었다. 나에게 이 공중 세계의 매 순간을 즐길 수 있는 특권이 부여된 것처럼 느껴졌다. 3주 동안

하이테크의 보호막에 둘러싸인 채 지상에서 고통을 경험하는 수백만의 사람들 위를 비행했다 …… 우리는 왜 이렇게 운이 좋을까? …… 동튼 지 얼마 되지 않아 [열기구는] 이집트의 사막에 착륙할 것이다. Brian과 나는 헬리콥터를 타고 사막에서 멀리 옮겨질 것이다. 곧 우리는 대중의 호기 심을 충족시킬 단어를 찾아야 할 것이다. 그러나 바로 지금, 오리털 재킷 을 입었음에도 느껴지는 밤의 한기는 내가 아직 착륙하지 않았음을 일깨 워준다. 나는 여전히 내 삶의 가장 아름다운 순간 중 한 시점을 지나치고 있다. 이 순간을 지속시킬 수 있는 유일한 방법은 다른 사람과 공유하는 것이다 ……. (Piccard, 1999, p. 44)

Piccard와 그의 동료는 생애 단 한 번뿐인 독특한 긍정 경험을 향유하고 있었다. 우리들도 보다 일상적인 긍정 경험을 향유할 수 있다. 누구든 특별한 순간의 즐거움을 연장할 수 있고, 미래에 일어 날 특별한 기쁨을 예상할 수 있으며, 과거의 즐거운 시간을 회상할 수 있다. 이 책에서 우리가 주장했듯이, 이러한 과정은 어떤 것이든 열기구를 타고 일생에 단 한 번뿐인 세계일주를 하지 않더라도 인 생을 향유하는 데 도움이 될 수 있다.

참고문헌

Abse, D. (2005). *Homage to eros: 100 great poems of love and lust.* London: Robson Books.

Ackerman, D. (1990). *A natural history of the senses.* New York: Random House.

Adler, M. G., & Fagley, N. S. (2005). Appreciation: Individual differences in finding value and meaning as a unique predictor of subjective well-being. *Journal of Personality, 73,* 79-114.

Adler, M. J. (1991). *Desires, right & wrong: The ethics of enough.* New York: Macmillan.

Allport, G. W. (1961). *Pattern and growth in personality.* New York: Holt, Rinehart & Winston.

Amabile, T. M. (1983). *The social psychology of creativity.* New York: Spring-Verlag.

Amabile, T. M. (1996). *Creativity in context.* Boulder, CO: Westview Press.

Andrews, F. M., & Withey, S. B. (1976). *Social indicators of well-being: Americans' perception of life quality.* New York: Plenum.

Argyle, M. (1987). *The psychology of happiness.* London: Methuen.

Aristotle (1925). *The Nichomachean ethics* (W. D. Ross, Trans.). London: Oxford University Press. (Original work published 350 B.C.)

Arkes, H. R., & Garske, J. P. (1982). *Psychological theories of motivation.* Monterey, CA: Brooks Cole.

Arlow, J. A. (1990). Emotion, time, and the self. In R. Plutchik & H. Kellerman (Eds.), *Emotion: Theory, research, and experience* (Vol. 5, pp. 133-146). San Diego, CA: Academic Press.

Aronson, E., & Linder, D. (1965). Gain and loss of esteem as determinants of interpersonal attractiveness. *Journal of Experimental Social Psychology, 1,* 156-171.

Associated Press (2005, September3). Gas prices, hurricane guilt keeps many at home. Retrieved September 5, 2005, from http://www.kirotv.com/automotive/4933109/detail.html.

Atance, C. M., & O'Neill, D. K. (2001). Episodic future thinking. *Trends in Cognitive Sciences, 5,* 533-539.

Atkinson, J. W., & Birch, D. (1970). *The dynamics of action.* New York: John Wiley & Sons.

Baltes, P. B., Gluck, J., & Kunzmann, U. (2002). Wisdom: Its structure and function in regulating successful life span development. In C. R. Snyder & S. J. Lopez (Eds.), *Handbook of positive psychology* (pp. 327-347). New York: Oxford University Press.

Barrett, L. F., Gross, J., Christensen, T. C., & Benvenuto, M. (2001). Knowing what you're feeling and knowing what to do about it: Mapping the relation between emotion differentiation and emotion regulation. *Cognition & Emotion, 15,* 713-724.

Beck, A. T. (1976). *Cognitive therapy and the emotional disorders.* New York: International Universities Press.

Benson, H. (1975). *The relaxation response.* New York: William Morrow and Company.

Benson, H. (1984). *Beyond the relaxation response.* New York: Times Books.

Bentham, J. (1948). *An introduction to the principles and morals of legisla-*

참고문헌

tion. New York: Hafner. (Original work published in 1789).

Bentham, J. (1970). *An introduction to the principles of morals and legislation.* London: Athloen. (Original work published in 1781).

Beran, M. J., Savage-Rumbaugh, E. S., Pate, J. L., & Rumbaugh, D. M. (1999). Delay of gratification in chimpanzees (Pan troglodytes). *Developmental Psychobiology, 34,* 119-127.

Berenbaum, H. (2002). Varieties of joy-related pleasurable activities and feelings. *Cognition & Emotion, 16,* 473-494.

Berkman, P. L. (1971). Measurement of mental health in a general population survey. *American Journal of Epidemiology, 94,* 105-111.

Berlyne, D. E. (1960). *Conflict, arousal, and curiosity.* New York: McGraw-Hill.

Berlyne, D. E. (1966). Curiosity and exploration. *Science, 153,* 25-33.

Bermudez, J. L., Marcel, A., & Eilan, N. (Eds.). (1995). *The body and the self.* Cambridge, MA: MIT Press.

Bloom, J. R. (1990). The relationship of social support and health. *Social Science & Medicine, 30,* 635-637.

Bloomfield, H. H., Cain, M. P., & Jaffe, D. T. (1975). *T.M.: Discovering inner energy and overcoming stress.* New York: Delacorte Press.

Bodner, T. E., & Langer, E. J. (2001, August). *Individual differences in mindfulness: The Langer mindfulness scale.* Paper presented at the 13th annual American Psychological Society convention, Toronto, Ontario, Canada.

Bounds, E. M. (1991). *The essentials of prayer* (Revised ed.). Grand Rapids, MI: Book House. (Original work published 1925).

Borkovec, T. D. (1985). Worry: A potentially valuable concept. *Behaviour Research and Therapy, 23,* 481-483.

Brandtstadter, J., & Wentura, D. (1995). Adjustment to shifting possibility frontiers in later life: Complementary adaptive modes. In R. A. Dixon & L. Backman (Eds.), *Compensating for psychological deficits and declines: Managing losses and promoting gains* (pp. 83-106). Hillsdale, NJ: Lawrence Erlbaum Associates.

Brickman, P. (1978). *Happiness: Can we make it last?* Unpublished manuscript, Northwestern University, Evanston, IL.

Brickman, P., & Campbell, D. T. (1971). Hedonic relativism and planning the good society. In M. H. Appley (Ed.), *Adaptation level theory: A symposium* (pp. 287-302). New York: Academic Press.

Brickman, P., Coates, D., & Janoff-Bulman, R. (1978). Lottery winners and accident victims: Is happiness relative? *Journal of Personality and Social Psychology, 36,* 917-927.

Brown, K. W., & Ryan, R. M. (2003). The benefits of being present: Mindfulness and its role in psychological well-being. *Journal of Personality and Social Psychology, 84,* 822-848.

Bryant, F. B. (1989). A four-factor model of perceived control: Avoiding, coping, obtaining, and savoring. *Journal of Personality, 57,* 773-797.

Bryant, F. B. (2000). Assessing the validity of measurement. In L. G. Grimm & P. R. Yarnold (Eds.), *Reading and understanding more multivariate statistics* (pp. 99-146). Washington, DC: American Psychological Association.

Bryant, F. B. (2003). Savoring Beliefs Inventory (SBI): A scale for measuring beliefs about savouring. *Journal of Mental Health, 12,* 175-196.

Bryant, F. B. (2004, May). *Capturing the joy of the moment: Savoring as a process in positive psychology.* Invited address presented at the 76th annual meeting of the Midwestern Psychological Association, Chicago, IL.

Bryant, F. B., & Baxter, W. J. (1997). The structure of positive and negative automatic cognition. *Cognition & Emotion, 11,* 225-258.

Bryant, F. B., & Cvengros, J. A. (2004). Distinguishing hope and optimism: Two sides of a coin, or two separate coins? *Journal of Social and Clinical Psychology, 23,* 273-302.

Bryant, F. B., King, S. P., & Smart, C. M. (in press.). Multivariate statistical strategies for construct validation in positive psychology. In A. G. Ong & M. van Dulmen (Eds.), *Handbook of methods in positive psychology.* New York: Oxford University Press.

Bryant, F. B., & Morgan, L. (1986, August). *The role of reminiscence in everyday life.* Paper presented at the 94th annual American Psychological Association convention, Washington, DC.

Bryant, F. B., Smart, C. M., & King, S. P. (2005). Using the past to enhance the present: Boosting happiness through positive reminiscence. *Journal of Happiness Studies, 6,* 227-260.

Bryant, F. B., & Veroff, J. (1984). Dimensions of subjective mental health in American men and women. *Journal of Health and Social Behavior, 25,* 116-135.

Bryant, F. B., & Yarnold, P. R. (1990). The impact of Type A behavior on subjective life quality: Bad for the heart, good for the soul? *Journal of Social Behavior and Personality, 5,* 369-404.

Bryant, F. B., Yarnold, P. R., & Grimm, L. G. (1996). Toward a measurement model of the Affect Intensity Measure: A three-factor structure. *Journal of Research in Personality, 30,* 223-247.

Bryant, F. B., Yarnold, P. R., & Morgan, L. (1991). Type A behavior and reminiscence in college undergraduates. *Journal of Research in Personality, 25,* 418-433.

Bryant, J., & Zillmann, D. (1988). Using humor to promote learning in the classroom. *Journal of Children in Contemporary Society, 20,* 49-78.

Budner, S. (1962). Intolerance of ambiguity as a personality variable. *Journal of Personality, 30,* 29-50.

Buehlman, K. T., Gottman, J. M., & Katz, L. F. (1992). How a couple views their predicts their future: Predicting divorce from an oral history interview. *Journal of Family Psychology, 5,* 295-318.

Burton, C. M., & King, L. A. (2004). The health benefits of writing about intensely positive experiences. *Journal of Research in Personality, 38,* 150-163.

Butler, R. N. (1963). The life review: An interpretation of reminiscence in the aged. *Psychiatry, 26,* 65-76.

Butler, R. N., & Lewis, M. I. (1982). *Aging and mental health: Positive psychosocial and biomedical approaches.* St. Louis, MO: C. V. Mosby.

Buunk, B. P., Collins, R. L., Taylor, S. E., VanYperen, N. W., & Dakof, G. A. (1990). The affective consequences of social comparison: Either direction has its ups and downs. *Journal of Personality and Social Psychology, 59,* 1238-1249.

Cabanac, M. (1992). Pleasure: The common currency. *Journal of Theoretical Biology, 155,* 173-200.

Cacioppo, J. T., Hawkley, L. C., Rickett, E. M., & Masi, C. M. (2005). Sociality, spirituality, and meaning making: Chicago health, aging, and social relations study. *Review of General Psychology, 9,* 143-155.

Cacioppo, J. T., Petty, R. E., Feinstein, J. A., & Jarvis, W. B. G. (1996). Dispositional differences in cognitive motivation: The life and times of individuals varying in need for cognition. *Psychological Bulletin, 119,* 197-253.

Cafasso, L. L. (1994). *Uplifts and hassles in the lives of young adolescents.* Unpublished master's thesis, Loyola University Chicago, Chicago, IL.

Cafasso, L. L., Bryant, F. B., & Jose, P. R. (1994, August). *A scale for measuring children's savoring beliefs.* Paper presented at the 102nd annual American Psychological Association convention, Los Angeles, CA.

Campbell, A., Converse, P. E., & Rodgers, W. L. (1976). *The quality of American life: Perceptions, evaluations and satisfactions.* New York: Russell Sage Foundation.

Cantor, J. R., Bryant, J., & Zillmann, D. (1974). Enhancement of humor appreciation by transferred excitation. *Journal of Personality and Social Psychology, 30,* 812-821.

Carnevale, P. J., & Isen, A. M. (1986). The influence of positive affect and visual access on the discovery of integrative solutions in bilateral negotiation. *Organizational Behavior and Human Decision Processes, 37,* 1-13.

Carver, C. S. (1975). Physical aggression as a function of objective self-awareness and attitudes toward punishment. *Journal of*

Experimental Social Psychology, 11, 510-519.

Carver, C. S. (2003). Pleasure as a sign you can attend to something else: Placing positive feelings within a general model of affect. *Cognition & Emotion, 17,* 241-261.

Chapman, C. L., & De Castro, J. M. (1990). Running addiction: Measurement and associated psychological characteristics. *Journal of Sports Medicine and Physical Fitness, 30,* 283-290.

Chesterton, G. K. (1936). *Autobiography of G. K. Chesterton.* New York: Sheed & Ward.

Cialdini, R. B., Borden, R. J., Thorne, A., Walker, M. R., Freeman, S., & Sloan, L. R. (1976). Basking in reflected glory: Three (football) field studies. *Journal of Personality and Social Psychology, 34,* 366-375.

Cohen, J. (1988). *Statistical power analysis for the behavioral sciences* (2nd ed.). Hillsdale, NJ: Lawrence Erlbaum Associates.

Cohen, S., & Wills, T. A. (1985). Stress, social support, and the buffering hypothesis. *Psychological Bulletin, 98,* 310-357.

Coleman, P. G. (1974). Measuring reminiscence characteristics from conversation as adaptive features of old age. *International Journal of Aging & Human Development, 5,* 281-294.

Compas, B. E., Connor, J., Osowiecki, D., & Welch, A. (1997). Effortful and involuntary responses to stress: Implications for coping with chronic stress. In B. H. Gottlieb (Ed.), *Coping with chronic stress.* (pp. 105-130). New York: Plenum.

Cook, J. (1997). *The book of positive quotations.* Minneapolis, MN: Fairview Press.

Cook, T. D., & Campbell, D. T. (1979). Quasi-experimentation: *Design and analysis issues for field settings.* Chicago: Rand McNally.

Cousins, N. (1979). *Anatomy of an illness as perceived by the patient: Reflections on healing and regeneration.* New York: W. W. Norton.

Crook, J. H. (1980). *The evolution of human consciousness.* New York: Oxford University Press.

Csikszentmihalyi, M. (1975). *Beyond boredom and anxiety: The experi-*

ence of play in work and games. San Francisco: Jossey-Bass.

Csikszentmihalyi, M. (1990). Flow: The psychology of optimal experience. New York: Harper & Row.

Csikszentmihalyi, M. (1996). Creativity: Flow and the psychology of discovery and invention. New York: HarperCollins.

Csikszentmihalyi, M. (1999). If we are so rich, why aren't we happy? American Psychologist, 54, 821-827.

Csikszentmihalyi, M. (2002). The concept of flow. In C. R. Snyder & S. J. Lopez (Eds.), Handbook of positive psychology (pp. 89-105). New York: Oxford University Press.

Csikszentmihalyi, M., & Hunter, J. (2003). Happiness in everyday life: The uses of experience sampling. Journal of Happiness Studies, 4, 185-199.

Cupchik, G. C., & Leventhal, H. (1974). Consistency between expressive behavior and the evaluation of humorous stimuli: The role of sex and self-observation. Journal of Personality and Social Psychology, 30, 429-442.

Danner, D. D., Snowdon, D. A., & Friesen, W. V. (2001). Positive emotions in early life and longevity: Findings from the nun study. Journal of Personality and Social Psychology, 80, 804-813.

Dass, R. (1971). Be here now. New York: Crown.

Davey, G. C. L., Startup, H. M., MacDonald, C. B., Jenkins, D., & Patterson, K. (2005). The use of "as many as can" versus "feel like continuing" stop rules during worrying. Cognitive Therapy and Research, 29, 155-169.

de La Rochefoucauld, F. (1694/1930). Moral maxims and reflections. London: M. Gillyflower & J. Everingham.

Deci, E. (1975). Intrinsic motivation. New York: Plenum.

Deikman, A. J. (1982). The observing self: Mysticism and psychotherapy. Boston: Beacon Press.

DeLongis, A., Hemphill, K. J., & Lehman, D. R. (1992). A structured diary methodology for the study of daily events. In F. B. Bryant, J.

참고문헌

Edwards, R. S. Tindale, E. J. Posavac, L. Heath, E. Henderson-King, et al. (Eds.), *Methodological issues in applied social psychology* (pp. 83-109). New York: Plenum Press.

Diener, E. (1984). Subjective well-being. *Psychological Bulletin, 95,* 542-575.

Diener, E. (1994). Assessing subjective well-being: Progress and opportunities. *Social Indicators Research, 31,* 103-157.

Diener, E., & Diener, M. (1995). Cross-cultural correlates of life-satisfaction and self-esteem. *Journal of Personality and Social Psychology, 68,* 653-663.

Diener, E., & Diener, C. (1996). Most people are happy. *Phychological Science, 7,* 181-185.

Diener, E., Larsen, R. J., Levine, S., & Emmons, R. A. (1985). Intensity and frequency: Dimensions underlying positive and negative affect. *Journal of Personality and Social Psychology, 48,* 1253-1265.

Diener, E., Sandvik, E., & Larsen, R. J. (1985). Age and sex effects for emotional intensity. *Developmental Psychology, 21,* 542-546.

Diener, E., Sandvik, E., & Pavot, W. (1991). Happiness is the frequency, not the intensity, of positive versus negative affect. In F. Strack, M. Argyle, & N. Schwarz (Eds.), *Subjective well-being: An interdisciplinary perspective* (pp. 119-139). New York: Pergamon.

Dillon, K. M., Minchoff, B., & Baker, K. H. (1985-1986). Positive emotional states and enhancement of the immune system. *International Journal of Psychiatry in Medicine, 15,* 13-18.

Diole, P. (1953). *The undersea adventure.* New York: Julian Messner.

Dobb, E. (1998, August 30). Lives. The swimmer. *The New York Times Magazine,* Late Edition Final, Section 6, p. 64, Column 1.

Dua, J. K. (1994). Comparative predictive value of attributional style, negative affect, and positive affect in predicting self-reported physical health and psychological health. *Journal of Psychosomatic Research, 38,* 669-680.

Dube, L., & Le Bel, J. L. (2003). The content and structure of laypeople's concept of pleasure. *Cognition & Emotion, 17,* 263-295.

Duckworth, A. L., Steen, T. A., & Seligman, M. E. P. (2005). Positive psychology in clinical practice. *Annual Review of Clinical Psychology, 1,* 629-651.

Duclos, S. E., Laird, J. D., Schneider, E., Sexter, M., Stern, L., & Van Lighten, O. (1989). Emotion specific effects of facial expressions and postures on emotional experience. *Journal of Personality and Social Psychology, 57,* 100-108.

Duncan, E., & Grazzani-Gavazzi, I. (2004). Positive emotional experience in Scottish and Italian young adults: A diary study. *Journal of Happiness Studies, 5,* 359-384.

Duncker, K. (1941). On pleasure, emotion, and striving. *Philosophy & Phenomenological Research, 1,* 391-430.

Dutton, D. G., & Aron, A. P. (1974). Some evidence for heightened sexual attraction under conditions of high anxiety. *Journal of Personality and Social Psychology, 30,* 510-517.

Duval, T. S., & Silvia, P. J. (2002). Self-awareness, probability of improvement, and the self-serving bias. *Journal of Personality and Social Psychology, 82,* 49-61.

Duval, T. S., Silvia, P. J., & Lalwani, N. (2001). *Self-awareness and causal attribution: A dual systems theory.* New York: Kluwer Academic.

Duval, S., & Wicklund, R. A. (1972). *A theory of objective self-awareness.* New York: Academic Press.

Eagly, A. H., & Wood, W. (1999). The origins of sex differences in human behavior: Evolved dispositions versus social roles. *American Psychologist, 54,* 408-423.

Easterbrook, G. (2003). *The progress paradox: How life gets better while people feel worse.* New York: Random House.

Ellis, A. (1999). *How to make yourself happy and remarkably less disturbable.* Atascadero, CA: Impact Press.

Ellis, A., & Greiger, R. (Eds.). (1977). *Handbook of rational-emotive therapy. Vol. 1.* New York: Springer.

Elster, J., & Loewenstein, G. (1992). Utility from memory and anticipation. In G. Loewenstein & J. Elster (Eds.), *Choice over time* (pp. 213-234). New York: Russell Sage Foundation.

Emerson, R. W. (1906). Prudence. *Essays, first series.* New York: Morgan Shepard Co. (Original work published 1841).

Emmons, R. A., & McCullough, M. E. (2003). Counting blessings versus burdens: An experimental investigation of gratitude and subjective well-being in daily life. *Journal of Personality and Social Psychology, 84,* 377-389.

Emmons, R. A., & Shelton, C. M. (2002). Gratitude and the science of positive psychology. In C. R. Snyder and S. J. Lopez (Eds.), *Handbook of positive psychology* (pp. 459-471). New York: Oxford University Press.

Epicurus. (1993). *The essential Epicurus: Letters, principal doctrines. Vatican sayings, and fragments* (E. O'Connor, Trans.). Amherst, NY: Prometheus Books. (Original work published 300 B.C.)

Erber, R., Wegner, D. M., & Therriault, N. (1996). On being cool and collected: Mood regulation in anticipation of social interaction. *Journal of Personality and Social Psychology, 70,* 757-766.

Erickson, E. H. (1959). Identity and the life cycle: Selected papers. *Psychological Issues, 1,* 1-171.

Erickson, E. H. (1968). *Identity: Youth and crisis.* New York: W.W. Norton.

Esterling, B. A., Antoni, M. H., Fletcher, M. A., & Margulies, S. (1994). Emotional disclosure through writing or speaking modulates latent Epstein-Barr virus antibody titers. *Journal of Consulting and Clinical Psychology, 62,* 130-140.

Exline, J. J., Single, P. B., Lobel, M., & Geyer, A. L. (2004). Glowing praise and the envious gaze: Social dilemmas surrounding the public recognition of achievement. *Basic and Applied Social Psychology, 26,* 119-130.

Eysenck, H. J., & Eysenck, S. B. G. (1975). *Manual of the Eysenck*

Personality Questionnaire. London: Hodder and Stoughton.

Fallot, R. D. (1979-1980). The impact on mood of verbal reminiscing in later adulthood. *International Journal of Aging & Human Development, 10,* 385-400.

Firmage, G. J. (Ed.). (1979). *The complete poems of E. E. Cummings, 1904-1962.* New York: Liveright.

Fitzpatrick, M. C. (1999). The psychologic assessment and psychosocial recovery of the patient with an amputation. *Clinical Orthopaedics and Related Research, 361,* 98-107.

Fivush, R., & Haden, C. A. (1997). Narrating and representing experience: Preschoolers' developing autobiographical recounts. In P. W. van den Broek, P. J. Bauer, & T. Bourg (Eds.), *Developmental spans in event comprehension and representation: Bridging fictional and actual events* (pp. 169-198). Hillsdale, NJ: Lawrence Erlbaum Associates.

Fivush, R., & Haden, C. A. (2003). Introduction: Autobiographical memory, narrative, and self. In R. Fivush & C. A. Haden (Eds.), *Autobiographical memory and the construction of a narrative self: Developmental and cultural perspectives* (pp. vii-xiv). Mahwah, NJ: Lawrence Erlbaum Associates.

Fivush, R., Hadden, C. A., & Reese, E. (1996). Remembering, recounting, and reminiscing: The development of autobiographical memory in social context. In D. C. Rubin (Ed.), *Remembering our past: Studies in autobiographical memory* (pp. 341-359). New York: Cambridge University Press.

Flaherty, M. G. (1999). *A watched pot: How we experience time.* New York: New York University Press.

Flaherty, M. G. (2003). Time work: Customizing temporal experience. *Social Psychology Quarterly, 66,* 17-33.

Flavell, J. H. (1977). *Cognitive development.* Englewood Cliffs, NJ: Prentice-Hall.

Folkman, S., & Lazarus, R. S. (1980). An analysis of coping in a middle-aged community sample. *Journal of Health and Social Behavior, 21,* 219-239.

Folkman, S., & Lazarus, R. S. (1985). If it changes, it must be a process: Study of emotion and coping during three stages of a college examination. *Journal of Personality and Social Psychology, 48,* 150-170.

Fordyce, M. W. (1977). Development of a program to increase personal happiness. *Journal of Counseling Psychology, 30,* 483-498.

Fordyce, M. W. (1988). A review of research on the happiness measures: A sixty-second index of happiness and mental health. *Social Indicators Research, 20,* 355-381.

Frankl, V. E. (1963). *Man's search for meaning: An introduction to logotherapy.* New York: Washington Square Press.

Frederick, S., Loewenstein, G., & O'Donoghue, T. (2002). Time discounting and time preference: A critical review. *Journal of Economic Literature, 40,* 351-401.

Fredrickson, B. L. (1998). What good are positive emotions? *Review of General Psychology, 2,* 300-319.

Fredrickson, B. L. (2001). The role of positive emotions in positive psychology: The broaden-and-build theory of positive emotions. *American Psychologist, 56,* 218-226.

Fredrickson, B. L. (2002). Positive emotions. In C. R. Snyder & S. J. Lopez (Eds.), *Handbook of positive psychology* (pp. 120-134). New York: Oxford University Press.

Fredrickson, B. L., & Joiner, T. (2002). Positive emotions trigger upward spirals toward emotional well-being. *Psychological Science, 13,* 172-175.

Freedman, J. L. (1978). *Happy people: What happiness is, who has it, and why.* New York: Harcourt, Brace, Jovanovich.

Friedman, M., & Rosenman, R. H. (1974). *Type A behavior and your heart.* New York: Alfred Knopf.

Friedman, M., & Ulmer, D. (1985). *Treating Type A behavior and your heart.* New York: Ballantine Books.

Friedrich, W. N., Cohen, D. S., & Wilturner, L. T. (1988). Specific beliefs as moderator variables in maternal coping with mental retardation. *Children's Health Care, 17,* 40-44.

Frijda, N. H. (1988). The laws of emotion. *American Psychologist, 43,* 349-358.

Funder, D. C., & Block, J. (1989). The role of ego-control, ego-resiliency, and IQ in delay of gratification in adolescence. *Journal of Personality and Social Psychology, 57,* 1041-1050.

Funder, D. C., Block, J. H., & Block, J. (1983). Delay of gratification: Some longitudinal personality correlates. *Journal of Personality and Social Psychology, 44,* 1198-1213.

Gable, S. L., Reis, H. T., Impett, E. A., & Asher, E. R. (2004). What do you do when things go right? The intrapersonal and interpersonal benefits of sharing positive events. *Journal of Personality and Social Psychology, 87,* 228-245.

Gallup, G. Jr. (1984, March). *Religion in America. Gallup Report.* Washington, DC: Gallup.

Garamoni, G. L., Reynolds, C. F., Thase, M. E., Frank, E., & Fasiczka, A. L. (1992). Shifts in affective balance during cognitive therapy of major depression. *Journal of Consulting and Clinical Psychology, 60,* 260-266.

Garfinkel, H. (1967). *Studies in ethnomethodology.* Englewood Cliffs, NJ: Prentice-Hall.

Gibbons, F. X. (1978). Sexual standards and reactions to pornography: Enhancing behavioral consistency through self-focused attention. *Journal of Personality and Social Psychology, 36,* 976-987.

Gilbert, D. T., Pinel, E. C., Wilson, T. D., Blumberg, S. J., & Wheatley, T. P. (1998). Immune neglect: A source of durability bias in affective forecasting. *Journal of Personality and Social Psychology, 75,* 617-638.

Glass, D. C. (1977). *Behavior patterns, stress, and coronary disease.* Hillsdale, NJ: Lawrence Erlbaum Associates.

Gohm, C. L. (2003). Mood regulation and emotional intelligence: Individual differences. *Journal of Personality and Social Psychology, 84,* 595-607.

Goldberg, L. R. (1993). The structure of phenotypic personality traits. *American Psychologist, 48,* 26-34.

Goldsmith, O. (1982). *The vicar of Wakefield.* New York: Oxford University Press. (Original work published 1766).

Goleman, D. (1995). *Emotional intelligence: Why it can matter more than IQ.* New York: Bantam.

Good, M. (1996). Effects of relaxation and music on postoperative pain: A review. *Journal of Advanced Nursing, 24,* 905-914.

Goodman, R. B. (1990). *American philosophy and the romantic tradition.* New York: Cambridge University Press.

Green, M. (1804). *The spleen and other poems.* Philadelphia, PA: B. Johnson & J. Johnson & R. Johnson (Original work published 1737).

Green, J. D., Sedikides, C., Saltzberg, J. A., Wood, J. V., & Forzano, L. B. (2003). Happy mood decreases self-focused attention. *British Journal of Social Psychology, 42,* 147-157.

Griffin-Shelley, E. (1994). *Adolescent sex and love addicts.* Westport, CT: Praeger.

Griffiths, M. D. (1992). Pinball wizard: The case of a pinball machine addict. *Psychological Reports, 71,* 160-162.

Grosch, J., & Neuringer, A. (1981). Self-control in pigeons under the Mischel paradigm. *Journal of the Experimental Analysis of Behavior, 35,* 3-21.

Gross, J. J. (1999). Emotion regulation: Past, present, future. *Cognition & Emotion, 13,* 551-573.

Guilford, J. P. (1950). Creativity. *American Psychologist, 5,* 444-454.

Haden, C. A., Haine, R. A., & Fivush, R. (1997). Developing narrative structure in parent-child reminiscing across the preschool years. *Developmental Psychology, 33,* 295-307.

Haden, C. A., Ornstein, P. A., Eckerman, C. O., & Didow, S. M. (2001).

Mother-child conversational interactions as events unfold: Linkages to subsequent remembering. *Child Development, 72,* 1016-1031.

Haidt, J. (2003). Elevation and the positive psychology of morality. In C. L. Keyes & J. Haidt (Eds.), *Flourishing: Positive psychology and the life well-lived* (pp. 275-289). Washington, DC: American Psychological Association.

Hamann, S. B., Ely, T. D., Hoffman, J. M., & Kilts, C. D. (2002). Ecstasy and agony: Activation of the human amygdala in positive and negative emotion. *Psychological Science, 13,* 135-141.

Handley, I. M., Lassiter, G. D., Nickell, E. F., & Herchenroeder, L. M. (2004). Affect and automatic mood maintenance. *Journal of Experimental Social Psychology, 40,* 106-112.

Harter, S. (1985). *Manual for the Self-Perception Profile for Children.* Denver, CO: University of Denver.

Harter, S. (1998). The development of self-representations. In W. Damon & N. Eisenberg (Eds.), *Handbook of child psychology: Social emotional, and personality development* (Vol. 3, pp. 553-617). New York: Wiley.

Harvey, J. H., Pauwels, B. G., & Zickmund, S. (2002). Relationship connection: The role of minding in the enhancement of closeness. In C. R. Snyder & S. J. Lopez (Eds.), *Handbook of positive psychology* (pp. 423-433). New York: Oxford University Press.

Headey, B., & Wearing, A. (1992). *Understanding happiness:* A theory of subjective well-being. Melbourne, Australia: Longman Cheshire.

Helson, H. (1964). *Adaptation-level theory: An experimental and systematic approach to behavior.* New York: Harper & Row.

Henderson-King, D., & Veroff, J. (1994). Sexual satisfaction and marital well-being in the first years of marriage. *Journal of Social and Personal Relationships, 11,* 509-534.

Hetherington, M. M., & MacDiarmid, J. I. (1993). "Chocolate addiction": A preliminary study of its description and its relationship to problem eating. *Appetite, 21,* 233-246.

Higgins, E. T. (1987). Self-discrepancy: A theory relating self and affect. *Psychological Review, 94*, 319-340.

Higgins, E. T. (1997). Beyond pleasure and pain. *American Psychologist, 52*, 1280-1300.

Higgins, E. T., Klein, R., & Strauman, T. (1985). Self-concept discrepancy theory: A psychological model for distinguishing among different aspects of depression and anxiety. *Social Cognition, 3*, 51-76.

Hollon, S. D., & Kendall, P. C. (1980). Cognitive self-statements in depression: Development of an automatic thoughts questionnaire. *Cognitive Therapy and Research, 4*, 383-395.

Holmberg, D., & Holmes, J. G. (1994). Reconstruction of relationship memories: A mental models approach. In N. Schwarz & S. Sudman (Eds.), *Autobiographical memory and the validity of retrospective reports* (pp. 267-288). New York: Springer-Verlag.

Holmberg, D., Orbuch, T. L., & Veroff, J. (2004). *Thrice-told tales: Married couples tell their stories.* Mahwah, NJ: Lawrence Erlbaum Associates.

Hood, R. W., Jr., Spilka, B., Hunsberger, B., & Gorsuch, R. (2003). *The psychology of religion: An empirical approach* (3rd ed.). New York: Guilford.

Hormuth, S. E. (1982). Self-awareness and drive theory: Comparing internal standards and dominant responses. *European Journal of Social Psychology, 12*, 31-45.

House, J. S. (1981). *Work, stress and social support.* Reading, MA: Addison-Wesley.

Hughston, G. A., & Merriam, S. B. (1982). Reminiscence: A nonformal technique for improving cognitive functioning in the aged. *International Journal of Aging and Human Development, 15*, 139-149.

Ingram, R. E., & Wisnicki, K. S. (1988). Assessment of positive automatic cognition. *Journal of Consulting and Clinical Psychology, 56*, 898-902.

Inhelder, B., & Piaget, J. (1958). *The growth of logical thinking from childhood to adolescence: An essay on the construction of formal operational structures.* New York: Basic Books.

Isambert, F. A. (1969). Feasts and celebrations: Some critical reflections on the idea of celebration. *Humanitas, 5,* 29-41.

Isen, A. M. (1987). Positive affect, cognitive processes, and social behavior. In L. Berkowitz (Ed.), *Advances in experimental social psychology* (Vol. 20, pp. 203-253). San Diego, CA: Academic Press.

Isen, A. M. (2000). Some perspectives on positive affect and self-regulation. *Psychological Inquiry, 11,* 184-187.

Isen, A. M., Daubman, K. A., & Nowicki, G. P. (1987). Positive affect facilitates creative problem solving. *Journal of Personality and Social Psychology, 52,* 1122-1131.

James, W. (1981). *The principles of psychology.* Cambridge, MA: Harvard University Press. (Original work published in 1890).

James, W. (1985). *The varieties of religious experience: A study in human nature.* Cambridge, MA: Cambridge University Press. (Original work published in 1902).

Jamison, K. R. (2004). *Exuberance: The passion for life.* New York: Alfred A. Knopf.

Jevons, H. S. (1905). *Essays on economics.* London: Macmillan.

Ji, L. -J., Nisbett, R. E., & Su, Y. (2001). Culture, change, and prediction. *Psychological Science, 12,* 450-456.

Johnson, S. (1999). *The rambler.* Murietta, CA: Classic Books. (Original work published 1752).

Kabat-Zinn, J. (1990). *Full catastrophe living: Using the wisdom of your body and mind to face stress, pain, and illness.* New York: Doubleday Publishing.

Kahneman, D., Wakker, P. P., & Sarin, R. (1997). Back to Bentham? Explorations of experienced utility. *Quarterly Journal of Economics, 112,* 375-405.

Kavanagh, D. J., Andrade, J., & May, J. (2005). Imaginary relish and exquisite torture: The elaborated intrusion theory of desire. *Psychological Review, 112,* 446-467.

Keltner, D., & Haidt, J. (2003). Approaching awe, a moral, spiritual, and aesthetic emotion. *Cognition & Emotion, 17,* 297-314.

Kessler, R. S., Patterson, D. R., & Dane, J. (2003). Hypnosis and relaxation with pain patients: Evidence for effectiveness. *Seminars in Pain Medicine, 1,* 67-78.

Keyes, C. L. M., & Haidt, J. (Eds.). (2003). *Flourishing: Positive psychology and the life well lived.* Washington DC: American Psychological Association.

Kieras, J. E., Tobin, R. M., Graziano, W. G., & Rothbart, M. K. (2005). You can't always get what you want: Effortful control and children's responses to undesirable gifts. *Psychological Science, 16,* 391-396.

Killeen, P. R., Smith, J. P., & Hanson, S. J. (1981). Central place foraging in Rattus norvegicus. *Animal Behaviour, 29,* 64-70.

King, L. A. (2000). Why happiness is good for you: A commentary on Fredrickson. *Prevention & Treatment, 3,* Article 4, posted March 7, 2000. Retrieved July 1, 2005, from http://journals.apa. org/prevention/volume3/pre0030004c.html

King, L. A. (2001). The health benefits of writing about life goals. *Personality and Social Psychology Bulletin, 27,* 798-807.

King, L. A., Hicks, J. A., Krull, J. L., & Del Gaiso, A. K. (2006). Positive affect and the experience of meaning in life. *Journal of Personality and Social Psychology, 90,* 179-196.

Kitayama, S., Markus, H. R., & Kurokawa, M. (2000). Culture, emotion, and well-being: Good feeling in Japan and the United States. *Cognition & Emotion, 14,* 93-124.

Kleinke, C. L., Peterson, T. R., & Rutledge, T. R. (1998). Effects of self-generated facial expressions on mood. *Journal of Personality and Social Psychology, 74,* 272-279.

Klinger, E. (1982). On the self-management of mood, affect, and attention. In P. Karoly & F. H. Kanfer (Eds.), *Self-management and behavior change: From theory to practice* (pp. 129-164). New York: Pergamon.

Klinger, E. (1990). *Daydreaming: Using waking fantasy and imagery for self-knowledge and creativity.* Los Angeles: Jeremy P. Tarcher.

Koenig, H. G., Smiley, M., & Gonzales, J. A. P. (1988). *Religion, health, and aging: A review and theoretical integration.* Westport, CT: Praeger.

Kokkonen, M., & Pulkinen, L. (1999). Emotion regulation strategies in relation to personality characteristics indicating low and high self-control of emotions. *Personality and Individual Differences, 27,* 913-932.

Kovacs, M. (1985). The Children's Depression Inventory. *Psychopharmacology Bulletin, 21,* 995-998.

Kraut, R. E., & Johnston, R. E. (1979). Social and emotional messages of smiling: An ethological approach. *Journal of Personality and Social Psychology, 37,* 1539-1553.

Krueger, R. F., Caspi, A., Moffitt, T. E., White, J., & Stouthamer-Loeber, M. (1996). Delay of gratification, psychopathology, and personality: Is low self-control specific to externalizing problems? *Journal of Personality, 64,* 107-129.

Kübler-Ross, E. (1969). *On death and dying.* New York: Macmillan.

Kubovy, M. (1999). On the pleasure of the mind. In D. Kahneman, E. Diener, & N. Schwarz (Eds.), *Well-being: The foundations of hedonic psychology* (pp. 134-154). New York: Russell Sage Foundation.

Kubzansky, L. D., Sparrow, D., Vokonas, P., & Kawachi, I. (2001). Is the glass half empty or half full? A prospective study of optimism and coronary heart disease in the Normative Aging Study. *Psychosomatic Medicine, 63,* 910-916.

Kuiper, N. A., & Martin, R. A. (1993). Humor and self-concept. *Humor: International Journal of Humor Research, 6,* 251-270.

Laird, J. D. (1974). Self-attribution of emotion: The effects of expressive behavior on the quality of emotional experience. *Journal of Personality and Social Psychology, 29,* 475-486.

Laird, J. D. (1984). The real role of facial response in the experience of emotion: A reply to Tourangeau and Ellsworth, and others. *Journal* of *Personality and Social Psychology, 47,* 909-917.

Lakein, A. (1974). *How to get control of your time and your life.* New York: The New American Library.

Lamb, C. (1823). *The essays of Elia.* London: John Taylor.

Lambie, J. A., & Marcel, A. J. (2002). Consciousness and the varieties of emotion experience: A theoretical framework. *Psychological Review, 109,* 219-259.

Langens, T. A., & Schmalt, H. -D. (2002). Emotional consequences of positive daydreaming: The moderating role of fear of failure. *Personality and Social Psychology Bulletin, 28,* 1725-1735.

Langer, E. J. (1989). *Mindfulness.* Reading, MA: Addison-Wesley.

Langston, C. A. (1994). Capitalizing on and coping with daily-life events: Expressive responses to positive events. *Journal of Personality and Social Psychology, 67,* 1112-1125.

Larsen, R. J., & Diener, E. (1987). Affect intensity as an individual difference characteristic: A review. *Journal of Research in Personality, 21,* 1-39.

Larsen, R. J., Diener, E., & Cropanzano, R. S. (1987). Cognitive operations associated with individual differences in affect intensity. *Journal of Personality and Social Psychology, 53,* 767-774.

Larsen, R., & Csikszentmihalyi, M. (1983). The Experience Sampling Method. In H. T. Reis (Ed.), *Naturalistic approaches to studying social interaction: New directions for methodology of social and behavioral science* (Vol. 15, pp. 41-56). San Francisco, CA: Jossey-Bass.

Lazarus, R. S., & Folkman, S. (1984). *Stress, appraisal, and coping.* New York: Springer.

Lazarus, R. S., Kanner, A. D., & Folkman, S. (1980). Emotions: A cognitive-phenomenological analysis. In R. Plutchik & H. Kellerman (Eds.), *Emotion: Theory, research, and experience, Vol. 1: Theories of emotion* (pp. 189-217). New York: Academic Press.

Le Bel, J. L., & Dube, L. (2001, Auguest). *The impact of sensory knowl-*

edge and attentional focus on pleasure and on behavioral responses to hedonic stimuli. Paper presented at the 13th annual American Psychological Society convention, Toronto, Ontario, Canada.

Lefcourt, H. M., & Martin, R. A. (1986). Humor and life stress: Antidote to adversity. New York: Springer-Verlag.

Levin, J. S., & Schiller, P. L. (1987). Is there a religious factor in health? Journal of Religion and Health, 26, 9-36.

Levine, M. (2000). The positive psychology of Buddhism and yoga: Paths to a mature happiness. Mahwah, NJ: Lawrence Erlbaum Associates.

Levy, S. M., Herberman, R. B., Maluish, A. M., Schlien, B., & Lippman, M. (1985). Prognostic risk assessment in primary breast cancer by behavioral and immunoloigical parameters. Health Psychology, 4, 99-113.

Lewin, K. (1951). Field theory in social science: Selected theoretical papers. New York: Harper.

Lewis, C. N. (1971). Reminiscing and self-concept in old age. Journal of Gerontology, 26, 240-243.

Lewis, M. I., & Butler, R. N. (1974). Life-review therapy: Putting memories to work in individual and group psychotherapy. Geriatrics, 29, 165-169, 172-173.

Lichter, S., Haye, K., & Kammann, R. (1980). Increasing happiness through cognitive retraining. New Zealand Psychologist, 9, 57-64.

Lieberman, J. N. (1977). Playfulness: Its relationship to imagination and creativity. New York: Academic Press.

Lindberg, T. (2004). Enjoying the moment in the East and West: A cross-cultural analysis of savoring. Unpublished doctoral dissertation. University of British Columbia, Vancouver, Canada.

Lindsay-Hartz, J. (1981). Elation, gladness, and joy. In J. de Rivera (Ed.), Conceptual encounter: A method for the exploration of human experience (pp. 163-224). Washington, DC: University Press of America.

Linville, P. W., & Fischer, G. W. (1991). Preferences for separating or combining events. *Journal of Personality and Social Psychology, 60,* 5-23.

Locke, J. (1995). *An essay concerning human understanding.* Amherst, NY: Prometheus Books. (Original work published in 1690).

Loewenstein, G. (1987). Anticipation and valuation of delayed consumption. *The Economic Journal, 97,* 666-684.

Loewenstein, G. (1994). The psychology of curiosity: A review and reinterpretation. *Psychological Bulletin, 116,* 75-98.

LoSchiavo, F. M., & Shatz, M. A. (2005). Enhancing online instruction with humor. *Teaching of Psychology, 32,* 245-248.

Lowe, G. (2002). *Data from the mass observation study of everyday pleasures.* Retrieved September 2002 from http://www.arise.org/lowepa.html

Lovallo, D., & Kahneman, D. (2000). Living with uncertainty: Attractiveness and resolution timing. *Journal of Behavioral Decision Making, 13,* 179-190.

Lykken, D. T. (1999). *Happiness: What studies on twins show us about nature, nature, and the happiness set point.* New York: Golden Books.

Lykken, D. T. (2000). *Happiness: The nature and nurture of joy and contentment.* New York: St. Martin's Griffin.

Lykken, D., & Tellegen, A. (1996). Happiness is a stochastic phenomenon. *Psychological Science, 7,* 186-189.

Lyubomirsky, S., & Lepper, H. S. (1999). A measure of subjective happiness: Preliminary reliability and construct validation. *Social Indicators Research, 46,* 137-155.

Lyubomirsky, S., Sheldon, K. M., & Schkade, D. (2005). Pursuing happiness: The architecture of sustainable change. *Review of General Psychology, 9,* 111-131.

Macaulay, J. (2000). *Temporal savoring beliefs: Examination of the utility of a savoring scale to investigate the relationship between savoring and extraversion and the role of savoring in subjective well-being.*

Unpublished honor's thesis. La Trobe University, Bundoora, Australia.

MacLean, P. D. (1990). *The triune brain in evolution: Role in paleocerebral functions.* New York: Springer.

Maccoby, E. E., & Jacklin, C. N. (1974). *The psychology of sex differences.* Stanford, CA: Stanford University Press.

Macfarlane, R. (2003). *Mountains of the mind.* New York: Pantheon Books.

Macht, M., Meininger, J., & Roth, J. (2005). The pleasures of eating: A qualitative analysis. *Journal of Happiness Studies, 6,* 137-160.

MacLeod, A. K., Pankhania, B., Lee, M., & Mitchell, D. (1997). Parasuicide, depression and the anticipation of positive and negative future experiences. *Psychological Medicine, 27,* 973-977.

Mandle, C. L., Jacobs, S. C., Arcari, P. M., & Domar, A. D. (1996). The efficacy of relaxation response interventions with adult patients: A review of the literature. *Journal of Cardiovascular Nursing, 10,* 4-26.

Markman, K. D., Gavanski, I., Sherman, S. J., & McMullen, M. N. (1993). The mental simulation of better and worse possible worlds. *Journal of Experimental Social Psychology, 29,* 87-109.

Marshall, A. (1891). *Principles of economics* (2nd ed.). London: Macmillan.

Martin, J. R. (1997). Mindfulness: A proposed common factor. *Journal of Psychotherapy Integration, 7,* 291-312.

Martin, L. L. (2001). Mood as input: A configural view of mood effects. In L. L. Martin & G. L. Clore (Eds.), *Theories of mood and cognition: A user's guidebook* (pp. 135-157). Mahwah, NJ: Lawrence Erlbaum Associates.

Martin, L. L., Ward, D. W., Achee, J. W., & Wyer, R. S. (1993). Mood as input: People have to interpret the motivational implications of their moods. *Journal of Personality and Social Psychology, 64,* 317-326.

Martin, R. A., & Dobbin, J. P. (1988). Sense of humor, hassles, and immunoglobulin A: Evidence for a stress-moderating effect of humor. *International Journal of Psychiatry in Medicine, 18,* 93-105.

Martin, R. A., & Lefcourt, H. M. (1983). Sense of humor as a moderator of the relation between stressors and moods. *Journal of Personality and Social Psychology, 45,* 1313-1324.

Martineau, H. (1833). *Cinnamon and pearls: A tale.* London: Charles Fox.

Maslow, A. H. (1954). *Motivation and personality.* New York: Harper & Row.

Matsumoto, D., Kudoh, T., Scherer, K., & Wallbott, H. (1988). Antecedents of and reactions to emotions in the United States and Japan. *Journal of Cross-Cultural Psychology, 19,* 267-286.

Mayer, J. D., & Salovey, P. (1993). The intelligence of emotional intelligence. *Intelligence, 17,* 433-442.

Mayes, F. (1996). *Under the Tuscan sun: At home in Italy.* San Francisco: Chronicle Books.

McAdams, D. P. (1985). *Power, intimacy, and the life story: Personological inquiries into identity.* Homewood, IL: The Dorsey Press.

McAdams, D. P. (1993). *The stories we live by: Personal myths and the making of the self.* New York: William Morrow.

McClelland, D. C. (1961). *The achieving society.* Princeton, NJ: Van Nostrand.

McCullough, M. E. (2002). Savoring life, past and present: Explaining what hope and gratitude share in common. *Psychological Inquiry, 13,* 302-304.

McCullough, M. E., Emmons, R. A., & Tsang, J. (2002). The grateful disposition: A conceptual and empirical topography. *Journal of Personality and Social Psychology, 82,* 112-127.

McCullough, M. E., Hoyt, W. T., Larson, D. B., Koenig, H. G., & Thoresen, C. (2000). Religious involvement and mortality: A meta-analytic review. *Health Psychology, 19,* 211-222.

McElrath, J. R., & Robb, A. P. (1981). *The complete works of Anne Bradstreet.* Boston: Twayne Publishers.

McMahon, A. W., Jr., & Rhudick, P. J. (1967). Reminiscing in the aged: An adaptational response. In S. Levin & R. J. Kahana (Eds.), *Psychodynamic studies on aging: Creativity, reminiscing, and dying.* (pp. 64-78). New York: International University Press.

McWilliams, N., & Lependorf, S. (1990). Narcissistic pathology of everyday life: The denial of remorse and gratitude. *Contemporary Psychoanalysis, 26,* 430-451.

Meadows, C. M. (1975). The phenomenology of joy: An empirical investigation. *Psychological Reports, 37,* 39-54.

Medvec, V. H., Madey, S. F., & Gilovich, T. (1995). When less is more: Counterfactual thinking and satisfaction among Olympic medalists. *Journal of Personality and Social Psychology, 69,* 603-610.

Meehan, M. P., Durlak, J. A., & Bryant, F. B. (1993). The relationship of social support to perceived control and subjective mental health in adolescents. *Journal of Community Psychology, 21,* 49-55.

Meehl, P. E. (1975). Hedonic capacity: Some conjectures. *Bulletin of the Menninger Clinic, 39,* 295-307.

Meichenbaum, D. (1977). *Cognitive-behavior modification: An integrative approach.* New York: Plenum.

Mesquita, B., & Karasawa, M. (2002). Different emotional lives. *Cognition & Emotion, 16,* 127-141.

Metcalfe, J., & Mischel, W. (1999). A hot/cool-system analysis of delay of gratification: Dynamics of willpower. *Psychological Review, 106,* 3-19.

Middleton, R. A., & Byrd, E. K. (1996). Psychosocial factors and hospital readmission status of older persons with cardiovascular disease. *Journal of Applied Rehabilitation Counseling, 27,* 3-10.

Mill, J. S. (1873). *Autobiography.* London: Longmans, Green, Reader, and Dyer.

Miller, W. K., & Thoresen, C. E. (2003). Spirituality, religion, and health: An emerging research field. *American Psychologist, 58,* 24-35.

Mischel, W. (1974). Processes in delay of gratification. In L. Berkowitz

(Ed.), *Advances in experimental social psychology* (Vol. 7, pp. 249-292). New York: Academic Press.

Mischel, W. (1981). Objective and subjective rules for delay of gratification. In G. d'Ydewalle & W. Lens (Eds.), *Cognition in human motivation and learning* (pp. 33-58). Hillsdale, NJ: Lawrence Erlbaum Associates.

Mischel, W., & Ebbesen, E. B. (1970). Attention in delay of gratification. *Journal of Personality and Social Psychology, 16,* 329-337.

Mischel, W., Ebbesen, E. B., & Raskoff-Zeiss, A. (1972). Cognitive and attentional mechanisms in delay of gratification. *Journal of Personality and Social Psychology, 21,* 204-218.

Mischel, W., Shoda, Y., & Rodriguez, M. L. (1989). Delay of gratification in children. *Science, 244,* 933-938.

Mitchell, T., & Thompson, L. (1994). A theory of temporal adjustments of the evaluation of events: Rosy prospection and rosy retrospection. In C. Stubbart, J. Porac & J. Meindl (Eds.), *Advances in managerial cognition and organizational information-processing* (Vol. 5, pp. 85-114). Greenwich, CT: JAI Press.

Mitchell, T. R., Thompson, L., Peterson, E., & Cronk, R. (1997). Temporal adjustments in the evaluation of events: The "rosy view." *Journal of Experimental Social Psychology, 33,* 421-448.

Mobilia, P. (1993). Gambling as a rational addiction. *Journal of Gambling Studies, 9,* 121-151.

Moberg, D. O., & Brusek, P. M. (1978). Spiritual well-being: A neglected subject in quality of life research. *Social Indicators Research, 5,* 303-323.

Molière, J. B. P. (1992). *Les misanthrope.* Mineola, NY: Dover Publications. (Original work published 1666).

Moran, C. C., & Massam, M. M. (1999). Differential influences of coping humor bias on mood. *Behavioral Medicine, 25,* 36-42.

Morgan, E. S. (2002). *Benjamin Franklin.* New Haven, CT: Yale University Press.

Murray, S. L., Holmes, J. G., & Griffin, D. W. (1996). The benefits of posi-
tive illusions: Idealization and the construction of satisfaction in
close relationships. *Journal of Personality and Social Psychology, 70,*
79-98.

Myers, D. G. (1992). *The pursuit of happiness: Who is happy-and why.*
New York: William Morrow.

Myers, D. G., & Diener, E. (1995). Who is happy? *Psychological Science,*
6, 10-19.

Nakamura, J., & Csikszentmihalyi, M. (2002). The concept of flow. In C.
R. Snyder & S. J. Lopez (Eds.), *Handbook of positive psychology*
(pp. 89-105). New York: Oxford University Press.

Nelson, T. D. (1992). *Metacognition: Core readings.* Toronto, Ontario,
Canada: Allyn & Bacon.

Nichols, J. (1987). *A fragile beauty.* Layton, UT: Gibbs Smith.

Niederhoffer, K. G., & Pennebaker, J. W. (2002). Sharing one's story: On
the benefits of writing or talking about emotional experience. In C.
R. Snyder & S. J. Lopez (Eds.), *Handbook of positive psychology*
(pp. 573-583). New York: Oxford University Press.

Noyce, W. (1958). *The springs of adventure.* New York: The World
Publishing Company.

Oishi, S., Diener, E., Napa Scollon, C., & Biswas-Diener, R. (2004). Cross-
situational consistency of affective experiences across cultures.
Journal of Personality and Social Psychology, 86, 460-472.

Ostir, G. V., Markides, K. S., Black, S. A., & Goodwin, J. S. (2000).
Emotional well-being predicts subsequent functional independence
and survival. *Journal of the American Geriatrics Society, 48,* 473-478.

Orwoll, L., & Achenbaum, W. A. (1993). Gender and the development of
wisdom. *Human Development, 36,* 274-296.

Paradiso, S., Johnson, D. L., Andreasen, N. C., O'Leary, D. S., Watkins,
G. L., Ponto, L. L. B., & Hichwa, R. D. (1999). Cerebral blood flow
changes associated with attribution of emotional valence to pleasant,
unpleasant, and neutral visual stimuli in a PET study of normal sub-

참고문헌

jects. *American Journal of Psychiatry, 156,* 1618-1629.

Pargament, K. I. (1997). *The psychology of religion and coping: Theory, research, practice.* New York: Guilford Press.

Paragament, K. I., & Mahoney, A. (2002). Spirituality: Discovering and conserving the sacred. In C. R. Snyder & S. J. Lopez (Eds.), *Handbook of positive psychology* (pp. 646-659). New York: Oxford University Press.

Parkes, C. M. (1996). *Bereavement: Studies of grief in adult life* (3rd ed.). New York: Routledge.

Pennebaker, J. W., Kiecolt-Glaser, J. K., & Glaser, R. (1988). Disclosure of traumas and immune function: Health implications for psychothera-py. *Journal of Consulting and Clinical Psychology, 56,* 239-245.

Pennebaker, J. W., & Seagal, J. D. (1999). Forming a story: The health benefits of narrative. *Journal of Clinical Psychology, 55,* 1243-1254.

Perry, S. D. (2001). Commercial humor enhancement of program enjoy-ment: Gender and program appeal as mitigating factors. *Mass Communication and Society, 4,* 103-116.

Peterson, E. H. (1997). *Leap over a wall: Earthy spirituality for everyday Christians.* New York: HarperCollins.

Pettit, J. W., Kline, J., Gencoz, T., Gencoz, F., & Joiner, T. E., Jr. (2001). Are happy people healthier? The specific role of positive affect in predicting self-reported health symptoms. *Journal of Research in Personality, 35,* 521-536.

Phillips, A. G., & Silvia, P. J. (2005). Self-awareness and the emotional consequences of self-discrepancies. *Personality and Social Psychology Bulletin, 31,* 703-713.

Piccard, B. (1999, September). Around at last! *National Geographic, 196,* 30-51.

Poloma, M. M., & Pendleton, B. F. (1990). Religious domains and general well-being. *Social Indicators Research, 22,* 255-276.

Pollock. R. (1828). *The course of time.* Philadelphia, PA: Claxton.

Pope, A. (1879). *Imitation of marital.* Macmillan. (Original work published

1730).

Provine, R. P., & Fischer, K. R. (1989). Laughing, smiling, and talking: Relation to sleeping and social context in humans. *Ethology, 83,* 295-305.

Putnam, S. P., Spritz, B. L., & Stifter, C. A. (2002). Mother-child coregulation during delay of gratification at 30 months. *Infancy, 3,* 209-225.

Ray, J. (1670). *A collection of English proverbs digested into a convenient method for the speedy finding of any one upon occasion.* Cambridge, England: W. Morden.

Reich, J. W., & Zautra, A. (1981). Life events and personal causation: Some relationships with satisfaction and distress. *Journal of Personality and Social Psychology, 41,* 1002-1012.

Reese, E., Haden, C. A., & Fivush, R. (1993). Mother-child conversations about the past: Relationships of style and memory over time. *Cognitive Development, 8,* 403-430.

Reker, G. T., Peacock, E. J., & Wong, P. T. (1987). Meaning and purpose in life and well-being: A life-span perspective. *Journal of Gerontology, 42,* 44-49.

Reker, G. T., & Wong, P. T. (1988). Aging as an individual process: Toward a theory of meaning. In J. E. Birren & V. L. Bengston (Eds.), *Emergent theories of aging* (pp. 214-246). New York: Springer.

Rilke, R. M. (2005). *Duino elegies* (G. Miranda, Trans.). Falls Church, VA: Azul Editions. (Original work published 1923).

Robbins, J. (Ed.). (1999). *The pleasure of finding things out: The best short works of Richard P. Feynman.* Cambridge, MA: Perseus.

Rodriguez, M. L., Mischel, W., & Shoda, Y. (1989). Cognitive person variables in the delay of gratification of older children at risk. *Journal of Personality and Social Psychology, 57,* 358-367.

Roese, N. J. (1994). The functional basis of counterfactual thinking. *Journal of Personality and Social Psychology, 66,* 805-815.

Roese, N. J. (1997). Counterfactual thinking. *Psychological Bulletin, 121,*

133-148.

Rothbaum, F., Weisz, J. R., & Snyder, S. S. (1982). Changing the world and changing the self: a two-process model of perceived control. *Journal of Personality and Social Psychology, 42*, 5-37.

Rotter, J. B. (1966). Generalized expectancies for internal versus external control of reinforcement. *Psychological Monographs, 80*, 1-28.

Rubin, Z. (1973). *Liking and loving: An invitation to social psychology.* New York: Holt, Rinehart & Winston.

Russell, J. A. (2003). Introduction: The return of pleasure. *Cognition & Emotion, 17*, 161-165.

Ryff, C. (1989). Happiness is everything, or is it? Explorations on the meaning of psychological well-being. *Journal of Personality and Social Psychology, 57*, 1069-1081.

Saarni, C. (1984). An observational study of children's attempts to monitor their expressive behavior. *Child Development, 55*, 1504-1513.

Saint-Exupéry, A. de (1942). *Airman's odyssey: A trilogy comprising Wind, Sand and Stars, Night Flight, Flight to Paris.* New York: Reynal & Hitchcock.

Salovey, P., & Mayer, J. D. (1989-1990). Emotional intelligence. *Imagination, Cognition and Personality, 9*, 185-211.

Salovey, P., Mayer, J. D., Goldman, S. L., Turvey, C., & Palfai, T. P. (1995). Emotional attention, clarity, and repair: Exploring emotional intelligence using the Trait Meta-Mood Scale. In J. W. Pennebaker (Ed.), *Emotion, disclosure, and health* (pp. 125-154). Washington, DC: American Psychological Association.

Salovey, P., Rothman, A. J., Detweiler, J. B., & Steward, W. T. (2000). Emotional states and physical health. *American Psychologist, 55*, 110-121.

Sarason, I. G., Levine, H. M., Basham, R. B., & Sarason, B. R. (1983). Assessing social support: The Social Support Questionnaire. *Journal of Personality and Social Psychology, 44*, 127-139.

Sartre, J. P. (1962). *Sketch for a theory of the emotions* (P. Mairet, Trans.).

London: Methuen. (Original work published 1939).

Schaller, G. B. (1980). *Stones of silence: Journeys in the Himalaya*. New York: Viking Press.

Scheier, M. F., & Carver, C. S. (1985). Optimism, coping, and health: Assesment and implications of generalized outcome expectancies. *Health Psychology, 4,* 219-247.

Scheier, M. F., & Carver, C. S. (1992). Effects of optimism on psychological and physical well-being: Theoretical overview and empirical update. *Cognitive Therapy and Research, 16,* 201-228.

Schlosser, B. (1990). The assessment of subjective well-being and its relationship to the stress process. *Journal of Personality Assessment, 54,* 128-140.

Schoeneck, T. S. (1987). *Hope for bereaved: Understanding, coping and growing through grief* (Rev. ed.). Syracuse, NY: Valley Press.

Schooler, J. W. (2001). Discovering memories of abuse in the light of meta-awareness. *Journal of Aggression, Maltreatment and Trauma, 4,* 105-136.

Schooler, J. W., Ariely, D., & Loewenstein, G. (2003). The pursuit and assessment of happiness may be self-defeating. In I. Brocas & J. D. Carrillo (Eds.), *The psychology of economic decision. Volume 1: Rationality and well-being* (pp. 41-70). New York: Oxford University Press.

Schutte, N. S., Malouff, J. M., Hall, L. E., Haggerty, D. J., Cooper, J. T., Golden, C. J., & Dornheim, L. (1998). Development and validation of a measure of emotional intelligence. *Personality and Individual Differences, 25,* 167-177.

Schutte, N. S., Malouff, J. M., Simunek, M., McKenley, J., & Hollander, S. (2002). Characteristic emotional intelligence and emotional well-being. *Cognition & Emotion, 16,* 769-785.

Schwartz, B. (2000). Self-determination: The tyranny of freedom. *American Psychologist, 55,* 79-88.

Schwartz, B., Ward, A., Monterosso, J., Lyubomirsky, S., White, K., &

Lehman, D. R. (2002). Maximizing versus satisficing: Happiness is a matter of choice. *Journal of Personality and Social Psychology, 83,* 1178-1197.

Schwartz, R. M. (1992). States of mind model and personal construct theory: Implications for psychopathology. *International Journal of Personal Construct Psychology, 5,* 123-143.

Schwartz, R. M., & Garamoni, G. L. (1989). Cognitive balance and psychopathology: Evaluation of an information processing model of positive and negative states of mind. *Clinical Psychology Review, 9,* 271-294.

Sedikides, C., Wildschut, T., & Baden, D. (2004). Nostalgia: Conceptual issues and existential functions. In J. Greenberg, S. L. Koole, & T. Pyszczynski (Eds.), *Handbook of experimental existential psychology* (pp. 200-214). New York: Guilford.

Seers, K., & Carroll, D. (1998). Relaxation techniques for acute pain management: A systematic review. *Journal of Advanced Nursing, 27,* 466-475.

Segerstrom, S. C. (2001). Optimism and attentional bias for negative and positive stimuli. *Personality and Social Psychology Bulletin, 27,* 1334-1343.

Seligman, M. E. P. (2002a). *Authentic happiness: Using the new positive psychology to realize your potential for lasting fulfillment.* New York: The Free Press.

Seligman, M. E. P. (2002b). Positive psychology, positive prevention, and positive therapy. In C. R. Snyder & S. J. Lopez (Eds.), *Handbook of positive psychology* (pp. 3-9). New York: Oxford University Press.

Seligman, M. E. P., & Peterson, C. (2003). Positive clinical psychology. In L. G. Aspinwall & U. M. Staudinger (Eds.), *A psychology of human strengths: Fundamental questions and future directions for a positive psychology* (pp. 305-317). Washington, DC: American Psychological Association.

Shakespeare, W. (1996). *The sonnets.* New York: Cambridge University

Press.

Shakespeare, W. (2002). *Much ado about nothing.* New York: Oxford University Press.

Shapiro, D. H. (1980). *Meditation: Self-regulation strategy and altered state of consciousness.* Hawthorne, NY: Aldine de Gruyter.

Shapiro, S. L., Schwartz, G. E. R., & Santerre, C. (2002). Meditation and positive psychology. In C. R. Snyder & S. J. Lopez (Eds.), *Handbook of positive psychology* (pp. 632-645). New York: Oxford University Press.

Shoda, Y., Mischel, W., & Peake, P. K. (1990). Predicting adolescent cognitive and self-regulatory competencies from preschool delay of gratification: Identifying diagnosic conditions. *Developmental Psychology, 26,* 978-986.

Shulman, N. (1992). *Zen in the art of climbing mountains.* Boston: Charles E. Tuttle.

Silvia, P. J., & Duval, T. S. (2004). Self-awareness, self-motives, and self-motivation. In R. A. Wright, J. Greenberg, & S. S. Brehm (Eds.), *Motivational analyses of social behavior: Building on Jack Brehm's contributions to psychology* (pp. 57-75). Mahwah, NJ: Lawrence Erlbaum Associates.

Simpson, J. A., & Weiner, E. S. C. (Eds.). (1989). *Oxford English dictationary* (2nd ed.). Oxford: Oxford University Press.

Singer, J. L. (1981). *Daydreaming and fantasy.* Oxford, UK: Oxford University press.

Smith, A. (2000). *The theory of moral sentiments.* Amherst, NY: Prometheus Books. (Original work published in 1759).

Smith, J. D., & Washburn, D. A. (2005). Uncertainty monitoring and metacognition by animals. *Current Directions in Psychological Science, 14,* 19-24.

Smith, R. H. (2000). Assimilative and contrastive emotional reactions to upward and downward social comparisons. In J. Suls & L. Wheeler (Eds.), *Handbook of social comparison: Theory and research* (pp.

참고문헌

173-200). New York: Plenum.

Smyth, J. M., Stone, A. A., Hurewitz, A., & Kaell, A. (1999). Effects of writing about stressful experiences on symptom reduction in patients with asthma or rheumatoid arthritis: A randomized trial. *Journal of the American Medical Association, 281,* 1304-1309.

Snyder, C. R. (1994). *The psychology of hope: You can get there from here.* New York: The Free Press.

Snyder, C. R. (2002). Hope theory: Rainbows in the mind. *Psychological Inquiry, 13,* 249-275.

Solomon, R. L. (1980). The opponent-process theory of acquired motivation: The costs of pleasure and the benefits of pain. *State-Trait Anxiety Inventory for Children (STAIC).* Redwood City, CA: Mind Garden.

Spinrad, T. L., Stifter, C. A., Donelan-McCall, N., & Turner, L. (2004). Mothers' regulation strategies in response to toddlers' affect: Links to later emotion self-regulation. *Social Development, 13,* 40-55.

Stevenson, R. L. (1881). *Virginibus puerisque and other papers.* London: Kegan Paul.

Stone, A. A., Greenberg, M. A., Kennedy-Moore, E., & Newman, M. G. (1991). Self-report, situation-specific coping questionnaires: What are they measuring? *Journal of Personality and Social Psychology, 61,* 648-658.

Strack, F., Martin, L. L., & Stepper, S. (1988). Inhibiting and facilitating conditions of the human smile: A nonobtrusive test of the facial feedback hypothesis. *Journal of Personality and Social Psychology, 54,* 768-777.

Strack, F., Schwarz, N., & Gschneidinger, E. (1985). Happiness and reminiscing: The role of time perspective, affect, and mode of thinking. *Journal of Personality and Social Psychology, 49,* 1460-1469.

Strube, M. J., Berry, J. M., Goza, B. K., & Fennimore, D. (1985). Type A behavior, age, and psychological well-being. *Journal of Personality and Social Psychology, 49,* 203-218.

Stuck, H. (2004). *The ascent of Denali: A narrative of the first complete ascent of the highest peak in North America*. Santa Barbara, CA: The Narrative Press. (Original work published in 1914).

Styles, E. A. (1997). *The psychology of attention*. Mahwah, NJ: Lawrence Erlbaum Associates.

Swinkels, A., & Giuliano, T. A. (1995). The measurement and conceptualization of mood awareness: Monitoring and labeling one's mood states. *Personality and Social Psychology Bulletin, 21*, 934-949.

Syrjala, K. L., Donaldson, G. W., Davis, M. W., Kippes, M. E., & Carr, J. E. (1995). Relaxation and imagery and cognitive-behavioral training reduce pain during cancer treatment: A controlled clinical trial. *Pain, 63*, 189-198.

Syrus, P. (1856). *The moral saying of Publilius Syrus*. (D. Lyman, Trans.). Cleveland, OH: [n.p.]. (Original work written 42 B.C.)

Tannen, D. (1991). *You just don't understand: Women and men in conversation*. New York: Ballantine Books.

Tellegen, A. (1992). *Note on structure and meaning of the MPQ Absorption scale*. Unpublished manuscript, University of Minnesota, Minneapolis, MN.

Thera, N. (1972). *The power of mindfulness*. San Francisco: Unity Press.

Thompson, C., Barresi, J., & Moore, C. (1997). The development of future-oriented prudence and altruism in preschoolers. *Cognitive Development, 12*, 199-212.

Thoresen, C. E. (1998). Spirituality, health, and science: The coming revival? In S. Roth-Roemer, S. R. Kurpius, & C. Carmin (Eds.), *The emerging role of counseling psychology in health care* (pp. 409-431). New York: Norton.

Thornton, S., & Brotchie, J. (1987). Reminiscence: A critical review of the empirical literature. *British Journal of Clinical Psychology, 26*, 93-111.

Thrash, T. M., & Elliot, A. J. (2004). Inspiration: Core characteristics, component processes, antecedents, and function. *Journal of Personality* and Social Psychology, 87, 957-973.

Tietjens, E. (1919). The most sacred mountain. In J. B. Rittenhouse (Ed.), *The second book of modern verse: A selection from the work of contemporary American poets* (pp. 95-96). New York: Houghton-Mifflin.

Tiger, L. (1992). *The pursuit of pleasure.* Boston: Little, Brown & Company.

Tolle, E. (1999). *The power of now: A guide to spiritual enlightenment.* Novato, CA: New World Library.

Tomkins, S. S. (1962). *Affect, imagery, consciousness, Vol. 1: The positive affects.* New York: Springer.

Torrance, E. P. (1969). *Creativity.* Sioux Falls, ND: Adapt Press.

Tracy, J. L., & Robins, R. W. (2004). Show your pride: Evidence for a discrete emotion expression. *Psychological Science, 15,* 194-197.

Trope, Y., & Liberman, N. (2003). Temporal construal. *Psychological Review, 110,* 403-421.

Turner, V. (Ed.). (1982). *Celebration: Studies in festivity and ritual.* Washington, DC: Smithsonian Institution Press.

Uchida, Y., Norasakkunkit, V., & Kitayama, S. (2004). Cultural constructions of happiness: Theory and empirical evidence. *Journal of Happiness Studies, 5,* 223-239.

Vaux, A. (1988). *Social support: Theory, research, and intervention.* Westport, CT: Praeger.

Veenhoven, R. (1988). The utility of happiness. *Social Indicators Research, 20,* 333-354.

Veroff, J. (1999). Commitment in the early years of marriage. In J. M. Adams & W. H. Jones (Eds.), *Handbook of interpersonal commitment and relationship stability* (pp. 149-162). New York: Springer.

Veroff, J., Douvan, E., & Hatchett, S. J. (1995). *Marital instability: A social and behavioral study of the early years.* Westport, CT: Praeger.

Veroff, J., Douvan, E., & Kulka, R. (1981). *The inner American.* Nwe York: Basic Books.

Veroff, J., & Veroff, J. (1980). *Social incentives: A life-span developmental approach.* San Diego, CA: Academic Press.

Vilaythong, A. P., Arnau, R. C., Rosen, D. H., & Mascaro, N. (2003). Humor and hope: Can humor increase hope? *Humor: International Journal of Humor Research, 16,* 79-89.

Warthan, M. M., Uchida, T., & Wagner, R. F., Jr (2005). UV light tanning as a type of substance related disorder. *Archives of Dermatology, 141,* 963-966.

Waterman, A. S. (1984). *The psychology of individualism.* Westport, CT: Praeger.

Waterman, J. (2002). (Ed.) *The quotable climber: Literacy, humorous, inspirational, and fearful moments of climbing.* Guilford, CT: The Lyons Press.

Watson, D. (2000). *Mood and temperament.* New York: Guilford.

Watson, D. (2002). Positive affectivity: The disposition to experience pleasurable emotional states. In C. R. Snyder & S. J. Lopez (Eds.), *Handbook of positive psychology* (pp. 106-119). New York: Oxford University Press.

Wegener, D. T., & Petty, R. E. (1994). Mood management across affective states: The hedonic contingency hypothesis. *Journal of Personality and Social Psychology, 66,* 1034-1048.

Weiner, B. (1992). *Human motivation: Metaphors, theories and research.* Thousand Oaks, CA: Sage.

Weiner, B., Frieze, I., Kukla, A., Reed, L., Rest, S., & Rosenbaum, R. M. (1971). Perceiving the causes of success and failure. In E. E. Jones, D. E. Kanouse, H. H. Kelley, R. E. Nisbett. S. Valins, & B. Weiner (Eds.), *Attribution: Perceiving the causes of behavior* (pp. 95-120). Morristown, NJ: General Learning Press.

Weinfurt, K. P., Bryant, F. B., & Yarnold, P. R. (1994). The factor structure of the Affect Intensity Measure: In search of a measurement model. *Journal of Research in Personality, 28,* 314-331.

White, K., & Lehman, D. R. (2005). Looking on the bright side: Downward counterfactual thinking in response to negative life events. *Personality and Social Psychology Bulletin, 31*, 1413-1424.

White, R. W. (1959). Motivation reconsidered: The concept of competence. *Psychological Review, 66*, 297-333.

Wickwire, J., & Bullitt, D. (1998). *Addicted to danger: A memoir about affirming life in the face of death.* New York: Pocket Books.

Wild, T. C., Kuiken, D., & Schopflocher, D. (1995). The role of absorption in experiential involvement. *Journal of Personality and Social Psychology, 69*, 569-579.

Wilson, T. D., Centerbar, D. B., Kermer, D. A., & Gillbert, D. T. (2005). The pleasures of uncertainty: Prolonging positive moods in ways people do not anticipate. *Journal of Personality and Social Psychology, 88*, 5-21.

Wilson, T. D., Lindsey, S., & Schooler, T. Y. (2000). A model of dual attitudes. *Psychological Review, 107*, 101-126.

Wilson, T. D., Lisle, D. J., Kraft, D., & Wetzel, C. G. (1989). Preferences as expectation-driven inferences: Effects of affective expectations on affective experience. *Journal of Personality and Social Psychology, 56*, 519-530.

Winokur, J. (Ed.) (1987). *The portable curmudgeon.* New York: New American Library.

Wong, P. T., & Fry, P. S. (Eds.) (1998). *The human quest for meaning: A handbook of psychological research and clinical applications.* Mahwah, NJ: Lawrence Erlbaum Associates.

Wood, J. V., Heimpel, S. A., & Michela, J. L. (2003). Savoring versus dampening: Self-esteem differences in regulating positive affect. *Journal of Personality and Social Psychology, 85*, 566-580.

Wright, F. L. (1958). *The living city.* New York: Horizon Press.

Young, K. S. (1998). Internet addiction: The emergence of a new clinical disorder. *CyberPsychology and Behavior, 1*, 237-244.

Yovetich, N. A., Dale, J. A., & Hudak, M. A. (1990). Benefits of humor in reduction of threat induced anxiety. *Psychological Reports, 66*, 51-58.

Zika, S., & Chamberlain, K. (1992). On the relation between meaning in life and psychological well-being. *British Journal of Psychology, 83,* 133-145.

Zillmann, D. (1988). Mood management: Using entertainment to full advantage. In L. Donohew, H. E. Sypher, & E. T. Higgins (Eds.), *Communication, social cognition, and affect* (pp. 147-171). Hillsdale, NJ: Lawrence Erlbaum Associates.

Zimbardo, P. G., & Boyd, J. N. (1999). Putting time in perspective: A valid, reliable individual-differences metric. *Journal of Personality and Social Psychology, 77,* 1271-1288.

Zimmerman, J. E. (1964). *Dictionary of classical mythology.* New York: Harper & Row.

Zuckerman, M. (1979). *Sensation seeking: Beyond the optimal level of arousal.* Hillsdale, NJ: Lawrence Erlbaum Associates.

부록 A

긍정적 · 부정적 사건에 대한 지각된 통제감과 긍정적 · 부정적 정서에 대한 지각된 통제감을 평가하는 자기 보고 문항들

회피

1. 일반적으로 불쾌한 일이 당신에게 일어날지 아닐지에 대해 통제할 수 있다고 느끼시나요?

   1 = 전혀 아니다.

   2 = 약간 그렇다.

   3 = 어느 정도 그렇다.

   4 = 상당히 그렇다.

   5 = 매우 그렇다.

2. 살아가면서 불쾌한 일이 당신이나 당신이 사랑하는 사람에게 발생할 수 있습니다. 불쾌한 일이란 아프거나 실직하거나 파출소에 가거나 누군가가 당신을 떠나거나 실망시키거나 죽는 경우를 포함합니다. 당신이 알고 있는 누군가와 비교할 때 이와 같은 불쾌한 일이 당신에게 많이 일어나는 편인가요? 어느 정도 발생하는 가요? 별로 발생하지 않는가요? 아니면 거의 일어나지 않는가요?

1 = 많이 발생한다.

2 = 어느 정도 발생한다.

3 = 별로 발생하지 않는다.

4 = 거의 발생하지 않는다.

*3. 일반적으로 불쾌한 일이 당신에게 일어날 것 같은가요?

1 2 3 4 5 6 7

전혀 일어날 것 같지 않다.   분명히 일어날 것 같다.

대처

1. 불쾌한 일이 당신의 삶에서 발생했다면, 당신은 일반적으로 그 일에 잘 대처할 수 있을 것이라고 느끼나요?

   1 = 전혀 아니다.

   2 = 약간 그렇다.

   3 = 어느 정도 그렇다.

   4 = 상당히 그렇다.

   5 = 매우 그렇다.

*2. 당신이 알고 있는 대부분의 사람들과 비교할 때 이와 같은 불쾌한 일이 당신에게 일반적으로 많은 영향을 미치나요?

   1 = 전혀 아니다.

   2 = 약간 그렇다.

   3 = 어느 정도 그렇다.

   4 = 상당히 그렇다.

   5 = 매우 그렇다.

*3. 불쾌한 일이 당신에게 발생했다면, 당신이 알고 있는 대부분의 사람들과 비교할 때, 그 일은 당신의 기분에 얼마나 오랫동안 영향을 미치나요?

1 2 3 4 5 6 7

별로 오래지 않게   매우 오랫동안

획득

1. 일반적으로 유쾌한 일이 당신에게 일어날지 아닐지에 대해 스스로 통제할 수 있다고 느끼나요?

    1 = 전혀 아니다.

    2 = 약간 그렇다.

    3 = 어느 정도 그렇다.

    4 = 상당히 그렇다.

    5 = 매우 그렇다.

2. 당신의 삶에서 발생하는 유쾌한 일들에 대해서, 그 일의 발생에 당신이 어느 정도 영향을 미친다고 생각하나요?

1 2 3 4 5 6 7

일반적으로 영향을 미치지 않는다.   일반적으로 영향을 미친다.

*3. 삶을 살아가다 보면 자신이나 자신이 사랑하는 사람에게 유쾌한 일이 발생합니다. '유쾌한 일' 이란 표창이나 상을 받는 것, 학교에서 좋은 성적을 얻는 것, 봉급 인상이나 승진, 당신을 위해서 누군가가 선행을 베푸는 것, 친한 친구가 당신을 방문하는 것 등을 포함합니다. 혹은 발생하기를 원했던 중요한 일이 일어날 수

도 있습니다. 당신이 알고 있는 누군가와 비교할 때 이와 같은 유쾌한 일이 당신에게 많이 일어나는 편인가요? 어느 정도 발생하는가요? 별로 발생하지 않는가요? 아니면 거의 일어나지 않는가요?

  1 = 많이 발생한다.

  2 = 어느 정도 발생한다.

  3 = 별로 발생하지 않는다.

  4 = 거의 발생하지 않는다.

4. 일반적으로 유쾌한 일이 당신에게 일어날 것 같은가요?

                1   2   3   4   5   6   7

전혀 일어날 것 같지 않다.   분명히 일어날 것 같다.

향유(Perceived Ability to Savor Positive Outcomes scale: PASPO; Bryant, 1989)

1. 살아가면서 유쾌한 일이 발생했을 때, 당신은 일반적으로 그 일을 즐기거나 음미할 수 있다고 느끼나요?

  1 = 전혀 아니다.

  2 = 약간 그렇다.

  3 = 어느 정도 그렇다.

  4 = 상당히 그렇다.

  5 = 매우 그렇다.

2. 당신이 알고 있는 대부분의 다른 사람과 비교할 때, 당신에게 발

434

생하는 유쾌한 일에 대해 일반적으로 즐거움을 많이 경험하는 편인가요?

    1 = 전혀 아니다.

    2 = 약간 그렇다.

    3 = 어느 정도 그렇다.

    4 = 상당히 그렇다.

    5 = 매우 그렇다.

3. 유쾌한 일이 당신에게 발생했다면, 당신이 알고 있는 대부분의 사람들과 비교할 때, 그 일은 당신의 기분에 얼마나 오랫동안 영향을 미치나요?

$$1 \quad 2 \quad 3 \quad 4 \quad 5 \quad 6 \quad 7$$

별로 오래지 않게   매우 오랫동안

*4. 유쾌한 일이 당신에게 발생했다면, 당신이 느끼기에 모든 일이 스스로가 원하는 대로 진행된다고 느낀 적이 있나요? 예를 들어, 세상의 정상에 선 듯한 기분을 가졌거나, 일생의 커다란 즐거움을 느꼈거나, 긍정 기분을 억제하기 어렵다고 느낀 적이 있나요? 얼마나 자주 이런 기분을 경험하였나요?

    1 = 빈번히 경험한다.

    2 = 어느 정도 경험한다.

    3 = 가끔 경험한다.

    4 = 전혀 경험하지 않는다.

5. 얼마나 자주, 즐거워서 소리를 지르거나 제자리에서 뛰시나요?

    1 = 전혀 그런 행동을 하지 않는다.

2 = 가끔 그런 행동을 한다.

3 = 어느 정도 그런 행동을 한다.

4 = 빈번히 그런 행동을 한다.

* 역채점 문항

[Bryant, F. B. (1989). A four-factor model of perceived control: Avoiding, coping, obtaining, and savoring. *Journal of Personality, 57*, 773-797]에서 발췌. [Blackwell Publishing, Oxford UK]의 인가.

부록 B

향유신념 척도(SBI)

성별: _____

나이: _____

◇ 지시문: 아래에 제시된 문장들을 읽고, 귀하에게 해당되는 정도에 따라 적절한 숫자에 ○표 해 주시기 바랍니다. 이 검사에는 옳고 그른 답이 있는 것이 아니므로 가능한 솔직하게 응답해 주시면 됩니다.

	전혀 아니다						매우 그렇다
1. 기분 좋은 일이 있을 것으로 예상될 때, 나는 즐거운 마음으로 그 일을 기다린다.	1	2	3	4	5	6	7
2. 나는 좋은 기분을 오래도록 유지하기가 어렵다.	1	2	3	4	5	6	7
3. 나는 과거의 행복했던 기억들을 떠올리면서 즐긴다.	1	2	3	4	5	6	7
4. 나는 좋은 일이 있을 것으로 예상되더라도, 실제로 그 일이 일어나기 전까지는 너무 기대하지 않는다.	1	2	3	4	5	6	7
5. 나는 행복한 시간을 최대한 즐길 수 있다.	1	2	3	4	5	6	7
6. 좋은 일이 있었더라도, 나는 그런 일들을 되돌아보는 것을 좋아하지 않는다.	1	2	3	4	5	6	7
7. 좋은 일이 곧 일어날 것으로 예상될 때, 나는 그 일을 기대하면서 즐거움을 느낀다.	1	2	3	4	5	6	7

437

	전혀 아니다					매우 그렇다	

8. 나는 즐거움을 느낄 수 있는 경우에도 좀처럼 즐거움을 느끼지 못한다. ……………… 1 2 3 4 5 6 7

9. 나는 과거의 즐거웠던 일들을 회상하면서 내 기분을 즐겁게 만들 수 있다. ……………… 1 2 3 4 5 6 7

10. 내 생각에, 어떤 즐거운 일들이 생길지 예상하는 것은 시간 낭비일 뿐이다. ……………… 1 2 3 4 5 6 7

11. 좋은 일이 생겼을 경우, 나는 어떤 생각이나 행동을 함으로써 그 즐거움을 좀 더 오래도록 유지할 수 있다.… 1 2 3 4 5 6 7

12. 즐거운 일들에 대해 회상하게 되면, 나는 종종 슬퍼지거나 낙담하게 되곤 한다. ……………… 1 2 3 4 5 6 7

13. 유쾌한 사건이 실제로 일어나기 전에도, 나는 마음속으로 그 일을 즐길 수 있다. ……………… 1 2 3 4 5 6 7

14. 행복한 순간에도 나는 그 기쁨을 잘 느끼지 못하는 것 같다. ……………… 1 2 3 4 5 6 7

15. 재미있는 경험을 하게 되면, 나는 나중에 다시 떠올릴 수 있도록 잘 기억해두곤 한다. ……………… 1 2 3 4 5 6 7

16. 재미있는 일이더라도, 나는 그 일이 실제로 일어나기 전에는 즐거움을 잘 느끼지 못한다. ……………… 1 2 3 4 5 6 7

17. 나는 내가 경험하는 즐거운 일들을 충분히 즐길 수 있다. ……………… 1 2 3 4 5 6 7

18. 나는 과거에 일어났던 즐거운 일들을 떠올리는 것은 시간 낭비일 뿐이라고 생각한다. ……………… 1 2 3 4 5 6 7

19. 나는 곧 일어날 좋은 일에 대해 상상하면 기분이 좋아지곤 한다. ……………… 1 2 3 4 5 6 7

20. 나는 어떤 일에서 남들이 그렇듯 당연히 느껴야 하는 즐거움을 충분히 느끼지 못한다. ……………… 1 2 3 4 5 6 7

21. 즐거웠던 기억을 통해서 나는 그 때의 즐거움을 쉽게 다시 느낄 수 있다. ……………… 1 2 3 4 5 6 7

22. 즐거운 일들이 일어나기 전에 미리 그에 대한 생각을 하면, 나는 종종 마음이 불편하거나 불안해지곤 한다. 1 2 3 4 5 6 7

23. 내가 원할 때 시간을 즐겁게 보내는 일은 나에게 쉬운 일이다. ……………… 1 2 3 4 5 6 7

24. 일단 즐거운 일들이 지나가고 나면, 다시는 그 일에 대해 각하지 않는 게 최선이다. ……………… 1 2 3 4 5 6 7

부록 B

부록 C

향유신념 척도의 채점방법

◇ 향유신념 척도(SBI)를 실시하였다면 다음의 네 가지 척도점수를 얻게 될 것이다.

(1) 미래기대 하위척도 점수

(2) 현재향유 하위척도 점수

(3) 과거회상 하위척도 점수

(4) 향유신념 척도의 총점

향유신념 척도를 채점하는 방법에는 두 가지가 있다. 첫 번째는 향유신념 척도의 개발 및 타당화 절차를 소개하고 있는 원 논문(Bryant, 2003, 표 3, p. 185)에서 사용한 채점방법이다. 본래의 채점 절차에 따르면, 먼저 긍정적으로 기술된 문항을 합산하고, 부정적으로 기술된 문항을 합산한 뒤, 긍정적으로 기술된 문항점수의 총합에서 부정적으로 기술된 문항점수의 총합을 감하면 된다. 이러한 채점방법은 향유신념 척도의 총점 및 각 하위척도 점수 모두를 환산하는 데 사용할 수 있다. 여기에서 향유신념 척도의 각 하위척도 점수의 범위는 −24에서 +24가 되며, 총점의 범위는 −72에서 +72

가 될 수 있다. 연구자들은 위와 같은 방법을 통해 본래의 타당화 논문(Bryant, 2003)에서 보고된 향유신념 척도의 '규준' 점수와 표본에서 얻어진 향유신념 척도의 점수를 비교해 볼 수 있다.

두 번째는 향유신념 척도에서 1-7점 척도에 따라 측정된 점수를 거꾸로 변환하는 채점방식인데, 긍정적으로 기술된 문항점수의 합에 부정적으로 기술된 문항점수를 역채점하여 합산한 후 여기서 얻어진 총점을 향유신념 척도를 구성하는 전체 문항 수로 나누는 것이다. 이러한 채점방법으로 우리는 향유신념 척도의 총점 평균뿐만 아니라 미래기대, 현재향유, 과거회상 하위척도의 평균점수를 구할 수 있다. 여기에서 향유신념 척도의 총점 및 각 하위척도의 점수 범위는 1에서 7이 될 것이다. 또한 연구자들은 이러한 방법을 통해 본래 1-7점 반응척도의 절대적인 범위에 따라 향유신념 척도의 점수를 손쉽게 해석할 수 있다. 여기서 1점은 가능한 범위 내에서 가장 낮은 점수(0%)를 의미하며, 2점은 16.67%, 3점은 33.33%, 4점은 중간 점수(50%), 5점은 66.67%, 6점은 83.33%, 7점은 가장 높은 점수인 100%을 각각 의미한다.

위에 소개한 두 가지 채점방법은 서로 완전한 상관을 이루는 동일한 점수 세트를 제공해 준다. 달리 말해 첫 번째 방법을 사용하여 얻어진 향유신념 척도의 총점 및 각각의 하위척도에서 점수 모두 두 번째 방법을 사용할 때 얻어진 개인의 점수와 완벽하게 동일하다는 것이다. 그러나 두 가지 채점방법은 향유신념 척도의 점수를 평가하는 데 있어서 다른 측정법을 제공하고 있다. 첫 번째 방법에서는 합산총점을 얻을 수 있는 반면, 두 번째 방법에서 우리는 평균점수를 얻게 된다. 연구자들은 개인의 선호나 연구의 목적에 따라 둘 중 하나를 선택할 수 있다.

부록 C

본래의 '합산총점' 방법을 사용한 채점방법

I. 미래기대 하위척도 점수

    A. 다음 네 문항의 점수를 합산하라: 1, 7, 13, 19.

    B. 다음 네 문항의 점수를 합산하라: 4, 10, 16, 22.

    C. 단계 A에서 얻어진 총점에서 단계 B에서 얻어진 총점을 감산하라.
       여기서 얻어진 점수는 미래기대 하위척도의 총점이 된다.

II. 현재향유 하위척도 점수

    A. 다음 네 문항의 점수를 합산하라: 5, 11, 17, 23.

    B. 다음 네 문항의 점수를 합산하라: 2, 8, 14, 20.

    C. 단계 A에서 얻어진 총점에서 단계 B에서 얻어진 총점을 감산하라.
       여기서 얻어진 점수는 현재향유 하위척도의 총점이 된다.

III. 과거회상 하위척도 점수

    A. 다음 네 문항의 점수를 합산하라: 3, 9, 15, 21.

    B. 다음 네 문항의 점수를 합산하라: 6, 12, 18, 24.

    C. 단계 A에서 얻어진 총점에서 단계 B에서 얻어진 총점을 감산하라.
       여기서 얻어진 점수는 과거회상 하위척도의 총점이 된다.

IV. 향유신념 척도의 총점

    A. 다음의 열두 가지 (홀수)문항의 점수를 합산하라:

       1, 3, 5, 7, 9, 11, 13, 15, 17, 19, 21, 23.

    B. 다음의 열두 가지 (짝수)문항의 점수를 합산하라:

       2, 4, 6, 8, 10, 12, 14, 16, 18, 20, 22, 24.

    C. 단계 A에서 얻어진 총점에서 단계 B에서 얻어진 총점을 감산하라.

여기서 얻어진 점수는 향유신념 척도의 총점이 된다.

'평균점수' 방법을 사용한 채점방법

I. 미래기대 하위척도 점수

    A. 다음 네 문항을 역채점하라: 4, 10, 16, 22.

    B. 역채점된 문항의 점수를 합산하라.

    C. 다음 네 문항의 점수를 합산하라: 1, 7, 13, 19.

    D. 단계 B에서 얻어진 점수와 단계 C에서 얻어진 점수를 합산하라.

    E. 여기서 얻은 총점을 8개 문항 수로 나누어라, 여기서 얻어진 점수는 미래기대 하위척도의 평균점수가 된다.

II. 현재향유 하위척도 점수

    A. 다음 네 문항을 역채점하라: 2, 8, 14, 20.

    B. 역채점된 문항의 점수를 합산하라.

    C. 다음 네 문항의 점수를 합산하라: 5, 11, 17, 23.

    D. 단계 B에서 얻어진 점수와 단계 C에서 얻어진 점수를 합산하라.

    E. 여기서 얻은 총점을 8개 문항 수로 나누어라, 여기서 얻어진 점수는 현재향유 하위척도의 평균점수가 된다.

III. 과거회상 하위척도 점수

    A. 다음 네 문항을 역채점하라: 6, 12, 18, 24.

    B. 역채점된 문항의 점수를 합산하라.

    C. 다음 네 문항의 점수를 합산하라: 3, 9, 15, 21.

    D. 단계 B에서 얻어진 점수와 단계 C에서 얻어진 점수를 합산하라.

    E. 여기서 얻은 총점을 8개 문항 수로 나누어라, 여기서 얻어진 점수

는 과거회상 하위척도의 평균점수가 된다.

IV. 향유신념 척도의 총점

A. 다음의 열두 가지 (짝수)문항을 역채점하라:

2, 4, 6, 8, 10, 12, 14, 16, 18, 20, 22, 24.

B. 역채점된 문항의 점수를 합산하라.

C. 다음의 열두 가지 (홀수)문항을 합산하라:

1, 3, 5, 7, 9, 11, 13, 15, 17, 19, 21, 23.

D. 단계 B에서 얻어진 점수와 단계 C에서 얻어진 점수를 합산하라.

E. 여기서 얻은 총점을 24개 문항 수로 나누어라, 여기서 얻어진 점수
는 향유신념 척도총점의 평균점수가 된다.

다음으로 향유신념 척도의 총점 및 미래기대, 현재향유, 과거회상
하위척도의 점수를 합산총점법에 따라 계산하는 데 필요한 SPSS 명
령문을 소개하고자 한다.

COMPUTE anticsum=(sbi1+sbi7+sbi13+sbi19)−(sbi4+sbi10+ sbi16+sbi22).
VARIABLE LABELS anticsum 'Summed score for SBI Anticipating sub-scale'.
COMPUTE memntsum=(sbi5+sbi11+sbi17+sbi23)−(sbi2+sbi8+sbi14+sbi20).
VARIABLE LABELS memntsum 'Summed score for SBI Savoring the Moment subscale'.
COMPUTE reminsum=(sbi3+sbi9+sbi15+sbi21)−(sbi6+sbi12+sbi18+sbi24).
VARIABLE LABELS reminsum 'Summed score for SBI Reminiscing sub-scale'.

COMPUTE sbitot24=(sbi1+sbi3+sbi5+sbi7+sbi9+sbi11+sbi13+sbi15+sbi17+
sbi19+sbi21+sbi23)−(sbi2+sbi4+sbi6+sbi8+sbi10+sbi12+sbi14+sbi16+
sbi18+sbi20+sbi22+sbi24).
VARIABLE LABELS sbitotal 'Summed SBI total score'.
EXECUTE.

다음은 향유신념 척도의 총점 및 미래기대, 현재향유, 과거회상
하위척도의 점수를 평균점수 방식에 따라 계산하는 데 필요한 SPSS
명령문이다.

RECODE
sbi2 sbi4 sbi6 sbi8 sbi10 sbi12 sbi14 sbi16 sbi18 sbi20 sbi22 sbi24
(1=7) (2=6) (3=5) (4=4) (5=3) (6=2) (7=1) INTO sbi2r sbi4r sbi6r sbi8r
sbi10r sbi12r sbi14r sbi16r sbi18r sbi20r sbi22r sbi24r.
COMPUTE anticavg=(sbi4r+sbi10r+sbi16r+sbi22r+sbi1+sbi7+sbi13+
sbi19)/8.
VARIABLE LABELS anticavg 'Mean score for SBI Anticipating subscale'.
COMPUTE momntavg=(sbi2r+sbi8r+sbi14r+sbi20r+sbi5+sbi11+sbi17+
sbi23)/8.
VARIABLE LABELS momntavg 'Mean score for SBI Savoring the Moment
subscale'.
COMPUTE reminavg=(sbi6r+sbi12r+sbi18r+sbi24r+sbi3+sbi9+sbi15+
sbi21)/8.
VARIABLE LABELS reminavg 'Mean score for SBI Reminiscing subscale'.
COMPUTE sbitotav=(sbi2r+sbi4r+sbi6r+sbi8r+sbi10r+sbi12r+sbi14r+
sbi16r+sbi18r+sbi20r+sbi22r+sbi24r+sbi1+sbi3+sbi5+sbi7+sbi9+sbi11+

sbi13+sbi15+sbi17+sbi19+sbi21+sbi23)/24.

VARIABLE LABELS sbitotav 'Mean SBI Total score'.

EXECUTE.

부록 D

향유방식 체크리스트(WOSC)

날짜: _____

성별: _____

나이: _____

◇ 귀하가 최근에 경험한 긍정적인 사건 한 가지를 떠올려 보십시오. 그러한 경험을 했던 상황을 써주시기 바랍니다.

_____

_____

_____

◇ 위의 긍정적인 사건이 일어난 날짜를 기록해 주십시오. 반드시 정확하지는 않아도 좋습니다.

_____

A. 이 특별한 사건은 당신의 바람과 얼마나 일치하였습니까? (적절한 숫자에 ○표 해 주시기 바랍니다.)

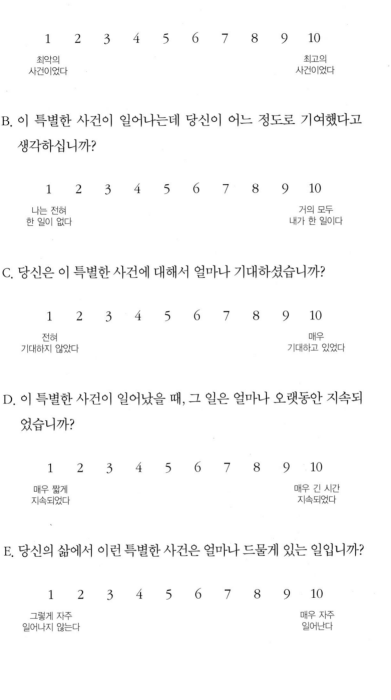

| 1 | 2 | 3 | 4 | 5 | 6 | 7 | 8 | 9 | 10 |

최악의
사건이었다

최고의
사건이었다

B. 이 특별한 사건이 일어나는데 당신이 어느 정도로 기여했다고 생각하십니까?

| 1 | 2 | 3 | 4 | 5 | 6 | 7 | 8 | 9 | 10 |

나는 전혀
한 일이 없다

거의 모두
내가 한 일이다

C. 당신은 이 특별한 사건에 대해서 얼마나 기대하셨습니까?

| 1 | 2 | 3 | 4 | 5 | 6 | 7 | 8 | 9 | 10 |

전혀
기대하지 않았다

매우
기대하고 있었다

D. 이 특별한 사건이 일어났을 때, 그 일은 얼마나 오랫동안 지속되었습니까?

| 1 | 2 | 3 | 4 | 5 | 6 | 7 | 8 | 9 | 10 |

매우 짧게
지속되었다

매우 긴 시간
지속되었다

E. 당신의 삶에서 이런 특별한 사건은 얼마나 드물게 있는 일입니까?

| 1 | 2 | 3 | 4 | 5 | 6 | 7 | 8 | 9 | 10 |

그렇게 자주
일어나지 않는다

매우 자주
일어난다

F. 이 사건이 일어나기 전에, 당신은 얼마나 이 일을 기다려 오셨습니까?

```
1    2    3    4    5    6    7    8    9    10
```
별로   매우
기다리지 않았다   기다려왔다

G. 이 사건에서 즐거움을 경험하는 데 당신이 했던 행동들은 얼마나 영향을 미쳤습니까?

```
1    2    3    4    5    6    7    8    9    10
```
전혀   매우
그렇지 않았다   그랬다

H. 이 사건에서 즐거움을 경험하는 데 당신의 주변사람들이 했던 행동이 얼마나 영향을 미쳤습니까?

```
1    2    3    4    5    6    7    8    9    10
```
전혀   매우
그렇지 않았다   그랬다

◇ 다음에는 우리가 긍정적인 사건들을 경험하면서 생각하거나 행동하는 것들이 나열되어 있습니다. 각 문항을 잘 읽고, 그 문항이 귀하가 위의 긍정적인 사건(경험)에서 생각하거나 행동했던 것들에 얼마나 해당되는지 적절한 숫자에 ○표 해 주시기 바랍니다.

```
1    2    3    4    5    6    7    8    9    10
```
전혀   약간   매우
그렇지 않았다   그랬다   그랬다

이러한 긍정적 사건이 일어났을 때……

<table>
<tr><td></td><td>전혀
아니다</td><td></td><td></td><td></td><td></td><td></td><td>매우
그렇다</td></tr>
</table>

1. 나는 이 경험을 나중에 다른 사람들과 함께 나누어야 겠다고 생각했다.…………………………… 1 2 3 4 5 6 7

2. 나는 이 사건에서 경험한 감각들(모습, 소리, 냄새 등) 하나하나를 잘 새겨두고자 했다. ……………… 1 2 3 4 5 6 7

3. 나는 내가 얼마나 오랫동안 이 일을 기다려 왔는지 되 새겨 보았다. ……………………………… 1 2 3 4 5 6 7

4. 나는 이런 순간이 얼마나 빨리 스쳐 지나가는 것인지 를 떠올렸다. ……………………………… 1 2 3 4 5 6 7

5. 나는 너무 기분이 좋아서 펄쩍 뛰거나, 돌아다니고 마 구 뛰어 다니면서 기쁨을 신체적으로 표현했다.…… 1 2 3 4 5 6 7

6. 나는 그 일이 생기기 전의 일들이나 그저 바라기만 했 던 때를 돌이켜 보았다.……………………… 1 2 3 4 5 6 7

7. 나는 (다른 감각들을 차단하고) 특정한 감각 요소에 집 중해 보려고 노력했다. ……………………… 1 2 3 4 5 6 7

8. 나는 오직 현재에 대해서만 생각했고, 그 순간에 몰입 했다.………………………………………… 1 2 3 4 5 6 7

9. 나는 이런 행복한 일을 경험할 수 있다는 것이 정말 큰 행운이라고 생각했다. ……………………… 1 2 3 4 5 6 7

10. 나는 어째서 전에는 이런 행복을 누리지 못했는지 자 문했다.……………………………………… 1 2 3 4 5 6 7

11. 나는 이 즐거움을 함께 나눌 만한 사람들을 찾았다.… 1 2 3 4 5 6 7

12. 나는 이 경험을 나중에 내가 어떻게 기억하게 될까 생각해 보았다. ……………………………… 1 2 3 4 5 6 7

13. 나는 모든 것에서 벗어나 홀가분하다고 생각했다.… 1 2 3 4 5 6 7

14. 나는 이 순간이 계속되길 정말로 바라고 있었고, 곧 지나가 버리기 때문에 그 순간을 즐겨야 한다고 생각 했다.………………………………………… 1 2 3 4 5 6 7

15. 나는 깔깔대며 큰 소리로 웃었다. ………………… 1 2 3 4 5 6 7

16. 나는 이 상황이 나빠졌을 경우에 대해서 생각해 보 았다.………………………………………… 1 2 3 4 5 6 7

17. 나는 눈을 크게 뜨고 심호흡을 하면서 좀 더 생생하 게 이 순간을 느껴보려고 했다.…………………… 1 2 3 4 5 6 7

18. 나는 눈을 감고 편안한 마음으로 이 순간에 몰입하려
했다. 1 2 3 4 5 6 7

19. 이렇게 좋은 일들이 많이 생기다니 나는 정말로 운이
좋은 사람이라고 생각했다. 1 2 3 4 5 6 7

20. 나는 이 상황이 좀 더 괜찮을 수도 있었다고 생각했다. 1 2 3 4 5 6 7

21. 나는 남들에게 그 순간(또한 함께할 수 있는 그들이 있
다는 것)이 얼마나 소중한지 말해 주었다. 1 2 3 4 5 6 7

22. 나는 의식적으로 그 상황을 떠올리며, 미세한 부분까
지 하나씩 잘 살피고, 기억하려 했다. 1 2 3 4 5 6 7

23. 나는 스스로 얼마나 내 자신이 자랑스러운지 생각해
보았다. 1 2 3 4 5 6 7

24. 나는 그 일들이 내가 미처 의식하기도 전에 끝나버릴
것이라고 생각했다. 1 2 3 4 5 6 7

25. 나는 신이 나서 더욱 활발하게 움직였다. 1 2 3 4 5 6 7

26. 나는 이 즐거운 일이 끝나버리고 난 후를 생각했다. ... 1 2 3 4 5 6 7

27. 나는 이 즐거운 시간이 천천히 지나가도록 좀 더 느
리게 움직이려 했다. 1 2 3 4 5 6 7

28. 나는 긴장을 풀어서 더욱더 그 즐거운 일에 몰입할 수
있었다. 1 2 3 4 5 6 7

29. 나는 이러한 행복에 대해서 감사의 기도를 드렸다. ... 1 2 3 4 5 6 7

30. 나는 내 감정을 억제했고, 뻣뻣하게 굳어버렸다. 1 2 3 4 5 6 7

31. 나는 즐길 줄 아는 사람들과 함께 어울려 신나게 놀
았다. 1 2 3 4 5 6 7

32. 나는 그 상황의 아주 세세한 것들까지 선명하게 새겨
두었다. 내가 즐기고 있는 것들이 무엇인지 파악하고
기억하려고 했다. 1 2 3 4 5 6 7

33. 내가 함께한 사람들에게 매우 깊은 인상을 주었다고
생각했다. 1 2 3 4 5 6 7

34. 나는 어떤 일도 영원히 계속될 수 없으므로, 지금 이
순간을 즐겨야 한다고 생각했다. 1 2 3 4 5 6 7

35. 나는 그 순간을 향유하기 위해서 감탄조(예를 들어, 음,
아, 휘파람, 콧바람 소리 등)로 말했다. 1 2 3 4 5 6 7

36. 나는 함께 즐기고 있는 사람들도 나와 같을 것이라고
생각했다. 1 2 3 4 5 6 7

37. 나는 주의를 집중하였다. 다른 모든 것들을 차단하여
한 가지 감각만을 강렬히 느껴보았다. 1 2 3 4 5 6 7

38. 나는 멀리 보려고 하지 않고 오직 그 순간만을 경험했다.   1 2 3 4 5 6 7

39. 나는 그 일이 내가 바라던 것만 못하다고 생각했다.…   1 2 3 4 5 6 7

40. 나는 다른 사람들에게 온몸으로 내 감정을 표현했다
(안아주기, 신체적 접촉 등).…………………………   1 2 3 4 5 6 7

41. 나는 마음속으로 사진을 찍어두었다.………………   1 2 3 4 5 6 7

42. 나는 그 일이 정말 대성공이라고 생각했다.…………   1 2 3 4 5 6 7

43. 나는 시간이 너무 빨리 흘러간다고 생각했다.………   1 2 3 4 5 6 7

44. 나는 흥분을 감추지 못해 소리치고 떠들었다.………   1 2 3 4 5 6 7

45. 나는 내가 다른 사람들만큼 충분히 즐기고 있는지 비
교해 보았다.…………………………………………   1 2 3 4 5 6 7

46. 나는 다른 일을 하거나 다른 곳에 있어야 했다고 생
각했다.…………………………………………………   1 2 3 4 5 6 7

47. 나는 다른 사람들에게 내가 얼마나 즐거운지 말해 주었다.   1 2 3 4 5 6 7

48. 나는 그 상황의 모든 것들을 기억해두려고 했다.……   1 2 3 4 5 6 7

49. 나는 내가 충분히 이렇게 즐길 자격이 있다고 생각했다.   1 2 3 4 5 6 7

50. 나는 손뼉을 치고 배를 만져 주는 등 스스로를 도닥
여 주었다.……………………………………………   1 2 3 4 5 6 7

51. 나는 예전의 다른 즐거웠던 추억을 떠올리면서 함께
생각해 보았다.………………………………………   1 2 3 4 5 6 7

52. 나는 아직 해결하지 못한 다른 문제들을 생각하며 걱
정했다.…………………………………………………   1 2 3 4 5 6 7

53. 나는 그 경험을 기억하기 위해 사진을 찍었다.………   1 2 3 4 5 6 7

54. 나는 내가 정말 즐거운 시간을 보내고 있다고 생각했다.   1 2 3 4 5 6 7

55. 나는 다시는 이렇게 좋은 일이 없을 것이라고 생각했다.   1 2 3 4 5 6 7

56. 나는 죄책감이 드는 일들에 대해 생각하였다.………   1 2 3 4 5 6 7

57. 나는 위 내용들과 전혀 다른 생각이나 행동을 하였다
(그 내용을 아래에 기록해 주시기 바랍니다.).………   1 2 3 4 5 6 7

58. 나는 그 일을 좀 더 잘 즐기려고 (술, 마약 등에) 취해
있었다.…………………………………………………   1 2 3 4 5 6 7

59. 나는 이 일의 결과로 생길 수 있는 모든 좋은 일들에
대해 상상해 보았다.…………………………………   1 2 3 4 5 6 7

60. 나는 너무 많은 생각을 하지 않고 이완된 상태로 그
일을 즐기려고 노력하였다.…………………………   1 2 3 4 5 6 7

61. 나는 위 내용들과 전혀 다른 생각이나 행동을 하였다
(그 내용을 아래에 기록해 주시기 바랍니다.).………   1 2 3 4 5 6 7

_____

_____

_____

◆ 이제 그 긍정적인 사건을 다시 한 번 떠올려 보십시오.

그 일이 일어났을 때, 귀하는 얼마나 그 일을 즐겼습니까?

    1   2   3   4   5   6   7   8   9   10
  전혀   매우
  즐기지 않았다   즐겼다

그 일이 지나간 뒤에, 귀하의 즐거움은 얼마나 오랫동안 계속되었습니까?

    1   2   3   4   5   6   7   8   9   10
  전혀   매우
  오래가지   오랫동안
  못했다   계속되었다

부록 E

향유방식 체크리스트의 채점방법

    향유방식 체크리스트는 10개의 하위 척도 점수를 통해 서로 다른 10가지 차원의 향유에 관한 양적인 정보를 제공해 준다(타인과 공유하기, 기억을 잘 해두기, 자축하기, 비교하기, 세밀하게 감각 느끼기, 몰입하기, 행동으로 표현하기, 일시성 인식하기, 축복으로 여기기, 즐거움을 냉각시키는 생각하기).

1. 타인과 공유하기
   - A. 1, 11, 21, 31, 40, 47번 문항의 점수를 합산하라.
   - B. 합산한 값을 6으로 나누면 '타인과 공유하기' 하위척도의 평균 점수가 도출된다.
2. 기억을 잘 해두기
   - A. 2, 12, 22, 32, 41, 48, 53번 문항의 점수를 합산하라.
   - B. 합산한 값을 7로 나누면 '기억을 잘 해두기' 하위척도의 평균 점수가 도출된다.
3. 자축하기
   - A. 3, 13, 23, 33, 42, 49, 54번 문항의 점수를 합산하라.

B. 합산한 값을 7로 나누면 '자축하기' 하위척도의 평균 점수가 도출된다.

4. 비교하기

A. 6, 16, 26, 36, 45, 51, 55번 문항의 점수를 합산하라.

B. 합산한 값을 7로 나누면 '비교하기' 하위척도의 평균 점수가 도출된다.

5. 세밀하게 감각 느끼기

A. 7, 17, 27, 37번 문항의 점수를 합산하라.

B. 합산한 값을 4로 나누면 '세밀하게 감각 느끼기' 하위척도의 평균 점수가 도출된다.

6. 몰입하기

A. 8, 18, 28, 38번 문항의 점수를 합산하라.

B. 합산한 값을 4로 나누면 '몰입하기' 하위척도의 평균 점수가 도출된다.

7. 행동으로 표현하기

A. 5, 15, 25, 35, 44, 50번 문항의 점수를 합산하라.

B. 합산한 값을 6으로 나누면 '행동으로 표현하기' 하위척도의 평균 점수가 도출된다.

8. 일시성 인식하기

A. 4, 14, 24, 34, 43번 문항의 점수를 합산하라.

B. 합산한 값을 5로 나누면 '일시성 인식하기' 하위척도의 평균 점수가 도출된다.

9. 축복으로 여기기

A. 9, 19, 29번 문항의 점수를 합산하라.

B. 합산한 값을 3으로 나누면 '축복으로 여기기' 하위척도의 평균 점수가 도출된다.

10. 즐거움을 냉각시키는 생각하기

A. 10, 20, 30, 39, 46, 52, 56번 문항의 점수를 합산하라.

B. 합산한 값을 7로 나누면 '즐거움을 냉각시키는 생각하기' 하위척
도의 평균 점수가 도출된다.

다음은 향유방식 체크리스트(WOSC)의 10가지 하위척도들의 평균
을 계산하기 위한 SPSS syntax이다.

```
COMPUTE sharing=(wosc1+wosc11+wosc21+wosc31+wosc40+wosc47)/6.
VARIABLE LABELS sharing 'Sharing: WOSC(1,11,21,31,40,47)/6'.
COMPUTE membuild=(wosc2+wosc12+wosc22+wosc32+wosc41+
wosc48+wosc53)/7.
VARIABLE LABELS membuild 'Memory-Building: WOSC(2,12,22,32,41,
48,53)/7'.
COMPUTE scongrat=(wosc3+wosc13+wosc23+wosc33+wosc42+wosc49+
wosc54)/7.
VARIABLE LABELS scongrat 'Self-Congratulation: WOSC(3,13,23,33,42,
49,54)/7'.
COMPUTE compare=(wosc6+wosc16+wosc26+wosc36+wosc45+wosc51+
wosc55)/7.
VARIABLE LABELS compare 'Comparing: WOSC(6,16,26,36,45,51,55)/7'.
COMPUTE sensharp=(wosc7+wosc17+wosc27+wosc37)/4.
VARIABLE LABELS sensharp 'Sensory-Perceptual Sharpening: WOSC
(7,17,27,37)/4'.
COMPUTE absorptn=(wosc8+wosc18+wosc28+wosc38)/4.
VARIABLE LABELS absorptn 'Absorption: WOSC(8,18,28,38)/4'.
```

```
COMPUTE bexpress=(wosc5+wosc15+wosc25+wosc35+wosc44+
wosc50)/6.
VARIABLE LABELS bexpress 'Behavioral Expression: WOSC(5,15,25,35,
44,50)/6'.
COMPUTE temporal=(wosc4+wosc14+wosc24+wosc34+wosc43)/5.
VARIABLE LABELS temporal 'Temporal Awareness: WOSC(4,14,24,34,
43)/5'.
COMPUTE cntbless=(wosc9+wosc19+wosc29)/3.
VARIABLE LABELS cntbless 'Counting Blessing: WOSC(9,19,29)/3'.
COMPUTE killjoy=(wosc10+wosc20+wosc30+wosc39+wosc46+wosc52+
wosc56)/7.
VARIABLE LABELS killjoy 'Kill-Joy Thinking: WOSC(10,20,30,39,46,
52,56)/7'.
EXECUTE.
```

부록 F

아동용 향유신념 척도(CSBI)

◆ 지시문: 아래 제시된 각 문항을 잘 읽고, 당신이 각 문항에 동의하거나 동의하지 않는 정도를 가장 잘 나타내는 숫자에 동그라미를 표시하십시오. 여기에는 맞는 답이나 틀린 답은 없습니다. 가능한 솔직하게 답해 주시기 바랍니다.

	전혀 아니다					매우 그렇다	
1. 나는 즐거운 시간을 보내는 방법을 안다. ………………	1	2	3	4	5	6	7
2. 즐거운 일이 일어날 것에 대해 기대하는 것을 별로 좋아하지 않는다. ………………………………………	1	2	3	4	5	6	7
3. 좋은 기분을 오래 간직하기가 어렵다. ………………	1	2	3	4	5	6	7
4. 곧 일어날 좋은 일들에 대해 생각하면 행복해진다. …	1	2	3	4	5	6	7
5. 나는 즐거운 일이 일어난 후에 되돌아보지 않는다. …	1	2	3	4	5	6	7
6. 앞으로 일어날 좋은 일들에 대해 생각하는 것은 시간 낭비다. …………………………………………………	1	2	3	4	5	6	7
7. 지난 행복했던 시간을 되돌아보는 것을 좋아한다. ……	1	2	3	4	5	6	7
8. 나는 즐거운 시간을 보내는 것을 스스로 자제할 때가 종종 있다. …………………………………………………	1	2	3	4	5	6	7
9. 나는 앞으로 일어날 좋은 일을 생각하면 흥분된다. …	1	2	3	4	5	6	7

10. 좋은 추억을 떠올리려고 할 때, 기분이 나빠지거나
실망하게 된다. ……………………………………… 1 2 3 4 5 6 7

11. 나는 재미있는 시간을 보내고 나서, 어떤 생각이나
행동을 함으로써 당시 좋았던 기분을 더 오래 지속시
킬 수 있다. ……………………………………… 1 2 3 4 5 6 7

12. 나는 재미있는 일이 일어나기 전에 잘 흥분되지 않는다. 1 2 3 4 5 6 7

13. 나는 과거의 좋은 일들을 생각할 때 행복감을 느낀다. 1 2 3 4 5 6 7

14. 나는 좋은 일이 일어나기 전부터 그것을 즐길 수 있다. 1 2 3 4 5 6 7

15. 과거에 있었던 좋은 일들을 떠올리는 것은 시간낭비다. 1 2 3 4 5 6 7

16. 나는 현재 일어나고 있는 좋은 일들을 즐길 수 있다. 1 2 3 4 5 6 7

17. 좋은 일이 일어나기 전에 그것을 생각하는 것은 성가
시다. ……………………………………………… 1 2 3 4 5 6 7

18. 나는 재미있는 순간을 나중에 회상할 수 있도록 기억
하기를 좋아한다. ………………………………… 1 2 3 4 5 6 7

19. 나는 행복한 순간에 기쁨을 느끼지 못한다. ………… 1 2 3 4 5 6 7

20. 앞으로 있을 좋은 일을 생각하면 유쾌한 기분이 든다. 1 2 3 4 5 6 7

21. 재미있는 시간이 끝나면, 더 이상 그에 관해 생각하
지 않는다. ………………………………………… 1 2 3 4 5 6 7

22. 나는 좋은 일들을 다른 사람만큼 즐기지 못한다. …… 1 2 3 4 5 6 7

23. 행복한 기억으로부터 다시 좋은 기분을 느끼는 것이
쉽다. ……………………………………………… 1 2 3 4 5 6 7

24. 나는 내가 원할 때 즐길 수 있다. …………………… 1 2 3 4 5 6 7

부록 G

아동용 향유신념 척도의
채점방법

아동용 향유신념 척도(CSBI)의 네 가지 하위척도 점수는 다음과
같다.

(1) 미래기대 하위척도 점수
(2) 현재향유 하위척도 점수
(3) 과거회상 하위척도 점수
(4) CSBI 총점

CSBI 채점에는 두 가지 서로 다른 방법이 있다. 그 첫 번째 채점법
은, 성인용 SBI(Bryant, 2003, 표 3, p. 185)의 계발과 타당화 논문에서
사용한 절차를 그대로 따른다. 이 채점법에 따르면, 긍정문으로 기
술된 문항들의 점수를 합산하고, 부정문으로 기술된 문항들의 점수
를 합산한 후, 긍정문으로 기술된 문항들의 총점에서 부정문으로
기술된 문항들의 총점을 감산한다. 이 채점법은, 각각의 CSBI 하위
척도 점수와 CSBI 총점을 계산하는 데 모두 사용된다. 이 채점법에
따르면, 각각의 CSBI 하위척도 점수 범위는 −24에서 +24이며; CSBI

총점의 범위는 −72에서 +72에 이른다.

　두 번째 채점법은, CSBI 각 반응 점수를 1부터 7까지의 '측정 단위'로 환산하는 방법이다. 긍정문으로 기술된 문항들의 점수를 합산하고, 부정문으로 기술된 문항들의 역채점 점수를 합산한 후, 그 두 총점의 합을 구하고, 그 합산 점수를 구성 문항수로 나누어 환산하게 된다. 이러한 채점법은, CSBI 총점뿐만 아니라 각각의 하위척도인 미래기대, 현재향유, 과거회상 점수에 대해 그 평균값을 제공해 준다. 이 채점법에 따르면, CSBI 하위척도와 CSBI 총점의 범위가 모두 1에서 7이 된다. 이 채점법은, 다른 연구자들로 하여금 1에서 7에 해당하는 '원래 측정치'로 해석할 수 있다는 장점을 제공한다. 이 채점법에 따르면: 1은 가장 그럴법하지 않은 '원 측정치'에 해당되고(0번째 백분위); 2는 원 측정 단위에서 16.67번째 백분위에 해당되며; 3은 원 측정 단위에서 33.33번째 백분위에 해당되고; 4는 원 측정 단위에서 중간 값에 해당되며(50번째 백분위); 5는 원 측정 단위에서 66.67번째 백분위에 해당되고; 6은 원 측정 단위에서 83.33번째 백분위에 해당되며; 7은 가장 그럴 법한 '원래 측정치'에 해당된다.

　두 가지 채점법은 서로 상응하는 점수 사이에 완벽하게 일치하는 상관을 보여 준다. 다시 말하자면, 각각의 하위척도 점수와 CSBI 총점 모두에 있어서, 첫 번째 채점법을 사용한 누군가의 점수와 두 번째 채점법을 사용한 그 사람의 점수 사이에는 완벽한 상관 값을 보이게 된다. 그러나 두 가지 채점법은 CSBI 점수를 평정하는 서로 다른 '측정 단위'를 제공하는데, 첫 번째 채점법은 총점을 제공하고, 두 번째 채점법은 평균값을 제공하게 된다. 연구자들은 연구의 목적과 자신의 선호에 따라 둘 중 하나를 선택하면 된다.

본래의 '합산총점' 방법을 사용한 CSBI 채점방법

I. 미래기대 하위척도 채점

    A. 4, 9, 14, 20 네 개 문항의 점수를 합산하라.

    B. 2, 6, 12, 17 네 개 문항의 점수를 합산하라.

    C. CSBI 미래기대 하위척도 점수를 구하기 위하여, A단계 총점에서 B단계 총점을 감산하라.

II. 현재향유 하위척도 채점

    A. 1, 11, 16, 24 네 개 문항의 점수를 합산하라.

    B. 3, 8 ,19, 22 네 개 문항의 점수를 합산하라.

    C. CSBI 현재향유 하위척도 점수를 구하기 위하여, A단계 총점에서 B단계 총점을 감산하라.

III. 과거회상 하위척도 채점

    A. 7, 13, 18, 23 네 개 문항의 점수를 합산하라.

    B. 5, 10, 15, 21 네 개 문항의 점수를 합산하라.

    C. CSBI 과거회상 하위척도 점수를 구하기 위하여, A단계 총점에서 B단계 총점을 감산하라.

IV. CSBI 총점 채점

    A. 1, 4, 7, 9, 11, 13, 14, 16, 18, 20, 23, 24 열두 개 문항의 점수를 합산하라.

    B. 2, 3, 5, 6, 8, 10, 12, 15, 17, 19, 21, 22 열두 개 문항의 점수를 합산하라.

    C. CSBI 총점을 구하기 위하여, A단계 총점에서 B단계 총점을 감산하라.

'평균점수' 방법을 사용한 CSBI 채점방법

I. 미래기대 하위척도 채점

    A. 2, 6, 12, 17 문항의 점수를 역채점하라.

    B. 네 개의 역채점 점수를 합산하라.

    C. 4, 9, 14, 20 문항 점수를 합산하라.

    D. B단계 총점과 C단계 총점을 합산하라.

    E. CSBI 미래기대 하위척도 점수를 구하기 위하여, 구해진 총점을 8로 나누어라.

II. 현재향유 하위척도 채점

    A. 3, 8, 19, 22 문항의 점수를 역채점하라.

    B. 네 개의 역채점 점수를 합산하라.

    C. 1, 11, 16, 24 문항 점수를 합산하라.

    D. B단계 총점과 C단계 총점을 합산하라.

    E. CSBI 현재향유 하위척도 점수를 구하기 위하여, 구해진 총점을 8로 나누어라.

III. 과거회상 하위척도 채점

    A. 5, 10, 15, 21 문항의 점수를 역채점하라.

    B. 네 개의 역채점 점수를 합산하라.

    C. 7, 13, 18, 23 문항 점수를 합산하라.

    D. B단계 총점과 C단계 총점을 합산하라.

    E. CSBI 과거회상 하위척도 점수를 구하기 위하여, 구해진 총점을 8로 나누어라.

IV. CSBI 총점 채점

A. 2, 3, 5, 6, 8, 10, 12, 15, 17, 19, 21, 22 문항의 점수를 역채점하라.

B. 열두 개의 역채점 점수를 합산하라.

C. 1, 4, 7, 9, 11, 13, 14, 16, 18, 20, 23, 24 문항 점수를 합산하라.

D. B단계 총점과 C단계 총점을 합산하라.

E. CSBI 총점을 구하기 위하여, 구해진 총점을 24로 나누어라.

다음은 CSBI 총점과 각각의 하위척도인 미래기대, 현재향유, 과거회상을 총점 버전으로 컴퓨터 채점하기 위한 SPSS syntax 파일들이다.


```
COMPUTE anticsum=(csbi4+csbi9+csbi14+csbi20)-(csbi2+csbi6+
csbi12+csbi17).
VARIABLE LABELS anticsum 'Summed score for CSBI Anticipating sub-
scale'.
EXECUTE.
COMPUTE momntsum=(csbi1+csbi11+csbi16+csbi24)-(csbi3+csbi8+
csbi19+csbi22).
VARIABLE LABELS momntsum 'Summed score for CSBI Savoring the
Moment subscale'.
EXECUTE.
COMPUTE reminsum=(csbi7+csbi13+csbi18+csbi23)-(csbi5+csbi10+
csbi15+csbi21).
VARIABLE LABELS reminsum 'Summed score for CSBI Reminiscing sub-
scale'.
EXECUTE.
```

COMPUTE csbitot=(csbi1+csbi4+csbi7+csbi9+csbi11+csbi13+csbi14+
csbi16+csbi18+csbi20+csbi23+csbi24)-(csbi2+csbi3+csbi5+csbi6+
csbi8+csbi10+csbi12+csbi15+csbi17+csbi19+csbi21+csbi22).
VARIABLE LABELS csbitot 'Summed CSBI Total score'.
EXECUTE.

다음은 CSBI 총점과 각각의 하위척도인 미래기대, 현재향유, 과
거회상을 평균점수 버전으로 컴퓨터 채점하기 위한 SPSS syntax 파
일들이다.

RECODE
csbi2 csbi3 csbi5 csbi6 csbi8 csbi10 csbi12 csbi15 csbi17 csbi19 csbi21
csbi22 (1=7) (2=6) (3=5) (4=4) (5=3) (6=2) (7=1) INTO csbi2r csbi3r csbi5r
csbi6r csbi8r csbi10r csbi12r csbi15r csbi17r csbi19r csbi21r csbi22r.
EXECUTE.
COMPUTE anticavg=(csbi2r+csbi6r+csbi12r+csbi17r+csbi4r+csbi9r+
csbi14r+csbi20r)/8.
VARIABLE LABELS anticavg 'Mean score for CSBI Anticipation subscale'.
EXECUTE.
COMPUTE momntavg=(csbi3r+csbi8r+csbi19r+csbi22r+csbi1r+csbi11r+
csbi16r+csbi24r)/8.
VARIABLE LABELS momntavg 'Mean score for CSBI Savoring the Moment
subscale'.
EXECUTE.
COMPUTE reminavg=(csbi5r+csbi10r+csbi15r+csbi21r+csbi7r+csbi13r+
csbi18r+csbi23r)/8.

VARIABLE LABELS reminavg 'Mean score for CSBI Reminiscing sub-
scale'.
EXECUTE.
COMPUTE csbitavg=(csbi2r+csbi3r+csbi5r+csbi6r+csbi8r+csbi10r+
csbi12r+csbi15r+csbi17r+csbi19r+csbi21r+csbi22r+csbi1r+csbi4r+csbi7r+
csbi9r+csbi11r+csbi13r+csbi14r+csbi16r+csbi18r+csbi20r+csbi23r+
csbi24r)/24.
VARIABLE LABELS csbitavg 'Mean CSBI Total score'.
EXECUTE.

찾아보기

내용

🌿 저자 소개

Fred B. Bryant

노스웨스턴 대학교에서 박사학위를 받은 사회심리학자로서 현재 로욜라 대학교의 심리학과 교수로 재직하고 있다. 응용 사회심리학에 깊은 관심을 지니고 있으며 긍정 심리학, 삶의 질, 사회적 개입, 인사선발, 사후인식 편향 등에 관한 많은 논문을 발표한 바 있다.

Joseph Veroff

미시간 대학교에서 박사학위를 받았고 시카고 대학교 사회연구원(Institute of Social Research)의 심리학 교수이자 연구원으로 재직하였으며 1997년에 은퇴하였다. 미국인의 가치관과 태도에 대한 많은 연구를 수행하였으며 『미국인의 내면세계』 『미국인의 정신건강』 등과 같은 탁월한 저서를 남겼다. 인생의 말년에는 향유에 깊은 관심을 지녔으며 Fred Bryant와 함께 이 책을 저술한 후 2007년 77세로 타계하였다.

🌿 역자 소개

권석만

서울대학교 대학원에서 임상심리학 전공으로 석사학위를 받았으며 호주 University of Queensland에서 박사학위를 취득하였다. 현재 서울대학교 심리학과 교수로 재직하고 있으며 대학생활문화원장을 맡고 있다. 한국임상심리학회장을 역임하였으며 『긍정 심리학: 행복의 과학적 탐구』 『현대 이상심리학』 『인간관계의 심리학』 『인생의 2막 대학생활』 등의 저서와 『인지치료의 창시자: 아론 벡』 『마음읽기: 공감과 이해의 심리학』 『심리도식치료』(공역), 『정신분석적 사례이해』(공역), 『정신분석적 심리치료』(공역) 등의 역서를 출간한 바 있다.

임영진

서울대학교 대학원에서 임상 · 상담심리학 전공으로 석사학위와 박사학위를 받았으며 현재 서울대학교 자유전공학부 연구교수로 재직하고 있다. 삼성서울병원에서 임상심리 수련과정을 수료하였으며 임상심리전문가와 정신보건임상심리사(1급) 자격을 취득하였다. 서울대학교 대학생활문화원에서 전임상담원으로 근무하였으며 긍정 심리학과 불안장애에 관한 다수의 논문이 있다.

하승수

서울대학교 대학원에서 임상·상담심리학 전공으로 석사학위를 받았으며 미국 University of Texas at Austin에서 임상심리학 전공으로 석사학위를 받은 후 서울대학교 대학원에서 박사과정을 수료하였다. 현재 서울대학교 강사, 서울디지털대학교 상담심리학부 객원교수로 활동하고 있으며 강박증, 특정공포증 등에 관한 다수의 논문이 있다.

임선영

서울대학교 대학원에서 임상·상담심리학 전공으로 석사학위를 받았으며 박사과정을 수료하였다. 서울아산병원에서 임상심리 수련과정을 수료하였으며 임상심리전문가와 정신보건임상심리사(1급) 자격을 취득하였다. 현재 서울대학교 강사, 인문대 학생생활문화원 상담원으로 활동하고 있으며 사회공포증의 사후반추에 관한 논문이 있다.

조현석

서울대학교 대학원에서 임상·상담심리학 전공으로 석사학위를 받았으며 현재 서울대학교 대학생활문화원에서 전임상담원으로 재직하고 있다. 삼성서울병원에서 임상심리 수련과정을 수료하여 정신보건임상심리사 자격을 취득하였으며 향유와 주관적 웰빙에 관한 논문이 있다.

인생을 향유하기
-행복 체험의 심리학-

Savoring: A New Model of Positive Experience

2010년 4월 23일 1판 1쇄 인쇄
2010년 4월 28일 1판 1쇄 발행

지은이 • Fred B. Bryant · Joseph Veroff
옮긴이 • 권석만 · 임영진 · 하승수 · 임선영 · 조현석
펴낸이 • 김진환
펴낸곳 • (주) **학지사**
       121-837 서울특별시 마포구 서교동 352-29 마인드월드빌딩 5층
대표전화 • 02)330-5114   팩스 • 02)324-2345
등록번호 • 제313-2006-000265호

홈페이지 • http://www.hakjisa.co.kr
커뮤니티 • http://cafe.naver.com/hakjisa

ISBN 978-89-6330-365-9 93180

정가 17,000원